박홍규 형이상학의 세계

박홍규 형이상학의 세계

플라톤과 베르그송

이태수 · 윤구병 · 송영진 · 박희영 · 이정호 · 염수균 · 류종렬 · 김재홍 · 이정우 · 최화 지음

도서출판 길

박홍규 형이상학의 세계

플라톤과 베르그송

2015년 2월 25일 제1판 제1쇄 펴냄

2015년 6월 20일 제1판 제2쇄 찍음
2015년 6월 30일 제1판 제2쇄 펴냄

지은이 | 이태수 외
펴낸이 | 박우정

기획 | 이승우
편집 | 김춘길
전산 | 김기분

펴낸곳 | 도서출판 길
주소 | 135-891 서울 강남구 신사동 564-12 우리빌딩 201호
전화 | 02)595-3153 팩스 | 02)595-3165

등록 | 1997년 6월 17일 제113호

ⓒ 이태수 외, 2015. Printed in Seoul, Korea

ISBN 978-89-6445-111-3 93100

머리말

　보통 사람들 중에서 형이상학에 관심이 있어 이 책에 끌린 사람은 있어도 철학자 소은(素隱) 박홍규(朴洪奎, 1919~94) 때문에 이 책을 펴는 사람은 별로 없을 것이다. 일반 대중에게 철학자 박홍규라는 이름은 아직 낯설다. 그렇지만 우리나라에서 철학 특히 서양철학을 연구하는 학자들 가운데 박홍규를 모르는 사람은 거의 없다. 그리고 그들 중 박홍규가 한국 현대철학사에 큰 족적을 남긴 사람으로 기록될 것이라는 데 이의를 달거나 주저할 사람 또한 거의 없을 것이다. 최근 들어 한국 근현대철학사를 체계적으로 구축하기 위해 관련 연구자들이 펴낸 '한국 현대철학선 시리즈'에서 서양철학 연구자로서 유일하게 박홍규를 포함시킨 것도 그러한 이유에서일 것이다. 이미 그의 철학은 서양철학의 단순한 수용을 넘어 독자성과 깊이를 확보한 것으로 인식되고 있다.

　박홍규가 그처럼 걸출한 철학자였음에도 세간에 잘 알려져 있지 않은 것은 무엇보다도 그 자신의 남다른 학문적 삶의 태도에 기인한다. 그는 살아생전 대학에서 오직 강의를 통한 가르침이라는 외길만 걸어오면서 저술은 물론 그 흔한 신문이나 잡지 기고문 하나 남기지 않았다. 그러나 그의 강의는 늘 제자들에게 감격스러울 정도로 학문적 심오함을 안겨주었고, 제자들은 대학원 수업을 마치면 매번 함께 모여 밤늦도록 박홍규의 가르

침을 주제로 토론을 벌이곤 하였다. 어느 때부터인가 제자들 중 누가 먼저
랄 것도 없이 어떻게든 스승의 가르침을 남겨야 한다는 생각에 강의를 녹
음하기 시작한 것도 그 때문이었다. 다행히 그 녹음 내용은 그의 사후 제
자들에 의해 1995년부터 2007년까지 10여 년에 걸쳐 녹취 정리되어 『박
홍규 전집』(전5권, 민음사)으로 엮여 한국 현대철학사의 소중한 유산으로
남게 되었다. 우리나라에 서양철학이 들어온 지 100여 년이 지났음에도
여전히 서양철학의 소개와 해제 수준을 크게 벗어나지 못하고 있는 현실
에서 철학의 근본문제와 관련하여 우리 자신의 철학적 문제의식을 토대로
독자적으로 조회하고 인용하여 탐문·확장해갈 수 있는 1차 자료가 생산
된 것이다.

그러나 정작 박홍규의 철학에 대한 본격적인 연구는 최화와 이정우가
연구와 강의를 통해 지속적으로 매달리고 있는 정도 이외에 크게 이루어
지고 있지는 않아 보인다. 박홍규의 가르침 자체가 난해하기 이를 데 없는
심오한 형이상학적 난제들을 다루고 있을 뿐만 아니라 그 가르침의 형식
또한 체계적인 논문이나 저술이 아닌 대부분 대화형식으로 이루어진 실제
강의록의 형태를 띠고 있기 때문에 더욱 그럴 것이다. 연구가 미진하게 된
데에는 무엇보다도 제자들의 책임이 크다. 박홍규의 가르침을 직접 접하
고 누구보다도 나름의 입장에서 그의 철학에 큰 영향을 받았음에도 그 동
안 박홍규 철학이 갖는 의미를 탐문·심화시키기는 고사하고 박홍규 철학
을 제대로 소개하거나 정리해내지도 못했기 때문이다. 그런 점에서 앞서
말한 '한국 현대철학선 시리즈'의 일환으로 2011년에 최화 교수가 펴낸
『박홍규의 철학』(이화여자대학교출판부, 2011)은 박홍규 철학의 기본 얼개
와 의미를 나름의 관점에서 체계적으로 담고 있는 유일한 저술로서 앞으
로 박홍규 철학을 연구하는 데 아주 중요한 안내서가 될 것이다. 최화 교
수에게 부끄러움과 함께 고마움을 표한다.

물론 박홍규 철학은 박홍규가 남긴 전집 내용 자체를 통해 그 의미와
가치가 한국 현대철학의 전개와 더불어 나날이 빛을 발하게 될 것이다. 그
러나 그 철학의 의미를 더 깊이 연구하고 알리려는 움직임이 커지면 커

질수록 후세 철학에 더욱 크고 밝은 빛을 던져주리라는 것은 의심의 여지가 없다. 이런 생각들 때문이었을까. 늦긴 했지만 약 3년 전쯤에 제자들은 2014년 3월 9일 박홍규 서거 20주기를 맞이하여 기념 논문집을 내자는 데 뜻을 모았다. 그때서부터 각자 관심과 사정에 따라 자유롭게 주제를 구상하고 초고가 마련되는 대로 한 달에 한 번씩 혹은 한 학기에 한 번씩 정암학당(鼎巖學堂)에 함께 모여 발표회도 갖고 의견도 나누었다. 발표회는 가졌으나 좀 더 보완해야 할 필요성 때문에 다음 기회로 투고를 미룬 경우도 있었다. 그런데 기한 내 최종적으로 완성된 원고들을 모아보니 박홍규 철학 자체를 아주 세밀하게 분석한 글로부터 그것에 자신의 새로운 생각과 주장을 더한 여러 성격의 글들이 나왔다. 스승이 세상을 떠난 지 20여 년의 세월이 지나고 제자들 역시 각자가 관심이 있는 문제와 영역에서 연구를 진행하다 보니 저마다의 입장과 견해가 생기고 그것이 글 내용 곳곳에 담겨 있었던 것이다. 플라톤과 아리스토텔레스부터 원래 서양철학의 전통이 그러했던 것처럼 제자들은 스승을 그대로 따르기보다는 뭔가 다른 이야기를 하는 데 더 관심을 기울인다. 그 동안 스승의 가르침을 잘 분석하고 연구하는 데 열심을 다한 후 그랬으면 더할 나위 없이 좋았겠지만 아무려나 이러한 시도 자체는 나무랄 일이 아니라 오히려 환영해야 할 일이다. 제자는 스승을 배반해야 한다는 것은 아리스토텔레스의 '베리타스 아미쿠스 마이오르'(veritas amicus maior)[1]가 말하는 길이다. 그런 점에서 이 책은 박홍규의 철학은 물론 박홍규의 철학에 대한 제자들의 주관적 해석과 그 해석에 기초하여 더 확장된 주제와 논의를 상당 부분 포함하고 있다.

그러나 다양한 논의에도 불구하고 제자들 사이에 박홍규 철학의 고유성과 관련한 아래의 몇 가지에 대해서는 이견의 여지가 없을 정도로 일치하고 있다. 그것은 곧 박홍규 철학이 서구 형이상학의 근본문제 특히 존재와 생성의 문제와 관련하여 매우 깊이 있는 독자적 통찰을 보여주고 있을

---

1) [스승(플라톤)보다] 진리가 더 좋은 친구다.

뿐만 아니라 그 문제와 관련한 뿌리 깊은 논쟁점들이 박홍규 철학에서만큼 탁월하게 해명되고 극복되고 있는 경우는 동서양을 막론하고 그리 쉽게 발견되지 않는다는 점이다. 이를테면 존재론의 목표와 의미를 철저히 관념론적·결정론적 형이상학과 대립시켜 자연일반의 진상(alētheia)을 주관의 개입이 일절 없이 있는 그대로 드러내려는 시도로 규정하고 '데이터' 개념을 통해 그 학문적 태도와 방법론을 제시한 것이라든지, 데이터에 입각한 철학의 대표격으로서 플라톤 철학에 주목하여 철저히 그 얼개와 의미를 분석한 후 플라톤 철학의 핵심을 독특하게 '무한정자'(apeiron)에서 천착하고 있다는 점, 그리고 그 무한정자에 대한 통찰을 통해 서구 형이상학의 본질을 해명하고 나아가 그 해명을 토대로 플라톤이 끝내 고민한 존재와 생성, 시간과 공간, 운동과 정지, 일(一)과 다(多)의 존재론적 통일을 실증과학과 생명철학에 기반한 베르그송 철학에 대한 독자적인 해석을 통해 보완하고 완결지으려 했다는 점 등이다.

비록 이 책이 박홍규 철학에 대한 충실한 소개에는 크게 부족하고 내용 또한 제자들 나름의 다양한 해석이 개입되어 있기는 하지만 논문들마다 일정 부분 박홍규 철학의 핵심 개념들을 반복해서 살피고 있어 전체 논의를 다 읽은 후에는 박홍규 철학의 기본 특징을 어느 정도 포착할 수 있을 것이라 생각한다. 참고로 독자들의 이해를 돕기 위해 논문들이 다루고 있는 내용을 주제 안내 정도 수준에서 간략히 소개하면 다음과 같다.

가장 처음 소개되는 이태수의 글은 박홍규 철학의 핵심 개념인 '무한정자'를 『티마이오스』 편에 대한 박홍규의 강의를 중심으로 최대한 있는 그대로 치밀하게 분석한 후 다각적인 관점에서 그 철학적 의미를 음미하는 방식으로 서술하여 박홍규 철학의 특징과 무한정자에 대한 이해지평을 여는 데 크게 도움을 준다. 박홍규 철학 전체를 꿰뚫고 있는 핵심 개념의 하나를 집중해서 다루고 있다는 점에서 이 책 전체의 개관이자 서론으로서도 손색이 없는 글이다.

윤구병의 글은 박홍규 철학과 겉으로는 상관없는 듯 보이지만 1과 0에 대한 수학적 논의를 매개로 박홍규 철학과 존재론의 핵심 개념인 있음과 없음(존재와 무), 일(一)과 다(多)(하나와 여럿), 동일성과 타자성(같음과 다름), 무한정성을 음미하면서 특히 1과 0 사이에서 0을 원점으로 무한 가분적으로 수렴하고 확산하는 수열체계를 통해 0과 무한정성의 철학적 의미를 살피고 가히 그것의 실천철학적인 함축까지 시사한다.

송영진은 박홍규의 철학을 베르그송에 기초하여 플라톤의 존재론을 해명한 인식형이상학으로 해석하고 그리스 존재론 특히 파르메니데스의 관점과 베르그송의 관점을 교차해가며 그 근거를 추적하고 있다. 또한 흥미롭게도 박홍규의 학문적 방법론을 현대 자연과학의 방법론 특히 포퍼의 가설-연역적 방법론과 연계시킨다.

박희영은 박홍규 철학방법론이 함축하는 논증적 · 객관적 특성을 시대적 소명과 연결지어 음미하고 박홍규 철학의 제한적 성격이 어떻게 현대 시스템 신경생리학을 통해 극복될 수 있는가를 살핀 후 그것을 토대로 더 확장된 새로운 사유의 모델을 모색한다.

이정호는 박홍규의 전집을 샅샅이 뒤져 그의 존재론적 사유와 플라톤의 정치철학과의 연결점을 추적하여 플라톤 정치철학에 대한 박홍규의 고유한 해석과 그것의 실천철학적 의미를 탐색하고 있다. 글의 상당 부분을 차지하는 전집 인용문만으로도 박홍규의 철학은 물론 플라톤의 정치철학을 이해하는 데 큰 도움을 준다.

염수균은 박홍규의 데이터에 입각한 학문방법론을 실증적 · 객관적 태도로 평가하고 그러한 학문방법론이 윤리학적 탐구에 가장 잘 적용된 경우로서 도덕감의 반성적 평형상태와 관련한 롤스의 윤리학적 방법론을 끌어들여 박홍규의 철학방법론의 윤리학적 확장과 적용을 모색하고 있다.

류종열은 타성적 현실에 기초한 정지체 중심의 전통적인 주지주의적 질서 내지 세계관을 박홍규의 무한정성 개념과 베르그송의『창조적 진화』에서의 자발성을 토대로 비판하면서 자연의 이중성, 이를테면 메커니즘과 뒤나미즘, 시간과 공간, 분할과 지속을 통일적으로 이해하는 새로운 형이상학의 가능성과 그것이 어떻게 인간의 실천적 사회적 삶과 연계되면서 인격과 공동체성을 보존할 수 있는지를 모색한다.

김재홍은 후학의 관점에서 박홍규 철학의 의미와 가치를 데이터에 입각한 박홍규의 학문적 방법론을 중심으로 음미한 후 아리스토텔레스의 우시아에 대한 박홍규의 해석, 특히 아리스토텔레스의 형상이론이 생명현상은 물론 물리적 세계에서 부딪치는 한계에 대한 박홍규의 해석이 아리스토텔레스의 목적론에 대한 전통적인 해석과 어떠한 차이와 의미가 있는가를 음미한다.

이정우는 서구의 전통적 존재론이 베르그송에 의해 어떻게 혁명적으로 극복되는지 동일성과 차이생성, 충족 이유와 우발성, 허무주의 해체라는 세 갈래 논점으로 나누어 치밀하게 해명하면서 베르그송에 대한 박홍규의 해석이 그러한 자신의 해명에 얼마나 탁월하게 부합하는지를 함께 부각시킨다. 이러한 이정우의 해명은 현대철학의 전망에 대한 이해와 더불어 플라톤의 철학과 베르그송의 철학이 박홍규의 철학에서 어떻게 연계·통일되는가와 과연 그것이 가능한가에 대한 추가적인 논의에 의미 있는 실마리를 제공해준다.

최화의 글은 존재론에서 중대한 비중을 차지하고 있는 양상론의 주요 주제인 우연과 가능성에 대한 박홍규의 해석을 플라톤의 능력 개념을 중심으로 깊이 있게 분석하여 박홍규 철학에서 왜 결정론과 목적론, 운명론이 개입할 수 없는지를 밝히고 그것을 토대로 과오의 가능성에 노출되어 있으면서도 강제적 주입이나 단정적 결론에 매몰되지 않고 시행착오를 통해 삶의 문제를 극복하는 것이 인간에게 얼마나 의미 있고 본성에 부합하는 것인지를 진지하게 천착하고 있다. 최화의 글은 앞서 말한 그의 저술『박홍규의 철학』에 덧붙여 기존의 내용을 추가적으로 보완하는 역할도 한다.

앞서도 언급했듯이 이 책은 박홍규 철학에 대한 제자들의 분석과 나름의 해석을 담고 있지만 그것이 과연 박홍규의 생각과 일치하는지는 별개의 문제이다. 어쩌면 제자들 중심으로 펴낸 이 책은 오히려 "등잔 밑이 어둡다"는 우리의 속담처럼 스승에 대한 외경감에 가려 오히려 박홍규 철학의 진수를 간과하거나 내용을 오도할 수도 있다. 이런 측면에서 보면 이 책은 박홍규 철학에 대한 연구의 출발점에서 박홍규 철학을 소개하고 후학들에게 장차 그 연구의 필요성을 제고하기 위한 자극제 수준의 연구서일 뿐이다. 후학과 독자들이 이 자극에 이끌려 박홍규 철학에 대한 관심이 생기고 눈을 크게 뜨고 전집까지 펼쳐보게 된다면 그것만으로도 이 책의 소임은 큰 성공을 거둔 것이라고 생각한다. 이런 점에서도 논문들 중간중간 비교적 많이 인용되어 있는 『박홍규 전집』의 내용들은 이 책의 부족함을 채워주는 큰 바탕이 된다. 부끄럽게도 이 책을 펴내면서조차 제자들은 스승에 얹혀 있다. 아무쪼록 이 책을 통해 단편적이나마 박홍규의 철학적 사색의 깊이와 통찰을 접할 수 있는 소중한 경험들을 함께 나누었으면 한다.

이 책의 원고들을 모아 다듬고 있던 지난해 여름 비통하게도 급작스런 병환으로 조선대 염수균 교수가 유명을 달리했다. 제자들 중 막내격인 염수균 교수를 먼저 보내니 남아 있는 우리의 가슴이 한없이 미어지고 또 미어진다. 영혼이 불멸이라면 박홍규 선생님과 더불어 '축복받은 자들의 섬' (makarōn nēsoi)에서 영원한 정복(淨福)을 누리리라 믿는다.

끝으로 어려운 출판환경에서도 기꺼이 이 책의 출간을 맡아 책을 펴내기까지 꼼꼼하게 초고를 살펴가며 좋은 원고가 될 수 있도록 도와준 도서출판 길의 이승우 편집장과 편집을 담당한 김춘길 님께도 진심으로 감사를 드린다. 그리고 전집을 준비하고 발간하는 일부터도 그랬듯이 스승 박홍규 선생 관련 일이라면 누구보다 앞장서 노고를 아끼지 않는 최화 교수의 땀과 정성이 이 책의 출간에도 크게 자리하고 있음은 두말할 나위가 없다. 최화 교수에게 감사와 경의의 마음을 전한다.

2015년 1월
『박홍규 전집』 발간위원회

|차례|

머리말 •5

제1장

박홍규의 무한정자(apeiron)에 대한 사색
―「『티마이오스』편 강의」를 중심으로

이태수

0. 소은(素隱) 박홍규(朴洪奎)는 자신의 철학을 체계적인 저술 형태로 남기지 않았다. 그는 생전에 주로 서양철학의 고전을 강독·해설하는 방식의 강의를 통하여 자신의 철학을 직접 제자들에게 구두로 전수했다. 그 때문에 그의 철학은 녹취된 강의록으로부터 재구성할 수밖에 없는데, 그 재구성 작업은 이제 겨우 첫걸음 정도를 떼었을 뿐이다. 아직 그의 철학 전모와 관련된 발언은 조심스러워야 마땅한 단계이다. 그럼에도 앞으로 재구성될 박홍규 철학의 핵심부에는 그의 무한정자(無限定者, apeiron)에 대한 논의가 큰 자리를 차지한다는 점만큼은 확실하다고 할 수 있다. 다른 무엇보다도 바로 그 점이 박홍규 철학의 독특한 강점을 이룬다는 것이 내 생각이다. 이미 박홍규 철학의 독특성을 조명하고자 하는 최화나 이정우도 나와 비슷하다고 본다.

무한정자에 대한 박홍규의 사색은 플라톤(Platon)의 대화편에 바탕을 두고 있다. 박홍규 철학의 핵심부에 무한정자가 위치해 있다는 것은 일단 그가 플라톤을 해석하면서 무한정자의 개념에 결정적인 역할을 부여하고 있다는 것을 의미한다. 때문에 그의 그와 같은 접근법이 플라톤 철학의 해석으로서 얼마나 타당성을 지닐 수 있는지의 문제를 완전히 우회하면서 박홍규 철학의 무한정자에 대한 논의는 제대로 진행될 수 없다. 물론 박홍

제1장 박홍규의 무한정자(apeiron)에 대한 사색 **15**

규 철학은 플라톤 철학과 같은 것이 아니므로 그의 플라톤 해석이 그 대목에 문제가 있다고 해서 그것을 곧 박홍규 철학 자체의 문제로 보아야 하는 것은 아니다. 해석상의 문제점을 논의하더라도 그것은 올바른 플라톤 해석을 찾기 위한 것이라기보다 오히려 박홍규 철학이 플라톤 철학과도 다른 어떤 특별한 점이 있는지 짚어내 그의 철학 면모를 좀 더 선명하게 드러내 보이기 위한 것이다. 다시 말해 이 글의 목적은 플라톤 철학의 해석자로서보다는 플라톤 철학의 발전적 계승자인 박홍규가 펼치고 있는 철학 세계를 탐사하는 것이다.

1. 무한정자를 플라톤 철학의 핵심부에 위치시키는 해석이 봉착하게 되는 가장 큰 어려움은 기본적으로 무한정자라는 개념의 성격에서 기인한다. 박홍규의 강의록과 이 글에서 '무한정자'로 번역해 쓰고 있는 그리스어 'apeiron'은 'peras', 즉 한계를 지니지 않는다는 의미를 가지고 있다. 그러니까 'peperasmenon', 즉 한계에 의해 일정한 크기로 한정되어 있는 것의 반대 개념으로서 무한을 가리키는 것이 가장 일반적인 용법이다. 그런데 박홍규는 무한의 근저로 캐고 들어가 좀 더 근원적인 뜻을 찾아낸다. 서양의 수학은 수열(數列)의 극한치(極限値, limit)라는 개념을 교량으로 삼아 무한이라는 개념에 접근할 수 있는 통로를 열었다. 무한 자체가 수는 아니지만, 수학이 다루는 수의 세계에서 뚜렷하게 규정된 역할을 하는 것으로 포착된 것이다. 그는 무한에 대한 수학적 접근법의 기본착상을 그대로 수용하고 나름대로 활용하기도 한다. 그러나 그의 무한정자에 대한 논의는 수학을 넘어서는 존재론의 영역으로 우리를 이끌고 간다. "무제한한 방향으로 연속하는 것이 무한정자의 본래 뜻이야. 여기서는 존재론이니까 그 다(多)라는 것이 단순히 수만 가리키는 것은 아니거든. 내용적으로 책도 있고, 사람도 있고, 모든 종류의 다(多)의 성질을 합해서 생각해야 하니까 무한정자를 다만 수로 성립시키지 말고 존재 자체에 대립되는 그런 무한정자로서 생각해보자는 거야."[1] 박홍규는 무한정자를 수로 표현되는 양적인 것만의 범주가 아니라 질의 범주와도 관련시켜 고찰한다. 인용문에는

아예 실체의 범주에 속하는 것들을 고찰 범위 안에 들어가야 할 것으로 들고 있다. 다시 말해 아리스토텔레스(Aristoteles)식의 범주 구분이 성립하기 이전 단계에서 생각한다는 것이다. 범주 구분이 존재자 일반을 대상으로 한 것이지만 무한정자는 존재자 일반에 대하여 말할 수 있는 존재 자체와 대립하고 있는 것으로 상정되었다.

일단 존재하는 것들을 대상으로 하는 우리의 사고는 범주 구분에 너무 익숙하다. 논리적 사고라는 것도 범주 구분의 기반 위에서 작동하는 것이 보통이다. 그렇기 때문에 범주 구분을 넘어서 존재 자체와 대립하는 것을 생각하는 것은 누구에게도 속해 있지 않는 그야말로 황무지(no man's land)를 헤매는 것과 같은 일이다. 명쾌한 논리법칙의 안내판도 없는 모든 것이 어스름하기만 한 그곳에서 정체 모를 유령을 붙잡으려는 모험을 하는 셈인 것이다. 그렇듯 불명확한 개념을 플라톤 철학의 해석에 동원하는 경우에 져야 할 부담은 결코 만만치 않다. 가능한 한 그 개념에서 불명확함을 덜어내려는 노력을 해야 하는 것은 당연한데, 그 노력이 동시에 플라톤 텍스트에 의해 지지를 받을 수 있어야 한다.

무한정자에 대한 연구에서 가장 중요한 전거는 『필레보스』 편이다. 이 대화편의 일차적인 논의 주제는 쾌락이지만, 논의가 진행되면서 곧 분류의 문제가 제기되고 분류의 문제는 다시 일(一)과 다(多)의 문제로 이어진다. 이 문제는 무한정자가 주제적인 논의의 대상이 될 계기를 마련해준다. 무한정자는 거론되는 처음 단계에서는 일단 무수하다는 양적인 범주에 속하는 개념으로 이해될 수 있는 여지가 있지만, 본격적인 논의가 시작되면서 박홍규가 생각하고 있는 것과 같은 방향의 존재론적 수준의 설명이 주어진다. 그 설명은 다른 어떤 대화편에서도 읽을 수 없을 만큼 자세한 것이지만 그렇다고 아주 만족스러운 것이 아니다. 플라톤 자신이 어렵고 논란의 여지가 많은 대목이라고 경고하고 있다시피 설명의 내용에 불명확한 점이 꽤 많기 때문이다. 따라서 플라톤의 무한정자에 대한 연구가

---

1) 박홍규, 「『티마이오스』 편 강의」, 『플라톤 후기 철학 강의』(박홍규 전집 제4권), 113쪽.

『필레보스』편의 이 부분에 집중되는 것은 당연하다. 박홍규의 무한정자에 대한 논의에서도 『필레보스』편은 중심적인 위치를 차지한다. 그러나 그는 논의의 범위를 『필레보스』편의 울타리 내로 한정하지 않고 다른 대화편까지 적극 확장한다는 점에서 다른 플라톤 연구가들과 큰 차이를 보인다. 플라톤 연구가들 대부분은 무한정자를 가리키는 그리스어 'apeiron'이 명시적으로 쓰이지 않은 텍스트를 논의에 끌어들이는 것을 상당히 조심스러워하는 편이다. 그에 반해 박홍규는 그 점에 크게 개의치 않는다. 그의 해석에 의하면 형상을 존재론적 기본원리로 상정하고 있는 플라톤의 형이상학은 동시에 그 배면에 무한정자도 마찬가지의 위상을 지닌 기본원리로 상정하지 않을 수 없다. 따라서 그가 보기에 무한정자는 꼭 'apeiron'이라는 이름표를 달고 있지 않아도 플라톤 대화편에서 형상이 조화되는 곳이면 그곳마다 마치 유령처럼 출몰하고 있는 것이다.

　『필레보스』편뿐만 아니라 박홍규의 플라톤 후기 대화편 강의록 전부가 무한정자에 대한 해설을 담고 있다고 해도 과언이 아니다. 그 중 특히 우주론을 다루고 있는 『티마이오스』편의 강의에서는 무한정자에 대한 밀도 높은 논의가 이루어지고 있다. 그러므로 이 글에서는 『티마이오스』편을 중심으로 박홍규의 무한정자에 대한 사색의 길을 따라가 보기로 하겠다. 물론 『티마이오스』편보다는 'apeiron'을 주제적으로 다루고 있는 『필레보스』편을 중심에 놓고 논의를 구성하는 것이 더 적절하고도 체계적인 접근법이라고 할 수도 있다. 그렇지만 『티마이오스』편에서부터 이야기를 시작하는 것이 박홍규의 깊은 철학세계로의 접근을 좀 더 용이하게 해줄 수 있다. 현 단계에서 그의 무한정자에 대한 사색의 전체를 체계적으로 다시 정리하여 하나의 글에 담으려는 것은 나에게는 과욕으로 여겨진다. 그보다는 일단 『티마이오스』편을 출발점으로 삼아 무한정자에 대하여 제기될 수 있는 철학적 질문의 전체적인 윤곽을 더듬어보면서 첫 걸음을 옮긴 뒤 『필레보스』편을 중심에 둔 후속 연구를 통해 좀 더 가까이 접근해가는 방식을 취하는 것이 내 역량에 맞을 것 같다.

2. 박홍규는 『티마이오스』편 강의를 파토스(pathos)가 무한정자를 통해 받아들이는 것이라는 언명으로 시작한다. '파토스'는 원래 그리스어의 '겪는다'(paschein)라는 동사에 기반을 둔 명사로서 좁게는 격한 감정상태를 뜻하지만, 여기서는 그보다 훨씬 더 넓게 물질세계에서 발견되는 규정성 일반을 모두 포괄하여 지시하는 것으로 이해되고 있다. 그러니까 그는 이 세계에 존재하는 것들은 (영혼 또는 영혼의 특정 부분은 제외하고) 사실상 모두 다 자신의 성질을 스스로 능동적으로 만들어낸 것이 아니라 수동적으로 받아들여 보유하고 있다는 사실부터 강조하고 출발하고 있는 것이다. 나아가 그런 것들이 무한정자를 통해 받아들여진 만큼 규정성을 흐리는 요소가 있어서 서로 명확하게 구별되지 않기도 한다는 것까지 시사하고 있다.

물론 박홍규의 언명이 담고 있는 그와 같은 내용이 처음부터 확실히 다 드러나 있는 것은 아니다. 문답식으로 진행된 강의에서는 이 언명에 대해 당장 무한정자를 통해 받아들인 것이 무엇인지를 묻는 질문이 제기된다. 이 세계에서 발견되는 규정성의 출처를 묻는 이 질문에 대해 플라톤 형이상학을 좀 알고 있는 사람이라면 누구라도 일단은 형상이라는 답을 생각할 것이다. 박홍규의 답도 물론 다르지 않다. 그러나 그는 당장 즉답을 하지 않는다. 논의의 방향을 규정성의 출처인 형상의 역할 쪽으로 끌고 갈 수 있는 즉답보다는 무한정자의 역할에 더 주목하고자 하는 그는 다시 '비슷한 것'(homoion)의 뜻을 분석하는 과제를 제시하고 그 과제와 씨름하는 긴 문답을 이어간다. 이 경우 '비슷한 것'은 감성적인 세계, 즉 운동변화를 겪는 자연세계의 모든 사물이나 성질을 가리키는 말로 쓰인다. 그러니까 앞선 언명에서의 '파토스'와 외연에 있어서는 차이가 없다. 그러나 뜻에 있어서는 '파토스'가 받아들인다는 수동성의 양태에 초점이 맞추어져 있는 반면, '비슷한 것'은 받아들인 규정성의 내용에 더 가깝게 관련되어 있다는 차이가 있다. 박홍규는 비슷한 것들이 지닌 규정성의 기본적인 성격을 좀 더 자세히 캐보면 무한정자의 역할이 어떤 것인지 이해할 수 있는 길이 열린다는 기대를 하고 있는 것이다.

비슷하다는 관계는 일반적으로 대칭적인 것이다. 즉 A가 B와 비슷하면 B도 A와 비슷하다. 두 개가 서로 비슷하다는 것은 그 둘이 공유하고 있는 성질이 있다는 사실에 근거하고 있는데, 그 사실이 바로 관계의 대칭성을 성립시켜 주는 근거가 되기도 하는 것이다. 그러나 그 사실은 대칭성을 보장해주는 충분한 근거까지는 되지 못한다. 가령 외모에 있어서 아들이 아버지와 비슷하다고 할 때 그 둘이 공유하고 있는 성질에도 불구하고 그 관계는 비대칭적이다. 우리말에는 이럴 경우 '닮았다'라는 표현을 써서 관계의 비대칭성을 확실하게 표시할 수 있다. 아버지가 아들을 닮았다는 말을 하지 않는 것이다. 박홍규가 분석하려는 비슷함은 바로 그런 비대칭적 관계이다. 『티마이오스』편에서도 쓰인 플라톤의 용어로는 원상(paradeigma)과 모상(模像, eikon)의 관계가 바로 그렇다. 모상은 원상이 제시하는 기준을 제대로 다 충족시키지 못하기 때문에 원상에 미치지 못한다. 아주 쉬운 예로 원상이 붉음이고 모상이 불그레함이라면 우리는 불그레함을 붉음에 미치지 못하는 것으로 간주한다. 그래서 이 경우 붉음이 불그레함과 비슷하거나 닮은 것이라 하지 않는다. 불그레한 것이 비슷하거나 닮은 쪽인 것이다.

박홍규는 비슷한 것을 분석하면서 우선 비슷한 것이 꼭같은 것은 아니라는 사실부터 짚어낸다. 불그레한 것은 붉은 것과 비슷하지 그 자체가 붉은 것은 아니다. 그렇다고 해서 붉지 않은 것과 같은 것도 아니다. 불그레한 것은 붉은 것도 아니고 붉지 않은 것도 아니다. 그런 어중간함이 비슷한 것의 기본적인 성격이다. 그 어중간한 것들에게는 원상 쪽에 더 가깝거나 먼 정도의 차이가 있을 수 있다. 불그레한 것은 더 붉어서 거의 붉음이라 해도 좋을 만큼 붉음에 가까울 수도 있고 또는 아주 멀어서 그 반대쪽 색에 더 가까울 수도 있다. 비슷함은 정도 차이로 연속되어 있는 중간의 영역 전체에 적용되는 것이다. 그리고 바로 거기가 무한정자의 영역이기도 하다. 『필레보스』편에서 무한정자는 '더함과 덜함'(mallon kai hetton)이라고 설명되고 있는데(『필레보스』, 24a), 박홍규는 그 점을 『티마이오스』편 강의에서 비슷함을 설명하는 가장 중요한 특징으로 끌어들인다. 그의 해석에 따르면 비슷한 것들의 세계, 즉 자연세계는 원상으로부터 주어진 규정성의 기준이 적용되는 영역이지만, 동시에 그 기준을 제대로 충족시키지 못하고 정도의 차이를 두고 그것에 오직 가깝게만 다가갈 수 있게끔 무한정자가 지배권을 행사하는 영역이기도 하다.

비슷함이 정도 차이를 허용하는 것이라면 원상에 가장 가깝게 다가간 것을 상정할 수 있다. 박홍규는 그것을 '비슷하다는 것의 극한치'라고 부르고 그것을 자기동일성(tauton)이 확보된 상태로 규정한다.[2] 그와 같은 규정은 비슷함이 근본적으로 타자의존적 속성이라는 사실에 근거를 두고 있다. '비슷하다'거나 '닮았다'는 말은 필히 무엇과 비슷한지 또는 닮았는지 명시하면서 써야 한다. 그리고 그것은 반드시 자신이 아닌 타자여야 한다. 자기 자신과 비슷하다거나 닮았다는 것은 무의미한 말이다. 이와 같은 의미론적 규칙에 따라 A가 B와 비슷하다고 말을 할 때에 그 존재론적 함축은 명백하다. 그럴 경우 A는 원상 B의 모상으로서 존재하는 것인데, 모상이란 모름지기 원형과 같은 면이 있는 것만큼 모상으로 특정될 수 있다. 다시 말해 모든 모상의 자기정체성은 자신 안에 타자적 요소가 있는 것만큼 확보되는 것이다. 그렇듯 자기정체성이 오직 자기 자신만이 아닌 타자적 요소에 의해 이루어진 모상은 그만큼 덜 자기 자신이라 할 수 있다. 따라서 원상에 더 가까운 모상은 자신 안에 타자적 요소를 그만큼 덜 가지고 있어서 바로 그만큼 더 자기 자신이 된다고, 즉 자기동일성이 증대한다고 할 수 있다. 그리고 그런 식으로 타자적 요소가 가능한 한 최대로 줄어들어 그것이 극한에 이른 경우를 생각해보면 그때가 바로 자기동일성이 최대한 확보된 상태에 도달한 것이겠고, 그런 상태에 도달해 있는 것이 바로 'tauton'이라 불릴 수 있는 것이겠다.

그러면 당장 그것이 바로 형상이 아니겠는가라는 질문이 나올 수 있을 것이다. 그런데 여기에 대해 박홍규는 명백하게 부정의 답변을 내놓는다. "그래, 동일성이지. 형상 그 자체가 된다는 것은 아니야. 원상이 된다는 것

2) 같은 글, 96쪽.

은 아니야. 원상과 같아진다는 것이지. 논리적으로는 원상과 접촉해 있는 것이고."[3] 이 답변은 사실 그가 이해하고 있는 플라톤 형이상학의 기본구도에서 핵심 부분을 집약하여 담고 있다. 그렇지만 인용문만으로는 답변의 논지를 정확하게 포착하기 어렵다. 그러기 위해서는 일단 집약된 내용을 제대로 풀 수 있어야 한다. 중요한 것은 비슷한 것의 극한치는 원상을 향해 수렴되는 연속적인 계열의 최종점이라는 사실이다. 그러나 원상 노릇을 하는 형상은 그 연속적인 계열에 속한 것이 아니라 그 밖에 위치해 있다. 물론 그는 비슷한 것의 극한치가 원상과 같다는 말을 한다. 그러나 그때 같다는 것은 규정성의 측면에서 같다는 것이다. 불그레한 것들의 연속선상에서 그 계열의 최종점에 위치한 붉음은 붉음의 형상과 내용적인 규정에 있어서는 다르지 않다. 그리고 그 둘 다 확실한 자기동일성을 지니고 있다는 점에서도 서로 같다. 그럼에도 둘이 하나가 되지는 않는다. 박홍규는 그 둘이 서로 접촉해 있다고 한다. 여기서 접촉이란 연속과 대비되는 개념이다. 둘이 연속하고 있다는 것은 둘이 하나의 경계선을 공유하고 있다는 것을 뜻한다. 그렇기 때문에 연속된 둘 중 언제 하나가 끝이 나고 다른 하나가 시작되었는지 딱 잘라 구분이 되지 않는다. 하나의 끝이 동시에 다른 것의 시작이기도 한 것이다. 반면 둘이 접촉하고 있는 것은 그 둘 사이에 공동의 경계선이 없다는 것을 뜻한다. 접촉하고 있는 두 개는 서로 이어지지 않고 단절되어 있어서 각각 따로 경계선을 가지고 있는 것이다. 다만 그 두 경계선 사이에 다른 것이 끼어들어가 있지 않아서 둘은 아무 간격 없이 인접되어 있을 뿐이다. 그는 비슷함의 극한치와 형상이 서로 접촉해 있다고 하면서 일단 둘 사이에 끼어든 것이 아무것도 없지만 그 둘 사이에는 단절이 있다는 것을 확실히 해두고 있는 것이다.[4]

---

3) 같은 곳.

4) 여기서 박홍규가 염두에 두고 있는 접촉과 연속의 구별은 아리스토텔레스에게서 빌려온 것이다(『자연학』, 4). 그 두 개념 모두 일차적으로 물리적인 세계에 적용되는 것이지만 그는 그 적용범위를 물리적인 세계에 국한하지 않고 존재론적인 논의의 전 영역으로 확장한다. 그것은 평소 공간적 표상을 통해 자신의 생각을 선명히 하려는 그의 경향을 재삼 확인할 수

만일 비슷함의 극한치와 형상 사이에 단절이 없고 그 둘이 하나가 된다고 가정해보면 그 논리적 귀결은 어떤 것일까? 박홍규는 위의 인용문에 이어 다음과 같이 부연한다. 비슷함의 극한치가 "원상과 같아진다는 것이지, 완전히 하나가 되어서 이 우주가 없어진다는 것은 아니야. 우주가 없어지고, 형상만 남게? 그러면 창조고 뭐고 없잖아."[5] 비슷함의 극한치가 바로 형상이 되면 우주가 없어진다는 것이 그 귀결이라고 한다. 알다시피 『티마이오스』편에서 플라톤은 이 세계가 데미우르고스에 의해 만들어졌다고 상정하고 있다. 박홍규의 부연에서는 '창조'라는 어휘가 쓰이고 있지만, 데미우르고스는 기독교의 신과는 달리 무(無)에서 모든 것을 문자 그대로 창조해낸 것이 아니라 선재(先在)하고 있는 형상을 본으로 삼고 적절한 재료를 가공하여 세계를 만들어냈으니까 창조라기보다는 제작했다는 편이 더 정확할 것이다. 어쨌든 이 대목에서 중요한 것은 선의를 가지고 세계의 제작에 임한 데미우르고스가 최대한 훌륭한 세계를 제작하려 들었다는 것이다. 최대한 훌륭한 세계를 제작하려면 세계 안에 있을 수 있는 모든 것을 완벽한 원상인 형상과 가능한 한 비슷하게 만들어야 하는 것은 당연하다. 따라서 데미우르고스에 의해 비슷함의 극한치는 이 세계에서 실현된 것이다. 데미우르고스가 만들어낸 것이 형상이라는 가정은 실상 무의미한 가정이다. 세계 밖에 이미 존재하는 것으로 상정된 형상계와 똑같은 또 다른 형상계를 만드는 일은 불필요하며 가능하지도 않은 일이기 때문에 데미우르고스가 또 하나의 형상의 세계를 제작했다는 것은 그가 그저 가만히 있었다는 이야기를 하는 셈이다. 그렇다면 세계는 제작되지 않았고 따라서 존재하지도 않는다는 것이니 그런 귀결에 이르는 가정

있는 대표적인 사례 중 하나이다. 우연찮게 플라톤 자신도 형상을 겨냥한 영혼의 인지활동을 종종 '닿는다'는 뜻의 어휘를 사용하여 표현하기도 한다. 박홍규의 연속과 접촉에 대한 가장 자세한 논의는 필연과 우연의 두 개념을 분석하는 맥락에서 이루어지고 있다. 여기서는 『티마이오스』편 강의에서와는 좀 다른 내용이 보태지기도 한다(박홍규, 「필연」, 『형이상학 강의 1』(박홍규 전집 제2권), 62쪽 이하).

5) 박홍규, 「필연」, 『형이상학 강의 1』, 62쪽 이하.

을 심각하게 다룰 까닭은 없다.

   3. 비슷함의 극한치와 형상이 규정성의 측면에서 같지만 둘이 하나가 되지는 않는다는 것을 인정할 수 있다면 그 둘이 어떤 측면에서 서로 구별되는지 좀 더 깊이 캐보아야 할 것이다. 각각의 규정적인 내용에서 구별되지 않는다면 그 둘은 있는 곳이 다르다는 점에서 구별될 수 있을 것이다. 방금 비슷함의 극한치는 이 세계 내에 있는 것인 반면, 형상은 세계 밖에 있다는 것은 확인되었으니 이제는 거기서 한 걸음 더 깊이 들어가 이 세계의 안과 밖이라는 곳의 특성에 대한 박홍규의 설명을 들을 차례가 되었다. 그에 따르면 형상이 위치한 세계 밖의 자리는 무(無)다. 그에 반해 세계 안의 자리는 곧 공간이다. 공간 중에도 비슷함의 극한치가 있는 곳을 논리적 공간으로, 그리고 아직 극한치에 도달하지 못한 비슷한 것들이 있는 곳은 물리적 공간으로 서로 구별한다. 그런데 이 두 종류의 공간은 모두 무한정자에 바탕을 두고 성립한 것이다. 따라서 형상에 더해 무한정자가 어떤 것인지 설명해야 이 세계 전체를 이해할 수 있는 길이 열린다고 할 수 있다.

   이제 무한정자로 이야기를 옮겨가기 전에 우선 형상이 무(無) 속에 자리잡고 있다는 박홍규의 언명에 대해 잠깐 생각해볼 필요가 있다. 플라톤 자신도, 플라톤 연구가들 중 그 어느 누구도 형상에 대해 그렇게 이상한 말을 한 적은 없다. 그것은 오직 박홍규만이 구사할 수 있는 독특한 어법이다. 그런데 그는 그렇게 추상적인 내용을 공간으로 표상화해 보여주는 방식의 설명으로 형상의 존재론적 특성을 더할 나위 없이 선명하게 조명할 수 있었다. 그리고 모상과 모상이 자리잡고 있는 터의 관계를 형상과 무(無)의 관계와 효과적으로 대비하면서 터가 왜 근본적으로 무한정자의 성격을 갖는지에 대한 확실한 설명까지 제시한다.

   형상에 대한 박홍규의 언명은 그 어법이 독특하다고 해서 텍스트의 근거가 전혀 없는 것은 아니다. 『티마이오스』편에서 플라톤은 보통 사람들이 존재하는 것은 어디엔가 자리잡고 있어야 한다고 생각한다는 점을 말하고 있다. "…… 우리는 그것을 꿈결 속에서 쳐다보면서 존재하는 것은 모두 필히 어떤 곳(en tini topo)에 어떤 터(choran tina)를 잡고 있어야 하지, 땅 위 어디에도 하늘 어디에도 자리하지 않은 것은 없는 것이라고 말한다."[6] 인용문에서 쳐다본다고 한 대상은 마침 제3의 종류로 도입된 터이다. 그것을 쳐다보는 상태를 꿈결과 같다고 한 대목은 곧 또 이야기하겠지만, 일단 여기서는 보통 사람들이 존재조건에 대해 가지고 있는 생각에 주목해보기로 하자. 고대 그리스인뿐만 아니라 우리도 비슷한 생각을 한다. 즉 우리도 가령 황당한 괴물과 같은 존재의 이야기를 들으면 "그런 게 어디 있어?"라는 질문으로 반응을 한다. 그 질문이 전제하는 것은 정말 존재하는 것은 꼭 어디엔가 자리를 잡고 있어야 한다는 것이다. 신의 존재를 의심하는 사람은 퉁명스럽게 "신이 어디 있어?"라고 묻는다. 또 그 질문을 받는 쪽에서는 그 질문이 유효한 것이라고 생각해서인지 굳이 저 하늘나라에 계신다고 답한다. 그 답이 못 미더우면 "하늘나라는 어디에 있는데?"라고 재차 묻는다. 형상에 대해서도 그 존재를 미심쩍어 하는 사람들은 그런 것이 도대체 어디에 있는가라는 질문을 던진다. 플라톤주의자의 표준적인 답은 그것이 초공간적인 것이기 때문에 그 질문 자체가 적절치 못하다는 것이겠다. 그러나 박홍규는 형상이 있는 곳을 묻는 질문을 일단 유효한 것으로 접수한다. 그리고 무(無)가 그 자리라고 답한다.

그런데 무 속에 자리잡고 있다는 답은 아무 곳에도 없다. 즉 단적으로 없다는 것을 뜻하는 것이 아니겠는가 하는 생각이 들 수 있다. 그러나 무속에 자리 잡고 있다고 해서 그 자리의 영향으로 있는 것이 없어지는 일은 생길 수 없다. 박홍규는 그런 사정을 다음과 같이 설명한다. "그러니까 무야. 무 속에 들어 있다고 해. 그런데 실제로 무가 아니니까 그것은 있다고 말해. 모든 형상은 그 내용은 다르지만, 그 모든 형상들의 특징 혹은 공통

---

6) Timaeus, 25b 1-3: … πρὸς ὃ δὴ καὶ ὀνειροπολοῦμεν βλέποντες καί φαμεν ἀναγκαῖον εἶναί που τὸ ὄν ἅπαν ἔν τινι τόπῳ καὶ κατέχον χώραν τινά, τὸ δὲ μήτ᾽ ἐν γῇ μήτε που κατ᾽ οὐρανὸν οὐδὲν εἶναι.

치는 무가 아니라는 것이야. 이것만 나와. …… 그러면 이제 거기서 무엇이 구별되느냐면 존재와 무야. 최고의 구별이지. 그 이상은 분석이 안 돼. 그 이상은 분석이 안 되고, 존재와 무는 언제 어느 경우에도 구별되는 것이야."[7] 박홍규는 존재가 무 속에 자리 잡고 있다는 것 때문에 존재 자체가 무가 되지 않는다는 점을 명확히 하면서 존재와 무가 더 이상 분석할 수 없는 궁극의 구별이라는 사실을 그 근거로 들고 있다. 그 궁극의 구별을 그는 '모순율'이라고 부른다. 이 경우 모순율은 존재가 무로, 무가 존재로 될 수 없다는 파르메니데스(Parmenides)의 언명에 바탕을 둔 형이상학적 원리를 뜻한다.[8] 이 원리에 의하면 존재와 무의 단절이 절대적인 것이어서 그 둘은 서로에게 일절 영향을 주고받을 수 없다. 따라서 어느 곳에든 자리 잡고 있는 존재가 그 자리에 의해 영향을 받는다고 해도 그 자리가 자체로 영향을 미칠 만한 아무런 성격을 가지고 있지 않은 그야말로 아무것도 아닌 것, 즉 무라면 거기에 자리 잡고 있는 것은 아무런 영향을 받지 않을 것이 당연하다.

형상들은 여러 다른 내용을 가지고 있지만, 파르메니데스의 기준을 따르면 그 각각은 완전한 존재라고 할 수 있다. 그렇다면 그것들은 무 속에 자리잡고 있어도 완전한 존재 그대로 남아 있어야 한다. 애당초 무는 자리도 제공할 수 없으니까 무 속에 자리잡고 있다는 말은 문자 그대로의 뜻이 아니라 일종의 은유로 받아들여야 하겠지만, 일단 자리를 제공하는 것을 무로 상정한 이상 그 무가 형상을 없앨 만한 특별한 힘을 가지고 있다고 생각할 이유가 있을 수 없기 때문이다. 형상이 무 속에 있는 상황은 그저 존재와 무가 서로 절대적으로 대립해 있다는 모순율의 상황과 사실상 다른 것이 아니다. 그러니까 진정한 의미에서 존재하는 형상에 한해서만

---

7) 박홍규, 「『티마이오스』 편 강의」, 『플라톤 후기 철학 강의』, 104쪽.

8) 박홍규가 말하는 모순율은 논리학의 법칙으로 통용되고 있는—사실은 무모순(non-contradicton)율이라고 부르는 것이 더 정확한—모순율과 똑같은 것은 아니지만, 연관이 전혀 없는 것도 아니다. 그의 입장에서는 명제 사이의 관계인 논리학적 모순율이 존재에 대한 형이상학적 원리에 기반을 두고 성립하는 것이라고 보아야 할 것이다.

큼은 아무 곳에도 없다는 것이 형상이 없다는 것을 뜻하는 이야기가 아니다. 그것은 오히려 형상의 완전한 존재가 모순율을 통해 극명하게 드러난다는 것을 재삼 확인해주는 것이다.

형상과 달리 모상은 『티마이오스』 편에서 '터'(chora)라고 불리는 것에 자리 잡고 있다. 모상이 완전한 존재가 아니듯 터는 완전한 무가 아니다. 모상은 존재하는 형상과 비슷할 뿐이고 터는 무와 비슷할 뿐이다. 그래서 둘은 서로 존재와 무만큼 선명하게 구별되지 않는다. 따라서 그 둘에게는 박홍규가 말하는 존재와 무의 모순율이 적용되지 않는다. 플라톤은 『티마이오스』 편을 집필하기 이전에 그 둘의 관계는 물론 터에 해당하는 것 자체에 대해 특별한 관심을 보이지 않았다. 우리에게 익숙한 현상세계의 사물이 기실 모상에 불과하다는 사실부터 깨닫게 해주고 싶었던 플라톤으로서는 무엇보다 먼저 모상의 존재론적 위상을 조명해 보여주고 그를 통해 형상의 존재로 눈길을 향하게 하는 일이 더 중요하다고 판단했을 것이 틀림없다. 사람들이 초상화를 볼 때 일차적으로 그려진 인물과 모델이 된 실재 인물의 관계에 주의하지 인물의 그림이 자리 잡고 있는 캔버스의 존재에 먼저 주목하지 않는다는 사정을 염두에 두면 플라톤의 그런 판단은 충분히 이해할 수 있을 것이다. 그러나 『티마이오스』 편에서 플라톤은 그때까지 유지되어 왔던 형이상학의 이원론적인 틀에서 벗어나 존재와 생성과는 별도로 터를 제3의 종류로 설정하고 그 원리적 위상을 분명히 인정하고 있다. 이원론적인 틀을 고수하자면 터를 현상세계에 속하는 일부로 간주할 수 있겠지만, 현상세계에 대한 좀 더 깊은 이해를 하자면 모상과 터의 구별을 확실하게 해놓는 것이 절대적으로 필요한 일인 것이다.

그런데 보통 사람들은 플라톤이 굳이 힘들여 제3의 종류로 인정한 터를 사실 제2의 또는 아예 제1의 종류로 대접한다. 방금 인용한 플라톤의 말대로 보통 사람들은 존재하는 것의 근거를 터로 생각한다. 존재하려면 터에 자리 잡고 있어야 한다는 것이니까 터는 어쩌면 그 원리적인 위상이 존재를 능가하는 것이라 할 수도 있다. 어쨌든 터는 그들에게 매우 친숙한 것이다. 그 친숙함은 터 속에서 삶을 영위하는 인간의 현실적 체험에서 비롯한 것이다. 인간은 자신의 삶터의 어디선가 만날 수 있는 것만이 현실적으로 문제가 되는 것으로 취급한다. 아무 데에서도 만날 가능성이 없는 것은 우리에게는 생생한 체험의 대상이 될 수도 없고 나아가 우리가 거기에 친숙해질 기회도 없다. 그러나 그 친숙함이 곧 철학적 사고의 명료함을 담보해주는 것은 아니다. 플라톤의 기준에 따르면 생생하든 아니든 모상에 불과한 것을 존재하는 것으로 여기는 것은 꿈을 꾸는 것과 다를 바가 없는 상태이다. 사실은 꿈결에 보이는 환영이 정말 존재하는 것인지 아닌지조차 문제삼지 않는다. 존재근거를 캐묻거나 하지도 않는다. 막연히 존재하는 것들의 존재근거가 터라는 생각을 고수하려는 사람들도 마치 꿈꾸는 것처럼 그것의 정체가 무엇이어서 존재근거 노릇을 할 수 있는지 제대로 설명할 태세가 되어 있지 않다. 혹시 터에 대한 질문이 제기되면 그 답으로 그 터의 존재근거가 되어줄 또 다른 터를 끌어들이는 방식으로 답을 자꾸 뒤로 미루는 것이 고작일 것이다. 터를 제3의 종류로 설정함으로써 플라톤은 그런 식의 무한후퇴의 길을 차단하고 터의 정체를 정면으로 다루려는 뜻을 확실하게 표명한 것이다.

그러나 터의 정체를 정면으로 다룬다는 것이 간단한 문제는 아니다. 보통 사람들에게 터가 친숙한 것이기는 하지만 그들의 터에 대한 관심은 언제나 터에 자리 잡고 있는 것에 대한 관심에 부수되는 것이다. 삶터, 집터나 일터, 장터, 놀이터 등이 아닌 그냥 빈터는 아주 잠정적인 것으로 간주된다. 그냥 빈터라고 불리는 것도 사실 터 자체는 아니다. 그것은 사람들이 일상적으로 관심을 기울이는 특정한 대상이 발견되지 않는 곳이라는 뜻일 뿐 엄밀한 의미의 빈터가 아니다. 잡초와 쓰레기가 널려 있는 곳이 빈터이지, 그 모든 것이 없고 땅까지도 없는 정말 빈터를 머릿속에 그려보기는 어렵다. 그 점에서 초상화의 캔버스와는 한참 다르다. 터는 어떤 경우에든 직접적인 인식의 대상이 되지 않는다.

터의 인식은 플라톤에게도 곤란한 문제였다. 플라톤의 형이상학에서는 인식론도 존재론과 짝을 맞추어 참된 존재인 형상에는 이성이, 생성 변화를 하는 현상세계의 모상에는 감각이 각각 (배타적·독점적) 일대일

대응관계를 갖는 인식기능으로 배정되어 있다. 존재도 생성도 아닌 제3의 종류인 터는 이성도 감각도 아닌 제3의 기능을 통해 포착될 수밖에 없다. 『티마이오스』편에서 플라톤은 그것을 그것의 위치에 걸맞게 서자(庶子, nothos)적 추리(logismos)라고 부른다(『티마이오스』, 52b2). 플라톤은 이 추리를 자세히 설명하지 않지만, 이 경우 어디에 빗대어 적서(嫡庶)를 구별하는지 잠깐 생각해보면 그 뜻을 짐작하는 것이 아주 어려운 일은 아닐 것이다. 앞서 언급한 바대로 현상세계의 모상들은 완전한 자기동일성(tauton)을 지닐 수 없기 때문에 오직 제한된 의미로만 자기정체성을 가질 수 있다. 그런데 그 제한된 의미의 자기정체성이라도 그것은 모상의 여러 성격 중 원상인 형상과 닮은 것들로 이루어져 있다. 바로 그런 것들을 근거로 모상은 보통 형상과 같은 이름으로 불린다. 말하자면 모상이 자기정체성을 이루는 것들을 형상으로부터 그대로 물려받아 형상의 적통(嫡統)을 이은 것처럼 인정받는 것이다. 반면 닮지 않은 것들은 모상의 자기정체성을 이루는 적극적인 내용의 규정성을 흐리게 하는 소극적인 것들로 취급된다. 그것들은 적통에서부터 먼 서자적인 것들이다. 그리고 그것들은 형상에서 온 것이 아니면 터에서 온 것일 수밖에 없다. 따라서 모상에서 형상과 닮지 않은 서자적인 것들의 출처를 캐는 방식으로 추리를 하는 것이 바로 터의 정체에 접근해가는 길인 것이다.

　모상에서 형상을 닮은 적극적 규정성을 흐리게 하는 요소의 출처가 터라면 박홍규가 그것의 특성을 무한정자로 해석하는 것은 아주 적절해보일 것이다. 무한정자에 해당하는 그리스어 'apeiron'은 그 어원에서부터 적극적인 규정의 구상적인 표현인 'peras', 즉 경계를 부정하는 소극적 원리를 가리키는 말이다. 그렇기 때문에 우리는 그것을 일단 부정될 적극적인 규정성을 인식하면서 같이 인식하지 그 자체만을 따로 직접적인 인식의 대상으로 삼지 못한다. 그야말로 적자(嫡子)의 곁에 붙어 있는 것으로 인식되는 것이다. 그러나 존재론적으로 좀 더 정확하게 말하자면 그것은 현상세계를 이루고 있는 적자적인 것에 섞여 들어가 그것들의 적통을 흐리게 하는 것이라고 해야 한다. 모상과 터는 박홍규가 말하는 존재와 무의 절연이 아니라 터가 모상에게 자리를 제공하는 동시에 그것의 정체성을 약화시킬 정도로 영향을 미치는 관계를 맺고 있는 것이다. 이제 모상이 형상에서 어떤 점에서 멀어져 있다고 할 수 있는지 좀 더 자세히 짚어보면—비록 서자적 추리를 통해서이기는 하더라도—무한정자로서의 터의 정체가 한층 더 확실하게 드러날 것이다.

4. 『티마이오스』편에서 플라톤은 터가 어떤 것인지 정면으로 다루고 있다고 했지만, 그 자신이 말했다시피 그것이 워낙 흐릿한(amydron) 것이기 때문에 주로 비유의 힘을 빌려 이야기를 풀어간다. 박홍규가 해석한 대로 터의 특성이 바로 직접적인 언어적 표현을 통해 지시 또는 기술할 적극적인 규정성을 내용으로 갖지 않는 무한정자의 그것이라면 그것은 어쩔 수 없는 일이라 할 수 있다. 아무튼 플라톤이 터에 대한 논의를 위해 동원한 어휘 중 '터', 즉 그리스어의 'chora'를 제외하면 나머지는 거의 전부가 문자 그대로 받아들이기 어려운 것들이다. 그나마 플라톤의 여러 비유는 각기 터의 다른 측면에 초점을 맞추고 있는 것이 분명하다. 그 각 비유가 겨냥하는 것들을 하나로 종합하고 거기서 터의 전체 모습을 읽어내야 한다. 그러나 비유 중에는 서로 배치되는 성격을 겨냥하고 있다는 해석을 할 수 있는 것들이 있어서 그것들을 하나로 묶어 읽어보려는 시도가 결코 만만한 일이 아니다. 이미 고대에서부터 플라톤의 비유를 놓고 연구가들 사이에 해석이 갈려 논란의 역사가 현대까지 계속 이어지고 있다.

『티마이오스』편에서 플라톤이 동원한 모든 비유가 겨냥하는 것을 무한정자로 보면 지금까지 제시된 그 어떤 해석보다 그런대로 가장 설득력 있는 결과를 얻게 된다. 박홍규의 무한정자는 문제가 되는 비유들 중에 서로 배치되는 것처럼 보이는 계기들이 다 내장되어 있기 때문이다. 이 점은 그가 터의 특성을 무한정자로 파악한 것이 플라톤 철학의 해석으로서 분명한 강점으로 꼽힐 수 있다. 그렇다고 해서 그의 견해가 플라톤의 해석으로 널리 동의를 얻기를 기대하기는 어렵다. 어쨌든 플라톤이 터와 연관해 'apeiron'을 한 번도 언급한 적이 없다는 것은 사실인데, 그는 그 사실을 아무런 설명 없이 그냥 지나쳐버리고 만다. 그러나 그것이 박홍규의 해석을 물리칠 결정적인 이유가 되는 것은 아니다. 그보다 더 무게를 지닌 이유는 그의 무한정자의 세부에 대한 논의가 확실히 『티마이오스』편에서 읽을 수 있는 것을 넘어서는 내용을 담고 있다는 것이다. 박홍규 철학을 주제로 하고 있는 이 글에서는 이제 곧 그의 논의가 어떤 점에서 『티마이오스』편의 울타리를 넘어서는지 확인하게 될 터인데, 한 가지 놓치지 말아야 할 사항은 어떤 경우에도 플라톤 철학의 노선을 완전히 벗어나는 것이 아니라 그 노선을 연장하는 선상에서 이루어지고 있다는 것이다.

누구든 『티마이오스』편의 터에 대해 읽으면 일단 그것이 물체가 차지하는 공간(space)과 같은 것이라고 이해할 것이다. 무엇보다도 '터', 즉 'chora'라는 말 자체가 그 이외의 다른 뜻을 가질 수 없을 것 같다. 자리를 제공한다는 점을 강조하기 위해 터를 '좌석'(hedra)이라는 말로도 부르는데(『티마이오스』, 52b1), 그 말은 비유적인 표현이기는 해도 '터'와 거의 같은 뜻으로 쓰인다고 해도 좋다. 박홍규도 『티마이오스』편의 터를 곧 공간으로 이해한다. '공간'과 '터'를 아예 동의어로 취급하고 강의 중에는 '터'보다는 '공간'을 더 자주 쓰기까지 한다. 다만 곧 더 자세히 이야기하겠지만 그는 공간을 꼭 물체가 차지하고 있는 자리만이 아닌 그보다 더 넓은 뜻으로 이해하고 있다.

공간의 기본적인 특성은 보통 연장성(延長性, extension), 즉 펼쳐져 있다는 것으로 이해되고 있다. 공간의 특성을 달리 이해한 예도 없고 또 달리 이해할 길도 없다고 할 수 있다. 『티마이오스』편에서는 연장성에 대한 직접적인 언명은 없다. 그러나 그에 대한 분명한 시사는 주어진다. 플라톤은 터를 '그릇'(hypodoche)에 비유하고(『티마이오스』, 49a6, 51a5), 나아가 그릇의 기능을 확대·일반화한 것으로 보이는 '받아들이는 것'(dechomenon), 그리고 '모두 받는 것'(pandeches)이라는 표현으로 지시하기도 한다(『티마이오스』, 50d3, 51a7). 그 두 표현도 비유적인 것이지만 그래도 문자 그대로의 뜻에 꽤 가깝게 쓰인 것이다. 이런 표현들은 곧 펼쳐져 있다는 뜻을 담고 있는 것은 아니지만, 왜 터를 펼쳐져 있는 것으로 보아야 하는지 그 이유를 알게 해준다. 즉 펼쳐져 있어야 무언가를 받아들일 자리가 있으리라는 생각이 그런 표현을 동원한 확실한 배경적 이유일 것이다.

박홍규도 공간을 이야기하면서 일차적으로 연장성을 그 기본으로 이해한다. 그런데 그의 생각을 제대로 따라가려면 일단 펼쳐져 있다는 것의 뜻 그 자체에만 철저하게 초점을 맞출 수 있어야 한다. 펼쳐져 있다는 뜻 안에는 그것의 끝점에 대한 요소는 일절 들어 있지 않다. 그래서 어디까지 펼쳐져 있는가라는 질문이 주어지면 자연스럽게 계속 펼쳐져 있음을 생각하게 된다. 펼쳐짐이 끝나는 지점을 생각하면 그것은 펼쳐짐 자체가 아닌 펼쳐짐과 다른 그것과 모순된 것을 끌어들이는 것이다. 그러니까 펼쳐짐의 특성에서 일단 무한이, 즉 터 또는 공간의 특성에서 무한정자적 성격이 단적으로 확인되는 것이다. 뿐만 아니라 연장은 연속을 함축한다. 펼쳐진 것이 끝나는 지점이 없이 계속 펼쳐져 있다는 것은 바로 단절 없이 계속 이어져 있다는 이야기이다. 어디 한 군데라도 끊김이 있으면 그곳에서 펼쳐짐이 끝나면서 이어짐도 더 이상 계속되지 않을 것이다. 물론 펼쳐져 있는 것에는 부분이 있어서 한 부분과 다른 부분은 서로 구분이 된다. 그러나 펼쳐져 있는 것의 부분들 사이의 구분은 서로 간의 단절이 아니다. 앞서 이야기했듯이 두 부분을 구분해주는 경계선은 딱 잘라 여기에만 또는 저기에만 속해 있는 것이 아닌 무한정자적 성격을 드러내고 있는 것이다. 연장과 마찬가지로 그와 표리를 이루는 연속도 무한정자를 바탕으로 하는 특성인 것이다.

그와 같은 특성을 지닌 공간, 즉 터에 자리 잡는다는 것은 어떤 것일까? 형상처럼 무(無) 속에 자리 잡고 있다면 그 밖에는 아무것도 없겠지만, 터에 자리 잡고 있는 것에는 그것의 경계선 밖으로도 터가 더 계속 펼쳐져 있다. 그래서 거기에는 또 다른 것이 자리 잡고 있을 수 있다. 터 때문에 여럿이 있을 수 있는 것이다. 다(多)의 가능근거가 오직 터, 즉 공간이라는 것은 다음과 같은 간단한 사고실험을 통해 확인할 수 있다. 똑같은 삼각형 두 개를 그려넣은 아래의 〈그림 1〉에서 삼각형이 왜 둘로 구별되는

지를 잠깐 생각해보면 된다. 삼각형이라는 규정성으로 말하면 둘은 서로 구별될 길이 없다. 둘은 오직 같은 공간 내에서 각기 다른 자리를 차지하고 있다는 것 때문에 하나가 아닌 둘로 셀 수 있다. 둘 사이의 거리를 없애면 두 삼각형은 그냥 하나일 뿐이다. 그 상태에서는 굳이 둘이라고 할 이유가 없다. 합동이라는 것은 두 도형이 똑같이 생겼다는 일상어적 표현을 좀 더 기하학적으로 엄격하게 표현한 것으로 두 도형이 같은 자리에 위치하면 더 남거나 모자라는 자리가 없이 꼭 그 한자리에서 하나가 되었다는 것을 뜻하는 것으로 이해해도 좋을 것이다. 그것은 두 개의 점을 그려넣은 〈그림 2〉에서는 더욱 확실해 보인다. 점은 공간 속에 위치만을 내용적 규정성으로 가지고 있는데, 위치가 같을 때 한 점이라고 하면 그만이지 한 위치에 두 점이 있다거나 하는 식의 상태를 생각하는 것은 아무 쓸모도 없는 짓이다.

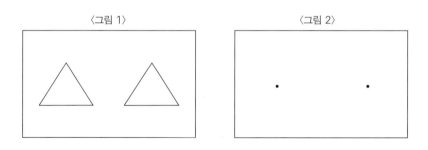

〈그림 1〉　　　〈그림 2〉

공간에 자리 잡고 있는 것은 형상과 비슷한 모상들인데, 그것들은 공간의 성격상 거기에 여럿 들어설 수 있다. 하지만 그것이 꼭 몇이어야 한다는 것은 정해져 있지 않다. 텅 빈 터를 얼마든지 상상할 수 있으니까 아무것도 없을 수 있다. 또 무수한 수의 모상이 들어설 수도 있다. 무한하게 펼쳐져 있으니까 자리가 얼마든 있을 수 있다. 둘 사이에도 빈자리가 있고 거기에도 또 무한한 수가 들어설 수 있다. 그러나 근본적으로 무한정자인 공간이 몇이라고 명확하게 한정된 수의 근거가 될 수는 없다. 적극적으로 한정된 내용의 규정은 모두 형상적인 것을 출처로 한다. 모든 종류의 수도 마찬가지로 현재의 논의 맥락에서 일차적으로 고려해야 하는 가장 기본적인 종류인 자연수도 그것이 명백히 한정된 크기로 특정될 수 있는 한은 형상에서 비롯한 것이다. 〈그림 1〉이나 〈그림 2〉를 보면서 두 개의 삼각형 또는 두 개의 점이라는 말을 할 수 있는 것은 형상으로서 둘에 조회할 수 있기 때문이다. 뿐만 아니라 둘을 세기 위해서는 삼각형 또는 점으로 특정될 수 있는 낱개가 전제되어야 한다.[9]

박홍규는 명확하게 한정된 수로 셀 수 있는 대상을 곧 '단위'(unit)라고 부른다. 그러니까 그의 어법에 따르면 예시된 그림에서 둘을 이루는 각 낱개인 삼각형 또는 점이 단위이다. 그리고 또 그 낱개들이 모여 이룬 둘이라는 것도 하나의 단위로 간주된다. 둘도 가령 둘과 둘을 합쳐 넷을 이룬다거나 할 때 하나의 단위 노릇을 할 수 있는 것이다. 단위는 공간의 연장성과 연속성 그리고 형상에서 비롯한 명확한 수의 특징을 합쳐 가지고 있는 것이다. 그것은 한마디로 무한정자와 한정자의 교직(交織)이라고 할 수 있겠다. 이 교직이 일차적으로 일어나는 곳이 박홍규가 말하는 논리적 공간이다. 형상의 세계에서는 형상이 단위로서 존재하지 않는다. 형상은 무(無) 속에 있기 때문에 서로 단절되어 있어서 한 형상이 다른 형상과 하나로 묶일 단위의 역할을 하지도 않으며 서로 하나로 묶여 복수로 지칭할 수 있는 새로운 단위를 이루지도 않는다. 형상은 서로 관계를 맺지 않는다. 이어져 있어야 관계가 성립할 수 있는 것이다. 그런데 공간 속에서 서로 이어져 있으면 자기동일성에 문제가 생긴다. "관계라는 것은 연속되는 것 아냐? 연속되면 자기동일성이 사라져야 할 것 아냐?"[10] 하지만 자기동일성이 사라지면 단위도 단위로서 기능을 할 수 없다. "그 동일성을 확보해

---

9) 센다는 것은 세는 것이 무엇인지 확실한 기준에 의해 결정되어 있어야 가능하다. 가령 밑도 끝도 없이 '세어봐'라고 주문을 하면 우리는 무엇을 세라는 말인가 되묻게 된다. 사람들이 몇이나 있는지 또는 책상이 몇 개나 있는지 또는 예시된 그림에서처럼 삼각형, 점을 세라고 해야 비로소 셈을 시작할 수 있는 것이다. 형상을 수와 수를 이용한 셈의 가능근거로 인정하는 것은 적어도 형상을 세계 설명의 기본원리로 인정하고 있는 플라톤, 아리스토텔레스 전통의 철학에서는 당연한 일이라 하겠다.

10) 박홍규, 「『티마이오스』편 강의」, 『플라톤 후기 철학 강의』, 108쪽.

주는 것이 단위이지. 그렇지 않으면 혼돈에 빠진다는데."[11] 따라서 단위라는 개념을 도입하면서 그는 관계맺음과 자기동일성의 유지를 최대한 화합시킬 수 있는 가능성을 제시한 것이다. "둘이 서로 관계를 맺으면서도 무한정자로, 다시 말해 무질서에 안 빠지게 하는 것이 단위의 기능이야."[12] 앞서 말했듯이 논리적 공간에서는 모상의 비슷함이 극한치에 도달해서 형상과 같아진다. 그리고 그런 한 자기동일성을 유지할 수 있다. 그러면서도 무(無) 속이 아닌 타자와 이어질 수 있는 같은 공간 속에 자리 잡고 있어서 관계맺음을 가능하게 해준다.

그렇지만 단위가 단위로서 온전하게 제값을 하는 것은 오직 논리적 공간에서일 뿐이다.[13] 『티마이오스』 편이 다루고 있는 물질세계의 터는 그런 곳이 아니다. 그런 점에서 논리적 공간은 추상적 공간이다. 구체적인 공간에 자리 잡고 있는 모상들은 그것이 원상인 형상과 거리가 먼 만큼 단위로서의 기능은 약화되어 있다. 그 때문에 물리적인 현상세계를 수학적인 질서를 찾는 과학적 설명방식으로 접근하는 것에는 한계가 있는 것이다. 한마디로 구체적인 물리적 공간에서는 논리적 공간에서보다 무한정자적인 요소가 좀 더 두드러져 나타난다고 할 수 있다. 이제 논리적 공간에서는 발견되지 않지만 물리적 공간에서 나타나는 것을 짚어보면 박홍규가 생각한 무한정자가 어떤 것인지 한층 더 확실해질 것이다.

---

11) 같은 글, 111쪽.

12) 같은 곳.

13) 박홍규가 상정하는 논리적인 공간은 하나만이 아니라 여러 종류가 있다. 위에 예시된 그림의 공간은 유클리드 기하학의 공간이다. 더 정확히 말하면 그 중에서도 평면기하학의 2차원적 공간이다. 유클리드 기하학에는 입체기하학의 공간인 3차원적 공간도 있다. 그는 비유클리드 공간도 논리적 공간의 일종으로 본다. 단, 비유클리드 기하학 공간은 '운동의 흔적이 들어간 공간', 즉 무한정자의 요소가 더 들어가 있는 공간으로 해석했다(「고별강연」, 『형이상학 강의 1』, 22쪽). 그의 논리적 공간에는 위계적인 종류의 구별이 있는 것이다. 그런 구별의 근거와 단위의 성격에 관해서는 좀 더 자세한 추후 논의가 필요하다. 그 논의는 박홍규 철학을 이 글에서 시도한 것보다 한층 더 깊이 이해할 수 있는 계기를 마련해줄 것이다.

5. 물리적 공간에 특유한 무한정자적 성격이 어떤 것인지 확인하고자 한다면 무엇보다도 먼저 물리적인 세계에서는 그 세계의 사물이 자리 잡고 있는 공간과 그 사물을 이루고 있는 질료가 궁극적으로 서로 구별되지 않는다는 점에 특별히 주목할 필요가 있다. 『티마이오스』편에서 터가 곧 공간으로 해석될 수 있다는 것을 이미 확인한 바이지만, 동시에 터를 질료로 해석할 수 있는 묘사도 발견된다. 플라톤은 질료, 즉 'hyle'라는 말 자체를 쓰지 않았다. 그러나 터를 황금 또는 밀랍에 비유하고 그것을 재료로 삼아 상을 조각하거나 새겨넣는 것을 터에 형상을 닮은 모상이 자리 잡는 과정으로 기술하고 있다(『티마이오스』, 50c2). 또 터를 어머니나 유모에 비유하기도 하는데(『티마이오스』, 49a6, 50d3, 51a5, 52d5, 88d6), 이는 물체가 생기고 커지게끔 하는 기능을 겨냥한 것이니까 그 역시 터가 질료라는 해석을 지지해주는 것으로 보아야 할 것이다. 물체의 덩치를 이루는 것과 관련된 그런 기능은 적어도 사람들이 일반적으로 생각하는 공간의 기능, 즉 자리를 내주는 정도를 넘어 질료에나 해당될 수 있는 것이다. 그러나 터를 질료로 해석할 수 있는 가능성은 플라톤 후대의 철학자들 사이에서는 큰 시비거리가 되었다. 터를 공간으로 해석할지 아니면 질료로 해석할지, 그 중 한쪽을 택하면 다른 쪽을 지지해주는 것으로 보이는 증거는 어떻게 설명해야 할지 등에 대해 의견이 서로 엇갈려 논란을 벌였던 것이다. 그리고 아직까지도 그 논란은 완전히 종식되지 않았다.[14] 하지만 이런 논란은 공간과 질료가 혼동해서는 안 될 만큼 서로 전혀 다른 것이라는 전제를 했기 때문에 시작된 것이다. 박홍규처럼 공간이든 질료든 그 바탕을 무한정자로 보면 그 둘의 차이를 절대적인 것처럼 여길 까닭이 없다. 그의 입장에서는 터가 공간인지 아니면 질료인지 그 중 꼭 하나로 해석해야 한다는 강박이 오히려 이상하다. 하지만 그런 강박이 박홍규의 입장보다 우리에게

---

14) 고대에 있었던 이 논란의 흐름을 간략하게나마 조감하려면 Dana R. Miller, *The Third Kind in Plato's Timaeus*, Goettingen, 2003 참조. 밀러 자신은 『티마이오스』편에서 공간과 질료는 구별되고 있다는 입장을 취하고 있는 연구가이다.

는 더 친숙하다. 그의 입장을 좀 더 잘 이해하기 위해서는 그 강박의 정체부터 잠깐 이야기할 필요가 있다.

『티마이오스』편의 터에 관한 해석을 놓고 벌어진 논란의 시발점은 플라톤이 자리(topos)와 질료를 혼동하고 있다는 비판을 하고 나선 아리스토텔레스에 의해 마련되었다. 항상 그렇듯이 플라톤의 입장을 고려한 해석을 배제하고 전적으로 자신의 철학적 관점에 입각한 그의 비판은 그리 공정한 것이 아니었지만, 먼 후대까지 관련 논의의 진행에 지대한 영향을 미쳤다. 그는 일상 어법상 한 물체가 어디에 있는지(en tini)에 대한 질문과 그것이 무엇으로 되어 있는지(ek tinos)에 대한 질문을 구별하는 의미론적 규칙을 기반으로 자신의 이론을 정립했다. 그 두 질문에 대한 답변이 전혀 다르다는 사정을 자리와 질료에 대한 이론적 구별에서 그대로 반영하였다. 아리스토텔레스에게는 자연세계의 사물이 형상과 질료로 되어 있기 때문에 질료는 어쨌든 그 사물에 속하는 것이다: 반면 그 사물의 공간적 위치는 그 사물 자체에 속하는 것이 아니다. 그 점은 한 사물이 공간이동을 할 때 분명하게 드러난다. 공간이동을 하는 사물은 자신이 점유하고 있는 자리까지 같이 들고 움직이지 않는다. 공간이동이라는 것이 한 자리에서 다른 자리로 옮아가는 것이기 때문에 움직이면서 자리까지 가지고 떠나면 공간이동은 일어나지 않는다. 그러나 그 사물이 움직이면 그 사물을 이루고 있는 질료도 같이 움직인다. 그는 이 구별을 일관되게 끝까지 밀고 나가 자리를 아예 한 물체를 그 물체 밖에서 둘러싸고 있는 2차원적 표면으로 정의했다. 그러니까 아리스토텔레스의 공간은 보통 사람들이 생각하는 것과 같이 물체가 차지하고 있는 3차원적으로 연장된 공간과 한참 다른 것이다. 자리를 이런 식으로 이해한다면 그것은 질료를 비롯해 도대체 한 물체의 경계선 안쪽에 있는 것과는 다른 것으로 구별하는 것이 마땅하다. 그러나 『티마이오스』편의 터는 그런 독특한 의미를 지닌 자리가 아니다. 그렇기 때문에 아리스토텔레스의 플라톤 비판은 그리 공정하다고 말할 수 없다는 것이다.

그러나 아리스토텔레스 이후 그의 공간에 대한 생각은 널리 지지를 얻지 못했다. 그의 후계자들 대부분은 그가 공간의 문제를 자리의 문제로 지나치게 축소했기 때문에 결국 공간에 대한 일상적인 이해와는 거리가 너무 먼 이론을 구상하기에 이르게 된 것이라고 생각했던 것 같다. 어쨌든 물체를 밖에서 둘러싸고 있는 2차원적 평면이 물체의 자리라는 생각은 급격하게 퇴조했고 3차원적으로 펼쳐진 공간이 물체가 들어서 있는 자리이거나 물체가 앞으로 들어설 빈자리라는 생각이 대세가 되었다. 그럼에도 아리스토텔레스의 플라톤에 대한 비판은 무효화되지 않았다. 자리와 질료의 구별이 공간과 질료의 구별로 바뀌었지만, 비판의 요지는 그대로 효력을 유지했다. 다시 말해 물체가 들어서 있거나 들어설 3차원적 공간도 물체 자체를 이루는 질료와는 다르다는 것이다. 그러나 그렇게 바뀐 이야기는 자명한 것이 아니다. 아리스토텔레스의 비판은 표적 설정에 있어서 문제가 있지만, 그의 자리에 대한 정의를 인정하면 그가 하듯이 자리와 질료를 엄정하게 구별하는 것은 당연한 일이다. 하지만 아리스토텔레스처럼 자리를 물체 밖에 설정하지 않고 물체의 경계선 안쪽에 있는 공간으로 바꾸어 생각하고 나면 공간과 질료의 차이를 설명하는 것은 어려운 과제가 된다. 그 과제는 기실 특별한 성격의 공간을 거의 실체화하는 것과 같은 형이상학적 작업의 수고가 요구되는 일이다.

여기서 특별한 성격의 공간이라고 한 것은 아이작 뉴턴(Isaac Newton)의 고전물리학이 상정하고 있는 공간의 성격을 말한다. 즉 무한한 연장과 연속은 일단 어떤 종류의 공간에서든 기본적인 것이지만, 거기에 더해 연장과 연속의 방향이 3차원적으로 정해져 있고 전체적으로 등질성(等質性)과 등방성(等方性)의 성격을 갖고 있는 그런 공간이다. 그리고 우리의 논의 맥락에서 특히 중요한 점은 그것이 일체의 움직임이 없어 그런 성격을 고정불변으로 보유할 수 있다는 것이다. 그와 같은 공간은 이 물리세계의 유일한 표준적 공간이라는 것이 오늘날 거의 일반적인 통념이 되었다. 그것은 무엇보다도 뉴턴 물리학의 빛나는 성공 덕택이었지만, 어느 날 불쑥 뉴턴이 그런 공간을 생각해낸 것은 아니다. 그것은 고대 이래 철학자들의 공간에 대한 사색의 긴 전통을 배경으로 지닌 성과물이다.[15] 철학적 사색의 수고가 없었다면 그 누구도 얼른 그런 공간에 생각이 미치지 못할 것이다. 다양한 성질을 보이면서 수시로 움직이는 사물들이 자리를 가득 채우고 있는 현실의 물리세계를 지각하면서 그것들에 의해 가려진 배면에 또다른 특별한 존재, 즉 고정불변하는 순백무결의 공간이 있다는 생각이 저절로 들 리는 없다. 그런 공간은 현실의 물리세계를 채우고 있는 사물들의 형상과 나아가 질료를 터로부터 추상해내는 동시에 그 터를 정제·표백해서 구상해낸 것이다.

그 공간은 박홍규의 입장에서 보면 사실상 논리적 공간의 한 종류이지 물리적 공간이 절대 아니다. 그가 생각한 물리적 공간은 아리스토텔레스 후대의 철학자들이 정제·표백해내야 할 질료적인 것이라고 간주한 것을 아직 그대로 가지고 있는 것이다. 그것들을 뺀다는 것이 곧 추상화한다는 것이니 그 결과는 추상화된 논리적 공간이 아닐 수 없다. 그의 물리적 공간은 고정불변의 순백무결을 특징으로 하는 것이 아니라 아예 적극적인 성격적 규정을 거부하는 특징을 가지고 있다. 그래서 끊임없이 움직이고 변화한다. 순백무결도 하나의 고정된 상태라면 그것 역시 유지될 수 없다. 그리고 움직이기 때문에 시간이 공간과 붙어 있을 수밖에 없다. "실제 있는 사물은 운동과 결합되어 있고, 그것이 어디서 시작하고 어디서 끝나는지를 모르는 상태에서부터 공간이 시작합니다. 그것을 유동(flux)의 상태라고 말합니다."[16] 물리적 공간의 상태가 유동이라는 생각을 철저히 밀

---

15) 그 고대 전통은 플라톤 이전인 레우키포스(Leukippos)와 데모크리토스(Democritos)에서 시작하여 에피쿠로스(Epicouros)를 거쳐 6세기의 필로포노스(Philoponos)까지 이어졌다. 아리스토텔레스 저작의 고대 말 마지막 주석가인 필로포노스는 공간을 사실상 아리스토텔레스적인 실체의 범주에 올려놓고 그 긴 고대의 전통을 마무리했다. 중세를 건너뛴 뒤 근세는 벽두부터 데카르트가 공간을 오직 순수한 연장성만을 본질로 갖는 실체로 규정하면서 그 전통을 다시 살려냈다. 그 뒤 뉴턴은 공간을 아리스토텔레스식 범주의 틀을 벗어나는 것으로 생각했지만 공간의 성격에 대해서는 기본적으로 데카르트와 같은 노선을 지켰다. 칸트도 비록 공간을 인식주체의 감성 형식으로 간주했지만, 공간의 성격에 관한 한 이전 시기에 확립된 기본노선을 벗어나지 않았다. 이들 모두는 공간이 그 무엇보다도 수학적인 법칙의 성립을 보장해줄 수 있는 성격을 가져야 한다는 생각에서 공간의 성격에 대하여는 기본노선을 고수했다고 볼 수 있다.

고 나가면 그것이 고전적인 물리학적 공간처럼 3차원적으로 한정되어 있지 않다는 생각으로 연결될 수밖에 없다. 몇 개의 한정된 방향으로 고정될 수는 없지만, 움직이는 한은 시간 차원도 함께 묶어 생각해야 한다. 그런 점에서 박홍규는 아마 시공간 연속체를 상정하는 알베르트 아인슈타인(Albert Einstein)의 특수상대성 이론을 염두에 두고 자신의 물리적 공간에 대한 생각을 좀 더 엄밀하게 가다듬었을 수도 있다.

『티마이오스』편의 터에 대한 설명 중에는 움직임을 겨냥한 것이 틀림없는 비유가 동원되고 있다. 플라톤이 우주가 생성되기 전 상태에 관한 이야기를 하는 단계에서 터의 특징을 키(plokanon)에 비유한 것이 바로 그 예다(『티마이오스』, 52e6). 키는 곡식 중에 섞여 있는 쭉정이나 티끌 같은 것을 까부르는 데 쓰이는 도구이다. 이 비유는 그러니까 터가 마치 키를 마구 흔들어대는 것처럼 움직인다는 것을 시사하는 것이라고 할 수 있다. 박홍규처럼 애당초부터 물리적 공간을 움직이는 것으로 보지 않고 고전물리학의 공간으로 이해하고 『티마이오스』편의 터도 그런 것으로 해석하려는 연구가들에게는 터가 전(前) 우주적 상태에서부터 그러니까 애당초부터 키처럼 마구 흔들리는 것으로 기술된 것은 곤혹스러운 대목이 될 수밖에 없다. 이미 고대에서부터 공간은 정적인 것이기 때문에 공간 자체가 움직임이 필연적으로 생기게 하는 원인이 될 수 없다는 문제가 제기되었다. 최근까지도 일부 연구가들은 그것을 『티마이오스』편의 터에 대한 설명이 안고 있는 가장 심각한 문제점 중의 하나로 진단하고 있다.[17] 그러나 그들은 애당초부터 플라톤은 생각하지 않았던 고전물리학의 공간을 가능한 공

---

16) 박홍규,「고별강연」,『형이상학 강의 1』, 22쪽.

17) 플라톤의 터가 지닌 연장성과 연속성만을 근거로 해서는 생성세계에서 발견되는 무질서하고 번다(繁多)한 움직임이 어떻게 생겨날 수 있는지 설명하기 어렵다는 내용을 담고 있는 한 연구가의 다음 질문이 그와 같은 진단을 명확하게 표현하고 있다. "Mais le fait d'être spatialisé suffit-il à expliquer la fuyance propre du sensible et le désordre qui lui est inhérent et que Platon prend tant de soin à décrire?"("Note à propos de l'extériorité présumée du réceptacle platonicien", Interpreting the Timaeus-Critias, Jean-Marc Narbonne, Proceedings of the IV Symposium Platonicum, ed. T. Calvo & L. Brisson, 1997, p. 222)

간의 표상 중 가장 표준적인 것으로 전제하고 들어갔기 때문에 묻지 않아도 좋을 문제에 봉착한 것뿐이다.

박홍규가 논의한 내용에는 플라톤의 충실한 해석이라기보다는 자신의 철학이라고 할 수 있는 부분이 더 많겠지만, 그의 터에 대한 해석은 고전 물리학의 영향으로부터 비교적 자유로운 출발점을 택했기 때문에 오히려 좀 더 정확한 텍스트의 이해를 가능하게 해주었다고 할 수 있다. 그는 무한정자를 출발점으로 삼고 있다. 그는 무한정자적 요소가 가장 승한, 그래서 터가 바로 무한정자와 동일한 상태라고 해도 좋을 전 우주적 상태에서 출발하여 형상에서 비롯한 한정자적인 요소가 차츰 증가하는 단계로 올라가면서 그 사이 우리가 몸담고 있는 이 우주의 물리적 공간을 위치시켰고 또 그 위에 논리적 공간을 놓았다. 그에게 무한정자의 움직임은 처음부터 주어진 것이기 때문에 어디서 움직임이 왔는지 설명할 필요가 없다. 그보다는 움직임이 질서 있는 움직임으로 정리되어가는 과정을 설명하는 것이 맞는 순서인 것이다. 시간 역시 움직임과 더불어 주어지는 것이지만 질서 있는 움직임과 같이 질서 잡힌 시간으로 정리되는 것이다. 그런 순서를 따르는 설명이 『티마이오스』편의 해석으로도 적절할 수 있다는 것을 여기서 굳이 또 강조할 필요는 없을 줄 안다.

『티마이오스』편에서 이야기되고 있는 전 우주적 상태에서나 우주의 물리적 공간에서 사실 질료와 터의 차이는 모호하다. 질료는 형상과 더불어 자기동일성을 가진 하나의 개체를 이루는 것인데, 전 우주적 상태에서는 두말할 것 없고 우주가 생겨난 뒤에도 온전하게 자기동일성을 보유한 개체는 없다. 아리스토텔레스가 자리와 질료의 구별을 위한 결정적인 논거 중 하나로 삼았던 공간이동도 『티마이오스』편의 터로 옮아오면 터의 상태가 바뀌는 것으로 다시 설명할 수 있다. 즉 공이 여기서 저기로 굴러가는 현상은 터의 한 부분의 상태가 둥글게 뭉쳐 있는 것으로 보였다가 바뀌면서 다음 순간 다른 부분이 그와 비슷한 상태가 되는 것이라는 설명이 가능한 것이다. 터라는 거대한 질료의 상태 변화만 있을 뿐이지 자기동일성을 지닌 개체의 개별적 움직임은 우리의 부정확한 상상이라고 해야 할 것이다. 박홍규가 이해한 『티마이오스』편의 터에서 일어나는 일의 진상은 바로 그런 것이다. 터에 대한 이런 이해는 우연찮게도 고전물리학이 아닌 현대물리학의 공간이해와 일맥상통한다. 아원자(亞原子)의 세계에 적용되는 현대물리학의 장(場)이론은 미립자의 운동을 거시세계의 물체가 운동하는 방식과는 다른 방식으로 설명할 수 있는 가능성을 열어놓았다. 그의 생각이 그 부분에서 현대물리학과 어느 정도까지 보조를 같이 하는지 또한 『티마이오스』편 자체가 어느 정도까지 현대물리학적 통찰의 힘을 빌린 해석을 허용하는지 아직은 좀 더 따져보아야 할 문제이다. 그렇지만 그가 무한정자를 출발점으로 삼아 플라톤 철학의 해석을 시도하면서 세계에 대한 철학적 사색의 첨단을 답사하고 있는 것은 분명하다.

6. 이제 글을 마무리하면서 논의가 미진한 채 남겨놓은 문제가 한둘이 아니라는 사실을 새삼 확인하게 된다. 무엇보다도 박홍규가 말하는 논리적 공간에 대해서는 보충해야 할 사항이 꽤 많을 줄 안다. 특히 논리적 공간의 존재론적 위상은 어떤 것인지 제대로 문제삼지 못했다. 박홍규 철학의 기준으로 보자면 고전물리학의 영향을 받은 사람들은 일반적으로 논리적 공간을 마치 물리적 공간인 것처럼 취급해야겠는데, 그 둘을 같은 것으로 보면 논리적 공간의 존재론적 위상 문제는 별로 심각한 것이 되지 않는다. 논리적 공간은 물리적 세계에 실재하는 것이라는 실재론 입장을 취하거나 칸트처럼 인식주체 안에 위치시키는 관념론적 입장을 취하거나 둘 중 하나일 것이다. 그러나 논리적 공간과 물리적 공간을 박홍규의 방식에 따라 구별하고 나면 그 다음 논리적 공간의 위치에 대해 어떤 말을 할 수 있는지가 당장 어려운 문제로 떠오른다. 『티마이오스』편에 논리적 공간에 대해 아무런 이야기도 없지만, 데미우르고스가 우주를 만들어내면서 기하학적 도형을 사용했다는 이야기를 근거로 미루어 짐작하면 데미우르고스의 머릿속이 그 위치라고 해야 할 것 같다. 그런데 데미우르고스의 머릿속이라는 위치가 무엇을 의미하는 것일까? 그의 머릿속에 있다는 것을 관념론이나 실재론이라는 틀만 가지고 명확하게 설명하기는 어렵다. 능동

적 제작자라는 데미우르고스의 기능이 어떤 것인지부터 천착해보아야 그 답을 얻을 수 있을 것이다. 따라서 과제는 박홍규의 능동자(poioun)에 대한 사색의 길이 어디로 향하는지 그 길을 탐사해가는 큰 과제로 연결된다. 실제로 그의 철학에서 무한정자의 문제 못지않게 결정적인 중요성을 지닌 또 하나의 부분이 있다면, 그것은 능동자의 정체일 것이다. 박홍규가 플라톤에 이어 앙리 베르그송(Henri Bergson)의 철학에 깊이 매료되었던 것도 바로 능동자와 관련된 문제의식 때문이었던 것이 틀림없다. 그러니까 그의 베르그송 철학에 대한 논의까지 살펴보기 전에는 그의 철학에 대한 연구는 항상 미진한 것으로 남아 있을 수밖에 없다.

끝으로 또 이 글을 쓰는 내내 플라톤의 생각과 플라톤에 대한 박홍규의 생각 그리고 플라톤에 대해 생각하는 그에 대한 나의 생각을 가능한 한 서로 분간해서 쓰려고 애썼다는 것을 첨언하고 싶다. 과연 애쓴 효과가 얼마나 있는지는 잘 모르겠다. 고전의 해석을 통해 철학적 사색을 이어가야 하는 것은 당연하다고 생각한다. 고전이 고전으로 통용되어온 그 긴 세월의 두께가 실려야 정말 심중한 의미를 지닌 철학적 사색을 이어갈 수 있기 때문이다. 박홍규는 플라톤의 철학을 해석하면서 그런 심중한 의미의 철학적 사색을 이어갔다. 이제 그의 후학들이 박홍규 철학을 해석하면서 그런 철학적 사색을 이어갈 때가 되었다. 그러니까 이 글에서 해석의 중첩이 혹시 혼동을 일으키는 수가 있더라도 연구 초기 단계의 일로 양해해주기 바란다. 앞으로 연구를 더 진척시켜나가면서 그 점에서도 개선을 위해 노력할 것이라고 다짐한다.

| 참고문헌 |

최화, 『박홍규의 철학』, 이화여자대학교출판부, 2011.

Calvo, T. & Brisson, L.(eds.), *Proceedings of the IV Symposium Platonicum*, 1997.

Gill, M., "Matter and Flux in Plato's Timaeus", in *Phronesis*, 1987.

Miller, D., *The Third Kind in Plato's Timaeus*, Göttingen, 2003.

Reydames–Schils, J.(ed.), *Plato's Timaeus as Cultural Icon*, Notre Dame, 2002.

Sorabji, R., "Analysis of Matter, Ancient and Modern", The *Presidential Address, The Proceedings of Aristotelian Society*, 1985.

_____, *Space, Matter and Motion*, Cornell University Press, 1988.

제2장

0과 1 사이

윤구병

0, 1, 2, 3, 4, 5, 6, 7, 8, 9가 저마다 어떻게 우리 머릿속에 눌러 붙는지를 밝히는 일은 숫자의 탄생배경과 연관하여 흥미로운 고찰이 될 것이다. 먼저 좌표의 축과 연관해서 0은 '불가피한 요청'으로 받아들여지고 있다. 0을 중심에 놓고 정수를 비롯한 모든 수가 배열되기 때문이다. 이 점에서는 음수도 양수도, 허수도 실수도 마찬가지다. 심지어 복소수도 0점을 비켜갈 수 없다. 우리는 1이 단위로서 '있는 것'과 연관되고 0이 모든 수열이 나열되는 원점으로서 '없는 것'과 연관된다는 것을 알고 있다. 그러나 '있음'(존재)과 '없음'(무)이라는 철학적 논의에 상관없이 수학에서도 0과 1의 위상과 기능의 차이가 자명하다는 전제를 깔고 '수'와 연관된 모든 논의가 진행된다는 점에는 이론의 여지가 없다. 다른 말로 1은 0과 다르다. 모든 1이 '같음'(tauton)의 울타리에 든다면 모든 0이 '다름'(heteron)의 울타리 안에 있다. 이때 모든 1의 집합이 '1'이라는 숫자로 표기된다면, 다시 말해 여러 '하나'(1)가 1의 집합을 이룬다면 모든 0의 집합은 '0'이라는 숫자로 표기되며 '다름'의 집합으로서 0은 연산규칙에 따르는 '1+1=2'와는 달리 존재론적인 '2'의 특성을 갖는다. (그렇지 않다면 우리는 0과 1의 연산으로 이루어지는 '2진법'이 무엇을 뜻하는지 설명할 길이 없어진다.) 그런데 '있는 것'으로서 '하나'(1)와 '없는 것'으로서 '영'(0)은 서로 다른 것으로

서 이 둘이 다르다는 것을 구별하려면 '같은 것'도 아니고 '다른 것'도 아닌, '있는 것'도 '없는 것'도 아닌 제3의 것이 사이에 들어 0과 1을 갈라 세우는 경계 구실을 해야 한다. 철학에서 흔히 '무규정성' '무한정성'으로 부르는 이 제3자가 수학에서 ∞로 표기되는 '무한' 또는 '아페이론'(apeiron) 개념이다. 0을 원점으로 해서 좌표축을 그릴 때 가로축과 세로축은 어떤 것을 X축으로 놓고 어떤 것을 Y축으로 놓느냐, 다시 말해 X축과 Y축에 0에서 1에 이르는 어떤 수치를 놓고 가더라도 그것이 양수이든 음수이든 상관없이 그 좌표를 통해서 드러나는 공간은 규정된 수가 확정되는 선과 그 선을 중심으로 전개되는 여러 수열들의 곡선으로 드러나게 된다. (여러 형태의 파동으로 나타나게 될 이 수의 변환에 대한 논의는 이 논문의 주제도 아니고 내가 다룰 능력도 없어서 빼기로 한다.) X축과 Y축에 따라 열리는 공간은 규정성을 내포한 무규정성의 영역이므로 0, X($\pm$1), Y($\pm$1)^2=3^{2}으로 표기하고, 1에서 9에 이르는 정수를 3^{2}으로 나눌 때 어떤 수의 계열이 드러나는지 살펴보자.

1, 2, 3, 4, 5, 6, 7, 8, 9를 3^{2}으로 나눌 때 어떤 수의 행렬이 나타나고, 무한히 반복되는 이 수열을 임의의 지점에서 인위적으로 끊어낼 때 '나머지' 수가 무엇인지를 보자. 1부터 시작하면 다음과 같다. (편의에 따라 소수점 아래 아홉 자리에서 끊겠다.)

1) $1/3^2$ = 0.111111111 …… (나머지 1)

2) $2/3^2$ = 0.222222222 …… (나머지 2)

3) $3/3^2$ = 0.333333333 …… (나머지 3)

4) $4/3^2$ = 0.444444444 …… (나머지 4)

5) $5/3^2$ = 0.555555555 …… (나머지 5)

6) $6/3^2$ = 0.666666666 …… (나머지 6)

7) $7/3^2$ = 0.777777777 …… (나머지 7)

8) $8/3^2$ = 0.888888888 …… (나머지 8)

9) $9/3^2$ = 0.999999999 …… (나머지 9)

여기에서 다른 수의 행렬이야 같은 숫자의 무한반복이라고 치더라도 어떻게 해서 $9/3^2$가 1로 떨어지지 않고 0.999의 연속으로 나타난다고 하는지 의문이 있을 수 있고, 따라서 이런 방식의 나눗셈에 반론이 있을 법하다. 여기에 대한 대답은 이렇다.

"0을 원점으로 1에 이르는 제반 수열이 드러나는 X축, Y축 안에서 성립되는 공간은 그것이 공간이라는 점에서 무규정성의 영역이다. 이 좌표에서 1은 극점이다. 따라서 이 좌표 안의 어느 공간에서도 극점 1은 나타날 수 없다."

0을 원점으로 하는 좌표를 그리면 이런 모습이 될 것이다.

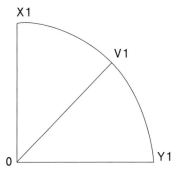

이 좌표에서 X축과 Y축은 바뀌어도 되고 좌표의 방향도 거꾸로 뒤집거나 돌려도 된다. X에서 V를 거쳐서 Y에 이르는 (그 반대방향이어도 상관없다) 것을 원의 1/4 크기를 나타내는 '호'라고 보고, 이 '호'의 모든 '점'(point)은 0에서 1에 이르는 등거리에 있다.

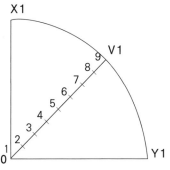

이 좌표(90°)를 45°로 양분하는 직선상에 '나머지'들을 차례로 늘어놓으면 이렇게 될 것이다. 좌표가 달라짐에 따라 이 '나머지' 앞에 '-' 부호를 붙여서 그 나머지가 '음수'임을 나타낼 수도 있다. 여기에서 우리는 0점에서 1에 무한히 접근하는 0.111……에서 0.999……에 이르는 반복되는 '수'들을 얻었다. 이때 대각선 모습을 띤 0 → V는 유클리드의 평면기하학에 나타나는 이른바 '직선'이다. 그러나 이 '직선'은 '겉보기'일 뿐이고, 이 '직선'으로 수렴되는 0 → 1, 1 → 0의 파동곡선이 무한히 중첩되어 있다. 이 도표에서는 수렴의 방향은 0으로, 확산의 방향은 1로 나타난다. 공간 속에서 두 번 이상 반복되는 것들은 저마다 규정성을 지니게 되므로 우리는 0과 1 사이에서 무규정성을 나타내는 '제3의 것' 곧 3을 제곱함으로써 무규정성의 한 영역인 X축과 Y축을 연결하는 공간좌표를 얻고(원으로 드러날 수 있는 공간좌표의 1/4) 그것을 순차적으로 나눔으로써 반복수열과 같은 '나머지'도 얻었다. 바로 이 '나머지'가 우리가 무규정성의 전체 영역에서 찾을 수 있는 정수 계열이다.

3^2을 통하여 V선을 찾고, '나머지'를 얻기 전에 이미 1, 2, 3, …… 9를 미리 규정해 놓고, 그렇게 규정된 숫자를 3^2으로 나누어 똑같은 '나머지' 숫자를 얻는 것이 무슨 의미가 있느냐는 질문이 나옴직하다. 이에 대한 답변을 하기 전에 우리는 같은 수를 같은 수로 나눌 때도 하나같이 1로 환원되지 않고 0.999……로 무한히 반복되는 수열을 얻을 수 있고, 그 '나머지'들도 나누는 '수'와 나누어진 '수'와 같은 모습으로 드러날 수 있음을 확인할 필요가 있다.

아래의 나눗셈이 그렇다.

1) 1/1=1, 또는 0.999…… (나머지 1)

2) 2/2=1, 또는 0.999…… (나머지 2)

3) 3/3=1, 또는 0.999…… (나머지 3)

4) 4/4=1, 또는 0.999…… (나머지 4)

5) 5/5=1, 또는 0.999…… (나머지 5)

6) 6/6=1, 또는 0.999…… (나머지 6)

7) 7/7=1, 또는 0.999…… (나머지 7)

8) 8/8=1, 또는 0.999…… (나머지 8)

9) 9/9=1, 또는 0.999…… (나머지 9)

이때 0.999……는 무한히 촘촘해지는 채의 구멍이고, '나머지'는 그 채에서 빠져나가지 못한 저마다 다른 덩어리로 볼 수 있다. 이 덩어리들이 일정한 규칙성을 띠고 배열될 때 우리는 '하나'(1)로 환원되지 않는 수의 행렬이 있다고 할 수 있다. 또 '하나'(1)를 여러 조각으로 나눌 때 우리의 원초적 의식 속에 들어오는 것은 '있는 것'과 '없는 것'뿐이고, 흔히 '존재'와 '무'로 불리는 이 추상의 가장 높은 단계에서 나타나는 '최고류'(最高類) 개념이 서로 다름을 확인하려면 이들을 나누어야 한다. 다시 말해서 "있는 것과 없는 것은 다르다"는 것을 확정하기 위해서는 이것을 수식으로 나타내야 하는데 이때 나타나는 수식은 '1÷0'이 되고 그 결과는 '1÷0=∞'이 된다. 이것이 무규정성, 무한성의 수학적 표현이다.

0과 1의 관계맺음, 또 1과 0의 관계맺음과 1과 1, 또 0과 0의 관계맺음을 수식으로 나타내보자.

$$0 \times 1 = 0, 1 \times 0 = 0$$
$$0 \div 1 = 0, 1 \div 0 = \infty$$
$$0 + 1 = 1, 1 + 0 = 1$$
$$0 - 1 = -1, 1 - 0 = 1$$

1ㄱ × 1ㄴ = 1, (자리를 바꾸어) 1ㄴ × 1ㄱ = 1
1ㄱ ÷ 1ㄴ = 1, (자리를 바꾸어) 1ㄴ ÷ 1ㄱ = 1
1ㄱ + 1ㄴ = 2, (자리를 바꾸어) 1ㄴ + 1ㄱ = 2
1ㄱ - 1ㄴ = 0, (자리를 바꾸어) 1ㄴ - 1ㄱ = 0

0ㄱ × 0ㄴ = 0, (자리를 바꾸어) 0ㄴ × 0ㄱ = 0
0ㄱ ÷ 0ㄴ = 오류, (자리를 바꾸어) 0ㄴ ÷ 0ㄱ = 오류
0ㄱ + 0ㄴ = 0, (자리를 바꾸어) 0ㄴ + 0ㄱ = 0
0ㄱ - 0ㄴ = 0, (자리를 바꾸어) 0ㄴ - 0ㄱ = 0

계산기에 나타나는 이 관계맺음의 결과로 얻는 다른 수치들은 일단 자명한 것으로 보아 제쳐놓더라도 여기에서 두 가지 의문이 떠오른다. 그 하나가 왜 '1÷0=∞'이라는 계산 결과가 나올까 하는 것이고, 또 하나가 왜 '0÷0=오류'라는 계산 결과가 나올까 하는 것이다. 수를 다루는 다른 영역의 사람들, 이를테면 보험회사원이나 은행원 또는 물품 판매원이나 수학 교사들 같은 사람들에게는 이런 의문이 부질없는 것이고 '의미 없는' (meaningless) 물음일지도 모른다. 그러나 다른 영역의 사람들, 양자역학이나 천체물리학을 다루는 물리학자나 통계학자, 일부 수학자나 철학자들에게는 그렇지 않다. 특히 존재론이나 형이상학을 다루는 철학자들은 이 의문에 답할 의무가 있다.

수학에서 '÷' 부호로 표시하는 이 '나누기'가 뜻하는 것은 무엇일까? 미친 짓이라는 욕을 먹는 셈치고, 계산기에 나타나는 수식을 '존재론적 언어'로 바꾸어 보면 '1÷0=∞'은 '있는 것을 없는 것으로 나누면 끝이 없다', 또는 '있는 것과 없는 것을 가르면 (그 사이에) 있는 것도 아니고 없는 것도 아닌 것이 나온다'라는 말이 될 수 있으며, 이것을 우리는 한편으로 '무한'(infinite)으로, 또 한편으로 '무규정'(indefinite)으로 이름 짓는다. 여기에서 우리는 '있는 것'(1)과 '없는 것'(0)의 관계가 '의미 있는' 것이 되려면 반드시 '있는 것'이 앞서고, '없는 것'이 뒤따르는 차례가 지켜져야 함을 엿볼 수 있다. '없는 것'(0)을 '있는 것'(1)으로 나누어 보았댔자 없는 것이 있는 것으로 둔갑할 수는 없으니까. 없는 것은 있는 것이 사이에 들어 어떻게 갈라놓아도 없는 것이니까(0÷1=0). '무한성' 또는 '무규정성'을 다루기에 앞서 '나눔' 또는 '나뉨'이 무엇을 뜻하는지 먼저 살펴보자. '있는 것'(1)을 둘로 나누면 '절반'(0.5)이 될까? 여기에 있는 절반(0.5)과 저쪽에 있는 절반(0.5)을 보태면 다시 감쪽같이 하나가 될까? (0.5+0.5=1)? '일반수학'에서는 '그렇다'고 한다. 그러나 앞에서 우리가 살펴보았듯이 '나머지'가 그렇다는 뜻이고, 3^2으로 나누는 일이 지겨워서 더 나누지 않고 남겨놓은 몫이 '나머지'라는 것으로 밝혀졌다. 이 말은 '0.5+0.5'가 겉보기에는 '1'이지만, 어떤 '둘'도 보태면 반드시 '하나'가

되리라는 법은 없다는 말이다. '있는 것'(1)은 '있는 것'(1)이고, '없는 것'(0)은 '없는 것'(0)이라는 관점에 서면 '있는 것'(1)을 '없는 것'(0)으로 나눈다고 해서, 또는 '있는 것'(1)이 '없는 것'(0)으로 나뉜다고 해서 '없는 것'(0)이 '있는 것'(1)의 한가운데 들어서서 '있는 것'(1)을 똑같은 '절반'(0.5)으로 나누라는 법은 없다. '절반'(0.5)은 '나누기'의 특수 사례일 뿐이다. 그나마 '나머지'를 살필 때 그렇다는 것뿐이다. '나눔'은 제3자의 개입을 뜻하고 '있는 것'도 아니고 '없는 것'도 아닌 이 세 번째 것은 1과 0 사이에 들어서서 온갖 빈터를 열고 갖가지 흐름을 빚어내는데, 우리는 이 빈터를 '공간'이라고, 흐름을 '시간'이라고 부르고 때로는 '정지'와 '운동'을 나타내는 말로도 쓴다. '있는 것'(1)을 '없는 것'(0)으로 나누는 것은 뺄짓이 아니다. 그 결과가 있다. 그러나 그 결과로 나온 것, '있는 것도 아니고 없는 것도 아닌 것'(∞)이 무엇인지 우리는 알 수 없다. 그것이 무엇으로 어떻게 드러나는지, 또 어떤 흐름을 이루고 어떻게 움직이는지 알 길이 없다. '수렴'하고 '확산'하는 경향만을 '통계적'으로 점칠 수 있을 뿐이다.

다음으로 '0÷0=오류'라는 계산기의 '계산 결과'(?)를 살펴보자. 이 계산을 '일상언어'로 풀이하면 '없는 것'은 '없는 것'으로 나눌 수 없다 또는 '없는 것'은 '없는 것'으로 나뉘지 않는다는 말인데, 이 말이 무슨 뜻일까?

'없는 것'(0)이 '있는 것'(1)과 '다른 것'이라는 건 분명한데(그래서 '같은 것'tauton이 먼저고, '다른 것'heteron이 그 다음이라는 것은 알겠는데), 이 '다른 것'(0)이 저 '다른 것'(0)과 갈라지는, 나뉘는 길을 찾는 것이 왜 잘못이라고 할까? 두 가지로 생각할 수 있다. '없는 것'에는 밖에서 어떤 힘을 써도 '없음'이 지니고 있는 '저됨'(자체성 또는 자기동일성)을 바꿀 수 없다. '0×0=0', '0+0=0', '0-0=0'은 '없는 것'(0)에는 어떤 '작용'을 하더라도 그에 따르는 '반작용' 없는, 다시 말해서 모든 작용이 무화되는 측면을 '작용'의 측면, 곧 '×, +, -' 측면에서 확인하는 과정이며, '1×0=0'은 '같은 것'으로서 '있는 것'(1)과 '다른 것'으로서 '없는 것'이 '있는 것도 아니고 없는 것도 아닌 것'(∞)을 사이에 두지 않고 만나면 '쌍소멸'됨을 나타내는 결과를 빚는다는 해석이 가능하다. 그러면 '1/0=∞'은 어떻게 보아야 하는가? '1÷0=∞'을 바꾸면 '1=0×∞'이 된다. 이 도식은 0점(영점)에서 무한에 이르는 온갖 빈터에 갖가지 흐름으로 드러나는 '시-공간'(time-space)은 '있는 것', '하나'(1)라는 극한치에 수렴한다는 해석이 가능하다. (물론 이것은 '해석'이고, 이에 대한 여러 반론이 있을 수 있다.) 이렇게 볼 때 '1÷0'은 '없는 것'(0)이 '다른 것'으로 '같은 것'(1, '있는 것')에 힘을 미치는 '능동성'을 드러내고, '0+1=1' '0-1=-1'은 '다른 것'으로서 '없는 것'(0)이 '같은 것'으로서 '있는 것'(1)에 어떤 저항도 하지 않는 '순수수동성'의 측면을 보여준다.

0에서 1에 이르는 수학상의 모든 좌표에서 0이 확산과 수렴의 '원점' 노릇을 하는 것은 0이 지닌 이런 속성 때문이다. 우리가 무한한 확장력을 가지는 것으로 여기는 갖가지 '수열'은 따지고 보면 '원점'인 0('없는 것')에서 출발하여 확장의 한계이자 극한점인 '있는 것 바로 그것'(1) 안에서 이루어지며, 그 수열의 바탕에는 0을 깔고 있다. 다시 말해서 우리가 1, 2, 3……으로 표기하는 정수 계열은 알고 보면 0.1, 0.2, 0.3……의 계열이고, '있는 것'(1)의 테두리를 벗어나지 못한다. (어떤 '상수'도 0과 1 사이의 한계를 뛰어넘을 수 없다. '빛의 상수'나 '중력 상수'까지도.)

양자역학이나 천체물리학에서 말하는 '쌍소멸'의 수학적 표기는 여러 가지일 수 있다. 우리가 보통 '1-1=0'이라고 할 때 이것은 '(+1)+(-1)=0'으로도 표기될 수 있고, 제법 큰 자리 수로 여겨지는 '999-999=0'은 '(+999)+(-999)=0'의 다른 표기이고, 이것은 모두 '하나'(1)인 '있는 것'의 테두리 안에서 이루어지는 연산이라는 점에서 '0.1-0.1=0' '(+0.1)+(-0.1)=0' '0.999-0.999=0' '(+0.999)+(-0.999)=0'의 축약된 표기이다.

이로써 우리는 다음과 같은 공간 표상, 평면에 그려진 동그라미('불교'의 한 종파인 '원불교'에서는 이것을 '일원상'—圓相이라 부른다)를 얻는다. ⊙ 여기서 바깥 테두리는 '하나'(1)인 '있는 것'이고, 한가운데 있는 '원점'(元點)은 크기도 없는 '없는 것'(0)이다. 시각적으로 드러내 보이고자 하니까 바깥 테두리가 점을 감싸고 있는 것으로 나타나지만 사실 '하나'(1)인 '있는 것'도 크기가 없기는 마찬가지다. ('크기가 없다'는 말은 '무한하다'라는 말의 다른 표현이기도 하다.)

※ 덧붙이는 헛소리 하나

우리의 머릿속에 어떻게 '하나'(1)가 떠올랐고, 그것이 '있는 것'으로 믿어져 '하나님'(有一神)이 되었는지 우리는 알 수 없다. '하나로 있는 바로 그것'은 우리가 생각할 수도 입 밖에 꺼내 말할 수도 없는 것이기 때문이다. 우리는 여럿(多)의 최소 단위인 둘을 빌리지 않고는 생각할 수도 없고 말할 수도 없다. '있는 것'과 다른 것은 '없는 것'밖에 없는데, 이 '없는 것 바로 그것'도 생각과 말을 벗어나는 것이다. 그러나 이 둘이 있고 그 사이에 '있는 것도 아니고 없는 것도 아닌 것'이 나타나 '있는 것'과 '없는 것'을 떼어놓으면서도 이어주는 구실을 함으로써 우리가 머릿속에 받아들이는 이 우주와 현상계, 그리고 생명의 역사가 펼쳐지게 된다. 그러나 우리는 우리의 머릿속에 어떻게 '없는 것'(0)이 떠올랐으며 그것이 '저됨'(자체성)을 지니게 되고 1을 나누어($1 \div 0$) 무한한 것(∞)을 낳았는지 모른다.

우리가 '없는 것'도 있다고 여기지 않으면 눈으로 보고, 귀로 듣고, 코로 냄새 맡고, 혀로 맛보고, 살갗으로 느끼고, 생각 속에 간직하는 온 누리를 밝혀낼 수 없다. '가까운 것에서 먼 것으로' '단순한 것에서 복잡한 것으로' 뻗어나가는 길은 두 갈래인데, 그 하나는 '있는 것에서 없는 것으로', 다른 하나는 '없는 것에서 있는 것으로' 가는 길이다. 우리는 세모꼴(삼각형)의 크기를 줄이고 '안금'(중첩된 삼각형 안에 남아 있는 선)을 차례로 지워 '코흐의 눈송이'를 얻을 수도 있고, '만델브로트의 프랙탈'(잘게 잘게 가지 치면서 닮은꼴을 빚어내는 끊임없는 연속과정)을 얻을 수도 있다. '있는 것'(1), '없는 것'(0), '있는 것도 없는 것도 아닌 것'(∞)이 상호작용하여 '세 빛 문제'(three color problem)를 일으키는 과정도 아직은 미궁이다. 그러나 아직 해결되지 않고, 어쩌면 사람 머리로는 끝끝내 밝혀낼 수 없을지도 모르는 이 근본 문제를 외면하고도 우리는 저마다 살 길을 찾는다.

※ 덧붙이는 헛소리 또 하나

‘하나’(1)(점)로 옴치면 온갖 모습은 마치 선회하는 삼각뿔의 꼭짓점처럼 사라지고 열에너지로 나타나는 힘은 끝없이 커지며, 한 점에서 시작된 소용돌이가 삼각뿔의 둘레를 돌면서 퍼지고 또 퍼지면 그 과정에서 두 가닥(‘있는 것’과 ‘없는 것’)의 매듭이 이런저런 모습과 출렁임으로 나타나 우리의 눈길을 끌다가 마침내 모습도 움직임도 사라져 ‘빔’(0)이 된다. 이 ‘하나’로 옴침이 극대화하는 점을 우리는 1이라고 표기하고, 그것을 천체물리학자들은 ‘우주중력’(gravitation of universe)이라고도 부른다. 그리고 그 과정을 ‘수렴’(conversion) 또는 ‘응집’(confusion)이라 이른다. 반대로 이 ‘하나’로 ‘있는 것’이 터져나가(bigbang) 퍼지고 또 퍼지면서 열기를 잃어가는 과정을 ‘확산’(diversion) 또는 ‘산란’(difusion)이라고 부르는데, 그 극한점은 정지점이자 에너지의 무덤인 ‘열사’가 이루어지는 곳(0)이라는 ‘전설’이 있다. (‘M이론’이니 ‘다우주이론’ 같은 것을 들먹이는 자들도 있는데 이것도 ‘거짓말’〔假設〕일 뿐, 내가 이제까지 지껄인 것이나 다를 바 없는 헛소리의 일종이다. 갈갈갈.)

제3장

소은(Platonberg)[1] 박홍규의 형이상학과 자연과학

송영진

1. 박홍규의 형이상학

박홍규의 형이상학은 우리가 정확하게 규정하기는 어렵지만, 그의 논문 「베르그송에 있어서의 근원적 자유」와 「고별 강연」에서 그 윤곽이 잘 드러나 있다. 나는 그것을 베르그송의 지속(la durée)에 기초하여 플라톤의 존재론을 해명한 인식형이상학이라고 부르고자 한다. 이러한 박홍규의 형이상학은 형이상학과 존재론으로 분류될 수 있다. 존재론은 파르메니데스의 존재론적 사고를 영혼의 역동적 능력(dynamis)에 기초하여 이데아론으로 정리한 플라톤의 존재론에서 오고, 형이상학은 기억현상을 가능하게 한 의식의 지속현상을 동적(動的) 존재론으로 설명하는 베르그송에서 온다. 어떻게 고대 플라톤의 존재론과 현대의 베르그송의 형이상학이 만날 수 있는가? 그것은 서양철학이 만물의 생성·소멸을 모순율에 따르는 사유정신(nous, 근대적 용어는 '이성')으로 설명하려고 한 파르메니데스의 존재

---

1) '소은'(素隱)은 윤명로가 지어주신 것으로 그 뜻은 그의 학문태도와 관련된 것이지만, 여기서 내가 서구식으로 'Platonberg'라 붙인 것은 박홍규의 형이상학인 학문내용 때문이다. 즉 그것은 플라톤(Platon)과 베르그송(Bergson)의 합성어로 "산은 산인데 봉우리가 많은 넓은 산"이라는 뜻이다. 히말라야나 백두산 혹은 작게는 지리산을 지칭한다.

론에서 기원하기 때문이고, 이 사유정신의 본질이 능동·수동의 역동적 기능을 전제하고 있다는 인간 영혼(psychē)에 대한 인식론적 통찰 때문이다.

서양철학의 기원이 된 고대 그리스 자연철학은 인식론적으로 이오니아학파의 감관·지각적 직관의 일원론과 엘레아학파의 감각과 사유의 이원론으로 첨예하게 갈린다. 이오니아학파의 인식 일원론적 학설은 헤라클레이토스(Heracleitos)의 만물유동론(萬物流動論)으로 정리되는데, 만물유동론은 우리의 감관·지각(aisthesis)에 의해 직관적인 진실로 파악된다. 이러한 만물유동론은 근대에서는 G. W. F. 헤겔(G. W. F. Hegel)이 이성과 연관지어 변증법적으로 정리하였고 현대에서는 에드문트 후설(Edmund Husserl)이 현상학을 창시했듯이 상대론적인 사고가 특징이다. 반면에 엘레아학파는 크세노파네스(Xenophanes)에서 유래하여 파르메니데스에서 일자(一者)존재론으로 정리되는데, 파르메니데스의 일자(一者)철학은 인식론적으로 감관·지각과 우리의 사유정신을 첨예하게 분리하고 사유만을 '존재'로 파악한 파르메니데스의 모순율에 따르는 사유의 변증법에 기초하고 있다.[2]

---

2) 만물(우주, 자연)의 원리(archē)를 탐구하기 시작한 그리스 자연철학에서 자연 개념을 존재 개념으로 변모시킨 파르메니데스의 존재론은 사실 우주론과 우주원인론으로 모순율에 따르는 전체·부분의 논리적 사유에서 '존재'(on)에 우리의 사유가 인식론적으로는 한계를 부여할 수밖에 없고, 존재론적으로는 "있느냐 없느냐"라는 배중률에 따를 수밖에 없는 결과로 나타나는 것이다. 즉 파르메니데스의 존재론의 변증법은 존재와 허무 사이에 접촉에 의한 한계가 존재하는데, 이러한 한계에 대한 인식이 전체·부분의 논리에 따르는 것이다. 이러한 파르메니데스의 일자존재론의 변증법에서 문제가 되는 것은 전체·부분의 논리와 유한과 무한의 관계인데, 헤겔이 말하듯이 무한은 한계를 지닌 전체·부분의 논리와 한편으로는 반대를 함축한 상대적인 것이고, 다른 한편으로는 무한이 유한을 포함하거나 초월하는 관계가 있다는 것이다. 결국 우주와 자연현상의 다양성을 설명하려는 전체·부분의 논리적 사유는 제논(Xenon)의 '여럿에의 부정' 논증이나 '운동 부정'의 논증에 나타나는 딜레마의 형식적 구조를 지닌다. 따라서 파르메니데스의 존재론의 변증법에서 성립하는 일자존재는 그리스 자연철학에서는 우주와 이를 구성하는 요소적 존재라는 양의성을 지닌 원자론으로 정리되어 나타나기도 하고, 플라톤의 우주론과 이 우주에서의 구조적 체계를 상징하는 이데아론에서처럼 기하·수학적 사유의 형식에 기초한 변증법으로 정리되어 나타나기도 하는 것이다. 플라톤의 『파르메니데스』편에 나타난 변증법에서 수에 대한 발생론적 설명과 『티마이오스』편에 나타난 우주론 참조.

그런데 파르메니데스의 존재론에 나타난 일자존재론의 변증법은 주어+술어 형식의 언어를 사용하는 인류의 존재론적 사고에서 첨예하게 나타나는 존재와 허무 사이의 배중률(to be or not to be)과 모순율(ex nihilo nihil fit)에 기초한 논리적 사유를 토대로 하고 있다. 즉 우리가 존재와 허무의 의미를 논리적으로 사유하면서 만물(우주-자연)의 생성·소멸을 설명하려면 이러한 존재와 허무의 의미에 대한 논리적 사유를 가능케 하는 모순율에 따른 정신의 분석·종합의 능력이 필수적인데, 파르메니데스의 일자존재론의 이면에는 이러한 정신의 분석·종합의 방법론으로서 변증법이 전제되어 있다.

그리스 자연철학적 전통에서 파르메니데스의 존재론은 이러한 모순율에 따르는 정신의 논리적 사유의 필연적인 결과로 나타난 것이므로 그리스 자연철학자들과 당시 사회에 커다란 지적 충격을 주었다. 그리하여 파르메니데스의 존재론을 기점으로 하여 이오니아학파의 전통은 원자론으로 정리된다. 이 원자론은 유물론적인 것으로 알려져 있으나 원자의 운동 원인을 정신적인 것에 두는 에피쿠로스(Epicouros)와 루크레티우스(Lucretius)의 원자론에서는 경사운동을 하는 자유원자가 나타난다.[3] 다른 한편으로 파르메니데스의 인식이원론의 전통에 맞는 영육(靈肉)분리의 존재론적 전통이 피타고라스가 소아시아 지방에서 들여온 오르페우스 종교에 자리하고 있었다. 이러한 피타고라스학파의 이원론적 학설을 플라톤은 파르메니데스의 존재론과 결합함으로써 원자론에 맞서는 이데아론을 전개한다. 결국 그리스에서 기원한 서양의 모든 철학은 우주와 만물의 생성·소멸과 운동을 지적으로 설명하려는 것에서 발생한 것이고, 궁극적으로는 인간의 사유정신에 대한 인식론적 반성의 결과이자 인간 영혼의 존재를 매개로 나타난 파르메니데스의 부동의 존재 및 운동의 관계 문제와 연관된다.[4] 그리고 이러한 정신적 존재의 모델은 인간이 지닌 신체나 물

---

3) 송영진, 「에피쿠로스의 원자론과 신의 문제」, 『동서철학연구』, 제65호, 한국동서철학회, 2012년 9월호 참조.

질과 떨어져 초월적으로 존재한다고 생각되는 신으로 표상되고 명명된다. 이 때문에 고대의 플라톤과 베르그송이 만날 수 있는 것도 바로 이러한 영혼의 존재론적 위상과 인식론적 기능에 대한 파르메니데스의 존재론적 성찰을 토대로 한 우주적 지혜를 통해서이다.

플라톤 철학에서 파르메니데스 존재론과 관계하여 나타나는 영혼의 존재론적 위상은 오르페우스 종교와의 관계에서는 『파이돈』 편에, 그리스 신화의 신들과의 관계에서는 『파이드로스』 편에 가장 잘 나타나 있다. 아울러 영혼의 감관·지각이나 기억과 관계하는 인식론적 기능과의 관계에서는 『테아이테토스』 편에서, 영혼의 능력이 파르메니데스의 존재론적 언어와의 관계에서는 『소피스테스』 편에서 (그리스어) 문장으로 잘 나타나 있다. 특히 『테아이테토스』 편은 헤라클레이토스의 만물유동론에 기초하여 동적 존재론의 관점에서 인식의 문제—감관·지각적 경험은 물론 기억과 관계하는 존재론적 사유에서의 존재인식의 발생과 인식의 진위관계를—잘 설명하고 있다. 그런데 현대에서 동적 존재론을 표명한 것은 베르그송과 알프레드 N. 화이트헤드(Alfred N. Whitehead)이다. 그러면 플라톤의 『테아이테토스』 편에 버금가는 베르그송의 파동론적인 동적 존재론에 기초한 인식론은 어디에서 이루어지고 있는가? 그것은 베르그송의 주저 가운데 하나인 『물질과 기억』(Matière et mémoire)에서이다. 베르그송은 이 저서에서 영혼의 역동적 능력과의 관계에서 감관·지각과 기억현상은 물론 이를 토대로 하여 플라톤의 이데아 개념에 해당하는 보편관념들이 발

---

4) 한국에서 인식론과 관련된 파르메니데스의 존재론의 중요성을 설파한 사람은 1970년 철학연구회에서 파르메니데스의 존재론에 대하여 최초로 (구두로) 발표한 박홍규이다. 그럼에도 불구하고 지금까지도 고대존재론을 인식론적으로 전환한 것이 독일의 칸트라고 회자되고 있는데, 이것은 일제 식민지 치하에서 철학을 공부한 박종홍 때문이라고 말할 수 있다. 왜냐하면 일본인들이 근대화하면서 서양철학을 칸트, 헤겔의 독일철학을 통해 받아들였기 때문이다. 그러나 칸트에 의해 존재론적 사색이 인식론으로 바뀌었다고 말하는 것은 마치 서구에서 형식논리학이 아리스토텔레스에서 이루어졌다고 하는 것과 마찬가지이다. 왜냐하면 아리스토텔레스의 형식논리학이 아리스토텔레스의 천재에 의해서 갑자기 이루어진 것이 아니라 플라톤의 『파르메니데스』 편의 존재론적인 변증법에 맹아가 숨어 있었기 때문이다. 송영진, 『플라톤의 변증법』, 철학과현실사, 2000 참조.

생하는 과정을 잘 설명하고 있다.[5] 박홍규의 인식형이상학 또한 세계에 소개할 만한 한국철학으로서 독창적인 관점에서 서양철학을 받아들여 플라톤과 베르그송의 철학을 훌륭하게 종합하고 있다. 이것을 최화가 『박홍규의 철학』이라고 정리한 것이다.[6] 이러한 인식형이상학은 박홍규의 최초의 논문인 「베르그송에 있어서의 근원적 자유」에 압축되어 잘 나타나 있다.

박홍규에 따르면 「베르그송에 있어서의 근원적 자유」에 나타나 있듯이 파르메니데스에 기초한 그리스 자연철학의 결정체인 원자론이나 플라톤의 이데아론은 모순율의 필연성에 따르는 영원좌표로서 공간화하는 존재론이고, 베르그송의 형이상학은 베르그송의 말대로 공간화할 수 없는 시간성(기억)을 지닌 자발성으로서 존재가 방황하는 원인으로서의 플럭스(flux, 플라톤의 chora인 장소) 속으로 침투하면서(거슬러 올라감으로써) 나타나는 시간좌표로서의 동적 존재론이다. 따라서 베르그송의 형이상학이야말로 현실적인 존재(existence)를 다루는 진정한 형이상학이다.[7] 이러한 관점에서 보면 공간화하는 존재론이 생성·소멸이 있는 동적 세계인 현실적인 존재론으로서의 의미를 지니는 것은 베르그송의 진정한 형이상학을 통

---

5) 박홍규의 형이상학은 추측컨대 플라톤의 이데아-존재론을 지속에 기초한 동적 존재론으로 해체-구축(de-construction)한 베르그송에서 온다는 것을 알 수 있다. 「베르그송에서의 근원적 자유」에 나타난 바와 같이 플라톤의 영원좌표인 공간좌표를 베르그송의 지속-시간좌표로 환원하는 박홍규의 사상은 플라톤의 『테아이테토스』편(152-d-e)과 베르그송의 『물질과 기억』의 인식론에 기초하고 있는 것으로 알고 있다. 참고로 이러한 추측이 단순한 추측만은 아니라는 점은 내가 베르그송의 『물질과 기억』에 대한 석사학위 논문을 작성하여 보고할 때, "베르그송의 『물질과 기억』의 내용은 요약하여, 결국 플라톤의 『테아이테토스』편에 대한 현대적 해석이 아닙니까?"라고 물었을 때, 그가 "그렇다"라고 말한 데에 따른 것이다(주석 23 참조). 나의 해석에 따르면 베르그송의 시간좌표와 플라톤의 공간좌표의 관계는 플라톤의 『티마이오스』편에 나타난 공간과 (타자성으로 표현된) 방황하는 원인성과의 관계처럼 단절과 연속의 관계에 있는 접촉(우연성)의 관계에 있다.

6) 최화, 『박홍규의 철학』, 이화여자대학교출판부, 2011.

7) 박홍규, 『형이상학 강의 1』, 365쪽; 『『파르메니데스』편 강의』, 『플라톤 후기 철학 강의』 참조. 특히 베르그송의 형이상학이 참된 형이상학인 것은 베르그송의 관점에 서야 수학이나 물리학을 기초로 하는 자연과학의 본성은 물론 생명현상의 실상이 모두 설명되기 때문이다.

해서이다.

그런데 파르메니데스 존재론의 범주는 존재와 무 그리고 생성·소멸이 있는 현실에 존재하는 아페이론(apeiron)이다. 파르메니데스에게서 이러한 존재론의 범주가 현실과의 관계에서 진정한 의미를 지니는 것은 저 시간적 존재론의 관점에서 현실적 실재(reality)에 대한 직관이 지적 의식현상으로 발생론적으로 논해지는 데에 따르는 것이다. 이러한 형이상학은 사실 베르그송의 주저 가운데 하나인『창조적 진화』(Évolution créatrice)의 '물질과 지성의 동시적인 발생론적 설명'이나 '무-관념 비판'에서 잘 나타난다.[8] 결국 박홍규의 형이상학은 베르그송의 지속의 관점에서 서양의 이성 중심의 모든 철학을 해명하는 공간좌표(존재론의 좌표)가 시간좌표로 환원되는 인식형이상학으로 나타난다. 그의 견해에 따르면 이 양 좌표는 분리되어 있으면서도 관련되어 있다.[9] 이 때문에 양 좌표의 접촉이나 중첩에는 우연성이 개입된다. 내 생각에 그는 이러한 우연성을 창조성으로 환원하지만.

베르그송의 형이상학에서 주요 범주는 능동자로서의 동일자와 아페이론으로서의 타자(他者)인 플럭스(flux)이다. 베르그송에게서 '순수기능'으로서의 능동양상과 '물질'(플럭스)로서의 수동양상은 생성계의 모든 존재자(생명체)들의 생성·소멸은 물론 정신과 지적 개념들의 발생현상 일체를

---

8) 베르그송의 철학의 독자성은 해석을 불가능하게 한다. 특히 베르그송이『창조적 진화』제4장에서 "물질과 지성의 동시적 발생"을 말하는데 이는 어떠한 설명으로도 이해하기가 그리 쉽지 않다. 그럼에도 불구하고 이를 해명하는 박홍규의 지적 직관은 가히 천재적이다. 박홍규,『베르그송의 창조적 진화 강독』(박홍규 전집 제5권), 민음사, 2007, 제6~7장 참조. 달리 말하자면 박홍규의 형이상학은 베르그송 철학을 핵심(자유와 시간의 관계)에서 이해하는 데는 물론 플라톤이나 아리스토텔레스의 철학을 현대의 과학과 관계하여 이해하는데 백미를 이룬다.

9) 박홍규,『형이상학 강의 1』, 273쪽. 박홍규는 시간과 공간이 딱 분리되어 있으면서도 관계를 맺는 것으로도 언급한다. 딱 분리된 측면은 배중률이 작용하는 플라톤적 사고에서, 연결되는 측면은 유기체적 변증법이 작동하는 베르그송의 철학에서 잘 표현되고 있다. 그런데 박홍규의 형이상학은 베르그송의 지속의 변증법이 그러하듯이 이 양자의 개념을 통합하는 것이다.

설명할 수 있는 것으로서 나타난다.[10] 박홍규에 따르면 플라톤의『소피스 테스』편에 나타나는 'dynamis'로서 능동자(수동의 측면에서는 한계를 지닌 것)인 일자는 한편으로 플라톤의『티마이오스』편에서 데미우르고스(우주 영혼)로 나타난다. 그것은 자기동일성을 유지하면서 플럭스인 물질로서의 타자존재(아페이론)에 침투하며, 플라톤에서는 오르페우스 종교에 따라 윤 회하는 생명체들로 나타난다. 그리고 이러한 생명체들은 베르그송에 따 르면 모두 각각 창조적으로 진화하는 지속 존재들이며, 이를 둘러싸고 있 는 우주 또한 이러한 과정 중에 있는 것으로 우리의 형이상학적·인식론 적 사유(정신)에 나타난다.[11] 역으로 이러한 자발성을 지닌 능동자와 아 페이론의 관계가 파르메니데스의 존재론에서는 모순율에 따르는 의식존 재의 존재론적 범주들로 나타나고, 자연현상의 생성·소멸은 물론 정신적 세계의 존재들(신들과 이데아들)에 대한 존재론적 해명을 시도하는 플라톤 의『소피스테스』편과『티마이오스』편에서는 존재와 비존재, 동일과 다 름 그리고 운동과 정지의 존재론적 범주들로 나타난다.

플라톤의 존재론적 범주에는 베르그송이 말하는 동일자와 타자 이외 에 형상(eidos)이 하나 더 나타난다. 박홍규의 말에 따르면, "이 우주를 정 적인 입장에서 구조적으로 보면 형상(eidos), 방황하는 원인, 영혼(psychē) 이 있게 되는데, 형상과 영혼은 왜 갈라져?(그런데 베르그송 철학의 관점에 서 보면 형상과 영혼은 갈라져 있다는 것이 문제가 된다.) 이것이 플라톤에서 가장 중요한 문제 중 하나야. 방황하는 원인은 과정(process) 자체거든. 과 정 자체는 어디에서 시작하여 어디에서 끝나는지 몰라. 그것은 어떻게 보 면 정지이고, 어떻게 보면 운동이며, 또 변하는 것이야. 과정은 어떤 일자

---

10) 박홍규,『베르그송의 창조적 진화 강독』, 13쪽 참조.

11) 린 마굴리스·도리언 세이건, 황현숙 옮김,『생명이란 무엇인가』, 지호, 1999, 제3장 참조.
    플라톤 철학의 약점은 정신과 물질 사이에 배중률이 작용하여 이들 사이의 관계(심신)를
    설명하는데, 주인과 노예의 관계로 설명하는 것이 현대과학의 유기체적 관점에서 설명하
    는 것과 가장 큰 차이를 나타낸다. 플라톤의 이원론의 관점은 유기체의 '발생론적 관점'이
    나 '신진대사하는' 기능은 물론 발전하는 역사적 과정을 전혀 설명할 수 없으며, 이 때문에
    플라톤은 이를 신화적 관점에서만 윤리적으로 설명한다.

와 타자의 집합이 아니라 연속인데, 연속이란 것은 구별이 없어져서 동일한 상태에 머물지 않고 어디에서 시작하여 어디에서 끝나는지 모르게 계속해서 변했다는 뜻이지. 연속은 어떻게 보면 안 변하고, 어떻게 보면 변했어. 그 두 가지(운동과 정지)가 거기에서 구별되어 나와. 그 두 가지에 대응해서 동일성(에이도스와 영혼)이 따로 나와야 되겠더란 이야기야. 그러니까 양자가 어떻게 보면 공존하고, 어떻게 보면 공존 안해. 원칙적으로 연속 속에서 양자는 분열되지 않는데, (자연과학의 기초가 되고 있는 시각적) 감성에 있어서 우리가 자꾸 분열시키기 때문에 논리적 시간(logical time)과 논리적 공간(logical space)이 이렇게 분할되어서 나와. 공간에서 사물이 구별되어 나오는 것은 형상(eidos)이고, 시간에서 그리고 운동에서 자기동일성을 갖고 작용하는 것은 영혼이야."[12] 결국 플라톤의 형이상학은 파르메니데스의 존재론과 헤라클레이토스의 형이상학을 아페이론 개념에서 종합하고 이를 다시 공간적 관점에서 종합하려는 의도에서 발생한 것이다. 역으로 베르그송의 철학에서는 (음성적 감성으로 지각되는) 시간(지속)이 현실이자 실재이며 형이상학의 제1데이터이기 때문에 영혼의 시간성을 중심으로 현실을 고찰한다. 다시 말해 베르그송 철학은 플라톤의 공간좌표가 다 설명하지 못하는 것을 생명체로서의 지성을 지닌 인간 실존(existence)의 입장에서 설명하는 것이다. 이런 까닭에 베르그송의 세계(우주)는 플라톤에서와 같이 우주나 개체는 조화되고 완성된 것이 아니라 창조적 진화를 하고 있는 것으로 드러난다.

문제는 이러한 창조적 진화과정을 함축하고 있는 자발성의 시간적 존재방식을 베르그송이 지속이라 부르는 데 있다. 이 지속은 토마스 아퀴나스(Thomas Aquinas)가 'eviternity'의 개념으로 정리한 것으로 탄생은 있지만 죽음이 없다고 하여 그리스 신의 존재나 지상에서 한 번 발생하여 영원성을 지향하는 생명체의 지속성을 상징한다는 것이다. 플라톤은 이 때문에『파이돈』편에서 영혼불멸 논증을 수행한다. 반면에 생명체적 존재들

---

12) 박홍규,『형이상학 강의 1』, 273쪽.

로서 개별자들은 생성하고 소멸하는 것을 반복한다.[13] 베르그송에 따르면 능동자의 수동양상으로 나타나는 물질계는 현대물리학의 열역학 제2법칙에 따르는 엔트로피 과정에 있는 것이며, 플라톤에 따르면 확산(능동자가 들어 있지 않기에 운동이라 불릴 수도 없다)하는 것이다. 이 원리나 원인(aitia)은 자발성의 운동과 만나 비로소 운동의 원인이라 불릴 수 있는 것으로서 (박홍규에 따르면 아리스토텔레스가 이러한 길을 걷는 것으로 말한다[14]) 그 한계가 드러나 보이지 않기에 아페이론이라 부른다. 이 양자가 만나는 곳에서 유기체로서의 생명체와 다양한 존재들이 탄생하는 것으로 인식된다.

그런데 데이터로서 현실의 실재적이고 객관적 측면을 중시하는 박홍규의 이러한 인식형이상학의 특징은 한편으로 그의 존재론의 범주인 존재나 무 그리고 아페이론이 인식론적으로 자발성(poioun)의 산물인 한에서 측정 가능한 공간화된 특징을 지니면서도, 다른 한편으로 생명의 지속하는 실존성(물질과의 차이성)을 설명하는 데에서 유기체 논리에 따르는 중의성과 다양한 의미를 지닌다는 데 있다. 즉 플라톤의 공간좌표의 논리는 우선 전체-부분의 논리로 나타나는데, 베르그송의 시간좌표는 이에 역기능하는 것으로서 "전체가 부분에 가능적으로 들어오는 유기체의 논리"[15]로 나타난다. 그리고 유기체의 논리는 마치 베르그송이 직관을 묘사할 때 쓰는 철학적 개념들이 지니는 변증법적 성격을 지닌다. 그래서 가령 플라톤의 『티마이오스』편에서 우주영혼이자 제작자인 데미우르고스에 대해 박홍규는 "어느 측면에서는 능동자라 하고, 지적 측면에서는 이성(nous)이라 하고, 또 다른 측면에서는 영혼이라 하고 그러는 것 같아. 이것은 추측이야"[16]라고 말한다. 또 방법론적인 측면에서 "정의라는 것은 시간을 공간적인 차원에서 보는 것이고 인과론은 공간을 시간적인 차원에서 보

---

13) 같은 책, 299쪽 참조.

14) 같은 책, 363쪽. 문제는 아리스토텔레스의 철학에서는 물질과 식물로서의 생명체의 구분이 없다.

15) 박홍규, 『베르그송의 창조적 진화 강독』, 28쪽.

는 것이 돼. …… 그러나 메이예르송이 말하는 동일성이라는 것은 두 사물 사이에 존재하는 차이가 사라진 상태를 말하는 것이지. …… 반면에 희랍어 동일성(to tauton)은 반복된다는 의미를 지니고 있어. …… 결국 동일성의 문제는 존재와 본질의 문제로 돌아와."[17] 그리고 이러한 존재와 본질의 문제는 베르그송이 『의식의 직접 주어진 것들에 관한 시론』(*Essai sur les données immédiates de la conscience*)에서 논의하고 있는 것처럼 양과 질의 관계 문제로 비약된다. 즉 양과 질의 차이는 물론 양적 차이와 질적 차이는 서로 다른 차원, 즉 하나는 공간적 차원에서 다른 하나는 시간적 차원에서 논해지는 것으로, 그러면서도 현실에서는 이 양자가 (존재 개념을 중심으로)[18] 관련성 있는 것으로 드러난다는 것이다.[19] 결국 플라톤 철학에서는 불은 "이데아로서의 불, 사유(logizomai) 대상으로서의 불, 물리적 세계에서 전체를 구성하는 기본 물체(sôma)로서의 불, 정사각형으로서의 불, 흔적(ichnē)으로서의 불, 그리고 맨 마지막에는 공간(hypodochē)과 구별되지 않는 상태로서의 불이 있다고 분류되어 있지?"[20]라고 언급한다.

마찬가지로 박홍규의 플라톤 존재론의 범주들은 그가 논하는 주제에 따라 콘텍스트상 다양한 의미를 띠면서도 유기적인 관련성을 가지고 나타

---

16) 박홍규, 『형이상학 강의 1』, 286쪽.

17) 같은 책, 287~91쪽.

18) 같은 책, 294쪽.

19) 그리스에서 기원하는 헬레니즘적 사고는 시간까지도 공간화하는 양적 사고(수학이 기하학적 사고와 연결되어 있는 것으로서)인 유클리드 기하학에서 가장 뛰어나며, 히브리에서 기원하는 헤브라이즘은 양적 관계를 시간성에서 성립하는 질적 사고(예술적으로는 베르그송의 정신에 나타난 음악적 정신)로 변용하는 데에서 뛰어나다. 양과 질의 관계에 대한 논의는 박홍규, 「『필레보스』 편 강의」, 『플라톤 후기 철학 강의』(214~29쪽)에서 그의 생각이 가장 잘 드러난다. 그런데 그는 이 강의에서 양과 질의 관계를 '차이성'(diapheron) 개념을 중심으로 설명하는데, 용어상 질적 차이와 양적 차이의 관계를 아인슈타인의 4차원(초육면체)적으로 구별하여 해명하지 못해 제자들과 많은 논쟁을 벌인다.

20) 같은 글, 273쪽. 여기에서 이러한 다양한 불은 베르그송의 정신의 위계적 기능(감관-지각 image, 논리적 사유, 사유-직관idea)에 따라 나타나는 것으로 플라톤의 변증법처럼 경우의 수가 2^2으로 나타나는 경우이다. 베르그송의 『물질과 기억』의 image론은 송영진, 「정신의 위계적 기능에 따른 image의 양태들」, 『직관과 사유』, 서광사, 2005 참조.

난다. 특히 허무에 대비되는 존재 개념은 원자론자들처럼 물질적인 것으로서 혹은 신체(corps)나 감관·지각의 이미지(image)나 플라톤적 이데아(idée)로 나타나기도 하며, 역으로 허무 또한 차원을 달리하여 인식론적으로는 모순율이 지배하는 사유공간에서는 허무가 아닌 아페이론으로 나타나기도 한다.[21] 그리고 아페이론도 존재론적으로는 단순한 확산운동을 하는 것이 아니라 시간적으로 혹은 공간적으로 보는 측면에 따라 관계맺음, 즉 연속과 단위의 측면을 함께 함축하며, 더 나아가 능력에 우연성이 덧붙여져 지속하는 존재의 특징인 창조적 진화 개념으로 나타난다. 가령 플라톤의 이데아(에이도스)는 이데아가 공간화되는 과정 중 모순율에 따른 논리적 공간으로 연장성과 관련해서 수학이나 기하학적인 의미를 띠고 나타난다. 이러한 특징은 (양과 질이 뭉쳐져 있는 존재자들의 상호관계에 의해 발생하는 생성소멸의 관계를) 차원이 다른 양(현대에서는 4차원으로 알려져 있다)과 순서로 모순율에 따라 분석·종합·추상·환원되는 과정 중 나타난다는 점에서 인식론적으로 발생론적이라 부를 수 있겠다.[22] 그리고 이러

---

21) "그러니까 존재와 더불어 비존재가 있다. 운동이니 거짓이니 다 있다고 얘기해"(『형이상학 강의 2』, 144쪽). 또한 모순율이 성립하는 학문의 분류하는 입장에서는 한편으로 허무를 인정하지 않으면서도, 다른 한편으로 허무를 인정하는 측면에서 무규정성(apeiron)이 들어오는 것을 다음과 같이 설명한다. "모순율이란 모순이 없다는 얘기야. 무는 없어. …… 그러나 또 한편으로 우리가 분류를 하려면, 무를 놓아야 돼. 무를 놓고 나가면 어떻게 되냐면 무도 존재처럼 상대화되어서 하나의 존재로 변해. …… 무가 상대화되면 모순상태에서 존재를 받아들이는 것이야. …… 그렇게 되면 존재란 것은 어떤 존재냐면 무 속에 들어 있는 존재다, 무가 절반은 존재이고 절반은 무다"(『베르그송의 창조적 진화 강독』, 430~31쪽).

22) 이러한 방법은 아인슈타인의 상대성이론에 대한 베르그송의 이해와 관련하여 내가 박홍규를 이해하는 방법이다. 이러한 방법에 따르면 그의 형이상학은 베르그송의 사유에 기초하면서도 아인슈타인의 상대성이론을 이해 못하는 것처럼 드러나는 점이 있어서 제자들에게 혼란을 일으킨다. 이 점은 그가 플라톤이 『파르메니데스』편의 변증법 연습에서 제시한 동등성과 동일성을 구분하지 않고 존재론의 방법론을 말하는 곳(「방황하는 원인」, 『형이상학 강의 1』, 287~89쪽)이나, 또한 그가 양과 질에 대한 용어 사용에서 질에 대한 일상용법은 감각적 성질(로크의 제2성질)을 의미하는데, 양적인 것(제1성질)마저도 질로 명명하는 바람에 플라톤의 에이도스까지도 질로 말하면서(『창조적 진화』강독 4」, 『베르그송의 창조적 진화 강독』, 46쪽) 플라톤의 에이도스까지도 유클리드 기하학적 공간에 주어지기 전의 존재와 무의 접경에서 직관되는 것으로 말한다. 이러한 관점은 파르메니데스의 존재

한 발생은 베르그송에 따르면 한편으로는 우연적이면서 창조적인 반면, 다른 한편으로는 자발성과 우연성이 중화된 논리적 필연성을 띠기 때문에 모순율에 따라 사고할 수밖에 없는 인간의 일상언어의 술어적 사유에서, 그리고 양화 논리와 양상론에서 그 특징이 가장 잘 나타난다. 그리고 존재론에서는 공간론으로 나타나는데, 존재론에서 최초의 인식론적 범주인 공간은 필연성을 띤 유클리드 기하학으로 나타난다. 그런데 이러한 유클리드 공간을 탄생케 한 파르메니데스적 정신(nous)은 모순율에 따르는 것으로서 이러한 유클리드 기하학적 공간의 이면에는 베르그송적 의미의 영혼의 자발성이 전제되어 있다.

박홍규에 따르면, 인간영혼의 자발성은 플라톤이 『소피스트』 편에서 말한 능력(dynamis)을 지닌다. 그래서 그는 「『소피스트』 편에 대한 분석」에서 모방을 논하면서 "(파르메니데스의) 일자를 타자가 모방한다"[23]라고 말한다. 이때 모방은 수학이나 기하학처럼 엄밀하거나 정확한 인식이 아니다. 그리고 여기서 타자는 인식하는 인간 영혼을 지칭한다. 인간 영혼도 파르메니데스적 존재의 관점에서 보면 타자성에 매개된 동일성이기 때문이다. 이 때문에 그는 "타자는 존재의 타자인 경우에는 존재의 부정인 무도 아니며 그렇다고 존재 자신도 아니다. 즉 타자성 일반은 동시에 존재도 아니고 무도 아닌 것이며, 존재와 무가 분리의 근거라면 동시에 존재도 아니고 무도 아닌 것이 미분, 즉 연속의 근거이다. 따라서 타자와 관계맺음 속에 들어갈 수 있다. 관계맺음을 통해서 일자와 타자는 서로 비슷해질 수

론적 관점에다 영혼의 능력(dynamis)에 관한 관점을 뒤섞은 것으로서 플라톤의 존재론을 형성하며, 이러한 존재론에 따르면 물리학이란 물질의 질에 관한 실증적 연구이다. 그 결과 이러한 플라톤의 관점은 유기체의 설명에서는 어느 정도 성공하나 현대의 유기체론에 비하면 완전한 성공을 이룰 수는 없다. 현대의 유기체론이나 다윈의 진화론은 영국 경험론처럼 실증적이고 현실론이기 때문이다. 린 마굴리스·도리언 세이건, 황현숙 옮김, 『생명이란 무엇인가』, 지호, 1999; 에른스트 마이어, 최재천 외 옮김, 『이것이 생물학이다』, 몸과마음, 2002 참조.

23) 박홍규, 「『소피스트』 편에 대한 분석」, 『희랍 철학 논고』(박홍규 전집 제1권), 민음사, 1995, 138쪽; 「인식과 존재」, 『형이상학 강의 1』, 237~46쪽 참조.

있다"라고 말한다. 결국 영혼 자체도 파르메니데스의 존재에 비하면 한편으로는 동일성을 지니면서도, 다른 한편으로는 과정성으로서의 타자성을 지니고 있다. 이 때문에 원자론자들의 공허를 부정하면서도 존재의 충만성 가운데에서 진리나 허위를 말할 수 있는 것은 이러한 인간의 유한한 영혼의 능력이 지니는 시간성 속에서이다.

사실 시간에 대해서는 베르그송처럼 "지속 속에서 살면서 공간화된 시간을 지적으로 분석하는 것"을 말한다. 이러한 방법론은 그가 서양의 모든 유명한 철학자들의 철학을 해석하면서, 특히 파르메니데스와 이에 기초한 플라톤 철학을 해석하면서 베르그송적인 의미의 시간에 대한 형이상학 내지 지적 직관[24]에 기초하여 철학적으로 분석했음을 보여준다. 그것이 가능했던 데에는 한편으로 파르메니데스의 존재론에 기초하면서도, 다른 한편으로 베르그송의 시간적 형이상학에 기초한 자신의 플라톤적인 존재론적 직관과 사색의 방법론을 그가 갖고 있었기 때문이다. 이러한 박홍규의 인식론적 형이상학의 정수는 「베르그송에 있어서 근원적 자유」라는 논문에 잘 나타나 있는데, 이 논문에서 제시되고 있는 '형상(존재)들이 인식되는 공간과 이러한 형상들을 가능하게 하는 능동자에 의한 시간의 관점'은 플라톤의 『테아이테토스』 152a에서 152e에 나타나는 운동론에 의한 존재의 발생과 밀랍 및 새장에 비유된 기억을 설명하는 것과 닮아 있다.[25]

베르그송은 기독교와 연관된 히브리적 시간관념에 뿌리를 두고 있으면서도 지성과 관련해서는 플라톤적 사유로 무장되어 있다고 말할 수 있다.[26] 그리고 플라톤의 사유가 피타고라스학파의 존재론과 오르페우스 종

---

24) 베르그송의 지적 직관의 태도에 대해서는 『창조적 진화』 제4장에 나오는 지성에 대한 심리철학적인(직관론적인) 발생론적 설명 참조.

25) 플라톤, 『테아이테토스』, 152d-e. "사실은 운동과 움직임 그리고 서로 간의 혼합으로부터 우리가 '있다'고 말하는 모든 것이 생겨나네. 있다고 하는 것조차 제대로 부르는 것은 아니지만, 어떤 것도 결코 있지 않으며, 늘 언제나 생성 중에 있으니까?" 여기에서 '있다'는 것은 플라톤에서는 우리의 사유에서 이데아들로 현상하고 나타나는 것이다.

26) 토를라이프 보만, 허혁 옮김, 『히브리적 사유와 그리스적 사유의 비교』, 분도출판사, 2001 참조.

교에서 큰 영향을 받았음은 이미 잘 알려진 사실이다. 다른 한편, 이러한 플라톤의 사유의 배후에는 그리스 자연철학을 존재론적 사색으로 바꾼 파르메니데스의 사유가 절대적인 영향력을 미치고 있다. 이 때문에 박홍규의 인식형이상학—베르그송적인 의미에서 의식에 직접 주어진 것(data)에 대한 철학적 직관에 따른 방법론—은 여러 가지로 말해질 수 있으나, 고별강연의 데이터(data)론에서 드러나는 실증과학을 중요시하는 태도와 결부되어 현대의 과학철학 논쟁의 화두가 된 카를 포퍼(Karl Popper)의 과학철학과도 연결될 수 있다. 현대의 과학철학 논쟁의 중심에는 박홍규가 말한 데이터의 기초로서 물리학이 있고 물리학은 모든 실증과학의 기초이기 때문이다.[27]

베르그송 철학은 지속이 중심 개념이다. 그리고 이 지속 개념은 인간 영혼의 능동·수동성을 지니는 자발성이 발휘하는 시간성의 핵이라고 생각된다. 그런데 현대물리학에서 아인슈타인이 최초로 시간성을 물리학에 도입한다. 베르그송은 아인슈타인이 일반상대성이론에서 중력장을 공간 4차원으로 설명하면서 시간 개념을 다시 공간 개념으로 환원[28]하는 방식으로 동시성에서 성립하는 공간 개념의 상호성을 제시했다는 점에서 그가 진정한 시간을 생각하지 않았다고 『지속과 동시성』에서 비판한다. 그러나 이러한 비판은 베르그송 스스로가 공간 개념을 관찰자가 배제된 정태적인 것으로 설정하고 있다는 점에서 하나의 오해이다.[29] 또한 그는

---

27) 박홍규, 「「고별 강연」 검토 II」, 『형이상학 강의 1』, 392쪽. 박홍규의 양과 질에 대한 개념 사용에 따르면 물리학은 물질의 질, 즉 에이도스를 실증적으로 탐색해내는 것이다(주석 15 참조).

28) 아인슈타인의 시간에 대한 중력장 개념의 공간화는 힘을 전제한 것이다. 이 때문에 그는 베르그송과 달리 시간성을 과도하게 공간화하고 있다. 그 결과는 아인슈타인의 다음 두 언급으로 나타난다. "나는 현재라는 시간성이 무엇인지를 알지 못하겠다." "우주 안에 있으면서 우주를 아는(보는) 인간정신은 신비하다."

29) 물론 이러한 오해는 곧 바로 베르그송이 깨달아 『지속과 동시성』을 출판하지 말라고 말했다. 뉴턴 역학은 물질과 운동에 대해서 원자론적이고 따라서 결정론적이며 시간과 공간은 절대적인 존재였다. 이 때문에 인식론적으로는 뉴턴 역학은 결정론에 따르는 물질에 대한 인간의 의식은 초월적 관계에 있었다. 즉 물질의 운동을 관찰하는 인간의 관찰지각은 물질

『창조적 진화』제4장에서 지성을 발생론적으로 설명하면서 스스로가 지속 속에서 살면서 공간을 창출하듯이 지속 속에서 살면서 시간이나 공간을 설명하기 때문에 아인슈타인이 말하는 시간과 공간 개념의 상호 관련성과 연관된 상대론적 입장에 서 있다. 즉 아인슈타인도 시간과 공간 개념을 현실에서의 관찰·지각적 관점에 몸을 두고 이 몸이 체험하는 것을 물리학적인 인과론으로 설명하였던 것이다.[30]

그럼에도 불구하고 베르그송은 한편으로 원자론자들이 말하는 공허(행동하고 제작하기 위해 지성이 만들어낸 허구)를 부정하다 보니 과도하게 '실재적인 공간의 에이도스'까지도 부정하고, 자신의 지속의 관점(sub specie durationis)에서 모든 존재를, 아니 이의 총체인 우주까지도 자신의 철학적 직관에 기초하여 설명함으로써 실증과학자들에게는 관념적으로 느껴질 정도의 편향적 관점에 서 있다. 다른 한편으로 그의 능동자와 아

의 운동에 대해 아무런 영향(역할)을 미치지 못했다. 물질의 결정론과 인식(마음)의 초월성이 상정하는 자유론은 상호 독립적인 것으로서 상관관계가 없었다. 그러던 것이 아인슈타인의 상대성이론이 발표되면서 관찰자의 의식이나 지각작용은 이미 그 물리계 속에 들어가서 물질의 영향을 받는 존재가 되었다. 그리고 상대성이론에서는 전통적으로 물질의 운동을 지배한다고 생각된 시간과 공간의 절대성은 관찰자의 지각에 따른 주관적인 것으로 변화하였다. 즉 여기에서 관찰자의 지각(마음)을 지배하는(결정하는) 공간과 시간은 물리적 법칙에 지배받는 상대적인 존재가 되었다. 그리고 상대성이론에서 말해진 물리법칙의 주인공은 빛이라는 존재이다.

30) 송영진, 「베르그송과 아인슈타인의 상대성이론」, 『동서철학연구』, 제47호, 한국동서철학회, 2008년 3월호. 아인슈타인의 상대성이론이 철학에서 중요한 이유는 그가 최초로 현실적인 시간에 대해 공간과의 관계에서 논했기 때문이다. 그래서 과거 그리스에서 기원하는 서양철학을 존재론으로 말할 수 있다면 이러한 존재론을 우리의 인식능력과의 관계에서 현실적인 존재론으로 바꾼 것이 칸트이다. 그런데 칸트에게서도 시간을 감성의 형식이라고 말하고 공간과 별개의 것으로 취급하였기 때문에(물론 칸트는 『순수이성비판』도식론에서 공간이라는 것도 우리의 감성과 관계된 것이고 우리의 감성은 심적 능력과 관계하기 때문에 시간의 형식으로 환원됨을 언급하기는 한다) 공간을 지성의 도식으로 보고 이를 본능이나 직관 혹은 (비)무의식의 시간으로 환원하는 베르그송에는 미치지 못한다. 베르그송에 이르러 비로소 양상 개념이 박홍규가 잘 구분해놓았듯이(최화, 「박홍규의 양상론」, 정암학당 발표논문, 2012년 3월) 필연이라는 개념이 논리적 개념과 물리적 개념과 인과적 개념에서 구분될 수 있다. 그래서 필연성 개념은 논리에서는 함축 개념(필요충분조건)으로, 물리적 개념에서는 아인슈타인의 시간성 개념이 상보-필수적이 되었고, 능동인 개념과 관계하는 인과적 개념에서는 법칙적 개념으로 분류될 수 있다.

페이론에 기초한 이원론적 형이상학이 『도덕과 종교의 두 원천』(*Les deux sources de la morale et de la religion*)에서 나타나듯이 인간 영혼의 자발성에서 성립하는 자유(능동-수동의 한계를 지닌 것으로서 생물현상에서는 생명의 약동력)의 궁극적 기초로 무한능력의 능동자로서 신을 전제하는 데까지 나감으로써 결국 신비주의적 성격을 띠게 된다. 그러나 현실적으로 시간과 공간이나 양과 질의 관계는 상호 독립적인 것이 될 수 없다. 이것이 바로 우리 인간의 직관에 기초한 현실적 사유의 성격이기 때문이다.[31]

박홍규는 파르메니데스의 존재론에 대한 자신의 베르그송적 직관에 기초해 인식형이상학을 토대로 서양의 모든 철학적 사색이나 과학들의 성과를 해석하고 비판하는 방식을 취했다. 그러면서도 그는 여러 곳에서 철학이 데이터에 기초해야 함을 언급함으로써 실증과학적 사고의 중요성을 말했다. 이 때문에 그는 "자신의 형이상학적 사유를 통해 공간을 시간의 동시적인 관점으로 환원할 수 있다"고 언급하고 있을 뿐만 아니라 그 양자의 관계와 관련해서도 "시간과 공간이 딱 분리되어 있다"고 말한다. 그러나 아인슈타인의 상대성이론 관점에서 존재론적으로나 인식론적 관점에서 시간과 공간이 연결된 것으로 설명할 수 있음에도 불구하고,[32] 그는 상대성이론의 이면에 있는 시간과 공간의 관점에 대한 실증과학으로서 물리과학의 (수학적) 관점을 간과했던 것 같다. 사실 베르그송도 나중에 아인슈타인의 관점에 옳은 측면이 있음을 깨달은 다음 『지속과 동시성』을 출판하지 말라고 부탁까지 했다. 이러한 측면에서 보면 박홍규의 형이상학 강의는 마치 플라톤의 『파르메니데스』편의 변증법의 연습처럼[33] 아인슈타인의 상대성이론과는 다소 거리가 있는 자신의 (플라톤적 지성과 그

---

31) 에마뉘엘 레비나스는 이러한 실존론적 입장에서 자연 안에서의 '부재의 신'을 이야기한다. Emmanuel Levinas, *De Dieu qui vient à l'idée*, Paris: J. Vrin, 1992, 제2판 서문 참조.

32) 박홍규, 「『창조적 진화』 강독 5」, 『베르그송의 창조적 진화 강독』, 65쪽에서 공간에 대한 '차원들'을 말하거나 실재의 '측면들을' 말하는 곳들.

33) 박홍규, 「고르기아스의 비존재 강의 후 질문」, 『형이상학 강의 2』(박홍규 전집 제3권), 민음사, 2007 참조.

의 깊고 오래된 사색이 빚어낸) 천재적인 능력에 기초한 논리적 분석과 이에 따르는 언어적 변증법—물리학을 이해하지 못하는 제자들에게는 존재론적인 언어에 의한 관념론—의 연장선상에서 전개된 것처럼 느껴진다.[34]

2. 박홍규의 인식형이상학의 방법론적 측면과 자연과학

서구의 학문방법은 일반 논리학 교재에서는 연역법과 귀납법으로 정리되어 있다. 현대에서 연역법은 수학이나 기하학과 같은 형식과학의 공리체계 내에서 분석에 의해 타당한 명제를 도출하는 방법이고, 귀납법은 경험의 관찰 사례에서 일반법칙이나 원리를 귀납적 비약에 의해 고안해내는 것으로 알려져 있다. 그러나 존재론 영역에서 연역법은 데카르트가 "나는 생각한다, 고로 나는 사유존재로서 존재한다"라는 말로 자신의 철학을 정리하였듯이 원리로 표명된 가장 확실한 지식으로부터 이와 관련된 경험 사례를 도출하는 것인 반면, 귀납법은 경험의 개별 사례에서 추상과 일반화를 거쳐 원리로 비약하는 것이다. 특히 현대에서 귀납법은 가설-연역적 방법으로 알려진 과학적 방법론을 특징짓는 방법론으로 알려져 있다.[35]

---

34) 당시의 실증과학의 발달과 함께 그 수준에서 철학을 해야 한다는 박홍규의 소신에 조금 어긋나 보이는 듯한 또 다른 강의는 베르그송의 『창조적 진화』의 진화론에 대한 강의에서 베르그송의 진화론을 설명하는 곳에서도 나타난다. 왜냐하면 베르그송의 진화론은 유산탄에 비유되는 것으로 생물종 각각이 진화하는 것으로서 다 동등한 것인데, 이러한 관점은 『프로타고라스』편의 프로메테우스 신화에도 일치하고, 지구상의 생물종들을 진화론적 관점에서 보더라도 린 마굴리스 · 도리언 세이건의 『마이크로 코스모스』(홍욱희 옮김, 김영사, 2011)에 나타난 미생물세계를 이해하는 데 아주 적합한 것이기 때문이다. 그런데도 그는 베르그송의 '신비주의'나 '본능의 무의식적 측면'에 강조점을 두고 있으며(64~66쪽), 제자들은 창조적 진화가 인간에게서만 이루어질 수 있는 것으로 혹은 인간만이 이러한 진화의 최상점에 있는 것처럼 이해하는 것으로 착각하는 발언들이 있다(60~61쪽). 인간은 생물 진화상 정점에 있는 것이 아니라 지능발달의 측면에서만, 즉 언어를 통한 사유의식에서만 동물과 다른 진화의 정점에 있다. 다른 한편, 찰스 다윈(Charles Darwin)에서 기원하는 현대진화론은 진화하고 있다. 에른스트 마이어, 최재천 외 옮김, 『이것이 생물학이다』, 제9장 참조.

그러나 이러한 과학적 방법론으로 알려진 가설-연역적 방법은 영혼 불멸을 논증하는 플라톤의 『파이돈』편에서 최초로 그 모습을 드러냈다. 그리고 이러한 가설-연역적 방법은 소크라테스의 정의 내리기(chorismos) 에서 기원하는 것으로서 플라톤의 후기 철학에서는 분석·종합의 방법으로 나타난다.[36] 이러한 전통적인 존재론적 학문방법론을 칸트는 『프로레고메나』(Prolegomena, 1783)와 『순수이성비판』에서 수학과 자연과학의 명제들이 선험적 종합판단으로 되어 있다는 말로 정리하고 있다. 이 때문에 과연 선험적 종합판단의 성격이 무엇인가라는 의문과 더불어서 선험적 종합판단이 존재하는가에 대한 논쟁에서 카르납과 같은 논리실증주의자들은 선험적 종합판단이 존재하지 않는다고 주장한다. 현대의 과학철학 논쟁은 이러한 선험적 종합판단을 가능하게 한 과학의 방법론이 무엇인가라고 묻는 데에서 시작된다. 그리고 이러한 과학철학 논쟁에서 포퍼는 선험적 종합판단이란 사실 귀납법에서 발전한 가설-연역적 방법의 산물로서 과학적 가설이란 추측과 논박에 의한 반증 가능성에 본질이 있다고 주장한다.

그런데 박홍규는 특이하게도 『희랍 철학 논고』에서 이러한 과학철학

---

35) 송영진, 『철학과 논리』, 충남대학교출판부, 2002~10 참조.

36) 소크라테스의 정의 내리기(chorismos) 방법에 내재한 산파술적 대화법은 경험의 다양성 속에서 공통성을 발견하려는 귀납·연역적 방법이 들어 있고 이 때문에 과학적 방법과 유사하다. 플라톤은 이러한 철학적 방법을 수학·기하학과 유비하여 '하나와 여럿'의 존재-수학적 문제로 변형하여 『소피스트』편에서 진리탐구의 학문을 변증법(dialektike)이라고 말하고 있다(253c). 즉 철학자의 변증법은 "형상에 따라 나누되 같은 것을 다른 것으로, 다른 것을 같은 것으로 취하지 않는 인식"이고 "ㄱ) 각각이 서로 분리되어 있을 때 이 다(多)를 모든 방향으로 전개된 채 관통하는 하나의 이데아를 알 수 있고, 서로 다른 많은 것을 하나의 이데아에 의해 밖에서 포괄하는 것이며, ㄴ) 다시 다(多)를 전체를 통하여 하나의 이데아 안에 묶되 여러 이데아들은 완전히 분리되어 있음을 아는 것이다"(253d)라고 하였다. 이것 ㄱ)은 실재와 접하는 사유 안에서의(254a) 형상들의 결합과 분리의(253e) 기술이며, 존재론적으로는 내포(內包)와 외연의 관계에 의한 논리이다. 이 내포에 의한 존재론에서는 형상들의 분리와 결합만으로는 사유 그리고 명제의 진위결정에 충분하지가 않고 다시 ㄴ)의 하나의 이데아에 의해 이 경험의 세계의 여럿을 존재론적으로 표현하고 사유해야 한다.

논쟁에서 이야기되는 것과 거리가 먼 듯한 인식론적 학문의 성격을 직관과 조작(operation), 주입 그리고 증명에서 찾고 있다. 그리고 인식론을 증명방식에 의한 지식을 구분하면서 실증적 지식과 논증적 지식을 언급하고, 논증적 지식으로서 존재론을 언급하고 있다.[37] 여기에서 그의 인식론에 직관과 조작 개념이 들어가 있는데, 이는 베르그송의 직관론과 실증과학이 기술로 전향될 수 있는 성격을 지칭하는 것으로, 베르그송이 말하는 직관과 지성의 제작적 성격을 지칭하는 것임을 알 수 있다. 또한 박홍규의 실증적 지식과 논증적 지식으로 구분된 학문은 칸트에서 자연과학과 수학-기하학으로 구분되는 성격의 것으로서 종합적으로는 그의 고별강연에 들어 있는 데이터론에 기초한 학문으로 드러난다. 사실 박홍규의 데이터론은 플라톤 철학과 베르그송 철학을 통합한 것임이 그의 파르메니데스 강의와 관련된 '분석'에 대한 설명에서 드러난다. 이러한 분석에 대한 설명에서 우리는 그의 데이터론이 현대 과학철학 논쟁의 핵으로 존재함을 간취할 수 있다. 이 때문에 분석에 대한 그의 설명을 잘 이해해야만 한다. 우연찮게도 분석에 대한 설명은 형이상학 강의에서 자주 나타나며, 플라톤의『파르메니데스』편 강의에 가장 잘 나타나 있다.[38]

박홍규는 "플라톤의『파르메니데스』편은 형식적 존재론이고 존재론이나 형이상학의 문제를 다루려면 분석이라는 개념을 알아야 한다"라고 말한다. 또한 "분석이란 떼어놓는다는 것을 의미하며 이 말은 떼어놓을 수 없는 것도 있다는 말을 함축한다. 그리고 떼어놓을 수 없는 것에 '하나'와 '운동'이 있다"라고 말한다. 왜냐하면 분석은 두 개 이상이 관계 맺는 것에 대한 것이기 때문이고, 다른 하나인 '운동은 연속'이기 때문이라는 것이다. 그리고 이 후자는 베르그송에서 나온다. 그래서 A와 B가 관계 맺으면서도 떼어놓을 수 있다는 것은 A와 B가 정지상태에 있다는 것이다. 그리고 A와 B는 단순 단위로서 요소라고 명명한다. 이에 분석한다는 것은

---

37) 박홍규,「희랍 철학 소고」,『희랍 철학 논고』, 23~51쪽.

38) 박홍규,「『파르메니데스』편 강의」,『플라톤 후기 철학 강의』, 172~213쪽.

그것을 구성하고 있는 단위를 살리면서 그 단위로 분해하는 것을 지칭한다. 이러한 단위들은 전제가 될 수 있는 가능성만을 지니는데, 이러한 분석은 종합을 전제하고 이러한 종합에는 '일정한 방식'이 들어가야 한다. 따라서 진정한 분석을 한다는 것은 전체를 요소들로만 해체하는 것이 아니다. 해체과정을 거치지 않고 구성요소를 모두 찾아내는 방법이 없는가라는 의문에 대한 해답으로서 전체도 살고 부분도 사는 방식으로 나누는 것이 분석이라고 말한다.[39]

박홍규에 따르면 이 분석이라는 말의 형이상학적 의미는 "풀어서 돌려준다" 혹은 "자기 본성대로 놓는다"라는 의미로 "운동에서는 우리 인식의 대상인 질이 전부 묶여서 무엇이 무엇인지 모르는데, 즉 시간이 공간과 관계를 맺고 있는데 거기서 운동을 빼버리자는 것"이라고 언급하고 있다. 동적 요인은 변화의 요인인데, 이러한 시간성에 따르는 변화의 요인을 제거하고 공간적이고 기하학적인 불변하는 요소를 찾는 일에서 그리스 철학이 시작했음을 지적하는 말이다.[40] 이 때문에 분석은 최소한으로 설명하는, 축소하는 환원과 다르다. 이러한 분석에서는 논리가 중요하다. 그러나 A와 B가 관계 맺고 있을 때 A를 B로, 즉 어느 일부분을 희생하고 다른 일부분만 가지고 그 A와 B 전체를 설명하는 것이 환원이다.[41] 분석이란 "A와 B가 관계 맺고 있을 때에 A 자체, B자체로 나누어서 A 자신의 입장에 서서 한 번 보고, B의 입장에 서서 한 번 보고, 또 관계맺음의 요소에서도

---

39) 분석을 의미하는 그리스어 'analysis'의 의미는 '위로' '되돌려서' '풀어놓는다'라는 의미로서 아리스토텔레스의 논리학(『분석론 전서』)에서 나오는 말이다. 박홍규에 따르면 이 말의 형이상학적 의미는 "풀어서 돌려준다" 혹은 "자기 본성대로 놓는다"라는 의미로 "운동에 있어서는 우리 인식의 대상인 질이 전부 묶여서 무엇이 무엇인지 모르는데, 즉 시간이 공간과 관계를 맺고 있는데 거기서 운동을 빼버리자는 것"이라고 플라톤의 존재론 범주 아래에서의 "인간 사유의 언어를 통한" '분석·종합적 방법'을 잘 언급하고 있다. 동적 요인은 변화의 요인인데, 이러한 시간성에 따르는 변화의 요인을 제거하고 공간적이고 기하학적인 불변하는 요소를 찾는 일에서 그리스 철학이 시작했음을 지적하는 말이다. 박홍규, 「고별 강연」, 『형이상학 강의 1』, 21쪽 참조.

40) 같은 곳.

41) 박홍규, 「『파르메니데스』 편 강의」, 『플라톤 후기 철학 강의』, 181쪽.

한 번 보는 것이야"라고 말한다. 결국 분석이란 현대수학이나 기하학에서처럼 일자나 운동과 관련 없는 논리적 분석이 될 수 있다. 그럼에도 불구하고 현실은 운동요인이 아페이론으로 들어와 있다. 그래서 분석할 수 없는 것을 분석해야 하기 때문에 여기에서 조작(operation)[42]이 필요하다. 이 조작을 가능하게 하는 것이 일자와 아페이론의 관계이다. 즉 "분석은 이 세계 속에 들어 있는 모순이나 반대적인 것을 보자는 이야기이다. 우주는 간단하지가 않아. 낙관주의가 나오지 않아. 그러니까 형이상학을 해가지고 우주를 다 안다는 것은 난센스야. 이 때문에 현대역학에서는 분석과 환원을 자꾸 혼동하고 있다"라고 말한다. 이렇게 말하는 가운데 분석이 안 되는 동적인 것, "모순이란 것도 'dynamis'(능력이자 논리적으로는 가능성 개념으로 나타난다)인데, 그것은 설명할 수 없는 것이야. 그냥 된다, 그것뿐이지, 설명은 못해"[43]라고 한다. 사실 이러한 주장을 베르그송이 지속에 대해 한 것이다. 그럼에도 불구하고 분석 안 되는 것을 분석해보는 것이 지속 속에서 살고 있는 지성의 창의성이다.

박홍규는 파르메니데스가 단편 8에서 "있거나 없거나이다"에서 존재에 대한 모든 것이 결판난다고 했을 때 성립하는 존재와 무의 모순성으로부터 유래하는 배중률에서 인과관계나 생성·소멸의 반대관계가 성립되는 논리적 공간을 다음과 같이 설명하고 있다. "존재와 무는 양자택일이야. 제삼자가 없어. 어떤 한계가 나와야 돼. 딱 끊어져야 돼. 끊으면 항상 존재와 무가 들어가. 모순은 그 끊은 한계에서 성립해. 따라서 모순을 넘어서려면 그 한계를 넘어서야 돼. 그 한계를 넘어서는 것을 우리는 연속성이라고 해. 연속성은 항상 생성(Werden) 속에서만 성립하고, 한 번에 다 주어지지 않는 것이 연속성의 특징이야. 과정(process) 속에서만 주어지는 것이지. 그러나 만약에 어떤 사물이 연속성 속에서 주어진다고 가정하더라

---

42) 수학에서는 사유실험을, 물리학이나 자연과학에서는 실증하고 실험하기 위해서 조작적 정의(operational definition)를 수행한다.

43) 같은 글, 197쪽.

도 그것이 존재하기 위해서는 끊어져야 되겠지? 사실상 한 사물이 변화했다는 것도 여기(A)에서 여기(B)까지 끊어져야 설명이 되는 것이지, 그렇지 않으면 아까 헤겔의 말대로 그야말로 순수한(reine), 즉 아무 규정도 없는 것이 돼. 그렇게 되면 뭐가 뭔지 모르게 돼."[44]

이러한 박홍규의 언급 속에는 소크라테스가 말한 이차적 항해법(deuteros plous)으로서 '언어에 의한 존재론적 사색'이 잘 나타나고 있다. 존재와 허무 사이에는 논리적으로 모순이 개입한다. 이 모순을 한계로 말하는데, 이 한계는 사실 파르메니데스가 "존재가 한계를 가져야 한다"라는 것이 당연하다고(단편 8) 말한 것이다. 그런데 이러한 '모순'(단절)을 넘어선다는 것을 박홍규는 '연속성'으로 말하고 이를 생성 속에서만 성립한다고 말하는데, 이러한 말의 근거는 그의 「베르그송에 있어서의 근원적 자유」속에 다음과 같이 표현되어 있다. "관계맺음은 존재의 고립성을 개방하여 타자와 연결을 설정하므로 관계맺음 일반의 원리는 연속성에서 구할 수 있다. 두 개의 관계 맺어진 존재들은 상호간에 그 고유한 질을 부분적으로나마 타자화하여 극한에 가서는 어느 것도 아닌 무규정적인 것에 도달하며, 이 점에서 관계항의 연결은 성립한다. 모든 존재의 상호 타자화의 극한인 무규정성 일반은 모든 존재의 관계맺음 일반의 성립 기반이다. 존재와 무는 단절의 원인이며, 이와 반대로 동시에 존재도 아니고 무도 아닌 무규정성은 연속의 원인인바, 무규정성은 질의 관점에서의 규정이며 연속성은 양의 관점에서의 규정이다. …… 그런데 연속적인 타자화에서 운동이 성립하며, 무규정성에서 성립하는 부동성(浮動性)이 운동의 특징이므로 무규정성은 운동의 원인이다."[45]

---

44) 박홍규, 「아리스토텔레스의 우시아」, 『형이상학 강의 2』, 41쪽.

45) 박홍규, 「베르그송에 있어서의 근원적 자유」, 『희랍 철학 논고』, 185쪽. 선생님의 연속과 단절에 대한 말이 모순되는 듯한 표현이 다음과 같이 나타난다. "모순은 언제 성립하느냐 하면 존재와 무가 부딪치는 그 한계선에서 성립해. 무엇인가를 구별하려면 가령 이것은 존재고, 이것은 무라는 그 한계가 꼭 드러나야 해. 애매하면 무엇인지 몰라. 그런데 한계를 넘어서려고 한다면 어떻게 하느냐? 한계를 잘라야 하는데, 그 자르는 곳에 연속성이 있더라, 연속성이 한계를 자르더라, 다시 말해 모순을 극복하는 것은 연속성이더라는 말이야."

사실 무규정성은 논리적 개념으로 아직 역학적 개념으로서의 '운동'을 묘사하지는 않는다. 이 때문에 박홍규는 관념(존재나 허무 등의 관념적 이데 아)이 성립하는 본질의 좌표를 시간의 좌표로 아직 환원하지 않았음을 말하면서 다음과 같이 분석하는 정신(이성)의 능동성을 표현한다. "다의 이면(裏面)은 운동이고 운동의 필연적인 법칙은 모든 존재자의 상호 타자화의 과정이며 그 극한은 무규정성으로의 환원이므로 여러 본질들의 자기 동일성을 확보해 주는 순간, 즉 동시성을 계속 성립시키는 원인은 나변(那邊)에 있는가 하는 문제가 생긴다. 그리고 이 문제는 본질들이 텅 빈 공간에서 성립하므로 텅 빈 공간의 성립근거의 문제와 병행한다. 텅 빈 공간은 사물들의 내용이 자기동일성을 지니고 나타날 수 있는 공간이다. 그런데 이 공간은 연장성의 한 범주이며 연장성은 무규정성의 한 범주이다. 무규정성은 본질의 자기동일성을 상실케 하는데, 텅 빈 공간은 본질의 자기동일성을 가능케 하는 특징이 있으므로 본질을 무규정적인 것으로 환원시키는 능력에 역기능하는 능력의 소산임이 명백하다. 따라서 텅 빈 공간은 자발성의 소산임이 분명하다. …… 이러한 자발성의 보존능력을 베르그송은 기억이라 하며 동시성은 기억에서만 가능하다고 한다."[46] 그는 결국 모순

　　박홍규, 「플라톤과 허무주의 극복」, 『형이상학 강의 2』, 147쪽.

46) 박홍규, 「베르그송에 있어서의 근원적 자유」, 『희랍 철학 논고』, 190~91쪽. 박홍규가 말하는 '텅 빈 공간' 개념은 마치 원자론자들의 공허(kenon) 개념을 말하는 것 같으나 사실은 논리적 공간이다. 현실의 공간성은 여러 가지로 말해진다. 원자론자들에서는 원자에 대비된 것이므로 논리적으로 분석의 극한에서 나온 개념이다. 반면에 현실에서 이러한 텅 빈 공간을 부정하는 철학들, 가령 플라톤을 필두로 하여 아리스토텔레스, 데카르트 그리고 뉴턴, 양자역학이나 베르그송이 전제하는 현실공간은 조금씩 차이가 난다. 플라톤의 공간은 수학-기하학적 사고 이전에 현실적인 운동의 기초가 되는 현실공간으로서 이 점은 이태수가 「소은의 아페이론(draft)」(정암학당 발표문)에서 잘 설명했듯이 아리스토텔레스의 질료보다 더 하위에 있는 '제1질료'의 의미이다. 왜냐하면 아리스토텔레스의 질료는 항상 형상과 함께하는 것이기 때문이다. 아페이론에 대한 박홍규의 말에 의한 묘사는 다음과 같이 나타난다. "존재도 아니고 무도 아닌 것은 존재와 무를 동시에 놓고 나아가야 성립하는 것이지 무를 없애버리면 존재도 아니고 동시에 무도 아닌 것이 성립하지 않아. 운동도 성립하지 않아. 그렇게 해놓고서 이제 사람들이 무어라고 이야기하느냐 하면, 무로 가면 곤란하거든. 그러니까 무로 가는 것은 없다. 파르메니데스처럼. 그러니까 학문은 이중적이야." 한편 중세 때의 공간은 신의 기능이 발휘되는 것이었으나(막스 야머, 이경직 옮김, 『공간

율에 따라 현상세계를 분석하고 종합하는 이성이 "존재와 무의 모순이 드러내는 한계를 넘어서는" 영혼의 자발성[47]에 기초하고 있음을 잘 설명하고 있다고 말할 수 있다.

"한편 연속성에 어떤 것이 들어가느냐 하면, 예를 들어 "A에서 B까지 갔다"고 할 때 A에서 B로 가기 직전까지는 그 무엇이 변하지 않았다는 것이 들어가게 돼. 그래야 연속성이라고 하지. 그래서 B에 들어가면 A는 없어져. 그러나 그것은 돌연히 없어지는 것이 아니라 과정을 통해서 어느새도 모르게 없어지게 돼. 이 두 가지가 다 들어가. …… 이 양 측면이 서로 구별되지 않는 상태에서 주어지는 것이 순수한 과정이야. 그런데 그것이 딱 끊어지면 서로 비교될 수 있잖아? 그 변하지 않는 측면을 잘라서 볼 때 무수히 많은 잘린 부분들이 동시에 공존(共存)할 수 있어. 그것을 공간이라고 해."[48] 여기에서 박홍규가 "A에서 B로 갔다"고 할 때 변화를 장소이동의 운동 관점에서 말하는데, 이를 베르그송의 동적 존재론의 입장에서 말하면 이러한 운동은 사실 존재자들의 생성·소멸을 의미한다. 따라서 A와 B의 변화는 능동성이 개입된 생성·소멸 관점에서의 변화이다. 결국 논리적 분석에 의한 존재론에서 인과관계는 변화의 이러한 관계맺음과 관계를 끊는 측면에서 성립하는 만물의 생성·소멸을 탐구하려는 것이다.

개념』, 나남, 2008, 제2장), 데카르트의 공간은 3차원 연장성으로서의 것일 뿐이다. 반면에 뉴턴의 공간은 기계적 필연성이 작동하는 중력장이다. 현대의 양자역학적 장은 플라톤의 장소(chora)에 해당하는 것으로 하이젠베르크(김용준 옮김, 『전체와 부분』, 지식산업사, 1982, 제20장)는 이해한다.

47) "존재와 무의 모순이 드러내는 한계를 넘어서는"이라는 박홍규의 능동자에 대한 표현은 존재론적인 것으로서 허무가 마치 존재하는 것으로서 간주되는데, 이것은 아리스토텔레스의 일상언어적인 전체와 부분의 존재론적 표현과 같다. 이러한 일상언어적 인간의 이성은 동일률, 모순율, 배중률에 따라 논리적 사색을 전개하는데, 동일률은 근대에서는 뉴턴 운동법칙의 영향 때문에 사실법칙을 지시하는 것으로 이해되었으나 현대에서는 당위법칙인 것이다. 따라서 사실과 당위 사이의 혼동을 윤리학에서는 자연주의적 오류(naturalistic fallacy)라고 하나, 이는 상대성이론이 진리로 인식되는 시간의 관점에서 보면 동일률에서 기원하는 것으로 이해된다. 즉 '사실'은 '인간의 이성적 관점'에서 사실인 것이다.

48) 박홍규, 「아리스토텔레스의 우시아」, 『형이상학 강의 2』, 41쪽.

그런데 분석은 종합을 전제한다. 그리고 이러한 종합은 자연현상에 대한 경험을 분석한 것에서 종합이 이루어져야 한다. 그런데 경험과학에서의 진리는 경험과학이 기초한 '현실' 혹은 박홍규가 고별강연에서 말한 데이터(data)에 대한 감관·지각적 경험에서 발견적으로 혹은 직관적으로 주어진다. 즉 실증과학과 관련된 우리의 감관·지각과 의식에 직접적으로 주어지는 현상으로서의 현실적 존재(reality)를 지칭하는 그의 'data'는 앞에서 플라톤의 '물질'에 대한 여러 의미 규정처럼 여러 차원과 동시에 위계를 지닌다. 이러한 직관적인 것을 수리·논리적으로 엄밀하고 정확하게 표현하는 것이 자연과학과 수학의 기호적 방법이다.

　사실 파르메니데스의 불변부동의 일자(一者)사상은 만물이 변화한다는 우리의 직관을 철학적으로 표현한 헤라클레이토스의 사상과 상반되는 것처럼 보이기 때문에 그리스의 식민지에서 발생한 철학자 사회에 커다란 충격을 준다. 왜냐하면 파르메니데스의 일자는 주어+술어의 형식으로 사유하는 인류에게 논리적으로 생각하는 한 필연적으로 발생하는 사유 직관(nous)이기 때문이다. 주어+술어 형식의 언어는 모순율에 따르는 술어논리를 전제해야만 대화와 의사전달이 가능하므로 역으로 존재에 대한 분석적 사유에서는 모순율에 따른 사유의 추리와 함께 그 결론인 '존재'가 직관되는 것으로 나타나기 때문이다. 즉 파르메니데스의 일자존재는 이성적으로 '존재'를 사유하는 인간에게 필연적으로 나타나는 존재에 대한 표상이다. 그런데 우리가 사는 현실은 헤라클레이토스가 말했듯이 생성·소멸이 있는 변화하는 동적 세계이다. 이 때문에 운동과 변화를 존재론적으로 생각해보려는 사고에서는 필연적으로 인간의 주체적 실존과 그 기능방식에 유비된 설명을 할 수밖에 없고, 이 사태를 나타내는 주어+술어의 형식으로 된 언어로 표현하려다 보니 파르메니데스의 존재론을 따르지 않을 수 없게 된 것이다. 결국 파르메니데스의 존재론은 인식론적으로 존재를 구성하는 방법론을 함축하며, 이 때문에 그리스 자연철학은 이러한 존재의 논리에 의해 감관-지각이 파악하는 생성·소멸하는 현상적 경험을 어떻게 설명할 것인가 하는 문제를, 즉 실존의 운동에 유비된 '물체의 운동'

을 설명하는 역학적 문제를 지니게 된다.

그리스 자연철학은 헤라클레이토스의 동적 우주관과 파르메니데스의 존재론의 부동적 우주관의 모순적 대립상황에서 이성적으로 이러한 모순을 해결하거나 해소하려는 비판적 대결에서 전체적으로는 자연현상의 생성·소멸을 '합리적으로' 설명하려는 데에서 나타난 것이다. 그런데 파르메니데스의 존재론은 허무를 부정하고 모든 것이 다 주어져 있다는 것을 전제한다. 이러한 창조부정의 존재론으로는 만물의 생성·소멸을 기독교처럼 능동자의 창조작업으로 설명할 수 없다. 파르메니데스의 존재론을 인정하면서도 만물의 생성·소멸을 '창조와 비슷하게' 설명하기 위해서는 '허무와 비슷한 것'을 설정해야 한다. 그것은 원자론자들이 운동을 설명하기 위해 전제하는 무한한 공허(kenon)이고, 텅 빈 허무를 부정하는 플라톤의 우연·필연의 운동으로 현상하게 하는 공간이자 장소(chora)이며, 논리적으로는 무한자(apeiron)이다.

한편으로 원자론자들은 존재론의 모순율을 받아들이면서 만물의 생성·소멸의 설명에서 허무와 유사한 무한한 공허를 인정할 수밖에 없다는 상식적인 입장에서 출발하는데, 그것이 에피쿠로스의 죽음은 없다는 변증법적 설명[49]에서 가장 잘 나타난다. 그러나 무한한 공허의 존재는 이성적 존재론에서 끊임없이 문제를 일으키며 우리의 존재탐구에 많은 딜레마를 야기한다. 왜냐하면 무한한 공허의 관념은 자기모순성을 함축한 차별화의 원리이자 분석의 원리이기 때문이다. 반면에 소크라테스는 이러한 파르메니데스의 존재론을 인정하면서도 만물의 생성·소멸을 설명하기 위해서 우리 정신에 유비된 신적인 주체성의 능동력을 전제하는 데에서 출발하여(충족 이유율) 원자론적 사유와 변증법적으로 통합을 이루려 한다. 파르메니데스의 존재론의 방법론과 달리 '나 존재(영혼)'의 진리를 추구하려고 하는 소크라테스·플라톤은 절대적인 허무를 부정하되 허무와 비슷한 무한자를 전제함으로써 능동자와 이데아 사상을 결합하고자 했던 것

---

49) 살아 있는 동안 죽음은 없고 죽어버리면 죽음은 없다.

이다. 즉 서양철학의 인간학적 기원은 모두 자연 만물의 생성·소멸과 나-주체의 존재방식을 파르메니데스의 존재론적-인식론적 방법에 의해 주지주의적으로 설명하려는 동기에서 나타난 것들이다. 이러한 관점에서 보면 그리스 자연철학자들의 사상도 파르메니데스의 일자 존재—운동도 없고 나누어지지도 않으며 사방으로 고르게 퍼진 충만한 구와 같은 것—에 전체·부분에 의한 논리와 존재론의 배중률 결합을 통해 존재와 정신에 대한 직관적인 표상을 받아들이면서도 그 가운데 들어 있는 운동문제를 해결할 수 있는 상식적인 견해를 채택한 것이다. 즉 운동이란 "하나의 물체(주체)가 공간이동을 한 것"[50]이다. 이러한 태도는 철학적 사유에서 주체를 전제한 경험의 상식을 거부하지 못한 의인론적 관점이다.

파르메니데스의 존재론은 밀레토스학파의 우주론에 존재론의 배중률을 결합하면 필연적으로 나타나는 것으로서 이 존재론에서 제1의 원리(ex nihilo, nihil fit)는 모두에게서 인정되는 것이다. 그러나 문제는 파르메니데스의 존재론에서 제2의 원리인 배중률, "그것이 있거나 없거나"(to be or not to be)이다. 우리에게 존재에 대한 배중률에 따른 판단은 직관적이고 직접적이다. 존재와 허무는 서로 배척적이고 상호모순되어 있다. 그러나 이러한 직관은 논리적 분석의 정신에게는 술어논리의 한 의미인 포괄적 선언의 의미를 배척하고 있다는 점에서 문제가 있다. 우리의 상식 직관에 분석적 직관이 미치지 못한 데에 따른 결함의 측면이다. 이러한 직관의 오류는 현실을 전제하는 논리적 사유이자 합리적 사유(상식)가 비판한다. 그 결과 상식과 직관은 서로를 전제하면서도 서로를 비판하는 아이러니한 관계에 있게 된다. 결국 파르메니데스의 존재론은 한편으로 옳은 측면이 있으면서도, 다른 한편으로 술어논리에서 사용되는 모순율에 반하는 것으로 드러난다. 술어논리에서는 선언명제에서 배척적 선언의 의미 대신 포괄적

---

50) 아리스토텔레스는 상식적 관점에서 운동이란 양적으로는 증감이라 부르고 질적으로는 변화라 부르며, 이러한 양과 질을 통합한 존재로서의 한 물체가 장소를 이동하는 것은 공간운동이라 부르고, 존재 전체가 변화하는 것은 창조라 부른다.

선언의 의미를 기초적인 것으로 사용하고 있기 때문이다.

결국 존재론에서 배중률의 문제는 존재와 허무에 대한 (주어+술어의 명제를 사용하는) 인류의 지능적 표상에서 이 양자가 서로를 배척하는 것이 아니라 관계맺음으로도 나타난다. 이 양자의 관계맺음은 존재와 허무가 모순관계를 나타낼 뿐만 아니라 무규정성(apeiron)을 전제한 반대관계를 함축해야 하는 아리스토텔레스의 판단 사이의 대당관계도 나타낸다는 것을 의미한다. 역으로 아리스토텔레스의 일상언어에 의한 존재론적 판단명제들의 대당관계는 플라톤의 전체·부분의 변증법과 파르메니데스의 존재론에 대한 배중률의 산물이므로 이율배반과 아이러니를 함축하고 있다. 이 때문에 이러한 이율배반과 아이러니를 현실적으로 인정된 인간 영혼의 유한한 능동성(dynamis)에 기초하여 극복하려는 것이 플라톤의 한계·비한계(무)의 관계에서 존재문제를 바라보는 변증법의 논리로 나타난다. 즉 플라톤은 『파르메니데스』 편에서 동일성-타자성 논리의 변증법으로 존재론의 변증법을 마련한다.[51]

3. 결론

서양철학적 전통을 형성한 그리스인들의 모순율에 따르는 지성은 자

---

51) 플라톤의 『파르메니데스』 편에 나타난 존재론의 변증법은 술어적 사고에서는 아리스토텔레스의 『분석론 전후서』의 일반논리학으로 나타나 있다. 박홍규는 이 대화편을 존재론의 일반논리학이라고 정확하게 이해하고 있다. 이 대화편에서 플라톤의 동일성과 타자성의 존재론적 표현은 일자와 타자에 대한 이중적인 표현으로 되어 있다. 동일성은 자기 자신에 같고 다른 것에 다른 것인 데 반해, 타자성은 다른 것에 다르고 자신에마저 다르다고 표현된다. 그런데 이 일자와 타자에 대한 묘사에서 동일자와 타자의 관계는 한편으로 정신의 운동이 양쪽에 관계하는 양자적인 것으로, 다른 한편으로 모두 일자를 지향하는 것으로 표현된다. 이러한 영혼의 움직임에 기초하여 플라톤은 동일-타자의 논리에서 자연수의 수학적 계열을 산출하는데, 『파르메니데스』 편에서 그는 양자적 관계를 나타내는 쌍수 개념을 사용한다. 이것이 피타고라스학파의 자연수에 의한 존재론적인 표현의 논리이다. 여기에서 동일자는 차원이 다른 동등 개념으로 분화되어야 하는 측면이 발생한다.

연현상 전체를 가상으로 여기고, 실재는 신들이 사는 영원한 세계로 생각하고 있었다. 그러나 식민지의 자연철학자들은 인간을 토대로 하면서 그 안에서 살고 있는 보편적인 존재로서의 자연이 인간정신에 직관적으로, 에우리피데스(Euripides)의 말처럼 "살아 있으면서도 불멸하는 것으로서 질서와 조화를 이루고 있는 단일자"라고 생각했다. 그런데 이러한 자연은 감관·지각에 파악되는 한 상호 대립(반대)과 모순이 함축되어 있으므로 영원한 투쟁 속에 있게 된다. 이 때문에 헤라클레이토스의 우주론에서 자연은 전쟁상태에 있으면서도 이러한 전쟁상태가 조화와 통일의 하나로서 로고스라고 직관적으로 정리된다. 이러한 로고스 사상은 오르페우스 종교를 그리스 사회에 전한 피타고라스학파에 의해 기하·수학적인 것으로 변모되는데, 이 수학사상은 만물의 형성과 이들의 상호작용의 체계와 질서를 단일한 것으로 전제하고 그것을 수로 설명하고 기술하는 존재론에 토대를 둔다. 그리고 이 로고스의 배후에는 헤라클레이토스와 다르게 영혼이라는 불멸하는 실재가 물질과 달리 존재한다. 그리고 정신과 물질의 구분기준은 직관적인 것으로서 소크라테스·플라톤에서 전자는 자발성을, 후자는 우연·필연성에 따라 운동하는 것으로 간주되는 전통을 이룬다.

다른 한편, 피타고라스학파와 같은 지역에서 형성된 엘레아학파는 이러한 수학적 로고스 전통을 존재론적 전통으로 바꾸었다. 현상과는 다른 존재란 무엇인가? 파르메니데스의 존재론에 이르러 배중률(to be or not to be)이 이성의 존재론적 원리(ex nihilo, nihil fit)에 부가되면서 그리스 자연철학은 비약적으로 존재론적 사색으로 바뀐다. 즉 파르메니데스의 존재론에서 존재론의 모순율과 배중률이 결합한 존재론적 사유는 현상과 실재를 구분하고 이를 제논의 역설에서 볼 수 있듯이 수학적으로는 하나와 여럿의 논리적 관계로 사유하는 전통을 형성하였다. 따라서 파르메니데스의 생성·소멸도 없고 나누어지지도 않고 사방으로 충만한 구와 같은 '존재'에 대한 규정은 한편으로 다양성을 통일하는 능동자로서의 로고스에 대한 규정인 동시에, 다른 한편으로 만물의 원질(동일성에 기초한 필연성을 띠는 물질)에 대한 규정이 된다. 그리스 자연철학자들은 제논의 하나와 여럿의 역설에서 보이듯이 이 양자를 분석적 성격과 종합적 기능의 관점에서 분리하여 종합과 통일에 관계하는 것을 원질에, 분리와 확산에 관계하는 것을 공간에 부여하고, 이를 통해 발견적인 감관·지각적 현상세계를 이성적으로(법칙적으로) 설명하는 것이다. 이것이 후에 원자론과 플라톤의 이데아론(근대에서는 라이프니츠의 단자론)으로 나타나는 것으로 방법론적으로 분석적인 철학으로서 서양철학의 전통을 이루는 토대가 된다.

그리스 자연철학자들이 찾은 이 원질(arche) 개념 속에는 인식론적으로 감관·지각을 넘어선 원자에 대한 물체적 개념이 있고, 결국 이 물체가 지니는 원자들의 형태와 구성으로부터 이 물체의 통일적 현상을 구성하는 수학·기하학적 동일률이 도출되었다. 그리고 그것에 따르는 필연성에 기초하여 자연세계 존재자들의 현상과 운동에 대한 설명이 시도되었다. 그리고 이러한 존재자들의 생성·소멸의 원인을 운동원인으로 따로 두느냐 그렇지 않느냐에 따라 자연현상들의 생성·소멸을 설명하려 한 것이 원자론으로 나타났다. 그리하여 자연현상의 생성·소멸을 파르메니데스의 존재론으로 설명하려는 일종의 해석학으로서의 원자론은 두 갈래로 나뉜다. 파르메니데스의 존재의 이념에 철저히 따르면서 현상세계의 생성·소멸을 우연·필연으로 설명하려 했던 데모크리토스의 원자론과, 경사운동을 하는 자유원자를 끌어들여 운동원인을 설명하려는 에피쿠로스·루크레티우스의 원자론이 그것이다.

원자론자들에 의해서 파르메니데스의 존재가 단일한 일자로서의 우주 원리가 아니라 만물의 생성·소멸을 설명하려는 기초원리로 변형된 것이다. 사실 파르메니데스의 존재론에 대한 진리의 길은 "사유를 위한 탐구의 길"(hodoi dijeseos noesai)이라고 명명되고 있다. 즉 그것은 인간이 언어로 사유하는 진리탐구의 올바른 방법인 것이다. 이 때문에 포퍼는 파르메니데스의 일자를 우주라 말하고 무한자(아페이론)가 들어 있는 억견의 길이 현실세계를 말하는 파르메니데스의 우주론임을 천명한다.[52] 현대에 들

---

52) 포퍼에 따르면 고대 자연철학자들이나 소크라테스가 말하는 생성·소멸하는 현실세계에

어서 이러한 현실세계는 기초적으로 물리과학이 탐구하는데, 이러한 탐구 방법론을 분석이라고 말한다.

그런데 이 원자론은 만물현상의 기초이론이다. 이 원자론은 달리 말하면 만물의 생성·소멸에 대한 지성의 설명이론이며, 베르그송에 따르면 그 기원은 영혼의 능동성에서 기원하는 제작이론이다. 이 점은 플라톤의 우주생성이 우주신(神) 데미우르고스에 의해 기하학적으로 제작되는 것으로 설명되고 있는 『티마이오스』편에 잘 나타난다. 이러한 제작의 변증법의 기초는 파르메니데스의 존재론 속에 들어 있는 배중률과 모순율에 따르는 논리이다. 사실 파르메니데스의 존재론에 함축된 분석·종합의 인식론적 방법은 서구의 자연철학뿐만 아니라 소크라테스-플라톤의 인문사회철학까지도 지배하며 가능하게 한 것이다. 이러한 그리스 자연철학의 발달과정을 방법론적으로 현대과학과의 관계에서 잘 밝히고 있는 것이 포퍼의 저작들이고, 이러한 자연과학 방법론의 한계나 성격을 실존의 시간성에 기초하려는 것이 베르그송의 철학이다.

베르그송 철학의 핵심은 지속에 대한 직관에 있다. 그러나 직관적인 것은 자연의 다양한 생명현상과 이를 통합하는 생명력에 대한 지적 직관이 전제되어야 한다. 이러한 지적 직관의 기초는 사실 화이트헤드의 말처

대한 지식은 과학이 말하는 확실성의 것이 아니라 추측적 지식이다. 이러한 추측적 지식은 파르메니데스의 배중률에 따르는 진리의 길에 의해 논박될 수 있다. 포퍼에 따르면 "파르메니데스가 현대물리학과 수학의 관점에서 보았을 때 적어도 세 가지 항구적인 성취에 대한 공로를 인정받을 수 있다고 생각한다. ㄱ) 그는 논증과 관련하여 연역적 방법의 발명가였고, 간접적이기는 했지만 현재 가설-연역적 방법이라 부르는 방법의 발명가이다. ㄴ) 변하지 않는 것 혹은 불변하는 것은 자기-설명적이라고 간주된다는 것을, 그리고 설명하는 데에 이것이 출발점으로 사용될 수 있다는 것을 그가 강조한 것은 옳았다. 이러한 강조는 에너지나 운동량 보존법칙과 같은 보존의 원리들에 대한 연구로 이끌었고, (메이에르송이 진술했듯이) 수학방정식이라는 형식에 의하여 자연의 이론 혹은 법칙들을 제시하는 방법에 대한 연구로 이끌었다 ……. ㄷ) 파르메니데스의 이론은 이른바 물질의 연속성 이론의, 그리고 이것과 함께 우주론의 자연학파적 시초였다. 물질이론에서 원자론 학파와 끊임없는 경쟁관계에 있었던 이들 학파는 슈뢰딩거에 이르기까지 그리고 현대 양자장 이론에 이르기까지, 물질의 구조문제를 해결하는 데에 지극히 효과적이었다는 것을 증명한다." 카를 포퍼, 송대현 외 옮김, 『파르메니데스의 세계』, 영림카디널, 2009, 223~24쪽.

럼 서양철학의 원천이 된 플라톤 철학에서 주어진다. 일제 식민지 치하에
서 칸트-헤겔의 철학이 만연한 세상임에도 불구하고, 철학의 근본으로 다
가가 서양철학의 기원이 된 그리스 자연철학과 이를 인문학적으로 종합
한 플라톤 철학을 연구하고 플라톤 철학의 단초가 파르메니데스의 존재론
에 있음을 간파한 것이 박홍규이다. 더욱이 제2차 세계대전의 소용돌이에
휘말린 한반도에서 플라톤과 지성으로 인생체험을 관조했던 그의 인식형
이상학은 플라톤 철학에 대한 실존적 차원에서의 깊이 있는 해명을 가능
하게 했다. 그의 인식형이상학은 플라톤이 『파르메니데스』 편에서 존재와
허무를 조합하여 이루어지는—언어적 관점에서 주어+술어의 동일성과
타자성의 관계에서 이루어지는—존재론의 변증법적 연습에서 볼 수 있는
가설적인 논증들의 모든 경우를 다루고 있을 뿐만 아니라 실증성의 극한
을 가는 경우에 대한 논의도 두루 포괄하고 있다. 그런 측면에서 그의 인
식형이상학은 실증과학의 발달 정도에 따른 현실에 대한 이해를 여러 가
지로 해석할 수 있는 다차원적인 것으로서 그 철학적 의미가 매우 크다.
이러한 관점에서 위와 같은 다차원적이고 다양성을 함축한 박홍규의 인
식형이상학적 견해를, 그가 고별강연에서 강조한 현실적인 데이터를 주는
실증과학의 발달과의 관계에서 철학사적으로 분화시켜 주체성의 생명체
적 현실과의 관계에서 존재론적·논리적으로 설명하고 체계화하는 것은
제자들의 몫이 될 것이다.[53] 한마디로 박홍규의 철학에 대해서 우리는 파
르메니데스가 자신의 시구 단편에서 여신의 말로 표명하고 있듯이 인간이
술어적 언어를 통하여 사색할 때 "인간의 사유로서는 넘을 수 없는 진리"
를 뛰어넘고자 노력한 철학자들 중의 한 사람, 그것도 진정 한국인 최초의
서양철학자, 아니 글로벌화된 현대에서 세계에 내놓을 수 있는 한국의 철

---

53) 박홍규의 형이상학을 논리적 관점에서 평가하기 위해서는 현대수학의 발전에 대하여 잘
알고 있어야 한다. 현대수학은 플라톤의 전체·부분의 논리와 유한·무한의 변증법에 따
르는 일상언어의 논리학에 엄밀성을 부여할 뿐만 아니라, 칸토(G. Cantor)의 무한집합론
에 기초하여 논리적으로 정리되면서 계산 가능성(computability)의 논리는 물론 현실의 여
러 현상과 양상에 따라 세분화되어 다양하게 분화·발전하고 있기 때문이다.

학자였다고 말할 수 있다.

| 참고문헌 |

린 마굴리스·도리언 세이건, 황현숙 옮김,『생명이란 무엇인가』, 지호, 1999.
_____, 홍욱희 옮김,『마이크로코스모스』, 김영사, 2011.
박홍규,『박홍규 전집』(전5권), 민음사, 1995~2007.
송영진,『플라톤의 변증법』, 철학과현실사, 2000.
_____,『직관과 사유』, 서광사, 2005.
에른스트 마이어, 최재천 외 옮김,『이것이 생물학이다』, 몸과마음, 2002.
최화,『박홍규의 철학』, 이화여자대학교출판부, 2011.
카를 포퍼, 이한구 옮김,『파르메니데스의 세계』, 영림카디널, 2009.
_____,『추측과 논박』(전2권), 민음사, 2001.
Popper, Karl R., *The Logic of Scientific Discovery*, Routledge, 1959.

제4장

박홍규의 형이상학적 사유에 대한 소고

박희영

1. 서론

이 글은 박홍규의 독특한 형이상학적 사유가 어떠한 특성을 지닌 것인지, 그리고 그러한 사유가 해방 이후 한국사회 안에서 철학적 사유방식을 정착시키는 데 어떠한 의의를 지니고 있는지를 고찰하는 데에 그 목적이 있다. 그는 서양의 형이상학적 사유방식이 무엇인지를 천착함에 주력하였는데, 이는 그가 오직 그러한 사유방식을 통해서만 객관적 학문을 가능하게 만드는 과학적 방법론의 기초를 발견할 수 있다고 믿었기 때문이다. 바로 이러한 객관적 학문을 가능하게 만들 토대를 제공할 수 있는 철학의 가치에 대한 절대적 신봉을 염두에 두어야만 우리는 그가 어떠한 이유에서 헤겔 또는 마르틴 하이데거(Martin Heidegger)의 철학과 같은 이른바 이념주의적 또는 주관주의적 철학이나 불교 및 도가 등의 사상에 대해 별로 관심을 기울이지 않았는지를 알 수 있다.

그러나 박홍규의 이러한 생각은 철학이라는 학문을 객관적 지식체계 확립에 필수적인 논리적 사유방법과 이론구축을 정초하는 근본학문으로 규정할 때에는 적합하지만, 인생관이나 가치관을 형성함에 필요충분한 모든 가능적 사유방식을 함양하는 더 넓은 의미의 학문으로 규정할 때에는 일견 부적합한 면을 지닌 것으로 여겨질 수도 있다. 따라서 이 글은 박홍규가 천착했던 형이상학적 사유의 특징이 무엇인지를 규명한 다음, 그의 사유를 넓은 의미의 철학과 연결할 수 있는 새로운 사유의 모델을 모색해 보는 데 논의의 초점을 맞추고자 한다.

새로운 사유방식 자체를 가능하게 만들 지평을 열기 위해 우리는 그가 즐겨 걸었던 유클리드 기하학과 아리스토텔레스 논리학의 방법으로 포장된 사유의 들길을 잠시 벗어나 야생적 사유의 숲길을 개척해볼 것이다. 이 새로운 숲길은 철학 외적인 관점에서 사유하는 길로 우리로 하여금 철학 내적인 사유의 시각으로부터 일종의 거리를 둠을 통해 또는 관점 바꾸기를 통해 기존의 전통철학적 사유를 되돌아보게 만들 것이다. 우리가 이러한 시도를 하려는 이유는 오직 이러한 숲길 속에서만 지금까지 익숙해 있던 전통적 시각과 전혀 다른 시각을 지니게 되고, 더 나아가 박홍규의 형이상학적 사유가 심층적 차원에서는 어떠한 의미에서 새로운 가치론적 사유의 모델 창출에 도움이 되는지를 밝힐 수 있기 때문이다.

2. 본론

(1) 박홍규의 형이상학적 사유

앞서 우리는 박홍규의 사유가 오직 엄밀한 학문에 대한 정의와 그 방법론 구축에 상관되는 것에만 집중하는 태도를 지녔음을 언급하였다. 그렇다면 그는 어떠한 이유에서 그러한 태도를 고수하였을까? 이 물음에 대한 답을 찾기 위해 우리는 무엇보다도 먼저 그의 사상형성에 영향을 미쳤을 시대적 배경을 살펴볼 필요가 있다. 해방 이후 학문적 탐구방법에 대해 사유함의 풍토가 아직 형성되지 못했던 우리 사회의 현실에서 그러한 탐구방법의 전형을 확립하고자 했던 선생의 노력은 사실상 일종의 계몽주의적 의의를 지닌다. 물론 피상적 관점에서 보면 기본적 생계유지가 가장 절실한 문제로 대두되었던 시대적 상황 속에서 그가 실존철학이나 정치철학 내지 사회철학 등에 관심을 기울이지 않음은 일견 당시에 요구되는 시대 정신을 인식하지 못한 것처럼 보일 수도 있다.

그러나 그의 그러한 태도는 그 당시에 진정으로 필요한 것이 오히려 학문적으로 사유하는 방식을 국민들에게 함양해줌에 있는 것임을 더 깊은 차원에서 인식하고 있었기 때문에 나온 것이라 할 수 있다. 사실 현실적 문제를 해결할 수 있는 능력은 객관적 데이터를 기초로 하여 동일률에 근거한 논리적 추론을 전개할 수 있는 방법을 터득한 후에야 가능한 것이고, 그러한 방법의 터득은 오직 존재자 전체를 형이상학적 체계 속에서 공관할 수 있는 사유능력이 배양된 뒤에나 가능한 것이다. 바로 그러한 공관적 사유의 시선 자체를 배양하기 위한 사명감에 젖어 있었기 때문에 박홍규는 플라톤과 아리스토텔레스의 형이상학적 사유체계와 논리학, 유클리드의 기하학적 방법과 오귀스트 콩트(Auguste Comte)의 실증주의적 정신, 베르그송의 역동주의적 철학에 몰두하고, 그 외의 모든 비합리성의 가치를 중시하는 철학 내지 주관주의적 철학 자체를 멀리하였던 것이다.

선구자적 철학자들의 노력 덕분에 오늘날 우리 사회에서 학문을 탐구하는 학자들의 사유방식뿐만 아니라 일반인들의 사유방식도 일제 강점기와 해방 직후 시대에 비하여 훨씬 더 합리적인 성격을 띠게 되었다. 그럼에도 불구하고 정치적·사회적 문제가 충돌하는 삶의 현장에서는 오늘날에도 여전히 비합리적 성격을 띤 사유방식이 훨씬 더 강하게 작용하고 있다. 따라서 오늘날의 철학도는 인간의 사유의 모델이 형성되는 메커니즘 자체에 대한 고찰을 통해 비합리적 사유 속에서 접근되고 있는 정치적·사회적 문제들, 더 나아가 주관주의 철학을 다루는 모든 담론들에 대해서도 훌륭히 설명할 수 있는 새로운 철학적 사유를 창출해야만 하는 시대적 사명을 느끼게 된다. 우리는 바로 이러한 사명감 속에서 박홍규의 사상이 지닌 의의를 고찰하고자 노력해야만 비로소 그의 철학이 한국철학에 남긴 발자취를 정확히 평가할 수 있을 것이다. 그러한 평가를 위하여 무엇보다도 먼저 그가 서양의 형이상학적 사유 중에서 특별히 강조한 점은 무엇이었는지를 살펴볼 필요가 있다.

이른바 헤브라이즘과 함께 서양문명의 양대 축을 이루는 헬레니즘의 성립과 직접적으로 연관되는 한에서의 형이상학적 사유방식과 설명체계의 특징에 대한 박홍규의 강조점은 『희랍 철학 논고』[1]에 가장 잘 나타나 있다. 그는 이 책을 통하여 그리스 철학의 전체적 윤곽에 대한 해석과 플라톤의 대화록들(『프로타고라스』『유티데모스』『소피스테스』『티마이오스』 편들)이 지니고 있는 철학적 의미에 대한 분석들, 베르그송의 근원적 자유 개념의 의미, 고대철학과 근대철학의 같은 점과 다른 점에 대하여 고찰하고 있다. 특히 초보자를 위한 그리스철학의 입문서 역할을 하는 논문「희랍 철학 소고」[2]는 그리스 철학이 무엇보다도 우선 인위적인 것(Nomos)과 자연적인 것(Physis)에 대하여 명확히 구별하는 태도를 정립함으로써 사물 자체를 객관적으로 인식하게 되었고, 그러한 인식의 바탕 위에서 증명사상이 출현하였음을, 또한 그 증명방식에 따라 다양하게 구분되는 지식들의 최상부에 논증적 지식으로서의 존재론이 자리잡고 있음을 밝히고 있다.

그에 따르면 "자연, 곧 인위적인 것이 제거된 대상은 항상 인식 주관 밖에 있다. 그러나 (그 대상은) 주관에서 떨어져 있으면 인식되지 않는다. 그러므로 그것이 인식되기 위해서는 인식 주관과 관계를 맺어야 한다. 그러나 대상은 허구적으로 될 수 없고 자기동일성을 요구하므로 그것의 자기동일성이 유지되면서 관계가 맺어져야 한다. 이러한 관계는 접촉이다. 접촉에서 두 사물은 공동의 한계를 갖는다. 곧 인식 주관이 끝나는 한계는 대상의 한계이다. 따라서 인식 주관과 대상의 한계 사이에 제3자가 개입하지 않는다. 이러한 인식은 직관이다. 대상과 인식 주관이 저마다 자기동일성을 유지함은 대상 인식의 기본조건이다."[3]

---

1) 박홍규, 『희랍 철학 논고』(박홍규 전집 제1권), 민음사, 1995.

2) 박홍규, 「희랍 철학 소고」, 『희랍 철학 논고』, 23~51쪽.

3) 같은 글, 26쪽. 원문에는 '대상의식'으로 되어 있다. 그러나 문맥상 뜻이 맞지 않다고 판단하여 내가 '대상인식'으로 교정하였다.

그런데 "대상에 접촉되는 인식 주관의 한계가 어디냐에 따라 직관의
종류가 구별될 수 있다. 아리스토텔레스에 따르면 …… 영혼의 종류에 따
라 직관의 종류가 구별된다. …… 사람에게만 고유하게 있는 지적 능력
의 정점에서 이루어지는 지적 직관으로 끝난다. …… 인식 주관의 한계
선상에서 직관되는 것, 곧 그것에 접하는 것은 대상의 한계이며 이 대상
의 한계는 대상의 외모이다. 희랍어 'eidos'는 외모를 뜻한다. 사물의 내부
나 이면은 인식 주관의 한계에 접촉되지 않으므로 직관되지 않는다. ……
곧 대상의 내부나 이면이 직관되기 위해서는 그것이 인식 주관과 접촉되
도록 하는 작업이 필요하며, 대상이 움직일 때도 그것과 접촉을 유지하기
위한 작업이 필요하다. 따라서 직관의 반대는 조작 또는 작업이다. 직관
은 항상 조작 또는 작업과 더불어 있으며 이 둘은 상보·상반관계에 있다.
다(多)와 운동 속에서 이루어지는 대상의 직관은 (이러한) 작업을 떠날 수
없다."[4]

인식의 대상은 인식 주관의 한계선상에서만 대상이 되며 (그것이) 인식 주
관 속으로 주입되면 자기동일성을 상실한다. 이 점에 있어서 인식의 대상과
인생관이나 세계관의 내용은 다르다. 인생관과 세계관은 주입됨이 특징이다.
그러나 인식의 대상은 인식 주관을 다만 스쳐갈 따름이다. 스쳐가는 대상은
끊임없이 새로울 수도 있다. 그것은 때로는 직관되어 기억으로 저장된다. 그
결과 지식이 증가된다. 그러나 그것은 때로는 망각된다. (반면에) 주입된 인생
관이나 세계관은 인식 주관을 포로로 삼고 망각되기를 거부한다. 주입된 인
생관이나 세계관은 내부에서 일어나는 판단능력을 마비시킨다. 그러나 인식
의 대상은 밖에서 스쳐갈 따름이므로 판단능력을 방임한다. 따라서 판단능력
은 그것이 지닌 허구성을 줄이기 위해서 항상 자유롭고 유연성을 지닌, 지적
작업을 통해서 밖에 있는 대상에 접근해야 한다.[5]

---

4) 같은 글, 27쪽.

5) 같은 글, 28쪽.

대상은 직관에서 주어지며, 직관된 것은 지식으로서 인식 주관 내부에 저장된다. 그런데 일단 저장된 후에는 그 지식이 과연 허구적인지 아닌지 분간될 길이 없다. 따라서 저장된 지식이 허구적이 아님을 보여주는 작업이 요구된다. 이러한 작업이 곧 증명이다. 모든 증명은, 증명되는 지식이 무엇이든, 증명되는 지식이 허구적이 아님을 직관케 한다. '증명한다'를 뜻하는 희랍어 'apodeiknumi'(demonstro)의 'deiknumi'는 '보여준다'나 '지적한다'를 뜻한다.[6]

이상의 고찰을 통해 박홍규의 사유방식을 관통하고 있는 형이상학적 기본전제들은 다음과 같이 요약할 수 있다. 1) 학문적 지식을 획득하기 위한 출발점은 인식 주관과 인식 객관의 접촉이다. 그 접촉은 각자의 자기동일성을 유지하는 차원에서 일어나야 하며, 그것을 가능하게 해주는 접촉은 직관이다. 2) 직관된 것은 지식으로서 인식 주관 내부에 저장된다. 그런데 인간의 지능은 그 저장된 지식이 허구적이 아님을 보여주기 위해 증명의 작업을 실행해야 한다. 3) 지식에 허구성이 없음을 증명하는 방식에 따라 지식은 ①실증적 지식, ②기술, ③논증적 지식으로 분류될 수 있다. 4) 이러한 세 차원의 지식을 모두 섭렵하기 위하여 형이상학적 사유는 그러한 지식 전체를 바라볼 수 있는 공관적(共觀的) 시각을 지녀야 한다.

우리는 바로 이러한 공관적 시각을 염두에 두고 있어야만 서양의 형이상학이 특정 존재자들을 대상으로 삼는 여타의 개별과학들과 달리 존재자 일반 전체를 대상으로 삼는 학문임을 이해할 수 있다. 그러한 이유에서 그것은 존재자 일반 전체를 공관하는 일반적 시각과 그 존재자 일반 전체의 특성을 개별자들이 지닌 특성과 연관지어 바라보는 특수한 시각을 동시에 작동시키게 된다. 그러한 두 겹의 시각을 동시에 작동시켜야 하므로 형이상학적 사유는 무엇보다도 먼저 논리적 사유를 그 도구적 시각으로 사용하게 된다. 따라서 형이상학적 사유는 그 첫 단계로서 모든 존재자들에 공

---

6) 같은 글, 29쪽.

통적인 속성, 즉 '존재하는 한에서의 존재'라는 단 하나의 내포량만 지닌 존재 개념을 도구로 활용하여 존재자 일반 전체를 단일한 것으로 묶게 된다. 이러한 전략에 의해 모든 존재자들은 유(類) 개념의 차원에서 무차별적으로 등질적인 것으로 규정된다. 이러한 논리적 규정을 출발점으로 하여 형이상학적 사유는 그 다음 단계로서 다수의 공통적 내포량을 기준으로 존재자들을 동일한 집단과 다른 집단으로 구분하는 종적 차원의 규정, 그리고 외연량이 단 하나인 개별자 차원의 규정을 할 수 있게 된다. 이러한 규정의 바탕 위에서 형이상학적 사유는 논리적으로 구축된 개념의 위계에 대응되는 존재론적 위계를 산출하게 된다.

대상을 직관하고 학문적으로 설명하기 위해 고안된 이러한 개념적 체계와 존재론적 체계의 상응관계를 염두에 두어야만 우리는 비로소 서양 철학에서 왜 그렇게 보편자, 특수성, 본질, 속성, 정의(definitio), 인식 주관, 인식 객관과 같은 개념들이 중요하게 다루어지고 있는지를 이해할 수 있다. 그러나 대상의 모습 내지 성질을 규정하기 위해 사용되는 언어 내지 개념들은 모두 불변적 의미로 고정화되는 순간 대상이 지닌 역동적 측면들을 사상해버리는 약점을 지니게 된다. 따라서 인간의 지능은 대상들을 학문적 차원에서 파악하고 설명하고자 할 때에는 그러한 위계를 지닌 개념체계를 이용하여 대상의 고정화된 본질을 정확하게 인식하고, 대상들과 직접 부딪치는 개별적 실천의 차원에서 행동하고자 할 때에는 그러한 인식에서 사상되었던 대상의 역동적인 면을 행위자 자신이 함께 고려하면서 행동해야 한다.

그런데 박홍규는 이렇게 인간이 학문적 차원의 보편적 인식을 구체적인 개별적 행위에 적용할 수 있음의 근거를 플라톤의 '데이터 관(觀)' 자체 속에서 찾는다. 그에 의하면 "플라톤에서는 데이터가 항상 시간과 공간 속에서 고유명사로 표기될 수 있는 구체적인 사람을 중심으로 해서 일어나는 어떤 사건으로서 있게 된다." 따라서 "플라톤은 그 데이터의 총체에 접근(approach)할 때에 우선 직접적인 어떤 역사적 사건으로서, 다시 말하면 우리의 추상적인 사고가 하나도 들어가지 않는 상태에서부터 데이터를 이해하게 된다."[7] 데이터에 관한 플라톤의 생각을 바로 이러한 방식으로 독특하게 바라보는 선생의 해석이야말로 이론적 인식과 실천적 행위를 이상적으로 결합할 수 있다는 가능성을 제시해준다.

우리는 이러한 종류의 가능성을 염두에 두어야만 비로소 존재론과 인식론의 관계도 정확하게 이해할 수 있다. 무릇 인식한다는 것은 우리 인간이 '우리가 그때까지 모르고 있었던 것들'로 이루어진 집합체를 '우리가 이미 알고 있는 것들'의 집합체 안으로 합병하는 작업이다. 모르는 것(가)을 아는 것(나)으로 전환시키기 위하여 인간의 지능은 가장 우선적으로 (가)와 (나)를 구분한 다음, 양자를 비교하는 작업을 수행한다. (가)와 (나)에 대한 비교는 미지의 전체적 복합체로서의 (가)를 알려진 부분들로서의 (나)로 분석한 다음, 그 부분들의 합을 전체와 동일하다고 보는 작업을 통해 이루어진다. 그러한 작업을 통하여 다른 점들은 사상해내고 공통치만 추출해냈을 때 우리는 하나의 즉자적 대상에 대한 본질규정을 할 수 있게 된다. 그러나 이러한 본질규정을 통해 확보된 즉자적 대상은 다른 대상들과 서로의 자기동일성을 유지한 채 대자적 관계를 맺는 작업에 의해 종합되어야만 비로소 그 학문적 의의를 지니게 된다.

역사적으로 그러한 종합의 시도는 플라톤과 아리스토텔레스 그리고 유클리드에 의해 이루어졌다. 사실 플라톤이『소피스트』편에서 개진하고 있는 최고류(最高類, Megista Genē)의 결합(Koinonia)이론은 즉자적 대상들이 어떻게 자기동일성을 유지하는 동시에 타자들과 대자적 관계를 맺을 수 있는지에 대한 형이상학적 근거를 제공한 것이라 할 수 있다. 형상 결합의 바로 이러한 형이상학적 근거의 정초 위에서 아리스토텔레스의 논리학은 자기동일성으로서의 일자에 대한 개념(본질)규정을 통해 타자에 대한 모든 판단을 확보하고, 그러한 판단들을 도구로 활용하여 새로운 진리를 추론해내는 삼단논법을 발전시키게 된다. 바로 이러한 형이상학적 차원에서의 즉자적 형상 또는 개념들의 결합 가능성과 논리학적 차원에서의

---

7) 박홍규,「고별 강연」,『형이상학 강의 1』, 15쪽.

삼단논법을 통한 추론 가능성을 염두에 두어야만 우리는 '누구도 의심할 필요가 없이 자명한 것', 즉 '알려진 것'을 공리(axiomata)로 설정하고 그 공리에 입각하여 '그때까지 알려지지 않은 것들'을 '알려진 것들'과 관계 맺음을 통해 정리들(theoremata)을 도출하는 유클리드의 기하학적 방법이 두 철학자의 사상에 미친 영향을 이해할 수 있게 된다.

이러한 고찰을 통해 우리는 박홍규가 유클리드의 기하학적 방법을 중시한 이유가 바로 그러한 방법만이 "인식 주관과 인식 객관이 서로 자기 동일성을 유지하면서 관계를 맺게" 해줄 수 있기 때문임을 알 수 있다. 그러한 차원에서 일어나므로 인식 주관은 대상을 스치기만 하는 접촉, 즉 대상에 영향을 전혀 미치지 않는 접촉을 할 수 있게 된다. 그런데 인생관이나 가치관은 이러한 의미에서의 접촉이 아니라 대상에 영향을 미치는 의미에서의 접촉에서 발생하는 것이기 때문에 그는 "인생관이나 세계관은 주입되는 것"이라고 규정한다. 바로 이러한 성질 때문에 인생관이나 가치관은 엄밀한 학문, 즉 객관적 학문이 될 수 없다고 해석한다.[8] 그러나 이러한 해석은 좁은 의미의 철학에서 보면 타당한 것으로 보이지만, 넓은 의미의 철학에서 보면 타당하지 않다. 사실 인생관 내지 가치관은 인간의 지능이 인식체계와 가치체계를 총체적으로 구성하는 차원에서 성립하는 것이기 때문에 넓은 의미의 철학에서는 어렵지 않게 받아들여질 수 있다. 이러한 관점에서 보면 적어도 세계관 내지 인생관을 철학에서 배제해온 박홍규의 철학관은 지나치게 협소한 것이라고 비판 받을 수밖에 없다. 그렇다면 우리는 어떠한 방법으로 그의 철학관을 넓은 의미의 철학과 연관시킬 수 있을까?

(2) 시스템 신경생리학의 관점에서 본 박홍규의 철학

박홍규의 형이상학적 사유를 넓은 의미의 철학과 연관시켜보기 위하여 이 글은 우선 철학 외적인 관점, 즉 시스템 신경생리학의 관점에서 인

---

8) 박홍규,「서양 고중세 철학사 개관」,『희랍 철학 논고』, 202쪽.

간의 사유체계가 어떠한 구조 속에서 형성되어 작동하는지 그 메커니즘을 살펴보고, 그 다음 단계로 좁은 의미의 철학이 그러한 메커니즘을 통해 어떠한 사유의 모델을 창출함으로써 넓은 의미의 철학과 연관될 수 있을지를 고찰해보고자 한다. 우리가 이러한 시도를 하려는 이유는 넓은 의미의 철학이라는 것이 결국은 좁은 의미의 철학적 사유방식의 모델을 다양화하고 확장함을 통해 가능한 것이고, 인간의 지능이 지닌 그러한 확장능력의 이론적 근거를 학문적 입장에서 가장 잘 설명해주는 것이 바로 시스템 신경생리학이기 때문이다.

우리가 이렇게 철학 외적 관점에서 형이상학적 사유 자체에 접근해보려는 것은 다른 한편으로 철학 내적 관점에서 사유함을 통해서는 결코 얻을 수 없는 또 다른 시각을 획득하기 위함이다. 전통철학을 단순히 철학 내적 사유를 통해 고찰함은 평면의 거울에 비친 모습을 언제나 동일한 각도에서 반복적으로 바라보는 것과 같다. 따라서 그러한 고찰은 다른 각도에서 바라봄 자체를 아예 인정하지 않는 태도를 지님으로써 새로운 관점에서의 사유의 모델 가능성 자체를 부정하게 된다. 사실 우리는 철학을 배우고 연구하면서 철학 내적인 관점을 고수해 왔기 때문에 인식론적 차원에서는 진리와 허위를, 실천적 차원에서는 정의와 부정을 양극의 끝점에 놓고 중간치를 전혀 인정하지 않는 태도를 부지불식간에 습관으로서 지니게 되었다. 그런데 이러한 태도는 현실적 차원에서 실제로 일어나는 모든 판단과 행위들을 다루고자 할 때에는 근본적 한계를 지니게 된다. 그 이유는 이러한 종류의 판단과 행위들 거개가 양 극항의 중간에 속한 것들이기 때문이다. 우리가 새로운 관점에서 사유의 모델의 창출에 대해 고찰하려는 것도 엄밀한 의미의 철학이 지닌 바로 이러한 한계를 넘어서기 위해서이다. 그러한 한계를 넘기 위한 가장 기초적인 방법은 무엇보다도 먼저 우리의 관습적 사유방식 자체에 대해 일종의 거리두기를 유지하며 되돌아보는 것 내지 관점을 바꿔보는 것이다. 그러한 거리두기 내지 관점 바꾸기야말로 기존의 관점과는 다른 각도에서의 바라봄을 가능하게 만들어줌으로써 평면거울 속의 모습만 바라보는 사유가 만들어내기 쉬운 일종의 환상을 교정해줄 것이다.

사실 박홍규의 사유는 좁은 의미의 철학적 사유방식의 시선으로써 서구 전통철학의 양대 산맥인 본질주의와 역동주의의 평면거울에 비친 모습만 바라보기 때문에 그 두 모습만 잘 조화시키면 사물의 구조와 기능을 모두 설명할 수 있으리라는 믿음에서 출발한다. 그러한 믿음의 근저에는 이 두 주의가 논리적 관점에서 모순으로 보이지만, 형이상학적 관점에서 모순이 되지 않는다는 전제가 깔려 있다. 물론 그는 어떠한 의미에서 그 모순이 해결된 것인지에 대하여 명확히 규정하고 있지 않다. 전통철학적 사유의 평면거울만 바라보는 단계에 머물러 있는 한, 어떠한 철학자라도 이러한 두 설명체계가 형이상학적 관점에서 왜 서로 모순이 되지 않는지를 설명할 수는 없다. 그렇다면 이것이 어떠한 이유에서 모순이 되지 않음을 철학 외적 입장, 즉 우리가 활용하려는 시스템 신경생리학의 입장에서는 어떻게 설명될 수 있을까?

인간의 뇌는 영장류 단계 때부터 이미 본능적으로 주변의 모든 존재자들이 지닌 특성들을 파악하고 그 정보들을 분류, 범주화·체계화할 수 있는 능력을 끊임없이 발달시켜왔기 때문에 자연계 동물들 중에서 최상위의 자리를 차지할 수 있었다. 그러한 능력이 지능(intellectio)이라 불리게 된 것은 이 용어가 우리의 지능이 실행하는 '대상들 사이(inter)에서 동일한 것을 추출하고 선택(lego-lectus)하는' 기능의 특징을 가장 적절하게 서술하고 있어서이다. 이러한 선택의 기능은 최근의 시스템 신경생리학 이론에 의하면 새로운 것과 특이한 것의 미묘한 차이점을 포착하고 정보를 수집하는 우뇌에서뿐만 아니라 우뇌가 수집한 그 정보를 분류하고 범주화하는 좌뇌에서도 주도적 역할을 수행한다. 왜냐하면 그러한 선택의 기능은 인식론적 차원에서 우뇌가 대상의 차이점을 한 순간에 직관하고 전체적으로 일별하는 작업을 수행할 때뿐만 아니라 좌뇌가 직관된 대상을 부분들로 나누고 그 부분들의 합을 전체와 동일시함을 통해 새로운 정보를 기존의 정보망에 맞추어 정리하는 작업을 수행할 때에도 동일하게 작용하기 때문이다. 인류의 지능은 바로 이러한 좌뇌와 우뇌의 작업 덕분에 새로운 대상들을 있는 그대로 직관할 뿐만 아니라 그 직관된 것들을 기존의 불변적인 개념의 틀 속에 새롭게 짜맞추어 구성함으로써 미지의 대상을 기존의 지식 속에 편입시킬 수 있게 된다.

시스템 신경생리학의 입장에서 본 인간 지능의 이러한 능력을 염두에 두면 우리는 앞서 언급했던 본질주의와 역동주의에 대해서도 지금까지와는 전혀 다른 시각에서 바라볼 수 있게 된다. 예를 들어 "만물은 흐른다"라는 헤라클레이토스의 주장을 인식론적 사유의 모델 관점에서 살펴보도록 하자. 사실 이 명제는 우뇌의 입장에서 보면 너무나 당연한 것이고, 좌뇌의 입장에서 보면 당연한 것이 아니다. 그것은 우뇌가 사물이나 시간을 경험의 연속성 속에서 파악한다면 좌뇌가 그것을 불연속적 원자들의 합으로서 파악하기 때문이다. 마찬가지 근거에서 존재의 불변성을 강조하고 생성과 변화를 부정한 파르메니데스의 사상은 좌뇌의 입장에서 보았을 때는 당연하지만, 우뇌의 입장에서 보았을 때는 당연하지 않다. 많은 철학자들이 변화·생성을 불변·존재와 대립시켜 양자를 모순적인 것으로 보는 것은 그들이 오직 좌뇌적 관점을 선호하는 사유의 모델을 작동시키고 있기 때문이다. 따라서 우리가 만약 그 양자를 좌뇌적 관점과 우뇌적 관점을 통합하는 사유의 모델에 따라 비교하면 그러한 모순은 저절로 사라진다. 우리는 그러한 통합적 사유모델을 활용하여 철학함의 단초를 헤라클레이토스의 사상에서 발견할 수 있다. 사실 그는 대립된 면을 볼 때에는 좌뇌적 관점에서, 그 속에 들어 있는 불변의 'Logos'를 볼 때에는 우뇌적 관점에서, 그 전체의 조화를 볼 때에는 두 관점을 통합한 관점에서 사유하고 있다. 결국 그는 그러한 통합적 사유의 모델을 작동시켰기 때문에 서로 대립되는 반대자들(예를 들어 리라의 몸체와 현들)이 형성하는 팽팽한 긴장 속에서도 숨어 있는 조화를 발견해낼 수 있었다.

여기서 우리가 경계해야 할 점은 인간의 지능이 그러한 통합적 사유모델을 작동시킬 수 있음의 근거를 기존의 뇌과학[9]의 이론에서는 발견

---

9) 뇌과학(brain science)이라는 용어가 과거 100년 동안의 연구—주로 뇌의 특정 부분들이 어

할 수 없다는 사실이다. 물론 기존의 뇌과학 관점에서 보면 좌뇌의 기능은 본질주의를, 우뇌의 기능은 역동주의를 설명하기에 적합한 것이 된다. 그러나 뇌의 기능을 뇌의 특정 부분에만 고유한 것으로 규정하는 국소주의(localization) 입장에서 바라보는 이러한 설명은 이 두 주의를 종합하는 사유모델 자체의 근거를 완벽하게 밝혀주지는 못한다. 사실 그러한 설명은 모든 것을 단일 뉴런에 초점을 맞추어 설명하려는 환원주의적 패러다임[10]에 근거해 있어 앞서 언급되었던 모순을 단지 논리적 차원에서 뇌 기능의 차원으로 옮겨 재생산하는 것일 뿐이다.

따라서 우리가 주목해야 할 것은 좌뇌 또는 우뇌의 독립적 기능들이 무엇인지를 밝히려는 기존의 뇌과학의 이론이 아니라 뉴런 복합체의 메커니즘 속에서 사유의 모델 내지 인식의 틀에 대한 창출과정을 밝히려는 최근의 시스템 신경생리학의 이론이다. 이러한 사유의 모델 내지 인식의 틀 형성을 가장 훌륭하게 설명해주는 이론은 미겔 니코렐리스(Miguel Nicolelis)가 주장하는 분산주의(distribution)이다. 이 이론에 따르면 "우리의 사유는 어떤 특정 기능을 수행하는 유일한 장소로서의 뉴런 부분들 각자가 독립적으로 작용하여 만들어낸 결과들을 단순히 종합하여 이루어지는 것이 아니라, 각각의 뉴런들이 서로 연결된 하나의 뉴런 집단(single neuron doctrine) 속에서 서로의 기능을 동시에 주고받음으로써 이루어진다. 사실 뉴런은 축삭돌기라는 길게 뻗어 나온 구조물을 이용해 다른 뉴런에게 정보를 보낸다. 이 축삭돌기는 다른 뉴런의 신경세포체나 세포체에서 원형질이 나뭇가지처럼 뻗어 나온 구조인 '수상돌기'에서 만나서 뉴런 사이의 불연속적 접촉인 시냅스(synapse)를 이룬다."[11] 따라서 새

떠한 기능을 수행하는지를 밝힘에 초점을 맞춘─를 지칭하기 위하여 쓰였다면 시스템 신경생리학(system neurophysiology)이라는 용어는 최근에 각각의 뉴런(neuron)들이 뉴런 집합체로서의 시스템 속에서 어떻게 그때그때 팀을 이루어 총체적으로 작동하는지를 밝힘에 초점을 맞춘 연구를 지칭하기 위하여 쓰이고 있다.

10) 미겔 니코렐리스, 김성훈 옮김, 『뇌의 미래: 인류의 미래를 뒤바꿀 뇌과학 혁명』, 김영사, 2012, 27쪽.

로운 사유의 모델 창조는 1,000억 개의 뉴런들이 각자 행하는 기능 속에서가 아니라, 이 뉴런들을 결합해주는 1,000조 개의 축색돌기들이 행하는 기능을 통하여 이루어진다. 그것은 "인간의 뇌세포가 독자적인 전문화에만 의지하기보다는 일을 할 때마다 여러 영역에 분산되어 있는 수많은 다중 작업 뉴런 집단을 동원해 일을 처리하기 때문이다."[12] 이는 마치 우리가 어떤 과제를 수행하기 위하여 필요할 때마다 '특별임무 수행집단'(Task Force Team)을 구성하는 것과 같다. 사실 인간의 모든 사유는 중추신경계 안에서의 진정한 기능적 단위인 뉴런 집단 또는 신경 앙상블(Neuron Ensemble), 세포집합체(Cell Assembly)들의 협력체계 속에서 그때그때 필요한 사유의 모델을 항상 새롭게 형성해냄으로써만 형성된다.[13]

이 같은 관점에서 보면 인간의 뉴런 집단은 특정한 상황을 파악하고 문제해결에 가장 적합한 사유의 프로그램 또는 모델을 항상 새롭게 창출해내는 프로그램 제작자 또는 모델 제작자라고 할 수 있다. 바로 그러한 이유에서 우리의 지능은 신체기관을 통하여 해결할 수 없는 문제에 부딪치면 축색돌기의 새로운 결합을 통해 그 기관의 능력을 확장할 수 있는 모델을 만들어냄으로써 그 문제를 해결하게 된다. 예를 들어 우리는 손으로 잡을 수 있는 도토리가 손이 닿지 않는 깊이의 도랑 속에 빠지게 되면, 집게를 이용하여 그 도토리를 잡으려는 새로운 사유의 모델을 만들어 그 문제를 해결한다. 바로 이러한 새로운 도구를 만들어내는 사유의 모델 자체를 창조해내는 능력 덕분에 인간의 지능은 도구 제작자(tool maker)라고 불리게 된다. 이때에 인간의 지능은 그 막대기의 끝을 마치 손가락의 끝처럼 느낄 만큼 완벽하게 작동시킬 수 있는 경지에 이르면 그 도구의 능력을 내 신체의 능력 속에 합병한다는 점에서 도구 합병자(tool incorporator)라 불릴 수도 있다.[14] 인간이란 생명체가 바로 이러한 합병능력을 통해 자신

---

11) 같은 책, 31쪽.

12) 같은 책, 16쪽.

13) 같은 책, 31쪽.

의 감각과 운동의 활동범위뿐만 아니라 인식의 범위도 확장할 수 있음을 염두에 두면, 우리는 리처드 도킨스(Richard Dawkins)가 왜 생명체의 본질을 '확장된 표현형'(extended phenotype) 속에서 찾게 되었는지를 이해할 수 있다.[15]

(3) 새로운 사유의 모델 창출

도구의 제작과 합병마저도 가능하게 만드는 인간의 지능이 지닌 바로 이러한 확장능력을 생명체로서의 인간이 지닌 본질적 특성으로서 규정하는 관점에서 보면 우리는 기존의 철학적 사유의 발달에 대해서뿐만 아니라 미래에 나타날 새로운 철학적 사유에 대해서도 전혀 다른 각도에서 바라볼 수 있게 된다. 철학적 사유라는 것은 결국 기존 사유의 모델로 해결할 수 없는 문제에 부딪쳤을 때 그것을 해결하기 위해 새로운 사유의 모델을 만들어내는 것이라 할 수 있다. 그런데 철학은 데이터로서 주어진 대상들의 현재 모습과 법칙만 다루는 여타 개별과학들과 달리 그 대상들 자체의 진정한 모습, 즉 실재(實在, reality)를 다루고자 하므로 철학자는 그 자신만의 고유한 사유의 모델을 만들어내게 된다. 바로 이 같은 이유에서 철학자는 일종의 '실재에 대한 모델 제작자'(modeler of the reality)라 할 수 있다. 사실 모든 철학자들은 자신이 실재라고 생각하는 개념을 기본적인 형이상학적 기초(Hypothesis)로 놓고, 그 기초 위에서 자신만의 이론체계를 구축한다. 이 같은 관점에서 볼 때 우리가 철학사를 통해 배워야 할 것은 철학자들이 실재를 무엇으로 규정하였느냐—예를 들어 플라톤의 이데아나 아리스토텔레스의 개별자(tode ti)—자체가 아니라 실재에 대해 생각하는 사유의 모델이 철학자에 따라 어떻게 다른지 그 자체를 인식하는 것이다. 과거의 전통철학에 나타난 본질주의내지 역동주의도 바로 이러한 사유 모델의 한 유형이라는 관점에서 살펴보면 우리는 두 이론들의 철학적 장·단

---

14) 같은 책, 114쪽.

15) 리처드 도킨스, 홍영남 옮김, 『확장된 표현형』, 을유문화사, 2004, 21쪽.

점을 더 정확하게 인식할 수 있게 된다.

사실 우리가 본질주의의 관점에서 대상을 인식하고 설명하고자 하는 경우, 이 세상의 대상들을 불변적 본질들의 합으로서 파악하는 사유의 모델을 작동시키게 되는데, 그 이유는 그러한 모델만이 대상에 대한 보편적 이론체계를 정립하기에 가장 적합하다고 판단하기 때문이다. 그러한 판단 아래 우리의 뇌는 보편성, 본질, 원리 등을 자유롭게 공접(共接)시킴으로써 이론체계 속에서의 '대상파악 특별작전' 임무를 완수하게 된다. 반면에 역동주의의 관점에서 대상을 인식하고 설명하고자 하는 경우, 이 세상의 대상들을 변화하는 과정 속에서 파악하는 사유의 모델을 작동시키게 되는데, 그 이유는 그러한 사유의 모델만이 대상의 역동적 특성을 파악하고 설명하기에 가장 적합하다고 판단하기 때문이다. 그러한 판단 아래 우리의 뇌는 특수성, 현상, 개별적 경험 등을 자유롭게 공접시킴으로써 개별자의 구체적 특성 경험체계 속에서의 '대상파악 특별작전' 임무를 완수하게 된다. 그러나 우리가 이러한 기존의 두 관점에 의한 인식과 설명으로 만족을 못하게 되면 뇌는 이 두 팀을 다시 조합하여 구성한 제3의 특별팀을 새로 만들어 한 개인이 경험하는 구체적 사건을 보편적 원리가 구현된 하나의 특수한 사건으로 인식하고 설명할 수 있게 된다.

이 같은 관점에서 보았을 때 우리는 형이상학적 사유의 초보단계에 머물러 있는 사람이 왜 존재/비존재의 이분법으로 모든 것을 설명하려는 사유의 모델만 고집하게 되는지 그 이유를 알 수 있게 된다. 같은 맥락에서 우리는 그러한 사람이 왜 인식론적 차원에서 이 세상의 모든 것을 진리/허위의 영역으로 양분하고, 가치론적 차원에서 모든 행위를 정의/부정의 영역으로 양분하는 이분법적 사유의 모델을 고집하게 되는지 그 이유를 알 수 있게 된다. 이처럼 대다수의 사람들이 초보단계에서 습득하였던 특정의 철학적 사유방식을 죽을 때까지 고수하게 되는 것은 그 사유방식 자체를 하나의 불변적 모델로 고정해버림으로써 그것과 다른 새로운 사유의 모델에 대한 창출 가능성 자체를 부정해버리기 때문이다. 그 단적인 예로 우리는 초기 산업자본주의 사회의 특징을 설명하기 위하여 카를 마르크스(Karl Marx)가 창안하였던 유산자계급/무산자계급 내지 지배계급/피지배계급의 이분법적 사유의 모델을 평생 동안 그대로 간직하는 사람들의 경우에서 발견할 수 있다. 21세기는 19세기와 달리 사회 자체가 생산구조뿐만 아니라 소비 및 금융구조도 중요한 요인으로서 복합적으로 작용하는 후기 소비자본주의사회로 바뀌었는데도 말이다. 이러한 현상이 일어나는 것은 가치론적 사유의 모델이라는 것이 일단 형성되고 나면 바뀌기 어렵다는 특성을 지니고 있어서이다. 그 중에서도 특히 준(準)마르크스적 이분법의 사유 모델은 훨씬 더 바뀌기 어려운데, 그 이유는 이러한 사유의 모델이야말로 "월가를 점령하라"(Occupy the Wall Street)라는 구호에 의외로 많은 사람들이 호응하였던 예에서 단적으로 나타나듯이 정치적·사회적·문화적 현상에 대해 특정의 정치적 운동을 펼칠 때 너무나 강력한 힘을 발휘할 수 있어서이다.

이러한 현상은 가치론적 차원에서의 새로운 사유의 모델 개발이 인식론적 차원에서의 새로운 사유의 모델 개발보다 훨씬 더 어려운 것임을 분명하게 보여준다. 이러한 어려움은 시스템 신경생리학의 입장에서 어떻게 설명될 수 있을까? 사실 이러한 입장에서의 새로운 가치론적 사유의 모델 개발이라는 것은 인간의 뇌가 그러한 임무를 수행하기 위한 특별한 뉴런팀을 조직—어떠한 행위가 가장 훌륭한 것인지를 선택 판단하는 팀과 그 판단을 실현할 수 있는 현실적 방법론을 개발하는 팀으로 구성된—하여 합동작전을 펼침으로써 이루어진다. 그런데 그러한 작전의 대상이 되는 것은 특정한 사유의 모델에 따라 형성된 대중의 견해(doxa) 자체이고, 그러한 견해들은 천차만별의 이질성을 띠고 있다. 따라서 그러한 임무의 수행은 어려울 수밖에 없다. 그러나 시스템 신경생리학은 이렇게 새로운 가치론적 사유의 모델 개발이 어려운 이유를 잘 설명해줄 수는 있어도 그 개발 자체에 대한 방법론을 제시해주지는 못한다. 우리는 그 근본적 해결책을 오히려 철학적 사유 속에서 발견할 수 있다.

새로운 가치론적 사유의 모델 개발은 결국 철학적 사유를 담당하는 뉴런팀을 합류시켜야 비로소 가능하게 되는데, 우리는 철학이 지닌 그러한 면을 피터 스트로슨(Peter Strawson)이 밝혀내기 전까지는 자각하지 못했었다. 사실 그가 규정한 '새로운 비전 제시적·사변적(Revisionary & speculative) 형이상학'은 '기술적·대상지시적(Descriptive & referential) 형이상학'과는 판이하게 다르게 가치론적 사유의 모델 개발에 필요한 양분을 충분히 제공해 준다. 기술적 형이상학이 존재자의 '현상으로서 있는 그대로의 모습'을 기술하는 데에 중점을 두고 있다면 새로운 비전 제시적 형이상학은 오히려 존재자의 '본질적인 완전한 모습'을 제시하는 데에 중점을 두고 있다. 이러한 관점에서 보면 전자가 좁은 의미의 철학을 중시하는 사유의 모델을 활용하는 반면, 후자가 넓은 의미의 철학을 중시하는 사유의 모델을 활용함은 전혀 이상한 일이 아니다.

그러나 이러한 구분이 모든 철학자에게 엄밀하게 이분법적으로 적용되는 것은 아니다. 실제로 대부분의 철학사상은 이 두 선택지 중 굳이 특정한 하나를 더 선호할 뿐이지, 나머지 하나를 완전히 배제하고 있지는 않다. 형이상학적 체계를 논하는 철학인 한, 어떠한 철학도 '새로운 비전 제시적 성격'을 어느 정도는 띠고 있다. 그것은 형이상학적 사유라는 것이 그 본성상 어떠한 개념이든 그 개념을 질의 완전태, 즉 극한치에서 나타날 수 있는 모습을 상정하는 것이기 때문이다. 바로 이러한 면을 염두에 두어야만 우리는 철학적 사유가 왜 자연과학자인 도킨스의 눈에 사고(思考)실험의 기법처럼 여겨지게 되었는지 그 이유를 알 수 있다. 사실 그는 "인간의 뇌가 실재를 아주 정교하게 시뮬레이션 할 수 있는 대단히 유리한 능력을 진화시켰다"라는 관점을 갖고 있었다. 그에 의하면 현실세계를 깊이 이해하기 위하여 상상세계에서 노니는 것이 사고실험의 기법이다. 이를 철학적으로 표현하자면 현세태로 나타난 모든 것들을 더 잘 이해하기 위해 우리가 아직 현세태로 나타나지 않았지만 언제라도 현실화될 준비가 되어 있는 모든 가능한 것들을 깊이 생각해보아야 함을 의미한다. 이 같은 관점에서 보았을 때 우리는 새로운 가치론적 사유의 모델을 개발한다는 것 자체가 형이상학적 사유를 궁극까지 몰고 갔을 때 오히려 가능한 것임을 알 수 있다. 이러한 모든 사실을 고려하면 우리는 박홍규의 형이상학적 사유에 대한 강조가 새로운 사유의 모델 창조라는 면에서도 중요한 의의를 지니고 있음을 새삼 깨닫게 된다.

3. 결론

지금까지 우리는 철학 외부에서 철학 내부를 들여다보는 새로운 접근법에 따라 시스템 신경생리학에 기초하여 사유의 모델 자체의 창출이라는 관점에서 보았을 때 박홍규의 철학사상이 지니는 의미가 무엇인지를 고찰해보았다. 그러한 고찰을 통해 그의 사유가 피상적 관점에서 보면 인식론적 차원에서 객관적 학문의 정신과 방법론 정립에 유리한 사유의 모델을 발전시키는 데 집중되어 있는 것처럼 보이지만, 심층적 관점에서 보면 가치론적 차원에서 주관적 행위와 실천의 문제를 다루는 사유의 모델을 발전시키는 데에도 영향을 미치고 있음을 알 수 있다. 내가 박홍규의 형이상학적 사유가 지닌 이러한 심층적 영향을 굳이 드러내고자 한 것은 오늘날 철학도들이 해야 할 일이 단순히 그의 사유방식을 답습하여 좁은 의미의 철학에만 정진함을 넘어 넓은 의미의 철학도 아우를 수 있는 새로운 사유의 모델을 개발하기 위해 노력해야 할 시대적 사명을 느끼게 하기 위해서였다.

사실 그 개념 자체의 정의상 이미 가치론적 사유체계를 전제하고 있는 '시대적 사명감'이라는 개념은 각 개인이 처한 역사적·사회적 상황 속에서 주체철학적 자의식을 가진 자만이 느낄 수 있는 감정이다. 이러한 관점에서 볼 때 우리는 박홍규의 삶이 일제 강점기에서 시작해 해방 후의 혼란기, 한국전쟁의 시기, 산업화와 민주화가 급격히 이루어진 시기를 관통하는 격랑의 시대를 거쳐왔음을 염두에 두어야만 한다. 특히 침략자들이 조국을 지배하였던 일제 강점기에 청년기를 보낸 경험이 그의 사유에 어떠한 영향을 미쳤을지에 대해 감정이입해보고, 우리 자신은 그러한 상황 속에서 조국을 위해 어떠한 일을 할 수 있었을지를 생각해보면서 오늘날의 시대적 사명이 과연 무엇일지를 성찰해야만 한다. 이 같은 관점에서 보아야만 우리는 비로소 그가 왜 그렇게 유난히 객관적 학문정신을 함양함을 시대적 사명감으로 삼았는지 더 잘 이해할 수 있다.

오늘날의 우리는 조국에서 살기 때문에 마음만 먹으면 얼마든지 이상사회를 구축하는 데에 도움이 될 가치론적 행위를 실천할 사유의 모델을 개발할 수 있다. 물론 그러한 사유의 모델 개발의 필요성에 대한 자각은 개인의 성향에 따라 천차만별일 수밖에 없다. 사실 우리 인간의 지능은 역사적으로 수많은 사람들의 삶 자체가 증명하고 있듯이 이상적 가치를 실현할 수 있는 방법을 찾지 못하면 그 방법을 적극적으로 정립할 수 있는 사유의 모델을 개발하기보다는 현실적 삶에 순응하는 태도를 취하게 된다. 바로 그러한 이유에서 대부분의 사람들은 일상생활의 세계에 안주하게 된다. 물론 어떤 사람은 이상적 가치를 현실개혁과는 전혀 다른 영역—예술의 세계·신뢰의 세계·종교의 세계—에서 실현하고자 노력한다. 사실 현대사회에서 모든 사람이 현실개혁을 위한 사유의 모델 개발에 집착할 필요는 없다. 아니 오히려 각자가 지닌 특수한 능력들을 다양하게 꽃피울 때 우리 사회는 좀 더 이상적인 사회가 될 것이다. 그럼에도 불구하고 적어도 철학도라면 오늘날 우리 사회가 당면한 부정만연의 비합리적 관행의 현실을 적극적으로 해결할 수 있는 가치론적 사유의 모델을 개발해야 한다. 또한 그러한 사유의 모델을 대중화함으로써 모든 사람이 일상생활 속에서 올바른 시민이라면 누구나 지녀야 할 기본적 가치관에 따라 행동할 수 있도록 해야 한다.

이 같은 관점에서 보았을 때 우리가 가치론적인 차원에서 새로운 사유의 모델을 개발하려는 것은 새로운 비전 제시라는 시뮬레이션게임 또는 사고실험을 하는 것과 같다. 그러한 지적 사고실험 또는 게임에 가장 필요한 것은 기존 사유의 모델에 얽매이지 않고 새로운 사유의 모델 내지 관점을 찾아보려고 과감하게 도전하는 태도를 지니는 것이다. 그러나 대부분의 사람은 인식론적 차원에서 얼마든지 새롭고 다양한 사유의 모델 내지 관점을 취하는 유연성을 지닐 수 있어도 가치론적 차원에서 정치적 행동을 취하려는 순간 기존의 하나뿐인 사유의 모델 내지 관점을 고수하는 경직성에 사로잡히게 마련이다. 그러한 경직성을 깨기 위해 우리는 그러한 사람들에게 '네커 정육면체'(Necker Cube)를 보여주는 실험을 해보는 것이 최선일 수도 있다.[16] 이러한 실험은 '계속하여 다른 모습으로 보이는 네커 정육면체'에서 우리가 보게 되는 각각의 다른 모습들이 모두 맞는 것이지, 그 중의 한 모습만 맞는 것이 아니라는 사실을 깨닫게 해준다. 그런데 이러한 실험을 통해 정육면체의 여러 모습이 참일 수 있음을 깨달은 사람이 새로운 비전 제시형 형이상학적 사유까지 할 수 있게 되면 그러한 깨달음을 가치론적 사유의 모델 창조에까지 유비적으로 확장하게 될 것이다. 이같은 사실을 통해 우리는 한 번의 관점 바꾸기를 새로운 사유의 모델을 창조해내는 경지까지 확장하는 것이 결국 세상을 항상 새롭게 개혁하려는 비전을 제시하는 형이상학적 사유임을 알 수 있다.

　　지금까지 우리는 시스템 신경생리학이라는 철학 외적 관점의 숲길을 돌아 적어도 가치론적 사유의 모델 창조가 결국 새로운 비전을 제시하려는 성향의 형이상학적 사유를 통해서만 가능하고, 그러한 사실 속에 박홍규가 형이상학적 사유의 중요성을 강조한 이유가 들어 있다는 결론에 이르게 되었다. 그러나 앞으로의 연구가 철학 내적인 관점에서 좁은 의미의 철학과 넓은 의미의 철학을 상대방의 관점에서 바라보는 사고실험의 장을 펼쳤을 때 우리는 과연 그의 형이상학적 사유가 엄밀한 의미의 철학에 대항하여 나타난 최근의 철학사상과 함께 어떠한 새로운 사유의 모델을 창출하게 될지 다루어야 할 것이다. 사실 전통철학적 의미에서의 본질과 주체를 해체하여 새롭게 재구성하려는 데리다류의 철학, 의미생성의 가능성을 모든 차원에서의 다양한 결합을 통하여 무한증식해내는 리좀(Rhizome)의 작용에서 찾으려는 들뢰즈의 철학, 모든 것이 교환의 기호이자 가치로서 직접적으로 생산되는 소비사회 속에서 새롭게 대두된 초실재(hyper-réalité)를 전통적 실재에 대비하는 보드리야르의 철학 등 현대의 많은 철

---

16) 같은 책, 20쪽.

학들은 무한히 증식되는 새로운 관계맺음을 통해 형성되는 새로운 대상들을 이해하고 설명할 수 있는 사유의 새로운 모델을 계속 실험하고 있다. 이러한 사유의 모델과 박홍규의 사유의 모델을 비교하는 연구는 단순히 비교를 위한 비교가 아니라 완전의 경지에 이른 사유의 모델을 창출해낼 때까지 계속적으로 노력해야만 하는 형이상학적 사유 자체의 본질을 실현하기 위한 것이다.

| 참고문헌 |

리처드 도킨스, 홍영남 옮김, 『확장된 표현형』, 을유문화사, 2004.
미겔 니코렐리스, 김성훈 옮김, 『뇌의 미래』, 김영사, 2011.
박홍규, 『희랍 철학 논고』(박홍규 전집 제1권), 민음사, 1995.
_____, 『형이상학 강의 1』(박홍규 전집 제2권), 민음사, 1995.
_____, 『형이상학 강의 2』(박홍규 전집 제3권), 민음사, 2004.
_____, 『플라톤 후기 철학 강의』(박홍규 전집 제4권), 민음사, 2007.

제5장

박홍규의 존재론적 사유에 담긴 플라톤의 정치철학*

이정호

박홍규와 정치철학을 연관짓는 것은 뭔가 좀 낯설고 어울리지 않아 보인다. 그렇지만 그가 평생을 고구(考究)해온 플라톤 철학이 기본적으로 정치철학적 문제의식에 연원해 있음을 고려한다면 존재론적 사유에도 분명 플라톤의 정치철학에 대한 시각과 해석이 깊숙이 내재해 있을 것이라 유추하는 것은 아주 자연스런 일이다. 이 글에서는 이제 그러한 유추를 바탕으로『박홍규 전집』의 내용들을 추적해가면서 그러한 유추가 단순한 개연적 수준의 것이 아니라 적극적인 사실이며, 실제로 플라톤 철학에 대한 박홍규의 해석에는 근본적이고도 명시적으로 그러한 정치철학적 문제의식이 매우 진지하고도 심각하게 투영되어 있음을 드러내고 나아가 그것이 가지는 정치철학 내지 실천철학적 의미를 음미하고자 한다.

1. 생존의 존재론

주지하다시피 고대 그리스 철학의 근본을 탐문하는 박홍규의 존재론

* 이 논문은 2014년 한국방송통신대학교 연구년제 학술연구비 지원을 받아 작성된 것임.

적 사유에는 아주 추상적이고 고답적인 형이상학적 개념들로 가득 채워져 있다. 그러나 그는 그리스 철학에 대한 그의 존재론적 사유가 가장 종합적이면서도 간결하게 담겨 있다고 평가되고 있는 논문 「희랍 철학 소고」에서 그리스 존재론의 기본구도를 일별한 후, 논의를 종합적으로 끝맺음하면서 놀랍게도 아래와 같이 그리스의 존재론이 본질적으로 지상에서의 그리스인들 자신, 사람 자체의 보존을 위한 '생존의 존재론'이었음을 밝히고 있다.

> (기원전 5세기 당대 문인들은 모두) 사람을 동물과 같은 상태로 해체하려고 한다. 그리고 그때 그들이 사용한 구실은 인간의 행위규범은 노모스(nomos)라는 것이다. 문화의 몰락과 더불어 인간은 동물과 같은 상태로 해체된다. …… 사람은 동물과는 달리 법에 의하여 국가를 형성할 수 있다고 플라톤이 강조한 것은 절실한 현실적인 요구에 의한 것이었다. …… 플라톤에 이르러 종합적이고 큰 철학이 탄생한 것은 해결해야 할 커다란 문제가 제기되었기 때문이다. 그 문제의 많은 부분은 문화의 몰락과 사람의 해체에서 온다. …… 플라톤의 시대처럼 인위적인 것뿐 아니라, 사람의 본성에 입각한 모든 것이 해체의 위기에 놓여 있던 시대는 없었다. …… 존재론은 단순히 대상 인식을 위해서 요구되는 것이 아니라, 사람 자체의 보존이라는, 그 시대에 드러났던 기본적 욕구에 의해서 탄생하였다. 곧 그들은 가장 과오 없는 행위의 보장을 존재론에 요구했었다. …… 존재론은 지상에서의 그들의 보존의 문제를 해결함을 과제로 갖고 있었다.[1]

그리스의 존재론, 특히 플라톤의 존재론은 이처럼 정치사회적 삶의 구체적 현실과 결코 무관하지 않으며 오히려 그 위기상황에서 탄생하였던 것이다. 그런데 이와 관련하여 또 하나 눈여겨볼 만한 게 있다. 박홍규는 흥미롭게도 플라톤이 살던 기원전 5세기 아테네의 심각한 정치사회적 위

---

1) 박홍규, 「희랍 철학 소고」, 『희랍 철학 논고』, 48~50쪽.

기상황을 기술하면서 마치 그 자신이 플라톤과 같은 시대를 산 것처럼 삶의 과정에서 겪은 일제 강점기와 해방 후 한국전쟁의 위기상황과 부단히 연계짓고 있다는 점이다.

고대사라고 하는 것은 전쟁에 의해서 역사가 규정되는 시대란 말이야. ······ 그 일차적인 사실에서 철학을 환원시켜서 봐야 돼. 그러면 그것이 전쟁이라는 것이야. 그런데 전쟁에서 일차적인 것은 우선 이겨야 되고, 또 모든 상대방을 정복해야 돼. ······ 그것이 고대 사회에서 역사적인 존재로서의 자신들의 생존(existence)을 확보해 주는 가장 탁월한 방식이야. 모든 민족들을 지배하고 자기가 그 위에 서는 것이. ······ 그러면 그 전쟁의 역기능이라는 것은 무엇이냐를 찾아야 돼. ······ 이 전쟁이라는 것은 실제로 체험해 보고 그 속에서 살아보지 않으면 아무리 얘기해 봤자 소용이 없어. ······ 나는 전쟁을 두 번이나 겪었으니까. 플라톤 철학을 우리가 하나하나 느끼(feeling)면서 읽어야 돼. 논리적 공간에서 추상적으로 읽으면 안 돼. ······ 일종의 광기 ······ 전쟁의 광기 ······ 임진강에 가보니까 갯벌이야. 젊은 시체 열댓 구가, 남한 사람 시체인데, 물이 들어서 몸이 불었어. 그래서 떠내려가지 않고 갯벌에 걸려 있어. 그것을 보고 인생의 허무감을 그렇게 느낀 적이 없어. ······ 전쟁이라는 것이 얼마나 비참한가를 알아야 돼. ······ 크세르크세스가 희랍에 군대를 보낼 때 ······ 아테네 인구의 열 배, 백 배나 되는 사람들이 쳐들어오는 거야. 그때 희랍 사람들이 느꼈을 공포심이라는 것은 우리가 말할 수가 없어. 보통 사람은 못 느껴. ······ 얼마나 전쟁이 그 사람들의 생명에 위협적이었는지 ······.[2]

반드시 전쟁 중에는 허무주의가 나오게 마련이야. (고르기아스 같은) 이런 극한적인 허무주의가 나온 것은 그 당시의 전쟁이 얼마나 무서웠는가를 말해주고 있어. 전쟁이 얼마나 인간에게 심각한 영향을 주었는지, 얼마나 존재의

2) 박홍규, 「플라톤과 전쟁」, 『형이상학 강의 2』, 172~85쪽.

모든 것을 지배했는지를 알 수 있어. ······ 그러니까 전쟁을 빼놓고 나서는 플라톤 철학도, 희랍의 비극도 이해가 안 돼.[3]

아마도 박홍규는 일제 강점기와 해방 후 한국전쟁을 겪으면서 자신의 삶의 현실과 플라톤 당대의 현실을 함께 떠올리면서 그러한 심각한 위기상황 한가운데에서도 그것을 이겨내고 인류 지성사의 위대한 철학으로 탄생한 플라톤 철학에 깊은 관심을 가지게 되었고 그에 대한 애정 또한 더욱 깊어졌을지도 모른다.

2. 아테네의 지적 상황: 엘레아주의와 소피스트 비판

그러면 박홍규에게 플라톤은 이러한 위기상황을 구체적으로 어떻게 진단하고 극복하려 했던 사람으로 비쳤을까? 주지하다시피 기원전 5세기 말 27년에 걸친 펠로폰네소스 전쟁을 겪으면서 아테네는 이미 정치사회적으로 피폐할 대로 피폐해져 있었다. 관습과 법으로 지탱되던 문화적 가치도 모두 상실되었고 그것을 떠받치고 있던 자연에 대한 신뢰도 땅에 떨어져 이미 노모스와 자연은 분리되거나 설사 일치한다 해도 본능적 탐욕과 쾌락이야말로 가장 자연의 본성에 일치하는 것으로 받아들여졌다. 박홍규 역시 이와 같은 아테네의 현실을 플라톤이 그리 생각하고 있었던 것처럼 문화가 해체된 시대, 즉 평화시대에 사회공동체를 떠받치고 있던 안정적인 관습과 법 일체가 해체된 시대이자 개인들 역시 실존의 불안으로 내면적 화해가 무너진 채 본능에 매몰되어버린 허무주의 또는 자아분열의 시대로 파악하고 있다.

평화시대라는 것은 무엇이냐? 시간적으로 보면 오늘도 있고, 내일도 있

3) 박홍규, 「플라톤과 허무주의 극복」, 『형이상학 강의 2』, 155~56쪽.

고, 모레도 있고, 언제든지 되풀이되는 시대야. 지속이야. 그래서 규칙성 (regularity)이 있어. 그 규칙성 속에서 그 민족에 대해서 도저히 움직일 수 없는 것이 있다면, 그것을 노모스라고 해. 관습과 법이 돼. 관습과 법은 전시에는 무너져. …… 무너질 때는 어떻게 되느냐, 윤리적 허무주의가 나와. 노모스는 우리 인간의 능력, 힘을 조절해주는 기능을 해. 그것이 없어지면 조절받지 않은 힘이 나와. 최후에 가서는 힘 자체가 나와. 그래서 '정의는 강자의 이익'이라는 주장(these)이 나와. 힘이 나와. 또 인식론적 허무주의가 나와. …… 객관성이 딱 있으면, 내가 저 사람한테 이런 거라고 말하고 저 사람이 그것을 받아들이면 그만이야. 의사소통(communication)만 하면 된단 말이야. 그런데 있던 객관성이 없어질 때는 내 생각, 저 사람 생각밖에 없어. 주관적인 것, 견해(doxa)만 남아. …… 이 시대는 (객관성의 기준) 그런 것이 없다, 그 말이야. 없고, 주관적인 것만 있으니까, 자꾸 토론(discuss)을 하게 되는 거야. …… 전쟁의 시대에는 사회에서 개인이 분리될 뿐만 아니라, 인간 자신이 내면적으로 화해가 되어 있지 않아. 인간 내부에서 신체와 영혼의 기능이 화해되어 있는 것이 아니라, 속에서 분리되어서 싸워. 이것이 플라톤이 절실히 느낀 것이야. …… 그러면 문화가치는 없어지고 최후에 남는 것이 뭐냐? 인간이 지상에서 생존하기 위해 필요한 것, 개체보존을 위해서 먹는 것과 종족보존을 위해 섹스를 한다는 것, 그것만 남아. 그래서 군대 가면 먹는 것하고 섹스뿐이라는 것이지. 다른 것은 머리에서 다 비워라. …… 무질서하고 병적이고 정신질환적인 것이 첨예해져 가. …… 본능적인 것은 대상화가 되지 않아. …… 대상화되면 본능적인 본래의 그 성격에서 벗어나서 대상화되어 갖고, 그것만 따로 분리해서, 그것 자체만 목적이 돼. 성 자체가 목적이 돼.[4]

개인에 대해서 말기적인 현상은 자기 생명의 죽음이야. 죽음을 의미해. 'homo bellicus'(전쟁적 인간)는 'homo mortalis'(죽음의 인간)야. 전쟁에서의 인생관이라는 것은 항상 죽음과 대결하면서, 죽음을 앞에다 놓고 있는 거야.[5]

---

4) 박홍규, 「플라톤과 전쟁」, 『형이상학 강의 2』, 192~99쪽.

이러한 문화적 해체와 자아분열의 시대는 어떻게 극복해야 할 것인가? 박홍규는 그것을 위해서는 "영혼이 가지는 고도의 에너지"가 필요하다고 역설한다. 그리고 그러한 고도의 노력들을 "신체적인 기능을 모조리 넘어서는 투쟁"으로까지 표현하고 있다. 그리고 플라톤 역시 현실을 직시하고 그러한 극복을 위한 투쟁에 온 힘을 바친 철학자이자 정치가로 그리고 있다.

분열된 자아 속에서 자기 자신의 영혼에 역기능하는 기능을 넘고 가려면, 동적(dynamic)인 입장에서 보면, 영혼은 고도의 노력이 필요해. …… 그 분열을 극복하기 위해서는 고도의 에너지가 필요한데, …… 그러니까 신체적인 기능을 모조리 넘어서려는 투쟁이지.[6]

(플라톤을) 관념론자(idealist)라고 하지만, 내가 보기에는 정반대의 성격이 있어. …… 그 사람은 첫째로 정치가 아냐? 현실에 대해서 그렇게 관심이 많은 사람이 없어.[7]

그러면 그는 그러한 투쟁의 철학자인 플라톤에게 어떤 방식으로 표출되었다고 생각했을까?

이 위기를 극복하려는 플라톤은 사람에 있어서 본성적으로 보존될 수 있는 것이 무엇인지를 검토하고, 역사적인 산물로서 성립하는 관습일지라도, 그것이 사람의 본성에 필요한 이유를 살피고, 또 사람의 과오의 본성은 무엇인지를 살폈다. 그 결과, 노모스 및 인위적인 것의 정당한 위치는 자연을 토대로 하여 찾아져야 했다. 그러기 위해서는 인위적인 것과 자연을 엄밀히 구

---

5) 같은 글, 187쪽.

6) 같은 글, 195쪽.

7) 박홍규, 「무제」, 『형이상학 강의 2』, 401쪽.

별하고, 사람 자체가 자연 속에서 다루어져야 했다. 사람을 자연 속에서 다룸은 자연일반을 정당히 다루는 과정에서만 이룩될 수 있고, 이것은 필연적으로 존재론을 요구한다.[8]

아테네의 위기를 극복하기 위해서는 노모스 및 인위적인 것의 정당한 위치를 자리매김해주는 것이 필요했고 그렇게 하기 위해서 자연일반을 정당히 다룰 수 있는 존재론이 또한 요구되었다.

> 허위와 진리가 모순관계에서만 성립된다면, 인식의 대상은 무에 모순된 존재뿐이라는 결론이 나오는데, 파르메니데스가 이러한 견해를 천명하였다. 그러나 자연을 뜻하는 명사 'physis'에 해당하는 희랍어 동사 'phyô'의 원뜻은 탄생시킨다는 것으로서, 탄생시키는 것과 탄생되는 것의 구별을 가정하고 있으며, 또한 탄생되는 운동을 포함하고 있다. 따라서 다(多)와 운동을 배제하는 파르메니데스의 존재는 'physis'를 넘어섰으며 …….[9]

그러나 아테네의 지성적 상황은 그것에 부응하지 못하고 있었다. 아테네 지성계를 압도하고 있었던 엘레아의 논리주의는 학적 사유의 본질로서 분별적 지성의 추상성과 모순율을 일깨우는 발전적 전기를 가져다주기는 하였지만, 스스로 고도의 추상적 사유에 포획되어 자연과 삶의 현실마저 모순이라는 이름을 씌워 백안시함으로써 다(多)와 운동의 현존성을 부정하였다. 자연일반을 정당하게 다루지 않고 있었던 것이다. 그리고 소피스트들은 파르메니데스의 모순율을 이용하여 상대주의와 회의주의를 유포했고 지적 인식과 실천의 전 영역에서 허무주의를 부추겼다.

> 제논의 순수 논리적인 철학은 그 시대의 사상의 첨단을 걷고 있다.[10]

---

8) 박홍규, 「희랍 철학 소고」, 『희랍 철학 논고』, 49쪽.

9) 같은 글, 45쪽.

파르메니데스는, 존재는 존재이고 무는 무이므로 무는 없어지고 다만 존재만 남는다고 말한다. 곧 일자성(一者性)은 무에 대한 모순 때문에 성립하는 존재의 기본적인 특징이다. 이렇게 모순율을 따르면 존재하는 일자만 있고 존재 속에 다와 운동은 없다. 그러므로 다와 운동이 있다고 함은 허구적이다.[11]

다와 운동, 그러니까 물리적 세계(physical world)가 성립하지 않는다고 한 것은 엘레아학파의 사상인데, 파르메니데스의 사상은 이 세계가 가상적(dokounta)이라는 것이고, 그것보다 더 적극적인 것은 제논이야. 다와 운동이 있으면 모순된 것이 나오더라는 거야. …… 따라서 다와 운동은 가상적이지 실재적(real)으로는 성립하지 않는다는 거야.[12]

소크라테스의 견해에 따르면 소피스트는 상대방의 말이 옳든 그르든 언제든지 논박하는 사람들이었다(272d). 그리하여 그들은 그들이 대화의 주제로 삼는 모든 것을 무로 돌렸다. 소피스트의 이러한 논박의 이론에는, 모든 존재는 무로 간다는 논리가 있을 뿐이다.[13]

고르기아스와 같은 허무주의는 왜 나오는가를 좀 생각해 봐. 파르메니데스와 같은 존재론에서 나와. 이것이냐 저것이냐(entweder-oder)에서. …… "이 세상은 아무것도 없다, 인식도 안 된다, 인식한다고 하더라도, 말할 수 없다", 그 이상의 허무주의가 어디에 있어. 오죽하면 그런 것이 나왔겠어? 그 사람이 그 사람 내부에 무엇인가 모순을 느꼈거나, 인생의 허무를 느꼈거나 했으니까 나온 것 아냐? …… 그러니까 파르메니데스의 존재론도 사실은 이 전쟁을 배경으로 해서 나온 사상이라는 것을 알아야 해. 이것이냐 저것이냐

---

10) 박홍규, 「서양 고중세 철학사 개관」, 『희랍 철학 논고』, 224쪽.

11) 박홍규, 「희랍 철학 소고」, 『희랍 철학 논고』, 32쪽.

12) 박홍규, 「방황하는 원인」, 『형이상학 강의 1』, 261쪽.

13) 박홍규, 「『유티데모스』 편에 대한 분석」, 『희랍 철학 논고』, 117쪽.

의 사고는 전쟁 때 나와. 평화 시에는 안 나와. 너 죽고 나 죽자 그런 것이 안 나와.[14)]

모순율은 존재와 무의 관계이니까 동일성 같은 것이 없고, 일자만 남아. 모순율을 갖고 존재의 일자를 취급하는 것이 파르메니데스야. 그 일자에는 다와 운동이 들어가지 않아. 그런데 동일성이란 항상 다가 있어야 성립해. 그리고 또 항상 동시에 일관성(consistency)의 문제가 들어가야 하고. 그런데 파르메니데스의 일자로는 그것을 설명할 수 없어.[15)]

플라톤은 절대로 현실주의자이고 자기가 살고 있는 세상을 허구의 세상으로 말한 적은 없어.[16)]

허무주의를 말하는 고르기아스가 있는 한, 고르기아스의 허무주의 이론 그 자체가 논파된다는 말이야.[17)]

요컨대 플라톤에게 있어서는 …… 물리적 세계가 실재한다고 놓고 나가는 것을 의미해.[18)]

3. 새로운 존재론의 과제

이러한 사상적 풍토를 극복하고자 하는 플라톤의 과제는 무엇일까?

---

14) 박홍규, 「플라톤과 허무주의 극복」, 『형이상학 강의 2』, 154~55쪽.

15) 박홍규, 「『티마이오스』 편 강의」, 『플라톤 후기 철학 강의』, 151쪽.

16) 박홍규, 「무제」, 『형이상학 강의 2』, 403쪽.

17) 박홍규, 「플라톤과 허무주의 극복」, 『형이상학 강의 2』, 137쪽.

18) 박홍규, 「방황하는 원인」, 『형이상학 강의 1』, 260쪽.

그것은 앞에서 살폈듯이 인위적인 것과 자연을 엄밀히 구별하고, 사람 자체가 자연 속에서 다루어져야 하며, 그렇게 하기 위해서는 자연일반을 정당히 다루는 존재론이 필요했다. 물론 당시 자연철학자들 사이에서도 다(多)와 운동의 현존성을 설명하기 위해 존재론적으로 파르메니데스의 진상(眞相) 개념과 다(多)를 조화시키려는 노력들이 펼쳐지긴 했다. 원자론이 그것이다. 그러나 원자론은 다(多)와 운동의 근거를 마련하기는 했지만, 다(多)와 운동을 무목적적인 기계론에 내맡겨 해체된 현실을 능동적으로 복구하고 보존하려는 플라톤의 기대에 부응할 수 없었다.

그러면 어떻게 극복해야 할 것인가? 우선 지상세계에 현존하는 다(多)와 운동의 존재론적 근거가 확보되어야 한다. 파르메니데스적 일자와 같은 자체적 존재는 완전한 일자이지만 반복과 현존을 넘어서 있으므로 타자에 접촉하면서 불완전하지만 자체적 존재의 일자성을 일정 부분 보존할 수 있는 자기동일자가 나와야 한다. 그런데 이 자기동일자의 운동과정은 자체적 존재가 타자와 관계를 맺은 결과이고 타자성은 존재도 무(無)도 아니므로 연속성을 내포하고 있다. 따라서 자체성, 자기동일성, 운동과정은 연속적으로 접촉하고 있으며 자체성은 반드시 자기동일성을 거쳐서 운동과정으로 옮겨질 수 있다. 자체성, 자기동일성, 운동과정의 순서는 타자성의 연속적인 증가를 뜻한다.[19] 그러므로 지상세계의 다(多)와 운동이 보존되기 위해서는 요컨대 다(多)를 구성하는 것들의 일자적 자기동일성과 그것들이 운동을 통해 관계를 맺는 타자성이 동시에 성립하는 세계가 있어야 한다. 그러니까 존재도 아니고 무(無)도 아닌 제3의 것이 나와야 한다. 이것은 파르메니데스적 표현으로 비존재가 존재해야 한다는 것으로서 엘레아의 논리주의에 주눅이 들어 있었던 당시의 지성계에서는 그 자체가 모순으로 받아들여지고 있었다. 엘레아적 논리법칙에 따르는 한, 무지에 지배되기 때문이다. 그러나 그런 것의 존재가 인정될 수 있다면 그것은 그 순간 그 자체로 모순이 극복되었음을 보여주는 것이다.

---

19) 박홍규, 「희랍 철학 소고」, 『희랍 철학 논고』, 34쪽.

(제논은) 따라서 다와 운동은 가상적이지 실재적으로는 성립하지 않는다는 거야. 그러면 아니다, 실재적이다 하는 것을 이론적으로 설명해 줘야 될 것 아냐? 제논과는 달리, 다와 운동이 성립한다면 모순이 발생하는 것이 아니라, 다와 운동이 실제로 성립한다는 것을 이론적으로 밝혀줘야 될 것 아냐? …… (모순은) 존재와 무의 한계에서 성립해. 그 한계가 없으면 모순이 성립 안해. 그 한계가 무너질 때에는 모순이 성립해, 안해? 성립하지 않아. 그러면 그 한계가 무너질 때에는 무엇이 나와? …… 연속성이 나와. 한계를 끊으면, 그 한계가 없어지니까 연속된 것 아냐? …… 그러면 그 연속성은 존재라고 할 수 있는가, 무라고 할 수 있는가? 둘 중의 그 어느 것도 아니지. mêdeteron(어느 것도 아닌)이야. 그것은 존재와 무의 제3자로서 양자의 밖에 있는 것이야. …… 그것은 무규정적(indefinite)인 것이고, 존재라 볼 수도 없고 무라 볼 수도 없고, 그야말로 방황(planê)하는 것이지.[20]

무제한한 방향으로 연속하는 것이 무한정자의 본래 뜻이야.[21]

플라톤은 허무주의가 무한정자의 영향이라고 해. 그러나 그것은 정적인 차원에서 보니까 그렇지, 동적인 차원에서 보면 그래도 무한정자가 허무로 돌아가는 것을 막아주는 방파제라는 거야. …… 모순을 극복해주는 방파제야 …… 연속성이 한계를 자르더라. 다시 말해 모순을 극복하는 것은 연속성이더라는 말이야.[22]

소크라테스는 바로 존재와 무의 한계에서 부정되는 존재 대신에, 동시에 존재도 무도 아닌 것을 통해서 성립할 수 있는 존재가 있음을 보여주었다. 동시에 존재도 무도 아닌 것은 그것 자체는 무규정적이지만, 존재로의 가능성

20) 박홍규, 「방황하는 원인」, 『형이상학 강의 1』, 262쪽.
21) 박홍규, 「『티마이오스』 편 강의」, 『플라톤 후기 철학 강의』, 113쪽.
22) 박홍규, 「플라톤과 허무주의 극복」, 『형이상학 강의 2』, 157쪽.

을 받아들일 수 있다. 동시에 존재도 무도 아닌 것으로부터는 그것이 지닌 연속성 때문에 단 하나의 존재가 아니라, 운동과 다가 성립할 수 있다. 다는 일정한 관계를 지니고 성립하며, 일정한 법칙에 따른다.[23]

4. 무한정자

즉 다(多)가 일정한 법칙에 따른다 함은 지상세계에 대한 지식 가능성이 확보될 수 있다는 것을 의미한다. 이처럼 하나의 존재가 아니라 다(多)와 운동을 성립시키는 바로 그것이 이른바 박홍규가 모순 극복의 가장 핵심적인 관건이자 관계맺음의 기초로서 시도 때도 없이 강조하고 있는 "존재도 아니고 무도 아닌 제3의 것", 곧 무한정자(apeiron)이다. 박홍규의 그와 같은 무한정자의 확립과 강조는 플라톤을 정치철학적으로 이해하는 데 매우 중대한 의미를 갖는다. 그것은 그야말로 변화무쌍한 지상세계의 세속사와 현실적 역사적 사태들을 허무주의에 빠지지 않고 그 자체로 받아들여 그것들 간의 관계를 설명할 수 있는 존재론적 기초가 되기 때문이다. 그러니까 플라톤에게 현실은 모순이라는 이름으로 백안시할 수도 또한 그리해서도 안 될, 그 자체로 모순적인 것들과 대립적인 것들이 동시에 함께 있는 세계들이며 시대가 요구하는 존재론이란 바로 그러한 무한정자의 세계, 지상세계를 구성하는 것들의 내적 관계를 관계맺음 일반의 법칙 차원에서 해명하는 것이어야 한다. 관계맺음은 관계맺음에서 야기되는 혼란이 극복되는 그만큼 이미 존재의 선성(善性)을 포함하고 있는 것이기 때문이다.

직접적으로 소여되는 현실적인 대상은 관계맺음 속에서 성립한다. 그러므로 현실적으로 주어진 대상의 진상을 남김없이 파악하려는 형이상학은 다를

---

23) 박홍규, 「『유티데모스』 편에 대한 분석」, 『희랍 철학 논고』, 120쪽.

순수한 본질로서 영원 속에서 파악하려 함과 동시에 또한 관계맺음 일반의
법칙의 차원에서 현실을 파악하여야 한다.[24]

　　(소크라테스는) 각각의 사물의 본질을 구별한다. 곧 파르메니데스의 존재
자체처럼 엉킨 하나이자 전체인 존재를 부인하고, 본질 자체는 사물과 구별
되어 있으며, 다만 사물 옆에 있다(pareimi, paragenesthai)고, 곧 엉켜 있지 않다
고 말한다. …… 소크라테스 입장에서 옆에 있음은 관계 맺어져 있음을 뜻한
다. …… 관계맺음에는 두 측면이 있다. 공존하고 자기동일성을 지니기 때문
에 맺어진 관계는 아무렇게나 이루어지지 않고 일정한 법칙을 따르는 측면
을 지니고 있고 그 나름대로 존재의 진리를 나타낸다. …… 이러한 논리는 관
계맺음에서 야기되는 혼란이 극복되는 만큼 존재가 성립하고, 따라서 존재
가 정도의 차이를 두고 성립하므로, 결핍에 대립된 존재의 선(善)임을 가정
한다.[25]

　　무한정자에 대한 존재론적 이해가 얼마나 중요한지, 그리고 플라톤의
철학을 이해하는 데 얼마나 도움이 되는지는 『박홍규 전집』 곳곳에서 확
인할 수 있다. 그 사례들을 꼽자면 수도 없지만 하나의 예로서 「『유티데
모스』 편에 대한 분석」에서도, 이러한 지상세계에 대한 소피스트들의 무
지와 억지가 얼마나 문제가 있는지를 그 자신의 무한정자에 대한 존재론
적 이해를 기초로 탁월하게 풀어내고 있다. 소피스트들은 엘레아의 논리
를 토대로 모든 현실적 행위들을 무(無)로 돌리지만, 무한정자의 측면에
서 보면 그것은 무조건적인 부정과 배제의 대상이 아니라 가능성의 영역
에서 정도의 차이를 가지고 있는 행위에서의 성패문제로 배움을 통해 일
정한 변화, 즉 교정이 가능한 영역이었던 것이다.

---

24) 박홍규, 「베르그송에 있어서의 근원적 자유」, 『희랍 철학 논고』, 185쪽.
25) 박홍규, 「『유티데모스』 편에 대한 분석」, 『희랍 철학 논고』, 123쪽.

소피스트에게 있어서 인간의 과오는 행위의 모순성이며, 한 번 저질러진 과오는 돌이킬 수 없으며 회복될 수 없다. 그러나 소크라테스에 의하면 인간의 과오는 교정될 수 있다. 그리고 인간은 행복에 도달할 수 있다. 그런데 지혜는 인간의 행위를 교정하여 성공하게 한다. 따라서 지혜는 인간을 과오로부터 구제해주는 원인이다.[26]

플라톤의『유티데모스』편에 대한 박홍규의 이와 같은 통찰은 앞으로 살피게 되겠지만, 플라톤 철학이 지니고 있는 실천적인 측면에 대한 박홍규의 이해 부분에서 더욱 빛을 발한다. 그러나 위에서 살펴보았듯이 무한정자는 모순을 넘어서는 핵심적인 존재론적 기초이기는 하지만, 그 자신 운동과 변화를 내적 원리로서 가지고 있다는 점에서 여전히 다(多)의 보존을 위협하는 모든 물질 운동력의 기초로서 결코 제거되거나 멸실되지 않는 뿌리 깊은 해체의 근본원인이다. 그러므로 그것이 가지고 있는 관계맺음의 연속성이 비록 운동과 변화를 담보하지만, 그 힘이 다(多)를 해체하는 쪽으로가 아니라 반대로 보존할 수도 있는 가능성과 그 가능성을 능동적으로 현실화할 수 있는 능력 또한 나오지 않으면 안 된다. 그리고 당연히 그 능력의 지표, 즉 해체를 거슬러 가장 완전하게 복구해야 할 보존의 근본지향 내지 목표 또한 명시적으로 규정되어야 한다. 이것이 곧 무한정자와 더불어 플라톤 존재론의 핵심을 구성하는 요소로서 포이운(poioūn)과 형상(eidos)이다. 그리고 자기동일성(tauton)이란 인간이 포이운으로서 영혼의 힘을 토대로 능동적 실천을 통해 무한정성의 지배를 거슬러 올라 에이도스 쪽으로 다가가 구현해야 할 보존의 극대치라 할 것이고, 타자성(heteron)이란 영혼의 힘을 거부하고 무한정성 고유의 성질이 극도로 발현된 상태, 즉 무(無)에 접촉하고 있는 해체의 극대치라 할 것이다. 이 둘은 무한정자의 연속선상에서 성립한다는 점에서 무한정자가 드러내는 측면들이다. 동일성의 측면이 강화될수록 가능성이 증가하고, 타자성

---

26) 같은 글, 118쪽.

의 측면이 강화될수록 우연성이 증가한다. 플라톤 존재론의 핵심요소들이 모두 드러난 셈이다. 이것들을 존재론적 위계로 구분해본다면 일자적 자체성이 확보된 형상이 가장 우위에 있고 그 다음에 포이운 그리고 무한정자가 가장 아래에 위치할 것이다.

5. 형상의 부차성

그래서 우리는 통상 플라톤 철학을 대표하는 이론으로 이데아론을 떠올리고, 그를 바탕으로 하여 플라톤을 현실세계를 초월한 이데아만 논하는 관념적 이상주의자로 부르기도 하고, 심지어 그가 실재한다고 믿은 것은 형상뿐이고 현상세계는 그저 가상에 불과한 것으로 여겼다고 평하기도 한다. 그러나 현상세계를 가상으로 본 것은 엘레아학파였고 플라톤 철학은 그 현상을 구제하기 위한 철학이었다. 그런 측면에서 박홍규 또한 이데아, 즉 형상은 플라톤 존재론에서 둘째 문제라고 말한다.

> 우리가 보통 플라톤 하면 그의 철학은 형상(eidos)을 논했다, 그래서 특색이 있다고 하는데, 그런 것은 둘째 문제야. 그의 철학의 기본에 놓여 있는 문제는 행위가 완전히 난관(aporia)에 빠져 있을 때 어떻게 정상적(normal)으로 행위를 할 수 있느냐는 거야.[27]

> 가장 심각한 상황에서 가장 심각한 행동에 의해 가장 적극적으로 문제를 해결하려고 하는 것이 플라톤 철학이야. 아주 대표적 철학이야. …… 내가 지금 설명한 것이 플라톤을 읽는 시각이야. 그렇게 읽어야 플라톤을 이해하지, 그렇지 않고 플라톤이 형상을 이야기했다는 따위의 말을 하고 다니면 플라톤 철학 전공한 사람으로는 곤란해.[28]

---

27) 박홍규, 「앎의 개념」, 『형이상학 강의 1』, 311쪽.

플라톤을 잘못 읽어서 형상이론(idea theory)에서 그를 논하는데, 그건 잘못이야. 그것은 아리스토텔레스가 플라톤의 형상이론을 중요시한 뒤부터 나온 것이지. 그러나 철학 그 자체의 입장에서 보면 결국 형상이 아니라, 방황하는 원인이 중심이야. …… (그런데) 그것만 갖고는 존재가 나오지 않아. 그래서 보충하는 원인(aitia)이 있어야 되겠는데 그 하나가 형상이고 하나는 제작자라는 얘기야.[29]

과거의 플라톤 공부하던 사람은 맨날 형상(idea)만 논의해. 가장 중요한 것이 거기에 있는 것이 아닌데.[30]

물론 형상이 플라톤 존재론의 핵심요소의 하나이고 존재론적 객관성의 위계에서도 가장 지고(至高)의 것이다. 그러나 이제까지 우리가 살핀 바에 따른다면 플라톤이 정말 심혈을 기울인 것은 사회정치적으로 총체적으로 난관에 빠진 아테네의 현실을 구제하기 위한 존재론적 기초를 마련하는 것이다. 그래서 플라톤은 무엇보다도 무한정성이라는 비존재의 존재근거를 확립하여 엘레아주의자들에 의해 부정된 현실을 설명할 수 있는 존재론적 기초를 확립했어야 했고, 그런 다음 포이운을 통해 그것이 갖는 변화 가능성을 정상적인 행위를 통한 발전적 변화 가능성으로 전환하려 했다. 형상은 그러한 정상적 행위의 지표로 주어진 것이지만 플라톤이 정작 난관에 빠진 것은 복구의 지표가 없었기 때문이라기보다는 무엇보다 정상적인 행위를 통한 복구 가능성과 그것의 실현능력을 확보할 수 있는 존재론적 기초가 마련되지 않았기 때문이다. 오히려 문제의식의 치열성 측면에서 보자면 형상문제는 박홍규의 말대로 방황하는 원인, 즉 무한정자와 포이운 다음의 문제였을지도 모른다.

---

28) 같은 글, 314~15쪽.

29) 박홍규, 「철학이란 무엇인가」, 『형이상학 강의 2』, 112쪽.

30) 같은 글, 117쪽.

그러나 그와 같이 무한정성의 확립을 통해 지상세계의 무쌍한 변화와 관계를 드러내는 길이 열렸다고는 하지만, 동적인 측면에서 보면 내적으로는 보존을 향한 힘과 해체를 향한 힘이 관계맺음의 연속선상에서 한순간도 방심할 수 없는 끊임없는 긴장상태를 유지하고 있다. 아니 이미 아테네는 그러한 긴장이 무너질 대로 무너져 끊임없는 해체와 무질서의 나락으로 떨어져가고 있었다. 그러므로 플라톤의 다음 과제는 긴장으로 가득한 그 가능성의 영역에서 능동적 포이운이 무한정성의 지배를 거슬러 역운동할 수 있는 조건, 즉 현실세계에서 자기동일성을 확보할 수 있는 조건들을 확립하는 것이었다.

플라톤이 파르메니데스의 일자를 공격했지만, 다와 운동이 있어도 이것이 존재한다는 것을 설명해야 돼. …… 그래서 그 속에서 다의 자기동일성과 운동의 일관성이 성립할 수 있는 일자, 단위를 놓아야 돼. 그래야 학문의 틀 (formula)이 성립한다는 것이지. …… 무한정자 속에서 관계를 맺고 있음에도 불구하고, 둘 내지 각각의 단위가 자기동일성을 갖고 두 개의 단위로 성립할 수 있는 것 그런 것을 놓아야겠다는 것이지 …… 다가 성립하기 위해서는 무한정자도 필요한데 무한정자만 갖고는 혼란에 빠지니까 역기능하는 것으로서 단위를 놓아야 한다는 거야. 그 단위라는 것을 전체라고 해.[31]

6. 정치철학적 목표

요컨대 인간의 지적 활동이 목표로 하는 것은 영혼의 역운동을 통해 해체된 지상세계를 보존하는 것, 다시 말해 지상세계를 구성하고 있는 사물과 사태, 아테네인들의 삶의 보존과 그것들의 안정적인 조화와 질서를 확보하는 것이다. 그래서 박홍규는 위와 같은 플라톤 존재론의 기본적인

---

31) 박홍규, 「『티마이오스』 편 강의」, 『플라톤 후기 철학 강의』, 151쪽.

이해 틀과 연계해가면서 플라톤이 생각하고 있는 정치철학적 목표를 아래와 같이 규정한다.

> 국가가 무엇이냐? 모든 개인들 각각의 자기동일성을 보장해주는 것이 플라톤의 국가야. 만나면 싸우고 죽이고 한다면 무질서에 빠지니까 각각의 자기동일성을 보장해줄 수 있는 그런 단위가 들어가야 하겠더라, 그것이 핵심이야. 그때 그 단위가 각각 다 자기동일성을 보장해주도록 맺어진 관계를 조화(harmonia)라고 해. 그러니까 형평(equilibrium)을 이루는 거야. 모든 국민의 자기동일성을 비교해보니 전부 같다는 이야기야. 형평이론(equilibrium theory)이야. 이것은 정적인(static) 이론이야. 음악이론이니 조화급수이론이니 모두가 그런 이론이지. 각각의 부분에 자기동일성을 확보해주면서도 어떤 전체를 놓아야 한다는 거야. 그러면 조화가 나온다는 것이야. …… 둘이 서로 관계를 맺으면서도 무한정자로, 다시 말해 무질서에 안 빠지게 하는 것이 단위의 기능이야. …… 플라톤의 국가이론은 모든 시민 개개인의 자기동일성이 모두 성립할 수 있으려면 어떤 요인이 들어가야 할 것인지를 다루고 있잖아.[32]

> 조화는 전체에 대해 일자가 나와야 해. 그걸 조화라고 해.[33]

> 공간적으로 보면 평화시대는 이 사람과 저 사람이, 모든 것이 충돌하지 않고 공존하는 시기야. 그야말로 조화(harmony)의 시대지.[34]

주지하다시피 시민 개개인의 자기동일성이 모두 보존되는 국가가 플라톤이 말하는 다름 아닌 정의로운 국가이자 이상적인 국가이다. 다시 말해 이상적인 국가란 국가를 구성하는 불완전한 개인들이 자신들의 본성적

---

32) 같은 글, 109~18쪽.

33) 박홍규, 「존재의 충족 이유율」, 『형이상학 강의 2』, 330쪽.

34) 박홍규, 「플라톤과 전쟁」, 『형이상학 강의 2』, 192쪽.

자기동일성이 최대한 확보된 상태에서 그들 간의 가장 이상적인 관계맺음을 통해 공동체의 자족성(autarkeia)을 달성한 국가이다. 그래서 박홍규는 정치의 목표를 인간 자신이 자신의 존재와 자족성을 도모하는 최후수단으로 규정하고, 국가 또한 모든 문화적 가치를 모두 포섭해줄 수 있는 방식으로 인간을 보호해주는 체제로 파악하고 있다.

> 인간존재의 자족성을 취급하는 것이 정치입니다. …… 다시 말하면 인간은 불완전하기 때문에 반드시 서로 간에 관계(koinōnia)를 맺음으로써만 서로를 보충해가는 것이고, 이러한 보충관계라는 것은 인간존재의 능력을 통해서 이루어지는 보충관계입니다. …… 이런 점에서 인간존재의 자족성이 성립할 수 있도록 서로를 보충해보자고 하는 것이 정치의 입장이자 『정치가』 편의 입장입니다. …… 결국은 정치라고 하는 것이 여기서 보면 인간이 자기 자신을, 자기 자신의 존재와 자족성을 도모하는 최후의 수단 혹은 최후의 자족성이 달성된 최후의 상태라고 볼 수 있습니다.[35]

> 모든 문화적 가치를 다 포섭해줄 수 있는 방식으로 우리 인간을 보호해줘야 돼. 그것이 국가야. 『국가』 편에서는 뭐라고 말하느냐 하면, "국민(demos)은 지배자를 뭐라고 말해야 합니까?" 하고 물으니까, "우리를 구제(sozein)해주고, 보존해주고, 보호해주고, 도와주는 사람이다"라고 말해. '수호자'(phylax), 보호자라고 말해. 국가는 국민을 보호해주는 기구야. …… 거기서 인간의 정상적인 활동이 가능한 국가. 그러니까 휴머니스트지. 인간의 본성(physis)이 거기서 충분히 나타날 수 있는 국가. 그런 보호막이 필요하다는 거야.[36]

그러나 서로의 보충관계를 통해 인간의 본성이 충분히 드러나는 국가, 그렇게 하여 공동체적 자족성이 구현된 이상적인 국가를 이루어내기란 결

---

35) 박홍규, 「『정치가』 편 강의」, 『플라톤 후기 철학 강의』, 73~76쪽.

36) 박홍규, 「플라톤과 전쟁」, 『형이상학 강의 2』, 201~02쪽.

코 쉽지 않은 일이다. 왜냐하면 앞서 말했듯이 현실을 지배하는 원초적인 해체의 원인(aitia), 곧 무한정성은 우주생성 이래 결코 뿌리뽑히지 않는 우주생성과 인간 욕망의 근본원인으로 현존하는 것이기 때문이다. 『티마이오스』편에 나오는 '방황하는 원인'(planōmenē aitia)이나 '필연'(ananchē)은 우주생성론 단계에서 그 어떤 것에 의해서도 그 내적 속성이 바뀔 수 없음을 드러내는 무한정성에 대한 원초적 명칭이다.

7. 본으로서 우주

그러나 그러한 무한정성과 더불어 영원히 운동을 하면서도 실재하는 것으로서, 그 무한정성을 항구적으로 이겨내며 자족성을 완전하게 구현하고 있는 세계도 이미 존재하고 있다. 그것이 곧 우주(kosmos)이다. 그래서 우주는 그 자체로 인간의 자기보존의 지표이자 원형이자 좋은 것의 기초이다. 그리고 개별단위의 총체로서 우주의 단위가 전체로서 나와야 하나의 조화로운 전체, 하나의 질서가 성립하고 그에 따라 개별단위의 자기동일성 또한 보존될 수 있다. 그런 점에서 플라톤에게 가장 선하고 아름답고 질서 있는 우주가 존재한다는 사실 그리고 인간의 이성이 그것을 파악할 수 있다는 것은 이미 인간존재가 본성적으로 승인하고 승인할 수밖에 없는 지고의 진상이자 가장 진실한 믿음이다.

우주의 단위는 …… 모든 것(panta)의 단위야. 집도 있고, 사람도 있고, 개도 있고, 이 모든 것의 단위는 어떤 것이 되어야 할 것이냐를 찾는 것이지. 이 우주가 있다, 질서가 있다, 코스모스다, 조화를 이루고 있다는 것은 분명 단위가 있다는 것을 말하는 것이야. 플라톤은 지금 질서가 있다는 것을 놓고 나가. 무질서가 아니야. …… 결국 완전하고(complete) 전적인 질서가 나오게 하려는 것이지.[37]

우주의 원형은 모든 원형 가운데서 가장 완전한 원형이므로 …… 이 우주 질서의 탄생은 제작자의 선의가 무질서한 생성계에 발휘되는 과정이다.[38]

플라톤에 따르면 질서라고 하는 것은 인간 이성의 파악 대상이 된다는 것이지. …… 그러면 질서지어진 것은 인간의 이성과 동등한 것, 혹은 그와 같은 어떤 것의 기능에 의해서 이루어진 것이다, 플라톤은 그렇게 놓고 나가.[39]

이것은 우주적 질서가 국가의 질서를 뒷받침하는 하나의 본 (paradeigma)으로서 무제약적으로 전제되어 있다는 것을 말해준다. 그리고 이러한 전제가 있어야 정치 영역에서 국가의 해체를 막고 무질서를 바로 세우는 정상적인 복구행위가 가능한 것이고 학문활동 또한 의미를 갖는 것이다.

학문은 우선 질서를 보는 것이니까. 학문의 기본입장이라는 것은 우주에 질서가 있다고 놓고서 그것을 논의하는 것이고, 그것을 설명해주어야 학문이 성립하는 것이지. 그렇지 않다면 난센스니까.[40]

이제 정치학 내지 통치술의 목표는 주어졌다. 그것은 최상의 자족성과 자율성을 가진 우주를 모방하는 것이다. 더 구체적으로 말하면 신적 자율성과 최상의 선의를 가지고 우주를 제작한 데미우르고스를 모방하는 것이다. 그러나 앞에서 언급하였듯이 아무리 데미우르고스를 모방하여 국가를 만든다고 하더라도 무한정자가 존재하는 지상세계의 현실국가는 우주와 같은 질서와 조화를 이룰 수 없다. 인간의 자율성은 불완전하고 한계가 있

---

37) 박홍규, 「『티마이오스』 편 강의」, 『플라톤 후기 철학 강의』, 119쪽.

38) 박홍규, 「필연」, 『형이상학 강의 1』, 60쪽.

39) 박홍규, 「『티마이오스』 편 강의」, 『플라톤 후기 철학 강의』, 122쪽.

40) 같은 글, 119쪽.

다. 다만 최선을 다해 모방할 뿐이다.

신이 자율성에서 제일 강한 것이고 그 다음 우주가 있고 그 다음이 그 속에 들어 있는 인간이야. 그 다음이 다른 동물류이고. 그런데 인간은 우주를 여러 사람이 다 같이 공통으로 모방한다고 했어. …… 생명체, 자율성이라는 것은 스스로 자기가 자기를 존재케 하는 역할을 뭔가 하니까 자율적이라고 하는 것이고, 생명체라 하고, 자발성, 자기운동이란 말을 쓰는 것이지. …… 적어도 자기가 자기능력으로써 자기를 존재케 하니까 우리가 자기운동이란 말을 쓰는 것이지. …… 그러나 실제로는 (인간에게는) 죽음이 있거든. 그러니까 실제 두 가지 측면이 있는 것이지. 죽기도 하고 연속도 있고. …… 자율성은 불가능에서 가능으로 가는 것이 있어야 하고, …… 가능성은 능력이잖아? 능력은 연속적인 것이고, 그 안에는 불가능한 것에서 가능한 것으로 간다는 개념이 들어 있어.[41]

정치는 아무리 이상적인 정치라 할지라도 인간존재의 자족성이 나타날 수 있는 최후의 것은 되지 않는 것이죠.[42]

…… 그러니까 인간이 할 수 있는 한에서 능력껏 환경에서 인간의 자족성을 찾는 것이 정치학입니다. …… 우주를 모방한다는 것은 우주처럼 인간 자신이 운동체로서 존재하는 데 충분한 자족성을 갖고자 한다는 것이며, 그 말은 또한 우주가 가지고 있는 그러한 능력을 인간 역시 모방해서 자기 자신도 갖겠다는 것이죠.[43]

---

41) 박홍규, 「『정치가』 편 강의」, 『플라톤 후기 철학 강의』, 36~37쪽.
42) 같은 글, 77쪽.
43) 같은 글, 72쪽, 76쪽.

8. 능력의 문제

여기서 능력(dynamis)의 문제가 나온다. 다시 말해 데미우르고스를 모방하고 데미우르고스가 무한정자를 설득하여 이성과 결합해 우주를 만들어낸 것처럼 이 지상세계의 반대적인 것들을 묶어 조화와 질서를 구축해내는 능력이 필요하다. 인간의 능력으로서 최상의 것으로서 정치가의 능력 또한 다름 아닌 서로 반대적인 것들을 하나로 묶어내는 능력이다. 모순이자 불가능성으로 여겨지는 것을 이미 존재론적으로 확보된 가능성의 현실 영역에서 현실화하는 능력이다.

자율성으로서의 능력은 불가능한 것을 가능한 것으로 만드는 연속적인 작용으로서의 능력입니다. …… 여기서 씨줄과 날줄, 다시 말해 두 개의 모순된 것을 동시에 자기 자신의 성격을 가지게 하면서 결합시키면 상호모순이 생기는데, 그 모순된 것을 가능케 하는 능력입니다.[44]

그러나 앞에서 말한 바와 같이 인간의 능력은 제한되어 있고 무한정자의 연속선상에서 늘 가능성과 우연성에 노출되어 있다.

능력이라고 하는 것은 어떤 것을 불변의 사실(fact)로서 필연적으로 달성할 수 있다는 뜻이 아닙니다. 오히려 그런 것을 배제합니다. …… 또 능력이란 것은 어떤 조건이 주어져야 발휘되기 때문에, 어떤 일정한 조건 하에서만 발달합니다. 그렇기 때문에 탁월이라는 말을 씁니다. 탁월이라는 것은 정도차(degree)가 있는 것에서만 씁니다.[45]

능력(dynamis)은 비결정성을 가져야 돼. 그렇지 않으면 능력이라고 하지

---

44) 같은 글, 71쪽.

45) 박홍규, 「광주 강연」, 『형이상학 강의 1』, 165쪽.

않아.[46]

능력은 그것을 발휘할 적에 시행착오를 거칠 수 있다는 것이 플라톤을 이해하는 데에서의 특징이야. 베르그송을 이해하는 데도 이것이 기본적이야. 비결정론이니까. 전지전능을 부정하는 입장이니까.[47]

게다가 인간의 자기보존은 자동적(automaton)으로 이루어지지 않는다. 그러므로 인간은 끊임없이 능력의 탁월성을 키우고 유지하려는 노력이 필요하다. 이처럼 가능성 영역에서 극복과 극기의 방식으로 이루어지는 것이 인간의 자율성(autokraton)이고 인간의 능력이다.

능력개념 밑에는 모순된 것, 성립할 수 없는 것이 항상 따라다녀. 여기서 뭐라고 했냐 하면 무한정자와 존재에 무(無)는 항상 같이 따라다닌다고 했어. ······ 능력에는 항상 어떤 극복이 들어 있어. ······ 그래서 유한성이 있어. ······ (인간의) 자율성이란 개념 자체가 곧 dynamis잖아? '능력'이야. 능력이란 것은 100퍼센트가 없어. ······ 능력이라고 하는 것은 항상 0에서 100퍼센트 사이를 왔다 갔다 하는 것이지.[48]

타자성, 연속성은 존재도 아니고 무도 아니니까 존재로 갈 수도 있고 무로 갈 수도 있는 두 가지 성격을 동시에 가지고 있어. 존재로 갔을 때에 우리는 그것을 가능성이라고 해. 무로 갈 때는 우연성이라고 해.[49]

불가능한데도 불가능을 통과해서 나왔으므로 그것을 가능세계라고 해. 가

---

46) 박홍규, 「철학이란 무엇인가」, 『형이상학 강의 2』, 124쪽.

47) 같은 글, 82쪽.

48) 박홍규, 「『정치가』 편 강의」, 『플라톤 후기 철학 강의』, 35, 38쪽.

49) 박홍규, 「존재의 충족 이유율」, 『형이상학 강의 2』, 348쪽.

능성을 통해서 존재가 드러날 때 그 위계를 좋다고 말해. 여기서는 사람의 평가니 뭐 그런 것 다 상관없어.[50]

한편, 극복 가능성은 동시에 늘 실패 가능성 또한 함께 안고 가는 것이다. 그래서 인간의 행위는 항상 과오를 저지를 수 있다. 인간이 도모해야 할 최선의 기술로서 정치적 통치술 또한 결코 완벽할 수 없다. 『국가』가 그리고 있는 이상국가는 최선의 통치술이 담보되고 그에 따른 사회계층의 자기보존이 최선으로 구현될 수 있는 조건들을 다루고 있지만, 그것의 실현 가능성은 늘 보존 쪽으로뿐만 아니라 해체 쪽으로도 열려 있다.

가능성은 존재에 대한 가능성이고 그것은 동시에 그렇게 되지 않을 수 있는 가능성을 항상 뒤따라 가지고 다니는데 그것은 부정에 대한 가능성이고 극한치에 가서는 또 그렇게 되지 않을 수도 있는 가능성이며, 그럴 때의 그 부정의 가능성을 우연성이라고 하더라.[51]

9. 차선의 고려

그러므로 부단히 신적인 통치술을 익히고 국가체제 또한 그에 적합하게 운영되어야 하지만, 해체될 수도 있다는 가능성을 늘 염두에 두어야 하고 그에 따른 불완전한 정치체제에 대응하는 현실적인 방안도 구축되어야 한다.

즉 정치는 아무리 이상적인 정치라 할지라도 인간존재의 자족성이 나타날 수 있는 최후의 것은 되지 않는 것이죠.[52]

---

50) 박홍규, 「『티마이오스』편 강의」, 『플라톤 후기 철학 강의』, 159쪽.

51) 박홍규, 「철학이란 무엇인가」, 『형이상학 강의 2』, 80쪽.

그래서 박홍규는 플라톤이 이상국가론과 더불어 『정치가』와 『법률』에서 명시적으로 드러나 있듯이 그 결핍태로서 다른 정치체제들의 성립과정과 특징을 주도면밀하게 살피고 사람을 통한 정치와 더불어 법률과 제도를 통한 정치를 함께 모색한다고 말한다. 플라톤의 정치철학은 단순히 이상국가론에만 머물러 있는 것이 아니라 현실적으로 당대 아테네의 절박한 현실을 극복하고, 피폐된 개인들의 영혼을 치료하기 위한 현실적인 고려도 포함하고 있는 것이다. 당대 아테네 현실에 대한 플라톤의 비관적 현실 인식이 엿보이는 지점이다. 박홍규는 플라톤이 이상국가의 실현과 관련한 문제를 능력의 문제로 본 것도 그러한 이유로 판단하고 있다.

> 기술만 갖고 될 것이냐? 그래서 법질서가 나오는 것이지. 자율성을 갖는 그야말로 신적이고 이상적인 사람이 나와서 하면 모를까. …… 지상국가가 되면 지상에 있는 인간 사이에 여러 가지 충돌이 생기고 조화(harmonia)가 깨진단 말이야. 그렇게 되니까 하는 수 없이 그때에는 법을 놓아야겠다는 것이고, 그것이 차선의 방책이야. …… 그렇게 되면 또 기술을 발전시키지 못하게 되는 것이지. 그런 딜레마가 나온다는 거야. 딜레마가 나오지만 하는 수 없이 법을 정해 놓고 그 법을 따라가게 해야 한다고 그래.[53]

> (『정치가』 편에 나타난) 이론은 현실적인 문제로 봐도 돼. 당시 아테네에서 국가가 몰락하는데, 그야말로 누구든 만장일치로 훌륭한 사람일 때에는 그 사람에게 정치를 맡기고, 그렇지 않을 때에는 법치국가로 가자는 얘기도 돼.[54]

> 플라톤이 그렇게 말하는 이유는 자기 현실에 대해 비관주의자이기 때문이야. …… 현실의 세계에서 자기 자신의 동일성을 유지, 긍정하기 위한 것이라

---

52) 박홍규, 「『정치가』 편 강의」, 『플라톤 후기 철학 강의』, 77쪽.

53) 같은 글, 41쪽.

54) 같은 글, 67쪽.

는 문제도 있고, 여러 문제가 있는 것 같아. 왜냐하면 대화라는 것은 단순히 말이 아니라, 영혼(psychē)의 치료(therapeia)의 문제거든. 일종의 치료거든.[55]

나아가 박홍규는 그와 관련하여 플라톤이 현실적으로 제안한 몇 가지는 아예 철저한 민주주의로까지 평가하고 있다.

주로 이상적인 정치가가 있어야 하고, 이상적인 정치가가 없으면 법치국가가 나와야 한다. 그래서 여러 사람이 모여 법을 제정하고, 집행자를 뽑아서 집행하게 하고, 1년마다 잘했는가 못했는가를 조사해서 못했으면 벌금을 물게 한다든지 추방한다든지 손해배상을 시켜야 한다고 했잖아. 그런 의미에서는 철저한 민주주의야.[56]

10. 동적 목적론: 긴장과 분투의 철학

요컨대 플라톤의 정치철학에서는 이상국가를 이야기하고 있지만 현실국가가 반드시 그 이상적인 상태로 다가간다는 것을 담보하고 있지 않다. 그런 측면에서도 박홍규는 플라톤의 정치철학이 목적론으로 오해되어서는 안 된다고 말한다. 목적론에서는 종국에 운동이 목적에 다다를 것이라는 주장이 포함되어 있다. 그런 점에서도 플라톤의 정치철학은 아리스토텔레스의 목적론적 정치철학은 물론, 헤겔과 마르크스의 결정론적 정치철학과도 다르다. 비결정론인 것이다. 그는 흥미롭게도 군데군데 헤겔과 마르크스의 철학을 매우 신랄하게 비판하고 있는데, 그 비판의 결정적인 이유 또한 바로 그들의 체계가 결정론을 취하고 있다는 점이다. 특히 지능의 발달에 기초한 기술과 생산력의 발달은 그에 따른 양상의 증가를 가져

---

55) 박홍규, 「무제」, 『형이상학 강의 2』, 400쪽.

56) 박홍규, 「『정치가』 편 강의」, 『플라톤 후기 철학 강의』, 64쪽.

오고, 또 그것은 인간의 주체적 의식을 발달시킴에도 헤겔이나 마르크스 철학은 그것을 필연의 도식에 가두어 현실의 열린 가능성을 제대로 설명하지 못한다고 비판한다.

> 헤겔이나 이런 철학은 말이야, 모든 것이 필연이야. …… 마르크스 이론도 그렇고. …… 자본주의와 같은 사회가 되면 기술이 발달하거든. 기술이 발달하면 양상이 나와. 그럴 것 아냐? 기술이란 물질을 어떻게 지배할 것이냐, 결합(combination)해서 무엇을 만들 것이냐, 자꾸 그쪽으로 가지. …… 수학은 거기에 따라가고. 또 기술이 발달하면 주체자가 발달하지. 그러니까 마르크스 철학은 어디서 발달하냐? 지능이 발달하지 않은 미개사회에서만 호소력을 가져. …… 그 사람들에게는 신앙이 돼. 필연적으로 인류 역사가 그렇게 된다고 하니까 골몰해. …… 미개사회에서만 통용돼. 간단하고 도식적이고 필연화돼.[57]

박홍규에 따르면 플라톤의 정치철학은 비결정론적 성격을 갖는다. 그러나 플라톤이 이상적인 정치체제의 현실 가능성에 대해 일정하게 제한적인 관점을 드러냈다고 해서 그가 그와 같은 국가체제를 포기하거나 냉소적인 시각으로 우연성 영역에 방치했다고 보면 안 된다. 인간은 본성적으로 자기보존을 욕구하고 사회적 관계에서 안정적인 질서를 추구하는 한, 그리고 그것이 선하고 아름다운 것인 한, 그것을 구현할 수 있는 조건들은 끊임없이 모색되고 추구되어야 한다. 그리고 그것은 이루어질 수 있다. 우연성은 극복될 수 있다. 자기 자신 속에 반대되는 것들이 있지만 그것을 이기는 것, 행동력을 갖추는 것, 그것이 인간의 자율이기 때문이다. 자율은 무한정성으로 가는 것에 맞서 싸워 이기는 것이다. 이런 측면에서 그는 플라톤의 정치철학적 체계를 통상적인 목적론 일반과 구분하여 '동적 목적론'으로 표현한다. 행위는 동적 목적론에 따라서 끊임없이 결핍에서 충

---

57) 박홍규, 「자기운동 Ⅱ」, 『형이상학 강의 1』, 156쪽.

만으로, 곧 선으로 향한다. 그런데 한편으로 행위는 존재의 일정한 관계맺음을 통하여 이루어지므로 선은 존재의 관계맺음과 일치하는 지식의 지도를 받고 실현된다. 결핍을 충만시키는 행동이 없거나 지식 대신 무지가 행위를 인도할 때 행위는 목적에 도달하지 못하고 실패한다. 목적에 도달하기 위해서는 행동력과 올바른 지식이 필요하다(「『유티데모스』편에 대한 분석」, 『희랍 철학 논고』, 121쪽). 일반적으로 목적론이라 함은 운동체를 정지체에 종속시키는 방식으로 나타난다(「무제」, 『형이상학 강의 2』, 407쪽). 그러나 플라톤에서는 운동체가 정지체에 완전히 종속되지 않는다. 사물이건 사태건 인간의 행위이건 저절로 목적으로 가거나 반드시 목적으로 가지도 않는다.

(플라톤은) 이성 없이 그냥 선(善)으로 간다고 하지는 않아. 문제가 거기 있어. 우주의 구조가 아리스토텔레스에서처럼 가만히 내버려두어도 목적론적으로 가도록 되어 있지 않아.[58]

목적론이 어떻게 나올 수 있어? 목적론은 플라톤 체계의 한 발전이지. 존재와 무에서 출발하여 존재도 무도 아닌 방황하는 원인이 나온다는 것은 분명하지만, 거기에서 곧바로 목적론이 나올 수는 없어.[59]

저 위에 이 우주를 지배하는 일자가 있어. 그래 갖고 모든 사물이 운동하되 그 일자로만 운동하도록 되어 있더라는 말이야. 그게 목적론이야. 아무렇게나 운동하면 파괴가 돼. 그러니까 목적론으로 가. …… 그러니까 아리스토텔레스의 우주는 하나도 깨지지 않지.[60]

58) 박홍규, 「『필레보스』편 강의 III」, 『플라톤 후기 철학 강의』, 235쪽.

59) 박홍규, 「방황하는 원인」, 『형이상학 강의 1』, 296쪽.

60) 박홍규, 「존재의 충족 이유율」, 『형이상학 강의 2』, 332쪽.

그는 한편으로 결핍(缺乏)에서 충만으로 향하는 동적 목적론을 주장할 뿐 아니라, 또 한편으로 우연적으로 이루어진 존재 대신에 일정한 관계로 맺어진 다의 존재를 주장하게 된 것이다. 행위는 동적 목적론에 따라서 끊임없이 결핍에서 충만으로, 곧 선으로 향하는데, 한편 행위는 존재의 일정한 관계맺음을 통하여 이루어지므로 선은 존재의 관계맺음과 일치하는 지식의 지도를 받고 실현된다.[61]

이런 측면에서 박홍규가 파악하는 플라톤의 동적 목적론은 해체와 무질서에 저항하는 끊임없는 지적 노력과 실천적 연마가 수반되지 않으면 다다르기 힘든 긴장의 체계, 치열한 지적 긴장의 체계, 끊임없는 분투의 체계인 것이다. 운명론은 플라톤 철학 어디에서도 결코 끼어들 수 없는 것이다.

필연적인 것을 거꾸로 거슬러 올라가는 것은 퍼지려는 것을 안 퍼지게 하려는 것이니까 긴장(tension)이고, 그 긴장이 이완(détente)되면 퍼짐(extension)이 나온다는 것이지. 『창조적 진화』에 그렇게 나오지.[62]

자율성이 무엇이냐 하면 극기, 자기 자신을 이기는 것, 역동적인(dynamic) 과정에서 존재가 드러나는 것이지. 항상 자기 자신 속에 반대되는 것들이 있기 때문이야. 인과성(causality)이 들어가 있어. 그것을 이기는 것, 그것이 자율이야.[63]

신이 그 자신의 자족성을 준다는 것은 자율의 능력을 준다는 거야. 즉 자율이라는 것이 운동에서 무한정성으로 가지 않고 존재로 가기 위해서는 무한

61) 박홍규, 「『유티데모스』 편에 대한 분석」, 『희랍 철학 논고』, 121쪽.

62) 박홍규, 「자기운동 II」, 『형이상학 강의 1』, 134쪽.

63) 박홍규, 「『정치가』 편 강의」, 『플라톤 후기 철학 강의』, 34쪽.

정성으로 가려는 것에 대해 항상 싸워 이기지 않으면 안 돼.[64]

　여기선 운명론은 하나도 없어. 전부 자기능력에 따라서 자기능력을 발휘하는 사상이지. 능력을 발휘해서 그 결과 어떤 정치가가 나오느냐 하는 것은 그때 가봐야 안다는 소리지. 여기에 운명론은 하나도 들어가 있지 않아. 전부 능력발휘 사상이지. 자율이라는 것은 노력이고, 돌보는(take care of) 것인데, 그것이 무슨 놈의 운명론이야? …… 운명론하고는 정반대야. 이것은 철저히 노력을 해서 자기능력을 발휘하라는 사상이지.[65]

11. 교육의 철학

　박홍규의 이런 관점은 교육철학적 측면에서도 매우 중요한 시사를 준다. 인간은 늘 긴장 속에 살아가면서 종종 과오에 빠지거나 실패를 겪을 수도 있지만 그것을 교정하여 이겨낼 수 있으며, 국가는 개인들이 능력을 발휘하여 개인들을 염려로써 돌보면서 그렇게 할 수 있도록 뒷받침해야 한다. 교육이 가장 중요한 국가기능의 하나인 이유이다. 『국가』도 기본적으로 교육(paideia) 프로그램이다. 즉 각자의 소질과 본성에 맞게 능력 있는 사람들을 길러내야 한다. 두말할 나위 없이 그 교육의 최상목표는 국가를 방어하고 공동체의 자족성을 구현해낼 최고의 정치가를 길러내는 것이다. 박홍규의 「『유티데모스』편에 대한 분석」과 「『프로타고라스』편에 대한 분석」은 소피스트의 허무주의와 회의주의에 맞서 능력 있는 사람을 길러내기 위한 배움과 교육, 자기성장의 적극적인 근거를 제시하는 플라톤의 의도를 탁월하게 담아내고 있다.

---

64) 같은 글, 32쪽.

65) 같은 글, 65쪽.

소크라테스가, 소피스트는 직업교육을 일삼고 있으며 교양교육을 목표로 하지 않고 있다고 비판할 때 사실 소크라테스 자신은 교양교육을 실시하고 있음을 암시하고 있었다. 그리고 이것은 사람의 참다운 유능성은 교육에 의해서 얻어진다는 것을 뜻한다.[66]

지식은 무로부터 한꺼번에 나타나지 않으며, 결핍된 상태에서 점진적으로 축적된다. 무지자를 표시하는 희랍어 'amathia'의 'a'는 결핍을 뜻하며, 무를 뜻하지 않는다. 무에서 지식이 나온다면, 그 지식은 저절로 나올 것이다. 따라서 배운다는 행위가 불필요하다. 결핍의 이면은 가능성이다. …… 지식은 가능성을 통해서 얻어진다. 가능성을 통해서 이루어지는 것은 존재할 수도 있고, 존재하지 않을 수도 있으므로, 존재하게 하려는 노력이 필요하다. 배움은 이러한 노력의 일종이다.[67]

두말할 나위 없이 교육의 목표는 무한정성으로 가득한 지상세계에서 타자성을 이겨내고 동일성을 구현해내는 힘을 기르는 것이다. 다시 말해 운동을 하면서도 조화와 질서를 완벽하게 구현하고 있는 우주와도 같이 영원히 자기동일성을 보존하는 능동적인 자기 운동력을 키우는 것이다. 즉 포이운의 작용력을 증진시키는 것이다.

12. 영혼: 자기운동, 자율성

그런데 이런 운동은 어디서 구해질 수 있는 것일까? 플라톤은 그 운동을 생명체의 능력에서 확립한다. 즉 무생물에서는 정지가 자기보존이고 운동과 변화는 해체를 의미할 뿐이지만 생명체에서는 반대로 정지가 해체

66) 박홍규, 「『프로타고라스』편에 대한 분석」, 『희랍 철학 논고』, 65쪽.
67) 박홍규, 「『유티데모스』편에 대한 분석」, 『희랍 철학 논고』, 90쪽.

의 원인이고 운동이 자기를 보존하는 힘이기 때문이다. 이와 같이 생명체에서 해체에 거슬러 자기를 보존하는 운동력이 다름 아닌 자기운동(heauto kinoun) 능력으로서 영혼(psychē)이다.

플라톤은 무한정자로 가는 것, 무질서로 가는 것에 역기능하는 것을 영혼이라고 하거든. 이 점은 베르그송도 마찬가지야. 하강에 대해서 상승하는 것은 항상 영혼의 기능이라고 해. 따라서 무질서로 가는 것에 대해서 역기능하는 것을 영혼이라고 해.[68]

무한정자로 가는 것이 아니라 존재로 가는 운동이 나와야 그 운동은 무한정자로 가는 운동이 아니라 동일성으로 가는 운동이지. 이런 운동을 『파이드로스』에서는 자기운동이라고 했지?[69]

그런 자기 운동을 영혼이 가지고 있다고 해. 이 "heauton kinoun", 자기 자신을 움직이는 능력이 생물의 생명이야.[70]

이런 의미에서 플라톤에게 우주는 이미 생명체이다. 우주 또한 조화와 질서를 완벽하게 구현하는 힘으로 세계영혼을 가지고 있다. 그러나 세계영혼과 달리 인간의 영혼은 불완전하여 늘 물질로 해체되어 사멸하는 위험에 직면해 있다. 그러므로 능력을 기르기 위해서는 영혼의 자기운동력, 자율성을 증진하지 않으면 안 된다.

사람의 영혼은 현상계를 초월하는 이념적인 세계로 비상하기는커녕 끊임없이 물질로 해체되어 사멸하는 위험에 직면해 있으며 …… 그러기에 사람의

---

68) 박홍규, 「『티마이오스』편 강의」, 『플라톤 후기 철학 강의』, 136쪽.

69) 박홍규, 「『정치가』편 강의」, 『플라톤 후기 철학 강의』, 27쪽.

70) 박홍규, 「존재의 충족 이유율」, 『형이상학 강의 2』, 324쪽.

영혼은 사멸과 탄생 사이에서 방황하며 조심과 걱정으로 가득 차 있다.[71]

13. 영혼과 지혜, 유능성

한편, 플라톤에게 영혼은 데미우르고스가 그러했듯이 진상(眞相)을 인식하는 인식능력을 의미하기도 한다. 그러므로 영혼의 자기운동력을 증진한다는 것, 능력을 기른다는 것은 진상에 대한 탁월한 인식능력으로서 지혜(sophia)를 키운다는 것을 의미한다. 즉 지혜가 탁월성(aretē) 내지 유능성을 담보하는 것이기 때문이다. 그리고 이러한 유능성은 부분적인 직업적 유능성이나 재화의 획득 및 탐욕의 효율화를 위한 계산능력이 아니라, 인간의 삶의 전체 국면을 남김없이 들여다보면서 그 총체적인 연관 속에서 시민의 영혼을 이끌고 공동체의 자족성을 총체적으로 구현하는 능력이다. 진정한 자유인의 능력은 그 자체로 부분적 발휘가 목적일 수 없다.

영혼이 가지고 있는 능력은 인식능력이 하나이고, 또 하나는 인식능력에 의해서 사물을 움직이는 능력이야. …… 그 둘이 떨어져 있는 것은 아니야.[72]

사람의 유능성이 회복되기 위해서는 현상계에서 오는 여러 가지 방해물이 제거되어야 한다. 영혼의 정화도 이러한 제거의 일면이다. 영혼의 정화에서 주도적인 역할을 하는 것은 지혜이며 지혜를 통하여 조화로 가득 차고 분열이 없는 일자로서의 영혼의 모습이 나타난다.[73]

플라톤이 탁월성(aretē)을 가지고 얘기했잖아? 서양 문화의 한 가지 특징을

---

71) 박홍규, 「『프로타고라스』 편에 대한 분석」, 『희랍 철학 논고』, 81쪽.

72) 박홍규, 「존재의 충족 이유율」, 『형이상학 강의 2』, 325쪽.

73) 박홍규, 「『프로타고라스』 편에 대한 분석」, 『희랍 철학 논고』, 81쪽.

들라 하면 탁월성을 추구하는 것이라 할 수 있어. 탁월성이라는 것은 인간의 능력을 충분히 발휘하는 것을 말해.[74]

탁월함의 극한치는 그때그때 주어진 지식내용의 전부를 총체적으로 연관 지어서 그것이 어떠한 관계에 있는가 하는 것을 따져야 돼. 한 사물이 주어질 때 그것만 취급하면 안 돼. 모든 사물과의 총체적인 연관 하에서 취급해야 탁월해.[75]

그러므로 진정한 자유인을 위한 교육 또한 영혼의 능력 전체를 탁월하게 발휘시키는 것을 목적으로 한다. 소크라테스는 『프로타고라스』에서 사람이 가져야 할 유능성으로 정의, 경건, 절제, 지혜, 용기를 예로 든다.

자유인이 받는 교육은 영혼의 부분적인 능력의 발휘를 목적으로 하고 있는 직업교육이 아니라, 영혼의 능력 전체를 발휘시키는 것을 목적으로 삼고 있는 교육이며, 도시국가의 시민의 영혼을 이끌고 지배하는 데 필요한 교육이다.[76]

소크라테스는 그 대화의 방향을 유능성의 문제로 돌린다. 사람의 유능성에는 정의, 경건, 절제, 지혜, 용기의 다섯이 있다.[77]

---

74) 박홍규, 「플라톤과 전쟁」, 『형이상학 강의 2』, 207쪽.

75) 박홍규, 「철학이란 무엇인가」, 『형이상학 강의 2』, 110쪽.

76) 박홍규, 「『프로타고라스』편에 대한 분석」, 『희랍 철학 논고』, 61쪽.

77) 같은 글, 75쪽.

14. 영혼과 행동력, 성공, 좋은 것

그런데 영혼은 탁월한 인식능력으로서 지혜의 능력이기도 하지만 영혼의 능력으로서 지혜는 단순한 사유능력뿐만 아니라, 제반 현실조건들을 제대로 인식하고 그 조건들이 최선의 목적에 맞게 제대로 사용될 수 있도록 부단히 조정해가며 이끌어가는 실행력이자 행동력이기도 하다. 그것은 사물을 움직이는 능력이고 나아가 행위의 목적을 달성하게 하는 성공능력이기도 하다. 지혜능력과 성공능력은 둘이 아닌 하나의 능력이다.

지혜는 어디서나 사람으로 하여금 성공하게(eutuchein) 한다. 왜냐하면 지혜 때문에 사람은 실수(hamartanein)하지 않으며, 올바르게 행하며(orthôs prattein) 성공하기 때문이다(280a). 그러한 능력을 지니지 않은 것은 지혜가 아니다. 곧 지혜가 어느 사람에게 나타나면 그 사람에게 그 이상의 성공이 필요 없다.[78]

사려나 지혜가 그것들의 사용을 인도하는 경우에는 반대의 경우보다 더 큰 이익을 가져온다. …… 다만 지혜가 선이고 무지가 악이다. 모든 사람은 행복하기를 열망한다(282a). 그런데 행복은 분명히 사물을 올바로 사용하는 데에서 이루어지며, 올바른 사용은 지혜를 통해서 이루어지므로 모든 사람은 지혜롭게 되도록 힘써야 한다(282a).[79]

지혜(sophia)는 사물을 실제로 잘 처리하는 영리함을 뜻하며, 지식(epistēmē)도 사물을 잘 처리할 수 있는 실천적 능력이기 때문이다. 이 둘은 기술과 다를 바 없다. 다만 지식은 지적인 측면을, 기술은 효율성을 강조할 따름이다. 성과 없는 지혜나 지식은 있을 수 없다. 그러므로 지혜와 성공은

---

78) 박홍규, 「『유티데모스』편에 대한 분석」, 『희랍 철학 논고』, 93쪽.

79) 같은 글, 95쪽.

동일시되고 선으로 간주된다.[80]

    소크라테스는 올바르게 행동한다는 뜻과 성공한다는 뜻을 함께 가진 희랍어 'eu prattein'이란 말을 꺼내어 잘 숙고한다는 'eu bouleisthai'이란 말의 뜻은 'eu prattein'과 같다고 말하면서 이들은 행위가 잘됨을 뜻한다고 말한다.[81]

    그리고 성공은 당연히 행위자의 바람과 좋은 것(agathon)을 담보한다. 지혜가 이미 좋고 나쁨을 비교하여 계량하는 기술(metretikē technē)이기 때문이다. 성공적 행위의 최상의 본으로서 데미우르고스에 의해 제작된 우주 자체가 이미 완벽한 조화와 질서를 갖춘 가장 좋은 것이자 가장 아름다운 것을 담보하고 있기 때문이다. 성공은 타자성이 극복되는 것이므로 그 자체로 좋은 것이다.

    (무지는) 정확한 계량을 불가능하게 하며 사람을 방황과 후회 속에 몰아넣지만 계량술은 이러한 착각을 무력하게 만들고 진상을 드러내주며 그 속에 사람의 영혼이 머무르도록 하여 생을 구제한다(soteria, 356d). …… 즉 지식은 쾌락과 고통, 선과 악을 선택하는 원인이 된다. 그런데 쾌락은 선이고 고통은 악이며 고통 없이 즐겁게 사는 것을 목적으로 삼는 모든 행위는 아름다우며 유익하므로 아름다움(kalon), 선(agathon), 유익함(ophelimon)은 동의어가 된다(358b).[82]

    'cosmos'(질서)다, 조화를 이루고 있다는 것은 분명 단위가 있다는 것을 말하는 것이야. 플라톤은 지금 질서가 있다는 것을 놓고 나가. …… (그 단위가) 곧 세계영혼(world soul), 천체(world body)의 문제야.[83]

---

80) 같은 글, 101쪽.

81) 박홍규, 「『프로타고라스』 편에 대한 분석」, 『희랍 철학 논고』, 69쪽.

82) 같은 글, 74쪽.

타자성이 동일성 속에 들어가는 것이 좋은 거야. 왜냐하면 그것이 불가능한데도 불구하고 드러나니까, 필연적인 세계가 아닌 가능세계로 드러나니까 좋다고 말해.[84]

우리가 윤리적으로 가장 완전한 행위를 하기 위해서는 그때그때 거기에 관련된 사물에서 가장 유용한(ophelimon) 상태가 발휘되어야지. 그것이 사물의 형상이야. …… 좋음의 형상(idea)이야.[85]

15. 기술

앞에서 살펴보았듯이 플라톤에게 능력은 지혜이자 제반 수단적 보조적인 것들을 목적에 딱 맞게 사용하게 하여 성공과 유익으로 이끄는 힘이다. 최선의 능력자 데미우르고스는 우주의 본을 보고 이성이 방황하는 원인들 내지 보조원인들과 어떻게 하나로 결합할 수 있을지를 사유하고 그것들을 의도대로 딱 맞게 설득의 방식으로 서로 대립적인 것(enantion)들을 묶어 가장 선하고 아름다운 우주를 만들어낸다. 인간 또한 자기 자신이 존재하기 위해서 그 데미우르고스를 모방하여 우주와 닮은 사회공동체와 온전한 자기 자신을 만들어내야 한다. 그런데 본을 보면서 제반의 수단적·보조적인 것들을 그에 딱 맞게 사용하게 하여 무언가를 제작한다는 것은 곧 기술적 과정을 의미한다. 곧 지혜는 기술(techē)과 연결된다. 이와 같이 데미우르고스와 인간의 능력에는 인식하는 지혜와 지혜를 기초로 행동을 성공적으로 옮겨 실물로 구현해내는 기술 개념이 포함되어 있다. 플라톤에게서 기술적 세계관이 엿보이는 국면이다. 그리고 그 기술의 극치

---

83) 박홍규, 「『티마이오스』 편 강의」, 『플라톤 후기 철학 강의』, 119쪽.

84) 같은 글, 158쪽.

85) 박홍규, 「앎의 개념」, 『형이상학 강의 1』, 311쪽.

는 다름 아닌 땅에 충실하고 현상계에 밀착하여 그 생존을 도모하는 정치술이다.

우리 인간은 불완전하니까 우주의, 생명체의 완전함을 모방해야 한다는 것이지. 그러면 여기서 기술(thchnē)이 매우 중요하다는 것을 알 수 있지? 자율성을 위해서는 기술이 나오지 않으면 안 된다는 것, 이것이 굉장히 중요한 사상이야.[86]

자기 자신이 존재하기 위해서 자기 자신을 극복해야 하는데 그러면 어떻게 극복을 해야 할 것인가? 실제 문제에 있어서 그 방법이란 것은 무수히 많겠지? 그러니까 그 하나하나를 다 기술이라고 말하는 거야. 그래서 기술을 준 것이지.[87]

플라톤의 『티마이오스』 편에서는 기술적 세계관이 엿보인다. 만유가 보존되는 법칙 위에서만 사람도 보존되며, 이 법칙을 따름은 인간을 전체로서 보존하는 기술의 극치이기 때문이다.[88]

인간은 딜레마를 가지고 있지만, 이 딜레마를 해결하기 위해 능력을 기릅니다. 다시 말해 딜레마가 가지고 있는 모순된 것을 극복하고 양자가 동시에 성립할 수 있도록 하는 것이 바로 능력의 의미입니다. …… 인간존재의 자족성이 이루어지는 것이 도시국가이고 또 인간존재의 자족성이 능력을 통해 이루어지는 것인 한, 정치기술이란 그 능력을 증진하는 것이고, 진정한 정치가의 일이란 진정으로 그 능력이 이루어지도록 이끌고 나가는 것입니다.[89]

---

86) 박홍규, 「『정치가』 편 강의」, 『플라톤 후기 철학 강의』, 47쪽.

87) 같은 글, 36쪽.

88) 박홍규, 「희랍 철학 소고」, 『희랍 철학 논고』, 49쪽.

89) 박홍규, 「『정치가』 편 강의」, 『플라톤 후기 철학 강의』, 72쪽, 75쪽.

(불에 의한 기술과 정치술) ······ 이러한 기술들은 현상계를 초월하여 이념 계로 비상하기 위해 주어진 것이 아니며 땅에 충실하고 현상계에 밀착하여 그 생존을 도모하기 위해 주어진 것이다.[90)]

인간을 최종적으로 선하게 만드는 지식은 인간존재의 전체적인 선, 즉 인 간의 전체적인 보존과 구제를 확보해주는 지식이다. 이 지식이 바로 정치술 이다.[91)]

그리고 헤겔의 세계정신이 플라톤의 세계영혼에서 나온 것이라고는 하지만, 헤겔의 체계에서 플라톤 정치철학이 함축하고 있는 기술적 세계 관의 면모는 나타나지 않는다. 기술의 측면에서 보면 동양의 불교나 유교 그리고 서양의 로마 또한 플라톤의 기술론과 거리가 멀다.

헤겔처럼 기술은 빼버리고 그냥 정신적인 차원에서만 자유니 자율성이니 하는 것을 취해 봤댔자 소용없다는 것이 플라톤의 생각이야. ······ 동양의 불 교에 기술이 있나? 유교의 경우도 사농공상 아냐? 기술은 뒤에 있어. 그런 데 서는 자율성이 나오지 않아. 로마를 봐도 그래. 로마가 법치국가고, 다 갖춰져 있고, 자율성도 있다고 하지만, 그 로마가 몰락한 이유가 뭐야? 기술이 없기 때문이야. 기술은 노예라든가 농민들이 가졌거든. 그들은 완전히 착취의 대 상이야.[92)]

헤겔에서는 기술이 없어요. (헤겔의) 『논리학』에서 기술이 나오나?[93)]

---

90) 박홍규, 「『프로타고라스』 편에 대한 분석」, 『희랍 철학 논고』, 83쪽.

91) 박홍규, 「『유티데모스』 편에 대한 분석」, 『희랍 철학 논고』, 118쪽.

92) 박홍규, 「『정치가』 편 강의」, 『플라톤 후기 철학 강의』, 47쪽.

93) 박홍규, 「앎의 개념」, 『형이상학 강의 1』, 322쪽.

16. 지식, 기술, 덕의 일치

플라톤의 기술과 관련하여 또 하나 주목할 것이 있다. 플라톤의 기술은 현실세계의 대상들을 그 본성에 따라 합목적적으로 조작(operation)한다는 측면에서 현대의 과학기술, 실증과학과도 연관되지만 오늘날의 기술이 몰가치적이거나 자본 예속적이라는 점에서는 플라톤의 기술과 거리가 멀다. 인간 기술의 원형으로서 기술의 극치를 보여주는 데미우르고스는 무한정성의 저항을 이겨내는 최고의 자율성을 가지고 오직 본에 맞추어 자신의 기술을 구현한다. 우주가 신의 지배를 받아들인다는 것은 신의 성격을 받아들인다는 것을 의미한다. 그러므로 데미우르고스에 의해 만들어진 우주는 그 자체로 가장 선하고 아름다우며 영원불변한 것이다. 인간의 자율성의 목표가 이 데미우르고스이고 그 자율성이 곧 인간의 기술이자 능력이다. 이것은 플라톤의 기술적 세계관에는 이미 참된 인식과 지고의 가치가 결코 분리될 수 없는 하나로 결합되어 있음을 보여준다. 즉 지식(epistēmē)과 기술(technē)과 덕(aretē)은 하나이고 그것들이 최상의 인간 능력으로서 이상적인 통치술의 내포이다. 이런 점에서 진상을 나타내는 그리스어 'epistēmē'는 플라톤의 앎의 개념을 드러내기에 가장 적합한 말이다.

> 희랍어로 기술은 'technē'라고 하는데 기술과 'sophia'는 같이 쓰입니다. 그러나 기술만이 아니라, 윤리적인 행동에 있어서도 일을 잘 처리하는 사람은 'sophos'라고 합니다. …… 행위와 지식이 분리되어 있지 않다는 점입니다.[94]

> 돌봄(epimeleia)만 그 속에 충만해 있어. 염려(Sorge)만 가득 들어 있어. 알아들었지? 염려에 의해서, 자기가 어떻게 살 수 있느냐 하는 관점에 의해서 모든 지식을 처리하는 것이 기술(thchnē)이야.[95]

---

94) 박홍규, 「광주 강연」, 『형이상학 강의 1』, 164쪽.

플라톤이 'epistēmē'라 할 때는 대상화된 인식, 감각적인 대상에 대한 인식이라는 뜻이야. 처음에 'epistēmē'라는 말은 기본적으로 'sophia'(지혜)하고 똑같았어. 실천적, 기술적 앎이야. …… '위에 서 있다'에서 '어떤 것을 할 능력이 있다', '처리할 능력이 있다'로 된 것 같아. 사물을 실천적으로 구체적으로 처리할 능력이 있다는 것을 'epistamai'라고 해.[96]

건강이나 재산을 올바르게 사용하도록 행위를 교정하면서(katorthousa tēn praxin, 281a) 인도하는 것은 지식(epistēmē)이다. 지식은 모든 소유와 행동에 있어서 성공(eutuchia)과 잘 되는 행위(eupragia)를 가져다준다(218d).[97]

17. 인격과 인격성

플라톤의 정치철학과 관련한 박홍규의 언급들은 그 밖에도 여러 곳에서 발견된다. 그러나 짧은 글에서 그것들을 모두 다루기는 힘들고 끝으로 '인격과 인격성'과 관련한 그의 언급들만 간단히 소개해두기로 한다. 'physis' 개념의 연장선상에서 다루어지는 인격과 인격성에 대한 그의 논의는 플라톤 철학에서의 인간 개념이 어떻게 기독교의 인간관과 다르고, 사람이 왜 수단이 아닌 목적 자체로 받아들여져야 하는지, 그리고 플라톤의 사상이 어떻게 근대 자연법사상의 토대가 되는지를 아주 잘 드러내주고 있기 때문이다.

원시사회는 …… 인간이 대자연과 융합되어 하나가 되어 있어. …… 환경 속에서 자기 자신을 분리하지 못해. …… 그러니까 어린아이는 자살이 없

---

95) 박홍규, 「『정치가』 편 강의」, 『플라톤 후기 철학 강의』, 49쪽.
96) 박홍규, 「철학이란 무엇인가」, 『형이상학 강의 2』, 121쪽.
97) 박홍규, 「『유티데모스』 편에 대한 분석」, 『희랍 철학 논고』, 94쪽.

지. 자살을 하려면 자기 자신을 객관화해서 보아야 할 것 아냐, 구별해서, 응? …… 이렇게 구별해야 돼. …… 그런 구체적인 인간을 인격(person)이라고 해. …… 그런데 인격성(personality)이라고 하면 거기에 대한 자각이 있어야 돼, 자기 자신의 동일성에 대한 자각이 있어야 해.[98]

존재자인 한에 있어서 그 사람의 인격성이라는 것은 …… 노모스(nomos) 때문에 제약받는 측면이 다 없어져야 돼. 제약받는다는 것은 우리가 신체를 갖고 있기 때문에 달라지는 측면이야. …… 그 기초가 신체구조에 있어. 물질 때문이야. 그것을 다 벗어나야 돼. 벗어나면 플라톤에서 영혼 그 자체가 나와야 될 것은 분명하거든. 영혼은 그것을 다 벗어난 상태야. …… 일정한 사회, 일정한 법제 하에서 생각되는, 거기서 규정되는 인격성을 모두 벗어내 버리는 인격성이 나온다는 얘기야. 그것은 다시 우리 인간을 존재케 하는 순수한 충족률, 존재케 하는 그 측면에서 성립하는 인격, 인격성이 나온다는 거야.[99]

신체에서 벗어나서 사물을 보는 것을 직관이라 하고, …… 다시 육체에 들어가서 볼 때, 인식할 때에는 상기라고 해. 만약 우리 인간이 노모스에서만 성립한다면 …… 상기할 필요가 없어.[100]

서양에서의 인간의 본성의 극치는 어디에 있느냐 '인격'(personality)이더라. 인격이 중심에 있다 이거야. 이거 잊어선 안 돼. 이런 게 희랍사상이니까.[101]

기독교 신학은 출발이 달라. 'physis'가 아니라 무(無)에서 만들어졌는데 …… 인간 자신이 존재할 수 있는 충족률은, 내 자신의 죽음 후의 원상복구는

---

98) 박홍규, 「피시스 II」, 『형이상학 강의 2』, 294~96쪽.

99) 같은 글, 297~98쪽.

100) 같은 글, 298쪽.

101) 같은 글, 301쪽.

바로 이 구체적인 나[我]라야 돼. …… 이원론 같은 것, 영혼과 신체의 분리 같은 것은 전부 플라톤 사상이야. 창조설에는 나올 수가 없어. 이원론은 영혼이 신체와 붙었다, 떨어졌다 하는 관계 아냐? 그러니까 육체의 부활이라든지 (그런) 기독교에서 하는 소리가 다 (플라톤) 철학과 반대야.[102]

18. 비평적 단상

이상으로 우리는 『박홍규 전집』에서 정치철학과 관련된 자료들을 추적하여 정리해보는 방식으로 박홍규의 존재론적 사유에 담긴 플라톤의 정치철학을 개관해보았다. 기본적으로 개괄적인 정리에 불과하고 게다가 중요한 곳임에도 간과한 곳도 많을 것이다. 시간을 두고 다시 공부해가며 두고두고 살펴보아야 할 일이다. 두말할 것 없이 위와 같은 단편적인 개관을 넘어서 플라톤의 정치철학에 대한 박홍규의 생각을 철학적으로 평가하고 음미하는 일은 더더욱 많은 시간과 공력을 요하는 일일 것이다. 그럼에도 정리하면서 떠오른 몇 가지 단편적인 생각들을 적어보면 다음과 같다.

1) 『박홍규 전집』에서 플라톤 정치철학에 대한 내용은 「『정치가』편 강의」를 제외하면 전집 전체 분량에 비해 그렇게 많은 편이 아니다. 그러나 플라톤 철학이 본질적으로 아테네의 절박한 현실적 위기상황에서 나온 정치철학적 성격의 것임은 도처에서 강조되고 있다. 게다가 앞에서도 살펴보았듯이 박홍규의 언급들은 플라톤 정치철학이 플라톤 자신의 존재론적 기본 틀과 얼마나 통일적인 연관을 가지고 일치하고 있는지를 탁월하게 드러내주고 있다. 내가 보기에 플라톤 정치철학에 대한 존재론적 분석으로는 거의 독보적인 수준으로 여겨진다. 박홍규는 플라톤 철학을 기본적으로 '만유의 진상에 대한 학(學)'의 관점에서 천착하고 있지만, 그의

---

102) 같은 글, 305쪽.

언급에서도 보이듯이 플라톤에서 '만유의 진상에 대한 학'과 정치철학은 내적 원리에 있어 분리되지 않는 하나이다.

> 인간의 전체적인 보존과 구제를 확보해주는 지식, 이 지식이 바로 정치술이다. …… 플라톤에게 있어서 이러한 지식이 정치술을 넘어서 만유의 진상에 대한 학으로 확대될 수 있음은 물론이다.[103]

2) 박홍규의 존재론적 사유의 가장 큰 특징은 플라톤 존재론의 기초를 해명함에 있어 무한정자(apeiron)를 논의의 핵심으로 끌어들였다는 데 있을 것이다. 아마도 무한정자를 플라톤 철학의 중심적 개념으로 끌어들여 그렇게 탁월한 방식으로 풀어낸 학자는 거의 찾아보기 힘들 것이다. 플라톤 철학의 중심을 형상에서 무한정자로 옮겨놓은 그의 통찰은 플라톤 정치철학의 기본구조를 해명하는 데도 큰 의의를 갖는다. 무한정자는 곧 정치철학적으로 보면 우리의 치열한 삶의 현실세계 자체이기 때문이다. 그 연장선상에서 보면 플라톤에 대한 타성적 이해, 즉 천상의 실재만 좇는 낭만주의적 이상주의자이자 관념론자, 실재와 현상을 이분법적으로 가르는 이원론적 세계관의 원조, 특정한 계급의 이익을 위한 전체주의적 독재정의 옹호자로 여겨져온 플라톤에 대한 잘못된 이해도 탁월하게 교정될 수 있다.

3) 특히 박홍규가 무한정자에 대한 이해를 토대로 플라톤 정치철학의 근본특성을 모순의 극복을 위한 능력의 문제로 파악하고, 그 능력을 집중적으로 분석하고 있음은 플라톤을 해석하는 그의 고유한 시각을 잘 드러내주는 것으로서 매우 주목할 만한 부분이다. 능력과 지성의 불가분성, 능력과 영혼, 능력의 원초적 선성과 실천적 탁월성에 대한 논의는 플라톤 정치철학의 내적 구조뿐만 아니라 현실사회의 모순이 어떻게 드러나고 어떻

---

103) 박홍규, 「『유티데모스』 편에 대한 분석」, 『희랍 철학 논고』, 118쪽.

게 극복되어야 할지에 대한 정치철학의 고전적 문제의식들을 체계적으로 들여다볼 수 있는 철학적 안목을 제공해준다. 그리고 인간능력에 대한 그의 존재론적 분석은 교육철학과 윤리학 등 실천철학 일반의 측면에서 삶의 현실적 난관들을 넘어서기 위한 가능조건들을 모색하면서 인간존재가 왜 끊임없이 지적 긴장과 분투 어린 배움의 노력을 경주하지 않으면 안 되는가도 아주 잘 보여주고 있다. 반복되어 나타나지는 않지만 그런 점에서 박홍규가 「『유티데모스』편에 대한 분석」에서 플라톤의 체계를 '동적 목적론'으로 표현하고 있는 것은 여러모로 시사하는 바가 크다.

4) 무한정자에 대한 그와 같은 이해를 바탕으로 박홍규는 플라톤 정치철학의 목표 또한 공동체 내에서의 인간능력의 유기적이고도 총체적인 실현과 그것을 위한 조건에서 찾는다. 즉 이상적인 국가란 소질과 적성이 다양한 개인들 각각이 자기의 능력을 최대한 발휘하면서 공동체적인 조화와 자족성을 구현하는 것이다. 그리고 무한정성에 대한 철학적 분석을 통해 그 목표의 실현을 위한 현실적 조건, 즉 해체의 위기에 직면한 사회적 상황과 인간의 탐욕적 본성도 주도면밀하게 살피면서 그것의 극복을 위한 근본방향을 우주 제작자의 능력과 기술에 대한 분석을 통해 아주 심도 있게 제시하고 있다. 기본적으로 이상적 사회관계를 이루기 위해서는 정치가 지성화되어야 하며 그것을 위해서는 우선 근본적으로 사람, 즉 제대로 된 정치가가 있어야 한다. 이상국가가 수행해야 할 가장 기본적인 기능의 하나가 곧 그러한 능력 있는 정치가를 길러내는 것이다. 그러나 박홍규는 플라톤이 그러한 이상적 실현조건에만 매달려 있는 단순한 몽상가가 아니라 법과 관습, 제도를 통한 차선의 정치도 함께 고려하고 있는 매우 균형 있는 현실주의 철학자임을 환기시킨다.

5) 그리고 무엇보다도 박홍규가 천착해낸 플라톤의 능력발휘의 사상과 인격에 대한 통찰은 자본주의에 의해 피폐화된 근대적 개인의 자율성을 복구하는 철학적 기초이자 인간의 존엄성에 대한 자연법적 사유의 기

초가 될 수 있다고 평가된다. 특히나 그가 말하는 동적 목적론은 해체된 사회질서와 개인의 내면을 복구하기 위한 인간의 분투 어린 노력을 철학적으로 뒷받침하고, 탐욕과 이기심으로 찌든 현대 자본주의사회가 '폭력과 강제가 아닌 지성적 설득과 자기혁신'을 통해 극복될 수 있는 철학적 가능성을 제시해주고 있다. 그가 강조하고 있듯이 플라톤 철학의 근본적인 출발점이 사회적 분열의 극복에 있었고 학문의 목표 또한 그렇듯이 종국에는 모순의 극복에 있었던 것이다.

6) 그런데 박홍규는 플라톤 철학을 베르그송과 마찬가지로 비결정론 체계로 이해하면서 곳곳에서 흥미롭게도 헤겔과 마르크스를 비판한다. 헤겔과 마르크스에 대한 박홍규의 언급들은 아주 간략히 제시되어 있어 그 깊은 뜻을 잘 알 수 없지만, 일단 제시된 측면만 고려한다면 반론의 여지가 없지 않다. 예를 들어 앞에서도 살펴보았듯이 헤겔과 마르크스의 철학은 기술발달 사회의 열린 가능성 그리고 그것이 가져다주는 양상과 주체의식의 발달에 잘 맞지 않는, 결정론적이고 도식적인 사고에 갇힌 철학으로서 미개사회에서나 통하는 철학이라고 비판한다.

그러나 이러한 그의 비판은 자본주의사회의 기술적 지성이 플라톤이 말하는 지성의 공동체적 가치지향과 달리 몰가치적이고 오히려 특권적 불평등성을 심화시키면서 필연적으로 사회적 분열과 양극화를 고착화한다는 사실을 간과하고 있다. 결정론 사상이 가능성과 자율성을 부정하고 능력을 통한 인간의 분투 어린 노력을 좌절시키는 것이라는 점에서, 그리고 학문과 세계관 철학은 구분되어야 한다는 점에서 그의 비판은 타당성과 일관성을 가지고 있다. 그러나 현대의 이성이 이미 도구적·계산적 이성으로 전락해 있다는 점과 심각한 사회적 갈등관계에서 가능성이란 다름 아닌 대안의 구체화와 직결되게 마련이고 실질적 변화와 희망의 가능성을 담보하고 있어야 한다는 점을 고려하면 그의 비판은 현대 자본주의와 자본의 이성이 고착화한 절망의 깊이를 제대로 가늠하지 못한 것이라 할 것이다. 자본의 성격이야말로 플라톤의 방황하는 원인처럼 예측 불가능한 것이자 무한정적인 것이다. 무한정자가 포이운의 개입 없이는 해체와 무질서의 원인으로만 작동하듯이 자본의 무한정성 역시 제어되지 않는 한, 미국의 서브 프라임 모기지 사태가 보여주듯 그 자체로 재앙의 원인이 된다. 특히 사회경제적 강자들의 힘을 동반한 무한정성의 방치는 플라톤도 지적하고 있듯이 참주정의 토대이며 오히려 박홍규가 우려하는 인간의 즉물화, 미개화의 토대이다. 플라톤이 오늘날 살아 있다면 탄식할 것이다. 박홍규도 지적하고 있듯이 데카르트의 코기토가 확립된 이후 인간이 모방할 선한 우주는 더 이상 존재하지 않기 때문이다.

> 데카르트의 우주론에서는 인간에서만 자율성을 찾아. 우주는 다 없어지고 인간에서만 찾는다고 얘기했잖아 …… 근대는 모방할 우주가 없어.[104]

헤겔의 변증법 또한 플라톤과 마찬가지로 존재와 운동을 동시에 설명하려는 고민에서 나온 것이다. 플라톤은 현실세계를 공간적 사고 속에서 접근하고 헤겔은 시간적·역사적 사고 속에서 접근한다. 박홍규는 헤겔에게는 기술이 없다고 비판한다. 그러나 플라톤처럼 인간능력을 공시적으로 분석하면 기술이 나오지만, 헤겔이나 마르크스처럼 그 기술의 역사를 통시적으로 보면 변화의 담지자로 정신이 나올 수도, 물질적 생산력이 나올 수도 있는 것이다.

7) 그럼에도 불구하고 박홍규의 존재론적 사유에 담긴 플라톤의 정치철학을 현실변혁적인 측면에서 비교해보면 그가 비판하는 마르크스 철학 못지않게 아주 심각하고 진취적이다. 그런 점에서 철학의 요체가 해석이 아니라 변혁에 있다는 마르크스의 말에 비록 현실의 이해방식과 해석의 문제에서 서로 큰 차이가 있기는 하지만, 철학의 요체를 변혁에 두고 있다는 점은 플라톤에게도 그대로 적용된다.

---

104) 박홍규, 「『정치가』편 강의」, 『플라톤 후기 철학 강의』, 49쪽.

실제로 플라톤의 철학자왕론은 단순히 가상적인 이상국가를 설계하고 그 체제의 유지조건을 논하는 체제수호적인 정치이론이기 이전에, 원천적으로 염증상태의 현실국가를 정화해서 정의가 살아 있는 이상국가로의 변화와 개혁을 담보하는 변혁이론의 성격을 포함하고 있는 것이다. 플라톤이 『국가』에서 이상국가의 '실현 가능성의 문제'를 그가 직면한 세 가지 파도들 중 가장 큰 파도로 설정했던 이유 또한 그 가능성이 '백지상태에서의 가능성'이 아니라 '염증상태에서의 가능성'이었기 때문일 것이다. 이렇듯 플라톤의 능력 개념은 박홍규가 진단해낸 것처럼 그 자체로 변화와 교정과 개선을 담보하는 앎의 능력이자 구현의 행동력이다. 지식이 있어도 변화를 담보하는 행동력이 없으면 그것의 기능은 무의미하다. 플라톤이나 마르크스 모두 지식의 합목적성은 궁극적으로 행동을 통한 모순의 극복에서 주어지는 것이다. 플라톤은 그래야 하고 그럴 수 있다고 믿었으며 그래서 강자들의 자율과 지식인에 대한 설득을 통해 그것이 가능함을 논증하려 했다. 그러나 마르크스는 그들에 대해 절망했다. 그는 오히려 프롤레타리아 혁명만이 모순 자체를 극복하는 유일한 길로 여겼고 그 혁명의 필연적 도래를 확신했다.

> 현실에 관심이 많기로는 요새 마르크스나 똑같은 사람이야. 그런 사람이 현실에 관해서 말을 하지 않을 리가 없어.[105]

> 적극적으로 살려면 정치에 참여해야 할 것 아냐? 그럴 때에는 플라톤 철학이 나와. …… 가장 심각한 상황에서 가장 심각한 행동에 의해 가장 적극적으로 문제를 해결하려고 하는 것이 플라톤 철학이야. 아주 대표적 철학이야. 플라톤 철학을 읽고 있으면 어딘가 마음이 편안하지 않아. 아리스토텔레스를 읽을 때는 좀 달라, 허허. 플라톤의 철학을 읽고 있으면 긴장되고 편하지 않고 어딘가 불안해, 허허.[106]

---

105) 박홍규, 「무제」, 『형이상학 강의 2』, 401쪽.

소크라테스가 클레이니아스에게 철학을 권고하는 첫부분에서 선이 이루어지기 위해서는 행동력이 필요하다고 시사한다. …… 지식이 있어도 행동력이 없으면 그것의 기능은 없다. 학을 위한 학은 외적인 행동력과 다를 뿐만 아니라, 그것에 대립된다. …… 소피스트는 상대방의 말을 모순으로 환원하여 논파하였다. 소크라테스는 이러한 모순이 행위의 차원에서 극복되고, 상실된 존재가 회복됨을 보여주었다.[107]

8) 그리고 박홍규는 노동과 관련해서도 플라톤이 비록 적극적으로 그 문제를 다루지는 않았지만 암암리에 이야기하고 있으며, 플라톤과 마르크스 모두 노동의 문제가 신체의 조화가 깨진 것에서 비롯되었다고 보았던 점에서는 공통점이 있다고 분석한다.

그러나 박홍규는 그 둘의 결정적인 차이점 또한 포착해낸다. 근본적으로 플라톤은 사회적 조화의 해체 원인을 본질론적 입장에서 이성의 결여에서 찾았고, 마르크스는 사회경제적 입장에서 현존하는 사회적 계층구조의 부조화에서 찾았다고 진단한다. 마르크스는 계층구조의 다양성을 사회적 부조화와 차별 및 갈등의 토대로 진단하지만, 계층구조의 다양성 자체를 상호의존적 체계로서 사회공동체의 본질적 특성으로 파악하는 플라톤에게는 오히려 계층구조의 다양성 자체가 바람직한 공동체를 실현하는 조건이었고, 철학적 지성이야말로 그러한 조건들을 합리적으로 확립하고 조절하는 최선의 능력임을 굳게 믿었다.

플라톤에는 …… 노동 얘기는 나오지 않지. 사실은 암암리에 있는데. 있다고 봐야 하는데. …… 마르크스주의 같은 데서 …… 노동을 해야 할 것 아니냐고 비판하는데. 마르크스주의자들의 입장도 노동만 빼면 마찬가지야. (그 입장에서도) 신체의 조화(harmony)가 성립하거든. …… 본질주의자들 입장에

---

106) 박홍규, 「앎의 개념」, 『형이상학 강의 1』, 314쪽.

107) 박홍규, 「『유티데모스』 편에 대한 분석」, 『희랍 철학 논고』, 119~20쪽.

160

서 보면 신체 속에 들어 있는 조화가 깨졌거든. 그래서 회복시키는 것 아냐? 그런데 조화를 무엇이 인정하느냐? 이성이 인정한다는 거야. …… 마르크스주의를 비롯한 사회이론가들은 신체의 조화가 깨진 것은 신체가 필요로 하는 사회의 조화가 깨졌기 때문이라는 거야. …… 여기서는 육체노동을 해야 한다는 말은 나오지 않고, 본질의 측면에서만 보고 있지.[108]

9) 마르크스와 플라톤의 근본적인 차이를 사회공동체의 조화를 기초 짓는 근간에서 찾은 위와 같은 박홍규의 통찰은 플라톤의 계층조화 이론과 마르크스의 계급갈등 이론과의 본질적인 차이와 특징을 아주 극명하게 잘 드러내준다. 사실 마르크스에게는 플라톤이 제기한 본성에 기초한 사회적 직능과 계층의 다양성이란 강자들에 의해 자의적으로 설계된 왜곡된 차별과 착취의 구조에 불과하며 자체적으로는 결코 개선될 수 없는 질곡이었다. 그러나 플라톤에게는 사회구조가 원천적으로 자족하기 힘든 인간들의 상호의존적 체계인 한, 사회적 직능과 계층의 다양성이란 그것을 구현하기 위한 자연 본래적이고도 근본적인 조건이자 토대로서 필수불가결한 것이었다. 따라서 플라톤은 본성과 소질에 입각한 사회계층 간 고유 직능들의 보전과 그 최선의 발현이 반드시 필요하며, 철학적 이성에 의해 그 최선의 발현이 가능할 뿐만 아니라 그것을 통해 사회구성원 모두의 행복을 담보하는 정의롭고 조화로운 협동적 질서가 구축될 수 있다고 굳게 믿었다. 그리고 플라톤은 그러한 믿음과 소망이야말로 인간의 지성이 간직하고 지향해야 할 지고의 진실로 여겼다. 누가 누구를 물리치고 지배하는 삶은 결코 모두가 행복할 수 없다. 절망과 위기의 시대에 마르크스는 프롤레타리아 계급의 혁명적 변혁을 통해 뿌리 깊은 사회적 모순을 계급 자체의 철폐를 통해 해결하고자 하였지만, 플라톤은 비록 절망이 앞을 가려도 인류가 진보를 위해 끝까지 믿고 매달리지 않으면 안 될 토대가 인류의 지성임을 굳게 확신하고 있었다. 그리고 그 지성에 의해 구현되는 사회적 직

---

108) 박홍규, 「『필레보스』 편 강의 III」, 『플라톤 후기 철학 강의』, 237쪽.

능과 계층의 보존과 조화야말로 각기 다른 본성을 가진 모든 사람들이 행복하게 사는 유일한 길이라는 것을 역사와 삶의 진리로 확신하고, 그 가능조건의 확립을 위해 철학적 이성의 자각과 교육을 통한 인간의 내적 능력의 고양에 온 힘을 기울였다. 마르크스는 대중들에게 "오늘은 어떤 일, 내일은 다른 일 그 일이 사냥꾼이든, 어부든, 양치기든, 비평가든 내가 마음먹은 대로 어떤 일도 가능하다"(『독일 이데올로기』)라고 일과 노동의 배타적 차별성 자체를 부정했지만, 현실사회주의 체제에서는 오히려 그 일 자체가 국가권력에 의해 자의적으로 지정되고 대중들의 욕망 또한 그에 따라 규정됨으로써 그의 희망은 무색하게 되어버렸다. 플라톤은 사회적 생산성과 조화를 담보하는 진정한 공동체가 되기 위해서는 '외적인 기준이나 타인의 시선에 의해 규정되는 자기 일'이 아닌 '본성적 소질에 따라 진정 자기가 잘할 수 있는 일'이 무엇인지 깨닫고, 철학적 이성의 조언을 절제의 덕으로 받아들여 그 일의 자발적 수행을 통해 사회적 협동과 조화에 참여하는 것이 진정 그들 모두는 물론 나라를 행복하게 만드는 일이라고 생각했던 것이다. 분업과 관련한 그 둘의 견해차도 이 연장선상에서 이해되어야 한다. 플라톤이 강조하고 있는 분업의 원리(369e-370c)는 인간이 소외된 자본 효율성의 제고가 목표가 아니라 자연적 성향에 기초한 사회구성원 각자의 고유한 능력의 자발적 발휘를 통한 모두의 생존을 목표로 하고 있다는 점에서 마르크스가 비판하는 오늘날의 자본주의적 분업 개념과는 궤를 달리하는 것이다.

물론 플라톤의 이러한 생각과 구상 역시 현실 역사에서 구현되기가 결코 쉽지 않은 이상에 가까운 것임은 두말할 여지가 없다. 그럼에도 플라톤은 누구도 가능할 수 없다고 본 지성의 완전한 우위와 지배를 통한 모순의 혁파와 진정한 공동체의 구현을 위해 한치의 흔들림도 없이 누구보다도 진지하고 심각하게 그 지난한 변혁의 꿈을 키워 왔다는 점에서 여전히 정치적 이상주의의 전범(典範)이자 인류의 지성이 포기하려 해도 포기할 수 없는 철학적 낭만주의의 모태이자 희망의 원천이 되고 있다.

10) 이처럼 박홍규의 정치철학적 통찰은 마르크스와 관련해서뿐만 아니라 긍정적인 시각에서건 비판적인 시각에서건 내적 원리의 측면에서 현대의 다양한 정치철학적 문제의식과도 연계되면서 그에 대한 의미 있는 이해 틀을 제공해줄 수 있다. 이를테면 그가 플라톤의 핵심 개념으로 드러낸 무한정자도 근본틀에서 보면 현대 포스트모더니즘이 주목하는 중간적 경계 영역(metaksy)이자 차이와 모순으로 가득한 운동과 변화의 영역이라는 점에서 현실사회에서의 모순과 우연성, 현대인의 욕망을 해명하는 다양한 정치철학적 상상력의 모태일 수 있다. 나아가 엘레아주의와 다(多)와 운동의 현실 사이에서 모순의 문제를 고민했던 플라톤이 그랬듯이 무한정자를 모순이 극복되는 토대로 받아들이면 운동과 논리의 문제를 발전적인 운동 속에서 통일하려 했던 근대 변증법적 사유의 맹아 또한 그곳에서 발아된 것임을 알 수 있다. 현대 형이상학적 사유와 관련해서도 마찬가지이다. 형이상학적인 큰 틀에서 반대적인 것(enantion)들이 무한히 관계를 맺고 있는 플라톤의 무한정자를, 양립할 수 없는 것들의 관계 나아가 부정의 부정에 의해서도 결코 긍정에 이를 수 없는 끊임없는 객체들의 대립적 모순의 관계에서 바라보면 테오도르 아도르노(Theodor Adorno)의 부정변증법의 관점과 연계지을 수 있고, 균질화와 코드화를 거부하고 끊임없이 욕망과 차이 그 자체를 생산하는 모태로 바라보면 질 들뢰즈(Gilles Deleuze)의 차이 존재론을 비롯한 현대 욕망론 철학들의 기본착상과도 연계지을 수 있다. 이 점에서도 다소 과장되었지만 알프레드 N. 화이트헤드(Alfred N. Whitehead)의 말처럼 플라톤 이후 철학사에 나타난 모든 철학은 여전히 플라톤 철학에 대한 각주라고 볼 수 있을 것이다.

11) 그럼에도 불구하고 주지하다시피 플라톤의 정치철학은 철학사적으로 줄곧 귀족주의적 엘리트 사상이라는 비판에 시달려왔다. 물론 플라톤이 살던 시대가 이미 플라톤조차 어찌할 수 없는 뿌리 깊은 계급사회였다는 점을 고려하면 그의 입장은 다소 이해가 된다. 그런데 박홍규는 플라톤의 철학 자체가 능력에 기댈 수밖에 없는 체계였기 때문에 불가불 엘리

트 사상으로 나타날 수밖에 없었다고 진단함으로써 그에 대한 또 다른 이해의 측면을 제공해주고 있다.

> 이상적인 능력을 가지고 있는 사람은 대중일 수 없다는 거야. 태어나면서부터 소질도 좋고, 교육도 좋고, 모든 조건이 좋아서 그런 능력이 발휘되는 사람은 소수라는 것이지. …… 이건 엘리트 사상이야, 철저한 엘리트 사상. 왜냐하면 자족성은 돌연히 나오지 않고 연속적으로 나오니까, 플라톤 사상에는 항상 정도 차의 사상이 들어가고, 그러니까 엘리트 사상이 나올 수밖에 없어.[109]

이러한 박홍규의 진단은 플라톤 정치철학이 이미 원리적으로 엘리트적 성격을 가질 수밖에 없었던 것에 대한 이해의 지평을 넓혀준다. 그러나 그것으로 플라톤 정치철학의 난제가 해결되는 것은 아니다. 무엇보다도 엘리트 중심의 이러한 체계에서는 지배자들이 잘하는 도리 외에는 변혁 내지 개선의 길이 없다. 그때까지 피지배자들은 기다리고 있어야 한다. 지배 엘리트들의 삶의 영역은 자율성과 가능성, 즉 자유의 영역이지만 피지배자는 참고 기다릴 수밖에 없는 예속적인 운명의 영역이다. 그러나 다수의 약자는 그렇게 고통을 운명처럼 지고 기다리고 있어야만 하는 걸까? 다수의 약자가 소수의 지배자로 하여금 지성을 갖추도록 압박하거나 스스로 지성화하는 길은 없을까? 아마도 플라톤 자신이 운명론을 거부했듯이 오늘날 되살아나 자유로운 민주사회에서 이른바 '깨어 있는 시민'의 등장 가능성을 발견할 수 있었다면 그는 무작정 민주주의를 폄하하진 않았을 것이다. 신분과 특권이 판치는 계급사회는 오늘날에도 여전히 극복되지 못했긴 하지만, 아무려나 플라톤에게 본질적으로 중요한 것은 지성의 지배였고 그 자신의 말대로 지성은 능력과 가능성의 문제이며 민주주의는 원리적으로 시민들 모두 그러한 능력과 가능성을 가지고 있음을 전제하고

---

109) 박홍규, 「『정치가』 편 강의」, 『플라톤 후기 철학 강의』, 64쪽.

있기 때문이다. 플라톤 철학이 운명론을 거부하는 것이라면 그 자체로는 약자에게 저항의 철학이 될 수도 있다.

12) 이상에서 살폈듯이 플라톤 정치철학에 대한 박홍규의 존재론적 사유의 기저에는 광범위하게 아페이론과 그 무한정성 내에서 다(多)가 성립할 수 있는 가능성의 영역, 즉 능력의 문제가 자리잡고 있다. 그런데 눈에 띄는 부분이 있다. 박홍규는 플라톤의 『정치가』편을 종합적으로 평가하는 국면에 이르러 능력을 해명하는 플라톤의 존재론적 기초가 분석적인 철학의 입장에서 볼 때 분명한 한계를 지니고 있다는 점도 함께 지적하고 있는 것이다. 즉 그는 플라톤 철학에 대한 통상적인 한계를 지적하기 이전에 능력을 존재론적으로 기초짓고자 하는 플라톤의 의도 자체가 학문 일반의 궁극적인 관점에서 보면 여전히 문제를 안고 있다고 파악한다.

처음부터 분석적인 철학, 분석을 함으로써만 이루어지는 철학의 입장에서는 분석 이전에 이루어지는 존재자 그 자체, 여기서는 씨줄과 날줄로 표현되고 있는 이른바 모순된 것들의 결합 불가능성을 극복해주는 능력이란 사실을 해명할 수 없는 것입니다. 플라톤 철학은 분명 그 점에서 한계가 있다고 볼 수 있습니다. 『정치가』편에서 플라톤은 자신의 철학이 가진 한계를 잊은 채 혼동하고 있다고 말할 수도 있는 것입니다.[110]

박홍규도 언급하고 있듯이 플라톤 철학은 애당초 분석하기 이전의 존재 자체라는 것을 부정했기 때문에 그것은 어쩌면 불가피했을지 모른다. 그래서 그는 플라톤 스스로도 『정치가』편에서 모순된 것의 결합 불가능성을 극복하는 능력을 설명하기 위해 논리적인 방법보다는 신화와 씨줄과 날줄이라는 비유를 끌어들였다고 생각한다. 그런 점에서 그는 『정치가』편에서 신화와 씨줄과 날줄의 비유 또한 플라톤이 진상을 드러내기 위해

---

110) 같은 글, 75쪽.

채택한 하나의 푯대이자 동시에 현실세계에서 끊임없이 모방해야 할 극한 치로서 그 자체 전형(paradeigma), 즉 형상으로 제시된 것이라고 평가한다.

> 'paradeigma'(전형) …… 신화를 가지고 이야기했지? 신화를 전형(典型)으로 삼았지. 그러니까 넓은 의미에서 신화도 전형이야. …… 전형의 극한치는 형상이 돼야지? …… 전형을 찾는다는 것에는 우리 현실과 그 본질이 논리적 공간 속에 들어가서는 정리되지 않는다는 것이 가정되어 있어. 다시 말해 정치가가 무엇이냐는 것을 논리적 공간에 놓고 분석을 해보니까 안 되더라는 거야. 안 되니까 신화의 세계로 들어간 것 아냐, 그렇지? …… 신화에는 가정(hypothesis)이 없어. …… 그러니까 현실에서 취급할 수 있는 것에서 만약 형상을 찾는다면 전형으로서만 찾을 수 있다는 것이고, 그 이상 갈 수 없다는 이야기야.[111]

13) 이러한 박홍규의 생각은 우주적 진상을 드러내기 위한 『티마이오스』편의 논의가 왜 신화의 형식으로 전개되었는지도 잘 해명해준다. 논리적인 분석의 차원에서 보면 '그럴듯한 이야기'(eikos logos)이지만 플라톤의 심중에는 이미 그것이야말로 바로 우주 진상에 대한 진실을 담고 있는 것으로 여기고 있었던 것이다. 진리추구의 방식으로서의 대화 내지 변증술(dialektikē) 역시 그 연장선상에서 해명된다. 그러나 '진상에 대한 학적 해명'을 목표로 하는 그에게 진상에 대한 '그럴듯한 이야기'에 머물고 있는 플라톤 철학은 여전히 넘어서야 할 한계로 여겨졌던 것이다.

> 그 능력이란 것이 플라톤 철학의 입장에서는 사실 불가능한 것이어서 여기에서 논리적 · 존재론적으로 정초가 잘 이루어졌는지는 대단히 의문스럽습니다. 그러니까 이 점에서 플라톤 철학을 넘어서야 되는 것이지요.[112]

---

111) 같은 글, 9~11쪽.
112) 같은 글, 75쪽.

파르메니데스의 일자가 가지고 있는 성격, 그 충족률을 이 다와 운동의 세계 속에서 찾아야 되겠다. 그런데 자기는 그게 'eikos logos'(그럴듯한 이야기)래. 왜? 자신이 없으니까. 뒷받침해줄 만한 실증과학적인 검증이 안 되거든.[113]

14) 플라톤은 여전히 파르메니데스를 의식하고 있었고 그런 까닭에 형상이론에서 완전히 빠져나올 수 없었다. 다(多)와 운동의 세계에서 자기동일성과 영혼을 존재로 부각시켰으면서도 여전히 진상 자체는 아니라는 회의에 시달렸다. 요컨대 전체가 나와야 한다고 생각했고 그렇게 하기 위해서는 공간적으로 닫힌 체계가 나오고 시간적으로도 처음과 끝이 있어야 했다. 그러나 그것은 자꾸 영혼의 자기운동적 성격과 부딪쳤고 현실세계와 관련하여 방황하는 원인을 일시 설득하여 타협을 할 수 있었지만, 영원히 양립할 수도 없었으며 그 상태를 논리적으로 설명할 수도 없었다. 그래서 그는 서자적 로고스(nothos logos)에 만족하면서 학문적 설명방식 또한 논리적 서술이 아니라 대화방식을 선호하였고, 중요 부분에서 신화와 비유를 끌어들이기도 했다. 아리스토텔레스는 그것을 못마땅하게 여겼다. 그리고 박홍규는 플라톤의 고민을 해결하고 싶어했다. 급기야 아리스토텔레스는 아페이론 바깥에 두었던 자체 존재를 아예 아페이론에 끌어들여 현상세계의 완전한 존재성을 회복하는 방식으로 스승을 넘어 자연과학적 토대를 마련했지만, 그의 이론은 독단적 형이상학에 빠져 자신의 바람과는 달리 그 후에 발달된 근대 자연과학의 성과, 특히 갈릴레오 갈릴레이(Galileo Galilei)의 역학을 설명할 수 없었다.

15) 그러나 박홍규는 플라톤 스스로도 느꼈을 법한 플라톤 철학의 한계가 베르그송 철학을 통해 극복될 수 있다고 확신했다. 베르그송은 플라톤의 아페이론 근처에서 서성이던 형상을 아예 떼어버리고 아페이론에

---

113) 박홍규, 「존재의 충족 이유율」, 『형이상학 강의 2』, 331쪽.

온전한 자기운동의 생명성을 불어넣어 운동과 영혼의 존재성, 즉 운동이 오히려 실재임을 확고하게 자리잡게 만들었던 것이다. 플라톤 철학의 한계에 대한 박홍규의 고민은 베르그송에 대한 치열한 사색을 통해 비로소 해소되었다. 박홍규의 고민 속에서 베르그송은 플라톤의 대립자가 아니라 온전한 후계자였던 것이다. 이것은 이미 박홍규의 존재론적 사유 속에서 플라톤과 베르그송이 완전하게 연계·통일되어 있음을 말해주는 것이자 그의 사유 속에서 서구 형이상학의 전모가 해명되었음을 말해주는 것이다. 박홍규의 철학이 탄생한 것이다. 동시에 그의 사유 속에서 플라톤의 이론이 왜 근대학문의 기초가 되는지도 함께 드러나게 된 것이다. 장차 박홍규 철학이 한국철학사를 넘어 세계적인 철학으로 연구되어야 할 가치와 중요성도 그곳에 있을 것이다.

16) 그 밖에도 박홍규의 통찰이 갖는 정치철학적 의미와 관련해서 음미해 보아야 할 것은 무궁무진하다. 이 글은 박홍규의 정치철학적 사유에 대한 논의로서 첫걸음에 불과하다. 끝으로 앞으로의 연구가 풍성해질 것을 고대하며, 다만 연구과정에서 반드시 고려되어야 할 한 가지를 언급하면서 미진한 글을 마무리하려고 한다.

주지하다시피 박홍규의 사유는 플라톤 텍스트의 내용을 분석적·미시적으로 고찰하기보다는 이미 오랜 시간 그에 의해 체득된 통찰의 기본틀에 기초해 총체적으로 본질을 꿰뚫어보는 방식으로 전개된다. 플라톤 철학의 총체적 성격이 무엇인가가 여전히 문제가 되는 한에서는 박홍규의 총체적 통찰 자체의 타당성 또한 여전히 풀기 힘든 난제이긴 하지만, 앞으로 박홍규에 대한 연구가 더욱 깊게 진행되면서 그의 철학의 고유성은 물론 그의 중심적 사고틀의 텍스트적 정합성 또한 심도 있게 검토되길 기대한다.

제6장
"읽고 정리하게"

염수균

1. 머리말

학부 졸업논문으로 베르그송에 대해 쓰리라 생각하고 그것을 상의하러 박홍규 교수 연구실에 들렀다가 내가 들은 말은 "읽고 정리하게"라는 것이 전부였다. 쳐다보지도 않고 책상 위에 펴놓은 책만 보고 있는 그에게 더 이상 말을 붙이지 못하고 나오면서 마음이 매우 상하기는 했지만, 오직 "읽고 정리하게"라는 말만 들었던 만큼 그 말은 나의 마음에 강하게 각인되었다. 그 이후 지금까지 내가 공부하면서 하는 주요 작업은 읽고 정리하는 것이 되었다. 나중에 깨달은 것은 "읽고 정리하게"라는 말에는 학문방법론에 대한 그의 견해의 핵심이 축약되어 있다는 것이며, 그것은 곧 '데이터 정리'(classify)로서의 학문관이었다.

나는 박홍규의 강의에 열광한 사람들 가운데 한 명이기는 하지만 그의 철학을 소개하고 전파하는 것에는 주저되는 바가 있다. 그의 글들과 강의 녹취록을 읽으면 이해하기 어려운 것들이 많으며, 그 내용 중에는 철학을 하는 많은 사람들에게 심한 불쾌감을 줄 수 있는 주장들도 있다. 만일 자신들이 공부하는 철학자들의 철학은 머리가 나쁘고 미개한 사람들에게서 나왔다는 말을 들었다면 기분이 어떨까?

비록 아테네 시민들이 소크라테스에 대해 가졌던 것과는 비교하기 어려울 것이지만, 박홍규의 주장들을 접한 사람들 중에는 그에 대해 매우 불쾌한 생각을 가질 사람들이 많을 것이다. 플라톤이 학적 인식에 대한 견해를 통해서 철학을 시와 수사학으로부터 구별하고, 당시의 철학자로 불리는 사람들을 비판하였듯이 박홍규의 학문론은 현대의 철학계에서 주류를 이루고 있거나 대중에게 인기가 있는 대부분의 철학들을 비판하고 있다. 그렇기 때문에 그의 견해는 철학계에서 받아들이기 어렵다.

박홍규가 제시한 학문론은 형이상학에 적용되는 것을 염두에 둔 것이다. 그는 그러한 학문론이 윤리학에서는 어떻게 적용될 수 있는지에 대해 구체적으로 언급하지 않았다. 내가 이 글에서 하고자 하는 것은 그의 학문론에 대해 알아보고 그것을 윤리학에 적용해보는 것이다.

2. 학문과 데이터

우리가 '학자'라는 말로 의미하는 것은 많은 지식을 가진 사람이 아니다. 만일 많은 지식을 기준으로 말한다면 아마도 위대한 소설가나 유능한 변호사가 그에 가장 합당할 것이다. 그렇지만 우리가 학자라고 부르는 대표적인 사람들은 대학 교수들이다. 대학 교수들 중에는 무식한 사람들이 있음에도 우리는 그들을 학자라고 부르나 유식한 다른 사람들은 학자라고 부르기를 꺼려한다. 그 이유는 무엇일까?

대학 교수들에게서 우리가 공동으로 추려낼 수 있는 특징은 각각의 분야에서 권위를 인정받는 논문이나 저서를 갖고 있다는 것이다. 그 논문이나 저서의 특징은 거기에 저자가 주장하는 근거가 제시되어 있다는 것이고, 그러한 근거가 없을 경우에는 학술적인 논문이나 저서로 인정받지 못한다. 그때 그 근거로 사용되는 것은 다른 사람들의 견해나 저자 자신이 가공해낸 것이 아니라 객관적으로 우리에게 주어진 것임을 다른 사람들도 확인할 수 있는 자료, 즉 데이터이다.

'데이터'(data)라는 라틴어는 '주어진 것들'을 의미한다. 박홍규에 따르면 앎과 관련해서 어떤 대상이 주어졌다는 것은 그 대상이 인식주관의 밖에서 우리의 인식주관에 주어졌다는 것을 의미한다. 앎은 오직 인식주관 밖에 있는 것에 대해서만 성립한다.

> 왜 데이터라는 말을 쓰느냐 하면, 밖에서 주어지는 것이니까 그래. 희랍어로는 'pragma'(사물)에 해당하는데, …… 어쨌든 우리의 인식의 내용은 'pragma'에서 와야 해. 그래야 인식했다고 하지 그렇지 않으면 인식했다고 할 수 없어. …… 주어진 것, 데이터는 같아. 그러니까 인식의 내용은 밖에서 온다는 말이야. 그래서 데이터라는 말을 써.[1]

> 요컨대 우리에게 데이터로서 주어진 것에서 출발하자는 것입니다. 그것을 현상(phénomène)이니 사실(fait)이니 여러 가지로 말합니다.[2]

데이터는 인식주관이 만들어낸 것이 아니라는 것, 즉 허구적이지 않다는 특징을 갖는다. 허구적이 아니라는 것은 실재적이라는 것을 의미한다.

> 허구적(fictive)인 것 뒤에는 실재적(real)인 것, 사상(事象, pragma)이 있더라는 얘기 했었지? 우리가 눈으로 볼 때는 반드시 대상이 있어. 또 행동, 기술도 항상 대상이 있어야 돼. 그걸 희랍어로 'pragma'라고 해.[3]

> 요컨대 실재적이라는 것은 희랍에서는 우선 허구적인 것이 아니다, 내 주관적인 것이 아니다, 억견(doxa)이 아니라는 것이야.[4]

---

1) 박홍규, 「「고별 강연」 검토 II」, 『형이상학 강의 1』(박홍규 전집 제2권), 393쪽.

2) 박홍규, 「고별 강연」, 『형이상학 강의 1』, 33쪽.

3) 박홍규, 「철학이란 무엇인가」, 『형이상학 강의 2』(박홍규 전집 제3권), 118쪽.

4) 같은 글, 120쪽.

주어진 것과 대립되는 것은 주관이 만들어낸 것인데, 어떤 대상을 인식했다는 것은 우리 인식주관이 만들어낸 것이 아니라 우리 밖에 있는 것이 우리 인식주관에 주어졌다는 것을 의미한다. 그것이 어떤 방식으로 주어진 것이든 우리 밖에 있는 대상이 우리에게 주어졌을 때 그 대상에 대한 앎이 생길 수 있다.

물론 우리가 앎이라고 말하는 것에는 그렇지 않은 것들도 포함된다. 우리는 초등학생 이상이라면 대부분의 사람들이 지구가 태양 주위를 돌고 있다는 것을 안다고 말한다. 그렇지만 그들이 갖고 있는 그러한 지식을 학술적인 앎이라고 말할 수 없다. 그렇게 말할 수 있으려면 그 앎에 대한 증거가 되는 자료를 제시할 수 있어야 하기 때문이다. 학문적인 앎을 가진 사람은 그 앎에 대한 증거를 제시할 수 있는데, 박홍규는 자신이 학문적 앎이라고 말하는 것은 플라톤이 에피스테메라고 말할 때 의미하는 것이라고 생각한다.

이봉재: …… 선생님께서는 '학문'이라는 말을 많이 쓰시는데, 그때 학문이란 것을 선생님께서는 어떻게 정의를 하시는지요.
박홍규: 희랍 철학에서 말하는 'epistēmē'(인식)이지.[5]

'science'(학문)란 말은 라틴어의 'scire'(알다), 'scientia'(앎)에서 나온 말인데, 그 말은 우리의 주관적인 어떤 견해나 생각, 자의적(arbitrary)인 사고는 다 빼버리라는 뜻입니다. 그런 것들에 대립되는 말입니다. 희랍어의 'epistēmē'(인식)도 마찬가지입니다. 'doxa'(견해, 의견)와 항상 대립됩니다.[6]

학문의 작업은 이러한 방식으로 실재하는 것에 대한 데이터에서 출발

---

5) 박홍규, 「고르기아스의 비존재 강의 후 질문」, 『형이상학 강의 2』(박홍규 전집 제3권), 457~58쪽.
6) 박홍규, 「고별 강연」, 『형이상학 강의 1』, 32쪽.

해서 그것을 분석하여 데이터로 주어지지 않는 원리를 밝혀내는 것이다. 즉 "그것은 우리의 학문적인 출발점에서부터 데이터를 분석해서 점점 직접 우리의 데이터에 나타나지 않는 것으로, 즉 원리(archē)로"[7] 들어가는 것이다. 그러한 성격에서 학문은 근본적으로 실증적인 특징을 갖는다. 이때 실증적이라는 것은 감각적이라는 것을 의미하지 않으며, 데이터가 반드시 감각적인 데이터만 의미하는 것도 아니다.

실증적(positive)이라는 것은 실재적(real)이라는 것이지, 감각적이라는 말은 아니야. 구별해야 돼. 실증적이라는 말의 근본적 의미는 실재적이라는 거야.[8]

실증적이라는 것은 허구적(fictive)인 것과 대립되는 말입니다.[9]

박홍규는 콩트에서 '실증적'이라는 말을 다음과 같이 설명한다.

그의 실증주의 사상에서 '실증적'(positive)이라는 말은 희랍어의 '정립'(thesis)에 해당해. 그 말의 의미는 '긍정적'이라는 거야. …… 그런데 왜 '실증주의'라고 옮기느냐 하면 콩트에게는 관념(idea) 같은 것이 있다고 생각하지 않기 때문이야. 그때 당시의 실증과학적인 것만 존재한다고 생각해. 그러니까 콩트에게서 실증적인 것은 실재적인(réel) 것이고, 허구적(fictif)인 것과 반대야. 대상(pragma)으로서 성립할 수 있는 것이 실증적인 거야. …… '정립'에는 여러 가지가 있지만 기본적인 것은 대상(pragma) 자체를 정립한다는 거야.[10]

실증주의는 우리의 인식주관 밖에서 주어지는 대상을 존재한다고 긍

---

7) 박홍규, 「아리스토텔레스의 우시아」, 『형이상학 강의 2』, 27쪽.

8) 박홍규, 「「고별 강연」 검토 II」, 『형이상학 강의 1』, 397쪽.

9) 박홍규, 「고별 강연」, 『형이상학 강의 1』, 33쪽.

10) 박홍규, 「앎의 개념」, 『형이상학 강의 1』, 331~32쪽.

정적으로 생각하는 사상이다. 이때 그 대상이 존재한다는 것에 대해서는 증명 불가능하다. 그런 점에서 그러한 긍정은 가정의 성격을 갖는다.

그러니까 정립을 통해 실제로 대상(pragma)으로서 존재한다고 해야 그것에 관한 논의가 의미가 있고 인식이 되는 것이지, 그렇지 않으면 인식이 안 돼. 추측(doxa)이거나 헛된 소리가 된단 말이야. 가정(hypothesis)을 놓고 나가야 돼. 정립(thesis)을 놓고 나가야 돼.[11)]

3. 존재와 자기동일성

학문적인 앎의 대상이 되기 위해서는 또한 그 대상은 변화하지 않아야 한다. 물론 많은 사물들이 변화 속에 있다. 그럼에도 불구하고 그러한 사물들이 앎의 대상이 될 수 있는 것은 그러한 사물들 속에 변화하지 않는 측면이 있기 때문이다. 그것이 변화하지 않는 한에서만, 그리고 그 정도로만 학문의 대상이 될 수 있다. 만일 어떤 것이 변화하기 때문에 동일한 것으로 남아 있지 않다면 우리는 그것에 대해 무엇을 알고 있는지 말할 수 없다.

만일 어떤 대상이 우리에게 동일한 것으로 남아 있다면 그것은 우리에게 반복해서 동일한 것으로 나타날 수 있다. 그런데 박홍규에 따르면 "어떠한 규칙성, 즉 반복만 성립되면 그것은 존재"[12)]이다. 어떤 것이든 존재하는 것은 인식의 대상이 될 수 있다.

사물이 나에게 인식의 대상이 될 수 있는 것, 즉 존재(on)라는 것은 그 자체의 내용을 가지고 있기 때문에 나에게 저항을 한다는 의미야. 그래서 라틴

---

11) 같은 글, 333쪽.
12) 박홍규, 「인식과 존재」, 『형이상학 강의 1』, 194쪽.

어로는 'objicere', 독일어로는 'Gegenstand'라고 해.[13]

생성의 순수한 상태는 존재가 빠진 것이고 자신의 동일성을 전혀 갖지 않기 때문에 우리에게 저항(objicere) 안하는 것이야. 따라서 그것은 인식이 안 돼.[14]

존재하는 것만이 학문의 대상이 될 수 있다는 것은 불변하는 것만이 학문의 대상이 될 수 있다는 것을 의미하지는 않는다. 비록 그것이 생성 속에 있다고 하더라도 불변하는 측면이 있다면 그러한 측면에서 그것은 학문의 대상이 될 수 있다.

플라톤을 자세히 읽어보면 기본적인 것이 들어 있어. 여기에서도 벌써 생성(genesis) 속에는 반드시 존재(on)가 들어 있다는 것이나, 그것이 인식되어야 한다는 것은 기본적인 것이야.[15]

감각은 신체의 오관이지만 내 신체가 물질인 한에서 외부 물질과 연속이 되어 있어. 흐리멍덩한 것이 들어가 있어. 그럼에도 불구하고 그것이 감각에서 인식된다는 것은 주관은 주관이고, 대상은 대상이라는 측면이 나오기 때문이다. 그래서 적극적(positive)인 감각이 성립하는 거야.[16]

또한 학문의 대상이 될 수 있는 것은 감각적으로 주어질 수 있는 것만 아니다. 추상적인 것들도 대상이 될 수 있는데, 어떤 것이든 그것이 자기 동일성을 갖는다면 인식의 대상이 될 수 있다.

---

13) 같은 글, 215쪽.

14) 같은 글, 221쪽.

15) 같은 글, 224쪽.

16) 박홍규, 「철학이란 무엇인가」, 『형이상학 강의 2』, 101~02쪽.

그러나 물리적 세계를 벗어난 세계에선 모든 것에 자기동일성이 주어진다면 …… 그것이 어떤 성질이든지 간에 인식의 대상이 된다, 그 말이야. 자기동일성이 주어진다는 것은 그것 나름대로의 어떠한 성질이 있다는 것이고, 공간이건 무엇이건 자기동일성이 주어지면 다른 타자와 구별이 되고, 타자 바깥에 있게 마련이야. 그렇지? 타자와 섞이면 자기동일성이 성립하지 않으니까. 그러면 인식주관이 그것을 맘대로 할 수 있나, 없나? 맘대로 못해. 인식주관 속에 들어 있는 것이 아니야. 진정한 인식주관은 그것을 객관화해서 볼 수 있는 것이야. 그럼 인식주관 바깥에 있어. 희랍어에서 뭐든지 간에 'auto'(그 자체)를 붙이면 항상 밖에 있어. 섞이지 않아. 그걸 자체성이라 그래. 'itself'(그 자체), 그건 밖에서 주어져. 안 섞여. 섞이면 객관인지, 주관인지 모르잖아? 여기까지는 주관이고 여기까지는 객관이라고 분명히 해줘야지? 그리고 그것이야말로 감각세계보다 더 주관과 객관이 분명해져.[17]

어떤 것의 자기동일성이 주어진다면 그에 대해 정의가 가능하다. 행위나 제작이 아니라 추상적 이론에서는 대상이 정의를 통해서 주어진다. 학자들은 정의를 통해서 대상을 '정립'한다.

우리가 말로 하는 한에서는 정립이 돼. 말로 하는 한에서는. 대화로 하니까 정립이 돼. 여기 있는 이것을 실제로 손으로 만진다면 말이 아니라 경험이나 행동이거든. 그때에는 정립을 할 필요가 없어. 그런 경우는 손으로 만지거나 눈으로 본다고 해. 그러나 말로 하는 한에서는, 물론 본다는 말도 쓰기는 하지만, 그런 것을 넘어서는 어떤 문제가 나올 것에는 '경험적'이라는 말 가지고는 안 되는 것이지. 추상적 이론의 입장에서는 정립이 나와. 정의는 정립이 돼. 정의는 모두 정립이야.[18]

---

17) 같은 글, 100~01쪽.

18) 박홍규, 「앎의 개념」, 『형이상학 강의 1』, 333쪽.

4. 철학과 존재론

박홍규는 철학이 학문적인 앎을 목적으로 할 경우 데이터에서부터 출발해야 한다고 생각한다. 그때 제기될 수 있는 문제는 철학이 취급하는 데이터는 과연 무엇인가 하는 것이다. 그의 생각은 철학이 모든 데이터를 총체적으로 취급해야 한다는 것이다.

철학이라고 하는 것은 으뜸되게 탁월하게 사물을 취급하는 거니까, 가능한 한 하나라도 남겨놓지 않고 취급해야 탁월하지. 그렇지 않으면 탁월하다고 말 못하지. 그러니까 탁월함의 극한치는 그때그때 주어진 지식 내용의 전부를 총체적으로 연관지어서 그것이 어떠한 관계에 있는가 하는 것을 따져야돼. 한 사물이 주어질 때 그것만 취급하면 안 돼. 모든 사물과의 총체적인 연관 하에서 취급해야 탁월해, …… 철학의 의미는 그거야.[19]

물론 '철학'이라는 말은 다양한 의미로 사용된다. 여기에서 박홍규가 말하는 학문은 철학이라기보다는 존재론이라고 부르는 것이 더 정확할 것이다.

데이터 전체를 성격지우는 것은 무엇이냐는 것을 찾고, 그것을 성립시키는 원인은 무엇이냐를 찾아서 그 원인에 의해서 데이터가 전체적·일반적·근본적으로 어떻게 분류(classify)되느냐를 탐구해야 돼. 그것이 존재론이야.[20]

존재론이라는 것은 추상적이지만, 사실은 그렇게 함으로써 우주의 각 사물의 기본적인 자리매김(classification)이 거기서 가능하고, 우주 내부에 있어서의 각 사물의 위치를 정의(definition)의 차원에서 정하려는 것이에요. 그러

---

19) 박홍규, 「철학이란 무엇인가」, 『형이상학 강의 2』, 110쪽.

20) 같은 글, 120~21쪽.

니까 정의의 차원에서 각각의 개별과학이 완성될 때에 비로소 존재론은 완성된다는 결론이 나옵니다. 그래서 철학은 백과사전(encyclopédie)이 됩니다. 아리스토텔레스고 플라톤이고 철학은 'all-wissen', 모든 것을 알려고 하는 것을 궁극적인 목적으로 삼습니다. 물론 그것은 이론상으로만 가능하지, 실지로는 불가능합니다. 아리스토텔레스의 입장에 서면, 그의 가정(hypothesis)을 놓고 나가면, 어떤 것은 풀리는데 또 어떤 것은 안 풀립니다.[21]

그에 따르면 이러한 존재론은 그것의 성격상 원인론이 되어야 한다.

그런데 우리의 데이터라는 것은 여러 가지로 갈라져 있거든요. 다르단 말이에요. 가령 기하학을 본다면 삼각형이라도 예각 삼각형이 있고, 직각 삼각형이 있고, 모두 다 다릅니다. 그러면 우리는 왜 이 삼각형은 저 삼각형과 각기 다르냐는 것을, 측정하는 것이 아니라 그 이유를 물어야 됩니다. 항상 존재론(ontology)은 원인론(aitiology)입니다. 이유를 물어야 돼요. 삼각형이라는 점에서는 같은데 왜 각이 달라지느냐? 또 …… 왜 하나는 삼각형이고 하나는 사각형이고 하나는 오각형이 되느냐, 그 달라지는 이유가 무엇이냐? …… 그 갈라지는 차이(difference)가 나오는 이유는 무엇이냐? 그 원인이 무엇이냐? 그렇게 묻죠.[22]

존재론은 존재하는 모든 것들의 근본적인 원인을 찾는 것을 목적으로 삼는데, 우리가 도달할 수 있는 최후의 원인을 플라톤은 무한정자, 형상, 제작자로 보았다.

원인론이라는 것은 자기동일성(identity)을 가지고 논해. 법칙을 자꾸 정의(definition)해 가지고 똑같은 것 빼내고 또 똑같은 것 빼내고, 자기동일성을

---

21) 박홍규, 「고별 강연」, 『형이상학 강의 1』, 27쪽.
22) 같은 글, 24쪽.

가지고 자꾸 올라가. 최후에 자기동일적(identical)인 것, 절대로 합쳐질 수 없는 것, 서로 다른 것, 어떤 점에서든 자기 고유의 자기동일성 때문에 다른 것과 합쳐질 수 없는 것, 그런 것이 최후의 원인(aitia)이야. …… 그러면 그 원인에는 플라톤에서는 무한정자(apeiron)가 들어가고 형상(eidos)도 들어가고 제작자(dēmiourgos)도 들어가니까, 이 구체적인 세계까지 다시 돌아온다는 입장이야. …… 무가 아닌 한에 있어서는 모든 것은 모조리 존재해. 무가 아닌 한에 있어서 모든 것이 엉켜서 성립해. 이것이 있다는 것은 무가 아닌 것의 요소가 모조리 이 속에 들어 있다는 얘기야. 아리스토텔레스는 그것을 개체라고 해. 전부 다 모아놓아야 된다는 거야. 아리스토텔레스는 단순화해서(simplify) 질료(matter)와 형상(form)이라고 하는데, 그 말은 요컨대 무가 아닌 것은 둘로 나눠진다는 얘기야. 플라톤은 무가 아닌 것이 무한정자하고 형상하고 제작자하고, 셋으로 나눠진다고 해.[23)]

박홍규는 어떤 존재론으로 가든 최후에는 이 세 가지 원인이 나올 수밖에 없으며, 그 원인들 사이의 관계를 어떻게 보느냐에 따라 세 가지 철학이 나올 수 있다고 본다. 그 세 가지 철학은 각각 플라톤과 아리스토텔레스 그리고 베르그송이 대표한다.

그러니까 제작자(dēmiourgos), 무한정자(apeiron), 형상(eidos)의 세 원인이 있는데, 이 셋을 어떻게 조합하느냐에 따라서 아리스토텔레스는 공간에다 시간을, 정지에다 운동을 종속시켰고 플라톤은 정지와 운동, 형상과 제작자를 동시에 놓았으며 베르그송은 시간을 독립변수로 봤다는 얘기야.[24)]

그에 따르면 이 세 가지 철학 이외의 다른 철학은 가능하지 않다.

---

23) 박홍규, 「「고별 강연」 검토 III」, 『형이상학 강의 1』, 468쪽.
24) 같은 글, 482쪽.

그 이외에 다른 조합은 없어. 데이터에서 출발하여 원인론을 찾는 방식의 철학에 있어서, 가정(hypothesis)의 조합방식은 그것밖에 없다는 얘기야.[25]

5. 윤리학의 방법과 롤스

학문적 인식은 데이터에 기반한 것이어야 한다. 그런데 "다른 여러 학문에서의 차이는 그것들이 다루는 사물, 말하자면 '대상'(pragma), 즉 데이터의 범주에 따라 달라"진다.[26] 또한 데이터의 신뢰도에 따라 엄밀한 학(學)과 흐리멍덩한 학이 구별될 수 있다. "데이터가 구분되어 나오면 구분된 학문이 나오는 것이고, …… 데이터가 흐리멍덩하면 흐리멍덩한 학문밖에 안 나"온다.[27]

기하학이나 수학이 엄밀한 학이 될 수 있는 것은 그것이 취급하는 대상들이 자기동일성을 우리에게 분명하게 보여주기 때문이다. 그러한 대상들과는 달리 감각적 대상들은 자기동일성을 확보하기가 쉽지 않은데, 그럼에도 불구하고 그러한 대상들에 대해 앎이 성립할 수 있는 것은 자기동일성이 확보되는 측면이 있기 때문이다.

감각적 대상들에 대한 데이터에는 비록 '흐리멍덩한' 것이 들어 있다고 하더라도 어떤 것을 데이터로 정하는 데에는 큰 어려움이 없다. 왜냐하면 그러한 데이터들 중에는 대부분의 사람들이 인정할 수 있고 또 확인이 가능한 방식으로 반복되는 것들이 있기 때문이다. 그렇지만 옳음이나 정의 등과 같이 윤리학이 다루는 대상들의 경우에는 자기동일성을 확보하기가 쉽지 않다. 그것에 대해서는 사람들마다 생각이 다를 뿐만 아니라 동일한 사람이라고 하더라도 때에 따라 다르게 생각될 수 있다. 물론 그러

---

25) 같은 글, 483쪽.

26) 박홍규, 「방황하는 원인」, 『형이상학 강의 1』, 279쪽.

27) 박홍규, 「「고별 강연」 검토 Ⅰ」, 『형이상학 강의 1』, 383쪽.

한 것들에 대해서도 대부분의 사람들이 쉽게 인정할 수 있는 판단들도 존재하기는 한다. 그럼에도 윤리학적 대상들에는 감각적 대상들의 경우와는 비교가 되지 않을 정도로 가변성이 존재한다. 즉 윤리학적 대상들에는 학문적 지식의 출발점으로 삼을 수 있는 데이터를 확보하기 어려우며, 또 확보될 수 있다고 하더라도 그 수가 극히 제한되어 있다.

윤리학적 대상들의 그러한 성격 때문에 엄밀한 학문을 추구하기 위해서는 그러한 대상들을 감각적인 대상들의 데이터에 환원하는 것을 생각해 볼 수 있다. 그렇지만 그러한 시도는 그것의 가능성 여부를 떠나서 그 시도가 추구하는 수준의 엄밀성을 갖는 답이 쉽게 도출될 수 없다는 실용성의 문제를 갖는다.

어떤 행위가 옳은 행위이고 어떤 법이 정의로운지를 따지는 윤리의 문제와 그에 대한 답은 지금 여기에서 요구되는 문제이다. 아리스토텔레스가 말했듯이 정치학의 목적은 앎이 아니라 행위이다.[28] 따라서 윤리학적 문제에 대한 탐구는 비록 당장은 만족할 만한 답을 얻지 못하더라도 그러한 답을 얻을 수 있는 희망만 갖고 기약 없이 이루어지는 탐구가 될 수 없다. 비록 엄밀한 논증에 의해서 도달된 답이 아니더라도 주어진 여건에서 가장 진실된 것처럼 보이는 답이 존재한다면 그것에 만족할 수밖에 없다. 다음은 아리스토텔레스의 말이다.

> 그렇다면 정치학자 또한 영혼에 관해 연구해야만 하지만, 문제되는 사안들을 해결할 목적으로, 또 탐구 주제에 충분할 정도만큼만 연구해야 할 것이다. 이보다 큰 정확성을 기하는 것은 우리의 현재 계획을 수행하는 것보다 아마 더 힘든 일일 테니까.[29]

---

28) 아리스토텔레스, 이창우·김재홍·강상진 옮김, 『니코마코스 윤리학』, 이제이북스, 2006, 1095a.
29) 같은 책, 1102a.

그러면 윤리학적 대상들처럼 객관적인 데이터가 지극히 제한되어 있는 대상에 대한 학문적인 앎은 어떻게 추구하는 것이 옳을까?

박홍규가 제시한 학문방법론은 형이상학을 비롯한 자연적인 존재들에 대한 학문에 적용되는 것이라 할 수 있다. 그는 윤리학이나 정치철학이 어떤 학문방법론을 채택해야 하는지에 대해 언급하지 않았다. 다만 짐작할 수 있는 것은 그 방법론이 데카르트에서 독일관념론으로 이어지는 합리주의 방법론도 아닐 것이고, 분석윤리학도 아닐 것이라는 점이다. 나는 그에 대한 하나의 합당한 길의 견해를 존 롤스(John Rawls)에게서 찾을 수 있다고 생각한다. 롤스는 자신의 학문방법을 자연주의 윤리나 분석윤리학의 방법과 구별하고, 그것이 "시즈위크에 이르기까지 대부분의 고전적인 영국철학들이 채택했던 입장"이면서 동시에 "이러한 관점이 그 핵심에서는 아리스토텔레스의『니코마코스 윤리학』에서 취한 방법까지 거슬러 올라간다"라고 말한다.[30] 또한 그가 전개하는 논변의 성격은 소크라테스가 보여준 것과 같은 성질이라고 말한다.

6. 롤스의 반성적 평형

롤스 윤리학의 방법론적 특징은 도덕감과 반성적 평형이라는 방법론적 개념에서 잘 드러난다. 그는 자신의 이론을 "반성적 평형에서의 우리의 숙고적 판단에 의해서 드러난 우리의 도덕감 이론"[31]으로 표현한다. 도덕감의 이론으로서 그의 윤리학은 도덕적 감성(moral sentiments)을 통해서 이루어지는 도덕적 판단이나 직관들을 그의 정치철학의 출발점으로 삼는다.

롤스의 정의론에서 기본적인 자료의 역할을 하는 것은 숙고적인 도덕

---

30) John Ralws, *A Theory of Justice*, Revised Edition, Harvard, 1999, p. 93.

31) 같은 책, p. 104.

적 판단들(considered judgements)이다. 그것들은 도덕감에 속하는 정의감에 의해서 이루어진 것들인데, 특히 "정의감을 행사하기에 우호적인 조건들 하에서 이루어진"[32] 도덕적 판단들을 말한다. 그는 자신의 정의론은 그러한 판단들 중에서 "종교적 관용이라든지 노예제도의 폐지와 같은 논쟁이 해결된 신념들을 수집해서 그러한 신념들에 내재해 있는 기본적인 개념들과 원칙들을 조직해서 하나의 정의관으로" 만든 것이라고 말한다.

롤스의 정의론에서 이론의 출발점이 되는 그러한 신념들은 실증과학에서 경험적 데이터가 갖는 절대적인 이론적 위상을 갖지는 않는다. 왜냐하면 실증과학에서는 어떤 이론을 위해서 데이터가 수정될 수는 없지만, 롤스는 이론의 출발점이 되는 숙고적 신념들이 이론을 위해 수정될 수 있다고 보기 때문이다. 즉 상식적 신념들을 설명해줄 수 있는 원칙들을 찾다가 그것이 여의치 않으면 그 신념들 중 일부는 무시되거나 수정될 수 있는 것으로 간주된다. 실증과학에서는 데이터를 무시하거나 조작하는 것이 허용되지 않지만, 롤스의 도덕철학에서는 그러한 신념들이 잠정적인 고정점(provisional fixed points)일 뿐이다.[33]

만일 어떤 원칙이 그러한 신념들과 어울리지 않을 경우 그 원칙은 성립할 수 없기 때문에 그 신념들을 모두 설명할 수 있는 다른 원칙을 찾을 수 있다. 그렇지만 경우에 따라서는 주어진 신념들 중에서 변경이 가능한 것을 변경하여 그 원칙을 그대로 살릴 수도 있다. 그와 같은 방식으로 한편으로는 원칙을 수정하고, 다른 한편으로는 신념들을 수정하다 보면 대부분의 신념들과 원칙들 사이에 조화가 이루어진 상태에 도달할 수 있는데, 롤스는 그것을 반성적 평형상태(reflective equilibrium)라고 부른다. 그에 따르면 "정치적 정의관이 받아들여질 수 있기 위해서 그것은 모든 일반성의 수준에서, 그리고 적당한 반성 위에서, 또는 우리가 반성적 평형상태라고 부른 것 안에서 숙고된 신념들과 일치해야 한다."[34]

---

32) 같은 책, p. 42.

33) 같은 책, p. 18.

이러한 학문방법은 학문이 기본적으로 데이터에서 출발해야 한다는 것을 전제한다. 그러한 전제 위에서 윤리학의 문제들에서처럼 확고부동한 데이터를 확보하기 어려운 탐구의 경우 우리가 선택할 수 있는 방법들 중 하나라고 생각된다.

7. 맺는말

철학에 대한 박홍규의 견해에 입각할 경우 현재 대학의 철학과에 속한 연구자들 중 철학자라고 말할 수 있는 사람은 매우 적을 것이다. 모든 데이터를 대상으로 하는 철학이 취급해야 할 데이터들에는 최신의 실증과학에서 확보된 데이터들도 포함되어야 할 텐데, 그러한 것들을 수집하고 해석하는 것은 일급의 실증과학자가 아니고서는 불가능한 일이다. 그것은 진정한 철학자가 되기 위해서 베르그송처럼 수학이나 물리학 그리고 심리학 등 실증과학의 분야에서 일급의 연구력을 갖고 있어야 한다는 것을 의미한다. 그가 현대의 가장 모범적인 철학자로 생각한 베르그송의 저작에서 다루어지는 데이터들에는 병리학적 데이터, 생물학적 데이터, 물리학적 데이터 등이 포함되며, 그의 대표작이라 할 수 있는 『창조적 진화』에서 설파된 형이상학적 주장은 오징어 눈과 인간의 눈이 유사하다는 단 하나의 데이터에 의존한다고 말하는 것도 과언이 아니다.

철학과에 속한 연구자들이 모두 그런 것은 아니지만 상당수의 연구자들이 하는 작업은 그가 생각하는 철학과는 다른 것이다. 엄밀하게 말하면 나의 경우처럼 플라톤을 공부하거나 롤스를 공부하는 것은 철학이라기보다는 플라톤학, 롤스학을 하는 것이다. 나는 그런 이유에서 내가 철학자라고 생각하지 않는다.

내가 철학과에 들어와서 처음으로 공부한 철학자는 베르그송이었다.

---

34) 같은 곳.

내가 대학원에 진학하여 플라톤을 공부하게 된 것은 박홍규가 베르그송을 이해하기 위해서는 반드시 플라톤을 알아야 한다고 했기 때문이다. 베르그송이든 플라톤이든 어떤 사람의 사상에 대해 학문적인 앎을 추구하기 위해 필수적인 것은 그들의 저작을 직접 읽고 그 내용을 정리하는 것이다. 그것은 바로 플라톤학이나 베르그송학이 추구해야 할 학문방법이다.

박홍규가 "읽고 정리하라"는 것은 바로 내가 알고자 하는 철학자의 저서를 직접 읽고 정리하라는 것을 의미하였다. 직접 읽어야 한다는 것을 강조한 것은 단지 그렇게 할 때에만 그들에 대한 진정한 앎을 가질 수 있다고 생각했기 때문만은 아니다. 그렇게 하지 않고 참고도서(다양한 연구논문들이나 연구서적을 의미함) 위주로 공부하고자 하면 이해에 도움이 되기보다는 오히려 방해될 수 있다고 생각했기 때문이기도 하다. 고전철학의 경우 그가 원전 이외에 참고할 수 있는 책으로 용인한 것은 주석본이었다. 주석본을 참고하면서 원전을 읽은 다음에 읽은 내용을 정리하는 것이 그가 생각하는 논문의 형태였다.

베르그송과 플라톤을 공부한 다음에 내가 선택한 철학자는 롤스였다. 그의 글을 읽으면서 나는 그의 정치철학적 입장뿐만 아니라 자신의 주장을 도출하기 위해서 전개한 논변에 깊은 인상을 받았다. 이 글을 통해서 내가 보여주고자 한 것은 만일 박홍규의 학문론에 입각해서 윤리학을 한다면 롤스처럼 해야 한다는 것이다. 그러한 나의 판단은 내가 롤스 이후 공부했던 로널드 드워킨(Ronald Dworkin)에도 적용될 수 있다. 그의 법철학은 주류라 할 수 있는 분석법학과는 달리 법정에서 실무법률가들을 통해서 이루어지는 법에 대한 상식적인 주장들을 기초해서 이루어지는 실증적 방법을 채택하고 있다.

방법론의 관점에서 롤스와 드워킨 철학에 대해 비판적인 사람들은 그들 철학의 성공을 이해하기 어려울 것이다. 나는 그들의 성공이 그들의 방법론에 있으며, 그 방법론은 플라톤과 아리스토텔레스 그리고 베르그송에서 채택된, 그리고 박홍규에 의해서 옹호되는 실증적 방법론이라고 생각한다.

제7장

베르그송의 '형이상학적' 관점들
—하나의 생성, 두 질서, 세 실사

류종렬

실재성의 다의성

나는 석사학위 논문을 쓸 때 이런 가정을 하며 어떠한 삶의 방식이 근원적인 삶의 방식인지 고민한 적이 있다. 삶의 방식에 관해 생각이 다른 세 사람이 있다고 해보자. 첫 번째 사람은 자기 방식이 대부분의 사람들이 인정하고 있는 현실적인 삶의 방식이자 기본적인 질서라고 주장하고, 두 번째 사람은 첫 번째 사람의 삶의 방식이 보기에만 그럴듯할 뿐 실제로는 자기 방식이 더 현실에 부합하는 삶의 방식이라고 주장한다. 그리고 세 번째 사람은 앞의 방식들이 양태만 다를 뿐 둘 다 삶에 대한 근원적 통찰과는 거리가 먼 현실의 현상인식에 기초한 방식에 불과하며, 진정한 삶의 방식은 현실과 타성을 넘어서는 데서 주어진다고 주장한다. 주어진 현실에 수동적으로 몸을 내맡긴 채 살아가는 방식은 제대로 된 삶의 방식이 아니라는 것이다. 우리가 가정한 이 세 가지 삶의 방식들 중 앞의 두 가지 방식이 서로 다르다 할지라도 근본적인 측면에서 보면 모두 현실적이고 인위적인 삶의 방식이라는 점에서 동일하다. 이에 비해 세 번째 방식은 이미 익숙해진 두 방식과 다른 유별나고 특이한 삶의 방식으로 보이지만 근본에서 바라보면 현상적 삶의 방식에 기초짓는 근원적 삶의 방식일 수 있다.

그런 측면에서 보면 세 번째 방식은 비록 별종의 것이기는 하지만 타성적인 관점을 넘어 삶에 대한 반성적인 사유로 우리를 이끈다.

보통 철학은 놀람으로부터 시작한다고 말한다. 아마도 세상의 전모를 다 아는 방식은 없을 것이다. 그렇다면 자기 방식으로 세상을 아는 어떤 인간의 경우 그는 그 자기 방식에 익숙한 세상에 놀라워할까 아니면 자기 방식과 다른 삶의 낯선 방식에 놀라워할까? 나는 그가 전자가 아니라 후자에 놀란다고 생각한다. 만약 전자에 놀라워한다면 그것은 삶의 안정성 또는 다른 편리성에 대한 비교·우열에서 생긴 정도일 것이다. 사는 방식에는 여러 다른 방식이 있다. 우리가 놀라워해야 한다면 이 세상을 살아가는 하나의 방식이 있다는 사실보다는 여러 다른 방식이 있음에도 그것을 모르거나 거들떠보지 않는 것에 놀라워해야 한다. 요컨대 우리는 하나의 방식으로 질서가 이루어진 것에 놀랄 것이 아니라 왜 그런 하나의 방식으로만 질서를 규정하려고 하는가에 놀라워해야 한다. 이러한 관점에서 우리의 논의는 세상을 바라보는 기존의 고정틀과는 무엇인가 근원적으로 다른 방식이 있다는 점을 제시하게 될 것이다. 그리고 나아가 그것들이 모종의 완성체와도 연관되어 있다면 그 완성체는 거슬러 올라가는 기원적 성격으로서의 근원(archē)과는 다른, 앞으로 다가가 행하고 구현해야 할 목표(telos)일 수 있음도 제시하게 될 것이다. 근원과 목표는 현상, 즉 현존의 것이 아니라는 점에서 우리 앞에 현전하는 것은 아니다. 그럼에도 근원은 만들어진 것, 이루어진 것으로서 반성적인 사유 속에서 실재성을 갖는데 비해, 앞으로(시간적으로 미래)의 목표 또는 목적은 이론적으로 실재성을 부여받는 것이 아니라 살아 있는 희망으로 직접 주어진다. 우리가 보기에 근원탐구는 사실로서 실재성에 대한 반성인데 비해, 목표에 관한 한, 그것은 투사된 구현화(l'incarnation)로서 앞으로 구현해야 할 것이라는 점에서 반성이 아니라 욕망(desir)의 대상이라 할 것이다.[1]

---

1) 윤구병, 『있음과 없음』, 보리, 2003. '있는 것'보다 '있을 것'이 더 앞선다. 그리고 당파성이 객관성보다 앞선다. 인도주의자(humanitaire)가 인문주의자(humaniste)보다 훌륭하며, 계급

이제 위와 같은 이야기를 베르그송식으로 말해보자. 우선 지성의 입장에서 보면 넓은 바닷가 모래가 있는 것은 그것이 매끄럽고 평평하게 잘 깔려 있다는 점에서 질서이다. 이 질서에 발자국을 내는 경우 모래의 측면에서 보면 어떤 다른 질서가 개입한 것이라 할 수 있다. 즉 모래의 측면에서 보면 발자국은 무질서로 나타난다. 평평한 질서에 자국을 내어 흐트러뜨렸기 때문이다. 그런데 발자국의 측면에서 보면 그 그려진 것은 한 질서에서 다른 어떤 것이 그려진 것이 아니라 발자국 모습이 그 나름으로 자기의 모습을 만든 것이다. 그리고 그 둘은 모두 자기동일성을 그린 것이라는 점에서 보면 모종의 질서인 것이다. 그러나 이러한 관점은 그 발자국을 만든 운동이라는 질서를 간과하고 있다. 물론 이렇게 반박할 수 있다. 그 발자국도 발이 만들어져 있어서 발자국을 내는 것인 한, 그 또한 다른 질서로서 발자국일 뿐이다. 모래밭도 발자국도 이미 우리의 지각과 반성에 의해 이루어진 것이다. 그러면 이와 시각을 달리하여 모래밭과 발자국을 내는 운동자의 관점에서 반성해보자. 모래밭도 어떤 흔적도 자연적으로 있는 것인데, 그 자체들로서 각각의 질서가 있다고 보는 것이 놀라운 것인가? 아니면 모래밭과 흔적들이 혼재된 모습이라고 보는 것이 놀라운 것인가? 형상론에서 철학함은 질서를 찾는 것을 뜻한다. 나로서는 혼재가 놀랍지만 어쨌거나 반성적 사유에서건 형상론에서건, 모래밭이건 흔적이건 그 또한 하나의 질서일 것이다. 그러나 질료론에서 보면 이들을 이루는 변화과정들이, 즉 흐름들이 '먼저(선험적)인 것' 또는 원인(aitia)이 아닌가? 어쨌거나 모래밭과 흔적은 둘 다 반성적 사유의 재료와 형식이라 볼 수 있다. 그렇다면 모래는 무엇인가? 베르그송에게서는 모래밭의 모래들은 운동(진동)하고 있는 실재성이며, 모래밭이든 발자국이든 모래들이 겉으로 현전하는 모습이다. 실제로 한 걸음 더 나아가 다른 하나의 요인으로서 그 운동을 주목해보면 운동은 모래밭에도 자국에도 이미 실재적으로 일어나

성(인성)이 객관성(지성)보다 우선한다. 소금 먹은 자 물켜듯이 고기 먹는 자들이 고기를 찾는다.

고 있다. 그 실재성이 발자국에서 겉모양을 띠며 드러나 보이지는 않지만, 즉 운동자의 겉모습(현상)의 한 고착적인 면으로 남은 것이지만, 분명 운동자(dynamis)가 있는 것이다.

이처럼 모래의 내생적 성질에도 움직임이 있고, 운동자 또한 움직임으로 보려는 것이 베르그송의 논문 「형이상학이란 무엇인가」(1903)의 주제이다. 외부에도 내부에도 실재성으로서 운동이 있다. 내부에서(dedans) 보면 모래밭도 흔적을 만든 운동도 모두 운동하고 변형하고 있는 것이다. 그럼에도 모래밭은 끊임없이 타성에 젖어 움직이고, 발자국의 운동자는 긴 진화과정에서 생성된 형상이며, 발자국은 그 형상의 외모일 뿐이다. 베르그송이 철학과 과학은 같은 길을 가고 있다고 할 때 타성의 움직임도 내재성으로 보아야 하고, 운동자의 움직임도 내생적으로 보아야 한다고 말하고 싶었을 것이다.[2] 그러면 기원적으로 철학과 과학은 어디에서부터 출발해야 할 것인가? 물론 베르그송은 철학과 과학은 1830년대경부터 둘 다 내부에서부터 또는 내부에서 출발하고자 노력한다고 보았다. 내부 또는 안에서의 실재성을 다룬다는 것은 지속과 직관에 대한 것이다. 그런데 그것을 사회적 현상 차원에서 다룬다면 일단 대상과 목표에 대한 문제설정의 측면에서 다음과 같은 차원일 것이다. 대상들의 자료와 목표설정을 위한 행동의 자료들을 자아와 인식 차원에서 보면 이미 무매개로 주어진 것(les données immédiates)이고 사회적 현실 차원에서 보면 지금 여기 현전으로 주어진 것(les donnés en apparence)에서부터 출발하는 것이다. 그것은 서로 다른 차원일 것이다. 즉 인간이 모인 집단이라는 사회와 공동체로서 이념(베르그송의 신비)은 다음측정(recoupement)으로 다루어야 할 것이다.[3]

---

2) 비유클리드 기하학은 직선을 여러 곡선들 중 예외적 하나, 즉 우발적인 것으로 본다. 이처럼 우주의 여러 운동, 즉 질료(자연 흐름)의 운동에서 생명운동은 예외적 운동, 우발적 운동이다. 이 운동이 자기복제 반복을 한다. 클리나멘의 우연성은 외적 우발성이 지속적으로 자기복제에 대한 설명을 잘 할 수 없다는 점에서 데우스 엑스 마키나(deus ex machina)를 불러들일 수밖에 없다.

3) 여기서 말하지는 않겠지만 베르그송에 대한 곡해는 스피노자보다 심각한 것 같다. 그의 사상을 잘못 이해한 1930년대 소련과학아카데미는 부르주아 철학의 대표자로서 베르그송을

『창조적 진화』의 중요성

자연의 질서와 인식에 대한 고민이 아직도 남아 있는 나로서는『베르 그송의 창조적 진화 강독』이 여전히 주목의 대상이다. 이 강독은 1981~82 년에 행해진 것으로 주로『창조적 진화』제3장에 대한 강의록이다. 우선 『창조적 진화』를 소개하면 이 책은 전체 4장으로 구성되어 있다.

제1장에서는 우리의 신체 또는 생명체를 물체를 다루는 과거의 방법 들로 다루게 되면 생명이라는 다양한 실재성을 제대로 파악할 수 없다고 설명한다. 과거의 방법이란 기계론과 목적론이다. 그래서 베르그송은 생 명 자체에 의한 자기생성을 다루어야 한다고 말한다. 그는 생명을 인격성 의 기억과 마찬가지로 의식과 동근원(coextensif)이라고 본다. 생명에 대해 명확히 규정한 문장은 없지만, 의식에 대해서는 "의식 자체에 의해 의식 스스로 발생한다"(EC, 6)라고 말하고 있다. 그래서 그는 진화론적으로 말 하자면 생명이 근원적 도약(élan originel)을 토대로 분화(dissociation)와 이 중화(dédoublement)로 진행한다고 말한다. 분화는 생명이 다양한 갈래로 나아가는 과정으로서 생명체들이 지닌 눈[眼]의 다양함이 그 중요한 실례 이다. 신체의 인식에서 지각과 추억이 동시에 이중화되듯이[4] 생명의 인식 에서도 직관과 지성이 동시에 이중화된다. 이는 인식의 두 질서와 연결될 것이다.

제2장에서는 생명의 진화가 발산하는 과정을 다룬다. 베르그송에 따르 면 생명은 적응도 아니고 평면선상에서의 발전도 아니다. 그것은 장애물 을 극복하는 과정이다. 이는 에너지의 축적인 동시에 에너지의 발산이며,

---

적대시했다. 게다가 플로티누스의 철학이 기독교에서 왜곡되듯이 가톨릭은 베르그송 저술 들을 금서에 올렸다. 그러나 다른 한편으로 엉뚱하게도 가톨릭 신부(테야르 드 샤르댕, 통케 덱 등)는 베르그송 사상을 가톨릭의 정수로 착각하고 있기도 하다. 그래도 이런 착각 정도는 봐줄 만하다. 붉은 불의 철학을 푸른 하늘 아래에서, 즉 빨강이의 사상을 파랑이가 자기의 것으로 만드는 극우주의자들의 재주(l'imposteur)에는 비기지 못한다.

4)『물질과 기억』제3장, 이에 보충적이고 상세한 설명은『정신적 에너지』제5장 '현재의 추억 과 거짓 재인식'(Le souvenir du présent et la fausse reconnaissance, 1908)에 있다.

동일한 문제에 대한 두 가지의 다른 반응이다. 생명은 자기구조를 형성하면서 자기정체성을 유지하려고 노력하는 한편, 진화과정에서 도약과 형식의 고정이라는 변증법적 이중성을 지닌다. 모든 생명체가 타성적 물체임과 동시에 생명의 활동성이라는 점이다. 서문에서 말했듯이 산다는 활동성에 대해서 "생명철학은 인식의 철학이 된다"(EC, ix). 그 인식에는 지성과 직관이 있으며, 인간에게서 지성은 도구제작적인 데 비해, 직관은 일체(전체)에 대한 인식이다. 삶에 대한 직관은 살아 있는 인격 전체의 인식으로부터 부분으로 가는 것이지, 지성이 행하는 것처럼 부분에서 전체로 가는 역방향은 아니라는 것이다. 두 인식은 두 질서의 인식 차원이다.

제3장에서는 전체와 부분의 측면에서 자연에 대한 이해가 어떠한 것인가를 다룬다. 자연이 하나의 방식으로 통일성(l'unité, 제일성)을 가지고 있고, 그것을 다룰 수 있는 지성이 있다고 보는 것은 논리적으로 선전제 미해결의 오류라는 것이다. 자연의 제일성(齊一性)을 부동의 것으로 보는 것이 메커니즘(mechanim)이고 운동(유동)으로 보는 것은 뒤나미즘(dynamism)이다. 물론 베르그송은 첫 저서 『의식의 무매개적인 자료들에 관한 시론』(DI)의 제3장에서 자연, 즉 본성에 대하여 메커니즘과 뒤나미즘을 대비한다.[5] 그리고 자연을 다루는 방식에서 두 가지 질서를 상정하여 한 질서가 다른 질서에 대해 무질서라는 입장을 취한다고 한다. 인식적 측면에서 마치 두 속성처럼 두 질서가 있다. 그러나 철학사에서 제기된 속성들이 모두 한 방향(le sens)이 아니다.[6] 베르그송에 따르면 생명, 의식,

---

5) 이에 대한 논문은 박홍규, 「Bergson에 있어서의 근원적 자유」, 『철학연구』, 제11집, 1976, 41~57쪽에 잘 설명되어 있다. 박홍규, 『희랍 철학 논고』(박홍규 전집 제1권), 민음사, 1995, 178~201쪽; 최화, 『박홍규의 철학: 형이상학이란 무엇인가』, 이화여자대학교출판부, 2011, 322~47쪽에도 실려 있다.

6) 프랑스어 상스(le sens)는 의미와 방향이라는 두 가지의 뜻을 동시에 갖고 있다. 이것을 잘 보여준 것은 『물질과 기억』, 115쪽에 나오는 지각과 추억의 이중화 설명도식이다. 또한 『정신적 에너지』 제5장에도 이중화를 강조한다. 이것을 8(팔)자도식이라 설명한 것은 보편수학과 실재성을 연구하는 장-클로드 뒤몽셀(Jean-Claude Dumoncel)이다. 뒤몽셀은 질 들뢰즈(Gilles Deleuze)의 『의미(방향)의 논리』(Logique du sens, 1969)를 해설하면서 8자도식에 대한 베르그송 영향을 지적한다. 나는 들뢰즈가 이 책을 쓴 것이 의미의 이중화 또는 인식의

정신(영혼)은 물질성의 질서를 극복하는 과정이기에 끊임없이 도약하는 것이며 또 그래서 끊임없이 지속하는 것이다.

제4장은 진화론의 입장에서 덧붙여진 것이다. 그 제목을 보면 '사유의 영화적 메커니즘과 역학적 착각'(부제로 체계의 역사에 관한 일별. 실재적 생성과 거짓 진화론)으로 되어 있다. 베르그송은 그곳에서 철학사를 일별하면서 한마디로 요소와 부분들의 결합 또는 종합의 방식으로는 생명체라는 실재성을 파악할 수 없다는 것을 보여준다. 그런데 우리가 주목하는 것은 제4장 속의 소제목(sous-titre)이다. 그 제목은 '메커니즘과 개념주의'(Mécanisme et conceptualisme[7])로 되어 있다. 주목할 것은 자연이라는 존재의 의미를 다룰 때는 메커니즘과 뒤나미즘으로 대립시켰고, 존재의 생성 측면에서는 메커니즘과 개념주의로 다루었다는 점이다. 베르그송은 제4장의 첫 부분에 '현존과 무'(l'existence et le néant)를 삽입했는데, 원래 그 첫부분의 논제는 '생성과 형상'이었다. 그가 강조하려 한 것은 '생성'이다. 그는 철학사를 일별해가면서 그의 앞 시대까지 이 점이 잘못 다루어지고 있음을 밝히고 있다. 이 '생성'은 개념주의에, 형상(형식)은 메커니즘에 대구(對句)임을 알 수 있다. 우리가 이후에 강조하겠지만, 제4장의 첫부분인 '현존과 무'에 관한 논의는 존재론적이며, 제3장의 '자연의 통일성과 두 질서'에 관한 논의는 인식론적이다.

두 방향, 플라톤주의와 내재주의의 이중화를 서술했다고 본다. 이 대립은 모순관계라기보다 실체에 떨어질 수 없는 속성과 같이 인간본성에서의 인식의 이중화라 본다. 베르그송은 『도덕과 종교의 두 원천』 제4장에서 이런 점이 사회역사 속에서 적과 동지의 이중성이 함께 있는 것이라 했다. 모순의 대립이 아니라 한편으로 협력하고(동지적), 다른 한편으로 각각 자기 방식을 유지하는 것(적대적이며 특이적)이다.

7) 우리가 '개념주의'(coceptualisme)라는 개념을 주목하는 것은 들뢰즈가 생성의 철학을 강조하고 있기 때문이다. 그리고 철학한다는 것이 개념작용(conception)을 생성한다고 할 때 그것은 베르그송의 생성, 즉 개념주의에 영향 아래 있다고 본다.

『창조적 진화』 제3장의 의미

『창조적 진화』 제3장은 제목―'생명의 의미: 자연(본성)의 질서와 지성의 형식'―이 보여주듯 생명문제와 인식문제를 주요 과제로 다루고 있다. 이 문제는 베르그송 사상에서 초기의 자연 역동성과 만년의 자연(본성) 신비성(확장성) 사이에 있다. 다시 말하면 그에게서 자연, 즉 본성에 관한 논의는 본성이 내재성의 흐름에서 표면상의 이중성으로, 그리고 공동체의 확장으로 어떻게 이어지는지 그 과정을 풀어보려는 것이다. 그런데 이 문제를 과거의 철학 또는 주지주의 철학은 한마디로 "모든 것이 이미 주어진 것"(tout est donée)[8]으로 보았다는 것이다. 그것은 생성, 변화, 운동의 차원에서 다루는 방식에 익숙지 못했다는 것이다. 과학도 마찬가지였는데 학문의 발달과정상 1830년대 이후에야 안으로부터(dedans) 또는 심층(深層, profond)적으로 다루는 방식이 도래하면서 철학과 과학이 새로운 길에 들어섰다는 것이다.[9] 그에 따르면 존재(être)는 '있었던 것'(주어진 것)으로서 명사가 아니고 '움직이는 것'(변화하고 있는 것)으로서 동사이다. 기존 형이상학적 표현으로는 존재(ontologie, on)가 문제라기보다는 생성(devenir)이 문제라는 것이다. 방법적으로 규정하는 점에서도 베르그송의 철학은 엄격성(엄밀성)보다 정확성을 강조하고 문제제기의 성격이 매우 강하다.

우리는 제3장의 생명문제와 인식문제를 다루기에 앞서 '현존과 무' 그리고 '무질서'라는 문제설정이 베르그송에게서 어떤 위치에 있는지를 먼저 보아야 할 것이다. 우리가 보기에 '생성'(devenir)이 중요한데, 베르그송은 철학사적으로 형이상학을 다루기 위해서 '현존과 무'를 첨가한 것으로

---

8) 이미 주어진 자료란 고정적이라 결정적이다. 이에 비해 생성하는 실재성은 비결정적일 수밖에 없다.

9) 들뢰즈는 『천개의 고원』에서 흥미롭게도 1730년대 흡혈귀들(des vampires) 이야기에서 생성(devenir, 만들기) 문제와 더불어 제기한다. 생성(queque chose-devenir, 무엇 만들기)의 문제는 무의식이 출발점이라는 것이다.

보인다. 그래서 베르그송은 『창조적 진화』에 '현존과 무'라는 긴 논문을 제4장에 삽입했다. 이것을 '생성과 형상'이라는 소절 앞에 놓은 것은 그가 두 가지의 착각(l'illusion)을 설명하기 위해서이다.[10] 두 가지 착각이란 '무'(無)와 '정지'이다. 그는 이 두 가지가 형이상학적인 문제에서 제대로 제기되지 못한 것으로 본다. 즉 현존과 무를 대비시켜 설명하는 것이 첫째 착각이며, 운동을 설명하면서 정지로부터 설명하는 것이 둘째 착각이다. 그리고 삽입된 이 논문에서 '무질서'의 문제를 언급만 하고 지나가는데, 이것은 앞의 장(제3장)에서 이미 다루었기 때문이다. 즉 이 무질서에 대비해서 두 개의 질서가 제3장의 주요 문제이다. 내가 여기서 박홍규의 『창조적 진화』 강의록에 대해 재구성하려는 것은 존재, 질서, 생성에 대한 것들이다. 그의 강의록에서는 베르그송의 생성에 대해 따로 다루지 않으므로 여기서는 한 가지만 언급해두는 것으로 그치자. 정신(지성)이 고착적(단면적) 언어를 다룬다고 한다면 언어에서 동사, 형용사, 명사라는 표현은 사실상 모두 움직이고, 변화하고, 변형하는 것을, 내재적 의식, 감정과 감각, 신체(그리고 물체)의 형상 등을 기호(signe)로 표현한 것이다.[11]

우리는 박홍규의 강의록에 나타난 존재에 대한 논의를 먼저 살피고, 『창조적 진화』 제3장의 순서에 따라 두 질서에 대한 그의 해설을 살필 것이다. 이 존재에 대한 논의는 윤구병이 그의 저술 『있음과 없음』(2003)에서 언급하고 있는 것처럼 내가 보기에도 '있다'는 심리적(의식적)인 듯하면서도 논리적으로 보이고, 배중률의 대비로서 제시되는 변증법 또한 현존의 불가분적 이행을 보여주는 듯하다. 불가분의 이행은 생성을 강조하

---

10) 장-루이 비에이야르 바롱(Jean-Louis Vieillard-Baron)은 베르그송이 지적 착각(illusion)과 노력을 대립시킨다고 한다. 지적 착각이란 모든 사건이 과거 속에 선결정된 것으로 믿으면서 새로운 것을 이미 알려진(déjà connu) 것으로 환원하는 것, 그리고 끊임없이 '진리의 퇴행적 운동'을 이용하는 것이라고 한다. 이에 비해 노력이란 예측할 수 없는 새로운 것과 일치하려는 것(성향)이고, 실재성에 대한 창조적 노력, 즉 직관이라고 불리는 것과 일치하려는 것(노력)이다. 『사유와 운동자』(La pensée et le mouvant, 1934) 평가 글 참조.

11) 이 세 가지 관찰방식에 언어의 세 가지 범주가 대응한다. 그것은 언어의 원초적인 요소들인 형용사들(adjectifs), 실사들(substantifs), 동사들(verbes)이다(EC, 303).

는 것이라 할 수 있다. 최화의 '무'에 관한 논문은 베르그송의 존재론적 착각(l'illusion)과 인식론적 선결문제의 오류(cercle vicieux)를 따로 구별하지 않았던 것으로 보인다. 그래서 이규성도 비슷한 관점을 지닌다.[12] 어쨌거나 베르그송이 다루는 자연의 이중성, 단위(l'unite, 제일성, 통일성)의 이중성이라는 측면에서 보면 주지주의자들이 말하는 제일성은 동질성에 근거한 위계적이고 기계적인 의미를 지니고 있는 데 비해 베르그송의 제일성은 이질성을 근원으로 하고 있고 운동적이며 발생적이다. 사실 전자는 가설적이고 연역적인 데 비해 후자는 구체적이고 실재적이다. 베르그송이 형상이 먼저가 아니라 물질(재료)이 근원이라고 말한 이유도 여기에 있다. 이 물질이 두 가지 성격, 압축(응축)과 이완(확장, 부풀음)의 성질을 가지고 있다는 것은 부정할 수 없지 않는가? 그 물질이 움직이고 진동하고 있다는 것을 부정할 사람은 누가 있겠는가? 이런 의미에서 물질(유동하는, 흐르는 또는 진동하는 질료)이 인식되기 전의 바탕으로 심층으로서 먼저 있었다는 점이 베르그송의 입장일 것이다. 이 '먼저 있는 흐름의 덩어리'를 무엇이라고 말할 수는 없지만 존재로서 '있다'. 그럼에도 그것이 무엇이라고 규정할 수 없다는 점에서 무규정자, 즉 아페이론과 같다. 혹자는 이것을 질료 또는 물질이라고도 부른다. 이 점에서 베르그송은 그것을 자연이라 말하고 싶었을 것이다. 이 점에서 보면 그의 이론은 자연 일원론, 질료 일원론이라 할 수 있다. 그런 연후 물질 또는 자연에서 수동성과 능동성을 논해야 할 것이다. 그런 연후 또 왜 능동성 또는 창출(생성)이 흘러나왔

---

12) 스스로 전진해 나아가는 생명은 물질의 타성을 거슬러 올라가려는 노력의 과정이다. 타성과 역운동하는 것이 생명의 자생성(자발성, 자유)이라면 생명의 진화적 발산운동은 퇴보와 고착 등의 우여곡절을 겪지만 근본적으로는 자유를 본질로 갖는다[자유, 훌륭함, 완성 다라파라밀(보시파라밀다)을 실현하는 과정이다.] 이런 의미에서 베르그송의 자연철학(운동, 생성철학)을 다소 도식적으로 이야기하자면 '수동성과 능동성의 이원론'(박홍규, 「『창조적 진화』 강독 6」, 『베르그송의 창조적 진화 강독』, 97쪽)으로 볼 수도 있을 것이다. 최화는 이 입장을 강화하여 "베르그송은 처음부터 끝까지 이원론자였으며, 그렇지 않은 적이 없었다"라고 한다. 최화, 「베르크손은 일원론자인가」, 『베르그송 『창조적 진화』 발간 100주년 기념 학술대회 자료집』, 2007, 51~63쪽(이규성, 『한국현대철학사론』, 2012, 845~46쪽).

느지와 생명이 개입했는지를 잘 숙고해보면 움직이고 생성하는 자연 일원론, 그 자연의 능동성으로부터 생명이나 의식도 나왔음을 깨달을 수 있다.

존재에 관하여

일반적으로 존재론에서 말하는 '존재'(l'être)에 대해 한 번 살펴보자. 간단히 말해 존재(être)는 동사이다. 움직이고 있는 중이며 아직 무엇이라고 말할 수도 없고 그대로 있을 수밖에 없으나, 그렇다고 존재하는 단면(l'etant, εἶναι의 분사형 ὤν, ὄν)은 아니다. 말하자면 분사형은 이미 주어진 것을 의미한다. 베르그송은 이 존재(être)를 다 알 수 없지만 있을 수밖에 없는 것으로 모두가 인정할 것이라고 말한다. 따라서 그는 내적 실재성과 외적 실재성을 같은 범주로 취급한다. 그는 또 존재의 실재성을 "둑도 바닥도 없는 실재성"[13]이라 말한다. 어쩌면 베르그송은 존재론(l'ontologie)을 논한 것이 아니라 그의 말대로 '지속'하여 펼쳐지는 세상에 대한 인식을 관통해서 넓은 세상(완전자, agathon)으로 진행하는 과정을 논하고 싶었을 것이다. 이 존재에 대해 박홍규식의 논법을 대조해보자.[14]

---

13) 베르그송의 '형이상학입문'(1903).

14) 아쉽게도 박홍규의 「『창조적 진화』 강독 9」와 「『창조적 진화』 강독 10」 사이에 '무질서 관념의 분석'(EC, 221), '질서의 상반된 두 형식: 유와 법칙'(genre et lois)(EC, 225), '무질서와 두 질서'(EC, 231~38)에 관한 설명 부분이 빠져 있다.

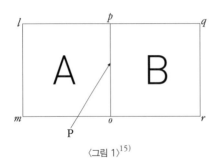

〈그림 1〉[15]

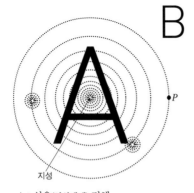

A : 성운(인식세계) 전체
B : 성운 바깥(비-존재[non-être])

〈그림 2〉[16]

박홍규가 두 개의 사각형(A 와 B) 사이에서 P라는 선, 또는 두 개의 원으로 생각했을 때 마주치는 p라는 점은 과연 무엇일까? 그는 두 개의 형태를 두 개의 논리적 구조물로 간주한다. 둘 중 하나는 존재이고 다른 하나는 무(無)이다. 그 연결의 선 P 또는 점 p는 존재의 경계이다. 경계 이쪽 안(A)의 성질은 규정된 것으로 존재이고 바깥(B)은 무규정자로서 무(無)이다. 그러면 P(또는 p)는 무엇인가? A도 아니고 B도 아닌 성질이면서 한편으로 A에 속하고,다른 한편으로 B에 속한다고 한다.[17] 이러한 생각은 기본적으로 플라톤의 『티마이오스』

---

15) 박홍규, 「『창조적 진화』 강독 11」, 『베르그송의 창조적 진화 강독』, 242쪽. "필연성(nécessité) 은 연속성이 연결되어야 나와. 그 사이에 지금 여기 자발성(spontanéité)이 필연하고 관계를 맺는데, 점점 자발성이 줄어지더라. 그게 지금 정신(esprit)에서 점점 지성(intelligence), 동물, 식물로 간다. 그리고 끝에 가서 물질하고 연결이 되더라는 얘기야. 생물이 물질하고 어떻게든 연결이 되지 않으면 곤란하지. 연결된 채로 있더라. 그러니까 부정합성(incohérence) 이 있다면 두 개의 질서가 서로 대립된, 서로 일자냐 타자냐의 관계에 있어. 좌우간 일자가 타자와 서로 다르다면 부정합성, 우연성이고, 현재의 형이상학적인(metaphysical) 의미에서 처음에 들어가는 것은 자발성이고 필연이 들어가지 않는다"(241쪽).

16) 그러나 논리적이고 개념적인 사유 주변에 두루뭉실(어슴푸레한) 성운(nébulosité), 실체 (substance)가 있다. 지성은 이 성운의 실체를 희생하여 핵을 형성하고 있다고 할 수 있다 (EC, ix). 지성은 여전히 예지로 빛나는 핵을 이루고, 본능은 확대되고 순화된 직관으로 되었다고 하더라도 그 핵의 주위에 어슴푸레한 성운을 이루고 있다(EC, 178). 소박한 이성이 알 수 없는 실체로서 자연, 즉 생명이 있다.

편을 염두에 둔 발상으로 보인다. 그곳에는 이데아 세계(진상), 아페이론(허상) 그리고 데미우르고스가 구분되어 나타난다. 그러나 잘 들여다보면 이데아 세계가 먼저 있고, 아페이론의 허무가 아니지 않는가? 있기는 한데 규정될 수 없는 것, 또는 규정할 수 없는 것, 그러니까 관계 맺을 수 있는 p를 상정하는 것이 아닌가?

우선 여기까지의 논의에 대해 다른 각도에서 한 번 생각해보자. P는 A라는 사각형의 선 또는 원 주위의 한 점이다. 꼭 B가 있어야 할 필요가 있을까? 보통은 이런 물음을 묻지 않는다. A가 성립하기 위해서 B라는 경계 바깥에 없는 것이 있어야 A가 성립한다. 이것은 어쩌면 소크라테스가 아레테(aretē, l'exellence)를 규정하려다가 기하학자처럼 먼저 있는 것을 가정해야 한다는 논법과 같다. 즉 A가 있다는 가정이다. A의 성질이 움직이는지 안 움직이는지는 중요하지 않다. 대체로 형상형이상학자는 A가 자기 동일적이고 충만한 것으로 움직일 필요가 없는 것으로 여긴다. 그래야 A와 다른 성질 B라는 것은 움직인다는 논리를 들이댈 수 있다. 베르그송이 반박하고자 하는 것은 A가 완전충만 절대부동이라고 규정할 이유가 무엇이냐는 것이다. 그래서 베르그송이 보건대 제논이 A의 부동을 설명하면서 단위의 불가분성을 말했는데, 그 설명이 조금 모자란다는 것이다. 왜냐하면 A가 운동이라고 하면서 단위의 불가분성을 말하는 것이 더 자연스럽다는 것이다.

---

17) "그러니까 일원론이 아니라 베르그송은 원칙으로 보면 삼원론이야. 질(quality)하고 기능(function)하고. 아니, 운동의 수동성(passivity)하고 능동성(activity)하고 그리고 질하고. 요컨대 에이도스하고 작용인(agent)하고 아페이론이야. 베르그송은 에이도스의 객관성만 없애버렸어. 플라톤이든지 어느 철학이든지 이 세 개는 다 같아. 언제든지 거기서 출발해. 질이 있고, 운동도 있고, 운동의 능동성과 수동성이 있다, 여기서 출발하는데, 다만 이것을 설명할 때 에이도스 갖고 하느냐, 기능을 갖고 할 것이냐, 혹은 둘을 다 놓느냐. 이 문제만 남아. 형이상학은 요컨대 세 개 이상 없어. 그러니까 플라톤은 『티마이오스』 편에서 에이도스하고 데미우르고스하고 둘 다 놓았다. 아리스토텔레스는 움직이지 않는 일자가 있는데, 운동을 전부 그리로 종속시켰다, 목적론이고. 베르그송은 자발성(spontanéité)으로 움직이지 않는 것을 종속시켰다. 이 세 개의 구조 이외의 다른 형이상학이 나올 수가 없어." 박홍규, 「『창조적 진화』 강독 8」, 『베르그송의 창조적 진화 강독』, 188~89쪽.

박홍규는 A와 다른 차이로서 B를 설정하고 플라톤의 『티마이오스』 편에서 데미우르고스를 설정하듯이 p라는 것을 설정한 것으로 보인다. P는 이중적인 성격을 지녀야 한다는 점이다. A라는 부동성과 B라는 운동성, 그리고 이것은 A와 B에 속하지 않는 것이다. 즉 p의 능동성과 수동성을 말한다. 그러나 베르그송에서 보면 아페이론과 같은 자연 자체가 이중성을 갖는다는 점이다. 응축과 이완 또한 상향과 하향이다. 즉 자연은 자체의 능동성과 수동성이 함께 있기 때문에 이것을 규정하기 어려운 것이다. 그렇다면 '자연'을 어떻게 파악했는지가 문제이다.

우리가 보기에 '존재'는 움직이고 있는 것인 데 비해 플라톤의 경우에는 움직이지 않는 것이 '존재'이다. 이에 대해 베르그송은 이미 『창조적 진화』 제4장에서 무(無)와 정지를 먼저 설정하는 것이 착각(l'illusion)이라고 길게 설명했다. 그래도 언어, 습관, 사회, 상식 등에 의해 오랫동안 착각에 빠져 있었다고 첫 작품 서문에서부터 말해왔다. 이 제3장에서 오래 묵은 인식적 착각으로서 순환논증(부당전제)의 오류(cercle vicieux)라고 칭하는 두 가지가 다루어지고 있다. 자연에는 제일성이 있고 그것을 파악하는 인간의 능력으로서 지성이 있다는 것이다.[18]

자연의 제일성(unité)에 대한 비판

우선 자연의 제일성에 대한 비판으로부터 시작하자. 베르그송은 지성을 먼저 다루고 자연의 제일성(통일성)을 다루었지만 우리는 위의 '존재'에 관한 논의에 이어서 순서상 자연을 먼저 다룬다.[19]

---

18) 조르주 캉길렘(Georges Canguilhem)의 『창조적 진화』 제3장 주석을 통해 얻은 바가 많다. 이에 대한 요약은 '마실에서 천 하루 밤'에서 볼 수 있다. Georges Canguilhem, "Commentaire au 3e chapitre de E.C. (-Ⅰ): (EC Ⅲ 187~271)", *Bulletin de la Faculté des lettres de Strasbourg*, XXI, no. 5~6, 1943, pp. 126~43 참조.

19) 표면상 선결문제 미해결의 오류(cercle vicieux)(*EC*, 193~195)와 실재상 선결문제 미해결

우리는 위의 그림(2)가 먼지처럼 뿌연(성운 같은) 테두리(가장자리) 없는 덩어리라고 가정해보자. 물론 이 가정을 플라톤이 가정한 이데아의 가정과 동급이라고 생각해보자. 그렇다면 이 덩어리가 자족적이지 않다고 말할 이유는 없다. 자족적이란 타의 도움 없이 현존하는 것이다. 베르그송은 첫 작품에서 당시까지 '자연'의 개념설정이 어떻게 되어 있는지를 다시 고찰했다. 그리고 박홍규는 논문 「Bergson에 있어서의 근원적 자유」 (1976)에서 그 점에 대해 해명하면서 베르그송의 중요한 구절을 길게 인용했다. 사실 여기에 베르그송의 새로운 형이상학의 중요한 의도가 있다. 그의 번역을 그대로 옮겨보기로 하자.

자유(liberté)의 문제가 자연에 관하여 대립된 두 개의 체계(deux systèmes)인 기계론(méchanisme)과 역동론(dynamisme)을 대결시키는 이유를 이해하는 것은 어렵지 않다. **역동론**은 의식(conscience)에 의하여 주어진 유의적 활동(activité volontaire)의 이념(ideé)에서 출발하여, 이 이념을 조금씩 비움으로써 타성(inertie)의 표상(représentation)에 도달한다. 그러므로 그것(dynamisme)은 한편으로는 자유스런 힘(force libre)을, 또 한편으로는 법칙(loi)에 지배되는 물질(matière)을 확신한다. 그러나 **기계론**은 반대로 간다. 기계론은 그것이 종합하는 물질적인 것이 필연적 법칙에 의하여 지배된다고 생각하며, 그 결합이 더욱 풍부해지고 예견하기 힘들며 외견상으로는 우연적인 것이 되더라도 그것이 당초에 갇혔던 필연성의 좁은 환(cercle étroit de la necéssité)을 빠져나올 수 없다. /자연에 관한 이 두 개의 개념(deux conceptions)을 천착하면 이 두 개의 개념이 법칙과 법칙이 지배하는 사실(le fait)에 관하여 매우 다른

의 오류(cercle vicieux)(195~201). 순환논증의 두 가지 오류 중에서 첫째, 지성에 의한 인식능력의 파악이며 둘째, 학문이 하나의 제일성(l'unité)이 있다는 것이며, 즉 하나의 질서가 먼저 주어져 있다는 것이다. 이 둘째가 종교와 같은 믿음이 개입하여 신앙대상이 진리라고 착각하고 있는 것과 같다. 지성이 개입한 것이고 또 지성은 이 종교의 흑마술적(음성적) 지지를 받는다. 현금의 신자본주의, 주지주의 논리는 이 두 가지를 순환적으로 사용하고 있다. "그분의 뜻을 받들어"에서 그분이라는 기표는 자연(신앙)이고, 받드는 것은 지성이다. 지성이 놀고 있는 것은 기표에 힘입어서이다. 서로 순환하고 있다(46VKD).

두 개의 가정(deux hypothèses)을 포함하고 있음을 볼 수 있다. **역동론자**는 그의 눈을 높이 듦에 따라서 그만큼 법칙의 구속에서 벗어나는 사실을 본다고 생각한다. 그러므로 역동론은 사실을 절대적인 실재(성)(réalité absolue)로 삼고, 법칙을 그 실재와 정도의 차이는 있으나 그 실재의 기호(symbole)적 표현으로 삼는다. 이와 반대로 **기계론**은 개별적인 사실 속에서 일정한 수의(몇 개의) 법칙들을 분간하는데, 말하자면 사실들은 이 법칙들의 교차점(le point d'intersection)이 된다. (말하자면 기계론은 몇 가지의 법칙들의 교차점을 구성할 것이다. 그런데 법칙이 이런 가설에서 근본적 실재성이 될 것이다.) /그런데 (이제) 고차적인 실재성을 혹자는 사실에 귀속시키고, 혹자는 법칙에 귀속시키는 이유를 찾는다면 기계론과 역동론은 **단순성**이라는 말(le mot simplicité)을 두 개의 다른 뜻으로(deux sens) 취하고 있음을 발견할 것이라고 우리는 생각한다. 전자(기계론)에서 그 결과가 예견되고 또한 계산되는 모든 원리는 단순하다. 이리하여 타성이라는 개념이 그 정의 자체에 의해서 자유보다 더욱 단순하며, 동질적인 것(l'homogène)이 이질적인 것(l'hétérogène)보다 더욱 단순하며, 추상적인 것(l'abstrait)이 구체적인 것(le concert)보다 더욱 단순하다. 그러나 역동론은 여러 관념들(notions 용어들) 사이에 편리한 질서(ordre)를 세우려 하기보다는 그 관념들의 실재적인 연관성(filiation réelle)을 찾으려고 한다. 사실 소위 단순한 관념(용어)도—기계론이 원초적인 것으로 삼는 것(용어)도—외견상으로는 단순한 것에서 파생되는 것처럼 보이는 개념들의 융합(fusion)으로 얻어진 것인데, 이 융합에서 마치 어둠(une obscurité)이 두 개의 광선의 간섭으로 인하여 이루어지듯 그 개념들은 서로 중화된(neutralisé) 것이다. 이러한 (새로운) 관점에서 보면 자발성이라는 이념(l'idée de spontanéité)은 타성이라는 이념(celle d'inertie)보다 확실히 더욱 단순하다. 왜냐하면 전자(타성)는 후자(자발성)를 통해서만 이해되고 정의될 수 있기 때문이며, 후자(자발성)[20]는 자족하기(se suffit) 때문이다. 사실 우리는 각자의 자유스런(자유로운)

---

20) 박홍규는 후자(자발성)를 전자(타성)로 번역했다. 최화의 번역본은 바로 되어 있다. 나로서는 박홍규의 착오로 보인다. 그러나 중요하다. 플라톤주의자는 이데아가 자족이며 베르

자발성(sa libre spontanéité)에 대하여, 사실에 맞건 착각이건 간에, 직접적인 (immédiat, 무매개적인) 감정을 갖고 있는데, 이 표상 속에는 타성의 이념이 어떠한 이유로도 들어오지 않는다(못한다). 그러나 물질의 타성을 정의하기 위해서는 물질은 그 스스로 움직일 수 없으며 스스로 정지할 수도 없다고 사람들은 말한 것이며, 모든 물체(corps)는 다른 힘이 간섭하지 않는 한, 정지나 운동을 계속한다고 말할 것이다. 이 경우에서 필연적으로 활동성이라는 개념(l'idée d'activité)으로 소급하지 않을 수 없다. 위에 든 여러 가지 고찰을 통해 우리는 추상적인 것에 대한 구체적인 것의 관계, 복잡한 것에 대한 단순한 것의 관계, 법칙에 대한 사실의 관계를 이해하는 방식에 따라서, 우리가 **선천적으로**(a priori) 인간활동에 관한 두 개의 상반되는 개념(deux conceptions opposées)에 도달하게 되는 이유를 이해할 수 있다.(DI, 105~06)

우리가 주목하는 것은 여기서 두 가지에 대한 것이다. 두 가지 체계, 두 가지 가설, 두 가지 단순성 그리고 두 가지 이념이다. 베르그송은 둘째 가설 또는 이념의 새로운 철학을 만들고자 한 것이고, 새로운 개념을 생성하고자 한 것이다. 여기서 이념은 베르나르에게서 빌려왔을 것이다.[21]

그송으로서는 아페이론이 자족이다. 여기에서 자연을 보는 시각이 다르다. 전자의 주지주의자들은 자연은 대상으로 밖에 있고 후자의 내재주의자는 자연 속에서(dedans) 출발할 수밖에 없는 필연성이 운명처럼 우리에게 주어져 있다는 점이다. 이 점은 "자연을 따라 살아라!"라는 말에서 스토아주의와 주지주의자가 전혀 달리 자연을 말하고 있다. 전자는 자연 속에서이며 후자는 자연 밖에서라는 의미를 담고 있다. 베르그송의 『도덕과 종교의 두 원천』에서도 마찬가지다. 도덕적 영웅이나 종교적 신비가에 대해서도 그들의 뒤를 밖에서 졸졸 따라가는 것이 아니라 그 속에서(그와 함께) 그들을 따르는 것을 의미한다.

21) 클로드 베르나르(Claude Bernard)는 생명에 대한 사유가 환원 불가능하다고 보았다. 생명 사유에서 '지도이념'(idée directrice)이 물리화학적 현상들을 주재한다고 보았다. 베르그송은 『사유와 운동』 속에 들어 있는 논문 「클로드 베르나르의 철학」(1913), 즉 베르나르 탄생 100주년 기념논문에서 베르나르 철학에서 경험(실험)을 통하여 생명의 형이상학이 성립할 수 있음을 알린다. 이 형이상학에는 두 가지 중요성을 강조했다. 하나는 생명(생성)의 원리(principe vital)가 존재(형상)의 원리와 대등한 형이상학적 (질료)존재론이며, 다른 하나는 이 원리가 형식논리와 수리논리에 버금가는 유기적이고 창조적(위에서 말하는 지도적) 이념(idée organisatrice et créatrice)이라는 것이다.

박홍규도 「피시스 2」에서 자연의 이중성을 설명하고 있다. "희랍어에서 'physis'(자연)라는 말은 영어의 'nature'에 해당하는데, 두 가지 뜻이 있다고 했지? 하나는 동적 이론(dynamic theory)이고 하나는 정적 이론(static theory)이고. 동적 이론은 'physis'를 식물에서 싹이 터서 잎사귀가 나오고 하는 살아가는 힘, 생장하는 힘으로 본다고 했지? 그것이 기초가 된다고 했지? 그리고 또 하나 정적 이론은 그게 아니라 사물의 어떤 고정된 성격, 구조를 'physis'로 생각한다고 했지? 그래서 어원상 두 가지 학설이 있는데 어느 것이 맞느냐는 결정이 나지 않아. …… 초기에 탈레스 같은 이오니아 학파 사람들이 'physis'를 찾았다고 할 때 아리스토텔레스나 버넷(J. Bernet) 같은 사람은 불이나 물처럼 변하지 않는 것, 변하는 것 속에서 변하지 않는 것을 의미한다고 했고, 동적 이론을 따르면 'physis'는 움직이는 힘, 탄생(Birth)을 의미하며 그 반대는 죽음이라는 거야."[22]

이처럼 그리스 철학에서도 자연에 대한 의미의 이중성은 있어왔다.

베르그송은 『의식의 무매개적인 자료들에 관한 시론』에서 일반적으로 알려진 지속 또는 시간의 철학이라는 개념을 창안하였다. 박홍규처럼 자연의 이중성이 얼마나 중요한지를 주목한 학자는 드물다.[23] 사실상 베르그송이 메커니즘 대 뒤나미즘, 공간 대 시간, 분할(분석) 대 흐름(지속)이라는 이중성의 관점을 제시한 것은 단순히 이분법적 사고의 반복적 제시가 아니라 실로 자연을 통일적으로 이해하는 새로운 형이상학의 시대를 연 것이다. 베르그송의 비판은 칸트주의자와 스펜서류에 대한 비판으로 표현되고는 있지만, 사실상 플라톤주의(또는 주지주의)에 대한 비판이다. 주지주의라는 용어는 『창조적 진화』가 출간되자마자 그 책을 읽은 미국의 철학자 윌리엄 제임스(William James)가 사용한 말이다.[24]

---

22) 박홍규, 「피시스 2」, 『형이상학 강의 2』, 277~78쪽.

23) 박홍규의 몇 편 남아 있는 논문들과 강의록에서 자연의 의미에 대한 강조는 아무리 강조해도 지나치지 않다.

24) 1907년 6월 13일자 '제임스가 베르그송에게 보낸 편지'(『잡문집』*Mélanges*, 1972, 724~26쪽). 이 편지에서 첫 문단은 다음과 같이 시작한다. "오! 사랑하는 베르그송, 당신

베르그송이 움직이지 않는 자연의 제일성을 먼저 설정한 것을 두고 착각이라고 하지 않고 순환논증의 오류라고 한 것은 그 문제가 인식론적 차원, 즉 에피스테메 차원임을 강조하기 위한 것으로 보인다. 에피스테메는 추론을 통해 이데아의 본질을 찾는 지성의 방식이 아니라, 흐름 자체 속에서 드러나는 혹은 솟아나는 성질을 표현하는 것이다. 이런 점에서 베르그송에게서 드러나는 양태는 세 가지다. 현존, 성질들, 운동들이 그것이다. 하나의 현존, 두 개의 인식방식 그리고 다양한 운동, 이들이 세 가지 실사(實辭)들(substantifs)이다. 우리가 세 가지 실사들이라고 부르는 것은 유동성인 실재물을 명사로, 변화하는 성질을 명사로, 움직이는 동작을 명사로 한다는 점에서 실사들이라 표현한 것이다.

베르그송은 자연의 제일성을 메커니즘이 아닌 뒤나미즘의 측면에서 생각한 것이다. 그리고 여기서 뒤나미즘은 라이프니츠류의 동력학적 의미의 뒤나미즘이 아니라는 점을 생각해야 한다.[25] 즉 자연의 자기생성과 자기변화가 자연 속에서 일어나는 것이다. 이런 점에서 스피노자가 자연의 자기원인으로서 자기생성을 윤리학에 적용한 것도 마찬가지일 것이다.

지성의 능력에 대한 비판

지성의 능력은 잰다는 기능을 가지고 있다. 재는 단위는 산술적으로 개수를 세는 것이나 기하학적으로 길이를 재는 것뿐만 아니라 연관의 양태들을 다루는 것도 포함한다. 세상을 재는 방식으로 베르그송이 생각하

은 마술가(magicien)이다. 당신의 책은 철학사에서 경탄할 만하며 진정한 기적(miracle)이다. …… (넷째 문단에서) 나로서는 정확히 말하자면 이 책의 본질적 결과는 주지주의에게 치명상을 입혔다는 것을 의심하지 않는다."

25) 에밀 브리에어(E. Bréhier)의 『철학사』(*Histoire de la philosophie*) 제7권 제1장에서도 뒤나미즘은 앞 시대의 개념과 다르다고 강조한다. 그렇다고 생기론도 아니다. 새로운 개념의 생성(conceptualisme)과 닮았다.

는 것은 전혀 다른 방식이다. 산술적이지도 기하학적이지도 않다. 어쩌면 나중에 나온 직관주의자들처럼 위상적으로 단위를 설정할 수 있는 방식일 수 있다.[26) 이 위상적이라는 말은 유동적이고 진동적이며 확장적이라는 의미를 함축하고 있으며, 간단하게 말하자면 시간, 즉 지속이다.

이 자연에 대하여 인식하는 능력을 하나로 가정하여 설명하려는 플라톤주의자의 경우 지성은 자연을 해명하는 방식이다. 이것은 일단 인식적인 것이지 존재론적인 것이 아니다. 이 지성의 인식이 자르고 재는 것에 관해서 베르그송은 제논의 논증을 비판하면서 제논이 말하는 불변의 단위가 부동의 단위가 아니라 운동하는 단위이며, 또한 그 단위는 아무리 작더라도 지속하고 있거나 진동하고 있음을 지적한다. 그 단위의 설정을 자르면 이미 오류를 범하는 것이다. 그래서 이 지성의 인식방식도 순환논증의 오류를 범하고 있다는 것이다. 이 인식능력의 지성은 하나의 방향(sens, 의미)으로 잴 수 있음을 의미한다. 그런데 이 능력이 재면서도 잴 수 있는 경계를 설정하려면, 즉 잘라서 따로 떼어놓을 수 있으려면 바탕을 상정할 수밖에 없다. 이것이 공간이다. 그러나 잴 수 없는 것으로서 바탕이 어떻게 흐름과 운동을 가능하게 할 것인가. 이와 관련하여 베르그송은 권능이라는 용어를 쓴다. 그런데 박홍규는 기능이라는 용어로써 그것을 설명하려 한다. 우리가 보기에 이것은 착오일 것이다.

자연이라는 움직이는 덩어리는 그 자체로 자발성이다. 박홍규도 이렇게 말한다. "자발성의 특징은 비모순성인데 비모순성은 우연성을 통해서 드러나더라." "최초의 능동자의 대상은 이데아가 아니라 베르그송

---

26) "베르그송은 무엇을 재느냐를 묻고, 거기에 어떻게 대답하느냐에 따라서 모든 것이 달라집니다. 그리고 플라톤의 존재론만이 그것에 대한 정당한 대답입니다. 요컨대 서양의 그런 실증과학에 대응할 수 있는 이론은 베르그송에서 끝납니다. 왜냐하면 **플라톤**이 말한 것처럼 사물을 정리할 수 있는 것은 **시간에서나 공간에서나 둘뿐**이에요. 플라톤은 둘 다를 놓았고, **아리스토텔레스**는 공간에서 형상이론(form theory)을 놓았고, **베르그송**은 **시간에서 정리**했습니다. 그 이외에는 없어요"(박홍규, 「고별 강연」, 『형이상학 강의 1』, 54쪽). 형상에서는 나열과 부피라는 속성을 지닌다면 시간에서는 덩어리의 확장, 연관의 다양성으로 단위가 변전하는 것일 것이다.

에서는 아페이론이란 말이야.[27) 방황하는 원인(planomenē aitia)이란 말이야." 또는 "기능은 어디 떨어져 있는 것이 아니라 속에 있어. 그러니까 분화(dissociation)라고 해. 속에서 생명이 분화현상으로 나온다. …… 사실 다(多)에 대해서. 최초의 능동자의 대상은 이데아가 아니라 베르그송에서는 아페이론이란 말이야. 방황하는 원인(planomenē aitia)이란 말이야."[28) 박홍규의 이 말을 곧이곧대로 들으면 베르그송에서 기능은 아페이론 속에 있지 아페이론을 다루려고 하는 데미우르고스에 있지 않다는 것을 의미한다. 달리 말하면 운동하고 지속하는 자체에 자발성이 있고 그 역능이 있다. 이것을 지성의 기능처럼 설명하는 것은 수학의 함수적 기능에 매여 있는 것이다. 베르그송은 이를 기능(fonction)이라 하지 않고 작용하는 권능(puissance d'agir)[29)이라 표현한다. 자연의 자기능력인 셈이다.

박홍규는 이런 기능의 외재화가 문제됨을 알고 있다. "데미우르고스가 지배하려면 사실 플라톤의 『티마이오스』 편에 나오지 않는 것이 그거지? 제작자가 방황하는 원인(planomenē aitia) 속으로 들어가려면 자기가 방황하는 것(planomenē)이 돼야 돼. 일차적으로 돼야 돼. 수용자(hypodochē) 속으로, 타자 속으로 들어가야 돼. 자기가 타자화돼야 돼 …… 일차 그 속으로 들어가야 되니까 기능이 자기 자신의 바깥으로 나간다는 것은 항상 자기 자신이 소외화된다는 얘기야. 그러니까 거꾸로 소외화되지 않는 측면이 항상 나와야 돼. 그걸 뭐라고 말하느냐면 과거의 현재에서 보존, 그게 기억이야."[30) 우리가 보기에 베르그송의 측면에서는 수용자의 자기확장으로서 기억이 인격이다. 왜냐하면 지각과 더불어 이중화로 생기는 추억들은 현재가 앞으로 진행해감에 따라 엉켜서 인격의 정체성을 형성하기

---

27) 박홍규, 「방황하는 원인」, 『형이상학 강의 1』에서 긴 설명을 볼 수 있다.

28) 박홍규, 「『창조적 진화』 강독 11」, 『베르그송의 창조적 진화 강독』, 255~56쪽,

29) 이 개념을 우리는 스피노자에서도 자연의 권능과 같은 의미로 본다. 왜냐하면 번역에서 그렇게 쓰이고 있다. 코나투스는 사유하는 노력을 의미한다. 권능과 노력의 합일로 지속하는 인식이 스피노자의 직관이라 생각한다.

30) 박홍규, 「『창조적 진화』 강독 3」, 『베르그송의 창조적 진화 강독』, 34~35쪽.

때문이다. 이 정체성이 대상에 대해서는 지성이며 자기 자신에 대해서는 직관이다. 인식의 이중성은 항상 지속하는 것이다.[31]

베르그송이 말하는 진화과정을 따라가보면 원초적 의식에서 인식이 발전 도약함에 따라 항상 분화되고 또 수렴되는 가운데 이 과정은 이중화의 길을 걷는다. 물론 자아에서도 마찬가지로 이중화의 길을 걷는다. 인식으로서 능력, 작용하는 권능은 이중화의 방향이다. 데미우르고스의 이중성은 A와 B가 만나는 두 점에서 작동한다는 측면에서 이 인식의 길과 유사하지만 토대가 다르다. 데미우르고스는 이데아라는 가설에서 연역되는 것이다. 베르그송의 인격은 자발성을 토대로 한다는 점에서 다르다. 그런데 베르그송은 이 이중성이 존재의 논의가 아니라 '인식의 논의'이며 '생명의 논의'임을 분명히 했다. 이런 점에서 베르그송의 철학을 이원론이라고 할 경우 데카르트의 이원론처럼 보일 수 있다. 그러나 그것과도 다르다. 게다가 스피노자의 이원론과도 다르다. 작용하는 하나의 권능이 세계를 도구적으로 다루려고 할 때는 기하학적이고, 세상사에 생명적으로 공감할 때는 직관적이라는 것이다. 이 두 가지 방향(le sens)은 자연의 본성, 즉 자연에 따른 인간의 본성과 연계되어 있어서 따로 떨어질 수 없기 때문에 우리가 속성으로 보아야 한다는 것이다. 인격이 지닌 이 두 속성을 베르그송은 자연의 두 질서와 같다고 말한다.[32] 이 자연이라는 현존을 파악하거나 인식하는 방향은 두 갈래이지만 인격과 그 정체성은 하나이다. 두 갈래의 질서가 있음에도 그 인식하는 주재자를 바깥에 두고 하나의 질서

---

31) 과거의 보존은 외적 능동자의 소외라기보다 자기생성이다. 인식이 외부 쪽에서이냐 내부 쪽에서이냐는 자연의 이중성의 관점과 닮았으며, 이 이중의 의미는 다음 시대에 올 분열분석학적으로 파라노이아와 스키조프레니의 설명과 닮았다. 인격성의 형성은 소외라기보다 자기생성과 확장이다.

32) 데카르트의 두 실체를 스피노자는 두 속성으로 보아 실체와 떨어질 수 없는 것으로 보았다. 베르그송도 두 질서는 자연(자발성의 자연)과 떨어질 수 없다. 베르그송이 본 두 속성은 번역관계나 평행관계가 대립이면서 상보 공생관계라 한다. 『정신적 에너지』(L'énergie spirituelle, 1919)의 여러 논문에서 강조하지만, 특히 「현재의 추억과 거짓 재인식」(Le souvenir du présent et la fausse reconnaissance, 1908)은 이 이중성이 마치 기표와 기의처럼 대응도 정합성도 없지만 둘이 동시에 생성하며 다른 방향임을 강조한다.

로 파악하는 주지주의는 자연 속에 이미 질서를 하나의 방식으로 보고 있기 때문에 지성이 파악하는 것만 질서로 보고 나머지는 무질서로 본다. 그것은 전제를 먼저 두고 간다는 점에서 순환논증의 오류를 범하는 것이다. 박홍규는 『창조적 진화』의 강독 여러 곳에서 베르그송 철학을 이원론이라고 언급하고 있다. 기능의 이원론, 즉 인식의 이원론으로 받아들이고 있는 것이다. 베르그송이 두 개의 질서가 있다고 말하는 것은 물질성이 가는 방향이 있고, 생명성이 가는 방향이 있다는 것이다. 전자는 기하학적이라고 하고 후자는 생명적이라고 한다. 이렇게 두 질서는 이중화의 방식을 가지고 있는 인격을 지닌 신체의 경우처럼 한편으로 물질적 규정에 따르고, 다른 한편으로 생명적 권능에 따라 끊임없이 자기확장을 한다. 박홍규는 이 둘이 거울을 앞에 두고 대립적으로 보이지만 베르그송에게서는 인격의 인식은 항상 지각과 추억을 **동시에** 만드는 것임을 누누이 강조한다.

박홍규는 자연의 자기 수용성과 능동성이라는 이중성을 인정함에도 불구하고 가설적으로 있는 이데아를 진정으로 있는 것으로 생각했던 것 같다. 사실 이데아가 가설인만큼이나 베르그송의 흐르는 지속도 가설이다. 이 가설로부터 출발한다는 점에서 베르그송은 일원론자인데, 베르그송에서 이데아의 세계는 자연이 외화되어 심리적으로 투영되어 있는 기호 또는 상징의 나열에 지나지 않는다. 정신분석학적으로 이데아들은 기표에 해당하며 그것은 실재성과 아무 관계도 없고, 또한 그 내용으로서 기의와 대응하지도 않고 정합성도 없다. 이런 점에서 보면 베르그송의 가설도 이념이긴 하지만, 자연 내부에서 생명존재가 살아간다는 것을 부정할 사람은 아무도 없을 것이다. 그러나 학문하는 사람으로서 이데아 세계와 같은 자연에 인격들이 실재로 현존한다고 믿을 사람은 없을 것이다.

몇 가지 점에서 박홍규는 이데아를 실행하는 데미우르고스적 기능을 매우 중시한다. 수학적 기능의 정의구역도 한계 내에서의 설명이다. 그것은 공간의 실용성과 논리성을 인정하는 것인데, 베르그송도 그 공간을 형식적 공간 또는 논리적 공간으로 이해한다. 그러나 동시에 베르그송은 그것은 실재하는 것이 아니라 인간의 사유를 위한 정신의 산물임을 해명하고 있다.

그럼에도 박홍규는 이원론이라는 용어를 쓰고 있는데, 그것은 인식론의 이원론을 의미하는 것으로 봐야 할 것이다.[33] "요컨대 수동성과 능동성은 다르다는 이원론이야. …… 베르그송은 바로 질이 능동자에 대해서 반발한다는 것과 또 하나는 도와준다는 것, 두 개를 가지고 나간다 말이야. 도와준다는 측면에서 프래그머티즘이 성립하거든. …… 플럭스 이론(flux theory)", "이건 대단히 중요해. 베르그송은 절대 일원론이 아니야. 잘못하면 일원론으로 해석하는데, 그게 아니라 수동성과 능동성의 이원론이다", "베르그송은 이원론이고. 여기 'diminution'(축소) 같은 말 때문에 베르그송이 일원론이란 말을 듣는다는 거야. 사실 베르그송은 일원론이 아니야. 일원론으로써는 도저히 설명이 안 돼"("『창조적 진화』강독 8」, 『베르그송의 창조적 진화 강독』, 188쪽).[34] 여기서 수동과 능동의 설명은 베르그송에서 자연의 인식에 대한 '두 질서'와 동의어로 받아들일 수 있다. 그러면 압축과 이완, 상승과 하강, 확장과 축소, 능동과 수동, 나아가 한 질서와 다른 무질서 등은 상황에 따른 설명이라는 것을 알 수 있다. 인문학적으로 여기 하나에는 선이라는 관념을, 다른 하나에는 악이라는 관념을 세뇌시킨다면 골치 아픈 현실문제가 생긴다. 또한 그것을 모순 대립하는 것으로 싸우게 하면 참으로 난감해진다. 현실에서 인식의 두 방향은 이원적인 것이 아니라 인간 현존의 두 속성이라 할 것이다. 그러한 이해를 통해서 다양한 모두스 비벤디(modus vivendi)가 가능할 것이고 각각의 인격 또한 진정으로 자유를 획득할 것이다. 베르그송의 자유가 바로 그러한 양태가 아닐까?

박홍규는 자연의 실재성과 두 개의 다른 인식적 원리(우리에게는 속성

---

33) 베르그송에 심층 자아론은 현존의 일원론, 발전적 자아론은 인식의 두 질서론, 확장적 자아론은 양태의 다양체론으로 볼 수 있다(류종렬, 박사학위 논문).

34) 박홍규, 「『창조적 진화』강독 5」, 『베르그송의 창조적 진화 강독』, 54~55쪽; 「『창조적 진화』강독 6」, 『베르그송의 창조적 진화 강독』, 97쪽; 「『창조적 진화』강독 8」, 『베르그송의 창조적 진화 강독』, 188쪽.

으로 보임)를 학문적인 방식으로 인정한다. 베르그송은 스피노자나 데카르트처럼 두 속성을 실체로 상정하지 않기 때문에 일원론으로 볼 수 있다. 일원론의 기초를 자연 자체로 보았다는 점에서 스피노자와 닮았다. 박홍규는 이렇게 말하고 있다. "그러니까 일원론이 아니라 **베르그송의 원칙으로 보면 삼원론이야.** 질(quality)하고 기능(function)하고, 아니 운동의 수동성(passivity)하고 능동성(activity)하고 그리고 질하고. 요컨대 에이도스하고 작용인하고 아페이론이야. 베르그송은 에이도스의 객관성만 없애버렸어. 플라톤이든지 어느 철학이든지 이 세 개는 다 같아. 언제든지 거기서 출발해. 질이 있고, 운동도 있고, 운동의 능동성과 수동성이 있다. 여기서 출발하는데, 다만 이것을 설명할 때 에이도스 갖고 하느냐, 기능을 갖고 할 것이냐, 혹은 둘을 다 놓느냐. 이 문제만 남아. 형이상학은 요컨대 세 개 이상 없어. 그러니까 플라톤은 『티마이오스』 편에서 에이도스하고 데미우르고스하고 둘 다 놓았다. 아리스토텔레스는 움직이지 않는 일자가 있는데, 운동을 전부 그리로 종속시켰다, 목적론이고. 베르그송은 자발성(spontanéité)으로 움직이지 않는 것을 종속시켰다. 이 세 개의 구조 이외의 다른 형이상학이 나올 수가 없어. 만약에 실증과학과 연결되는, 다시 말하면 동일성(identity)을 취급하는데 동일성은 아까도 말한 바와 같이 아페이론하고 일자가 쭉 연결되는 사이에서만 있는 것이지, 딱 떨어져서는 없어. 끊으면 안 돼. 끊으면 실증과학하고 관계가 다 끊어져. 그러니까 실증과학에 가정(hypothesis)을 줄 수 있는 형이상학은 세 개밖에 없어."[35]

그렇다면 베르그송에서도 3원론이라 불릴 수 있는 부분이 있을까? 베르그송의 사상을 일별해보면 상식적으로 원리라고 말을 쓰지 않는 한, 세 가지 방식으로 설명하는 틀이 분명 존재한다. 베르그송의 양태론이 그것이다. 우리가 앞에서 말했듯이 제4장 '언어의 고착화'에서 베르그송은 명사, 형용사, 동사, 이 세 가지를 실체적인 것으로 쓰고 있다.

---

35) 박홍규, 「『창조적 진화』 강독 8」, 『베르그송의 창조적 진화 강독』, 188쪽.

하나의 자연, 두 질서, 여러 양태(언어적으로 세 가지 실사들)

자연은 끊임없이 자기운동 한다. 그 가운데 자기생성에는 두 가지 권능(하강과 상승)이 존재한다고 말한다. 자연 속에서 생성된 생명체, 그 진화과정의 한끝에는 지성을 지닌 인격이 있고, 다른 한끝에는 본능(직관)을 지닌 곤충이 있다. 생명체는 이 두 가지 권능을 가지고 있으나, 인간은 그 중 직관보다 지성을 더 발달시켰다. 지성은 삶의 유용성을 위해 언어를 발달시켰고, 또한 기하학적 공간을 사용하는 논리와 과학을 발전시켰다. 즉 베르그송이 말하는 사회적 삶에서 상식, 언어, 과학은 같은 방향의 인식이다. 지성의 역할이 막힐 때 본능(직관)을 되살려야 한다는 것이다.

박홍규는 혼재된 자연, 즉 흐름(flux)에서부터 두 개의 기능이 나온다는 설명을 자주한다. 이미 말한 자발성을 흐름에 넣었을 경우 발생하는 과정은 간단하게 A와 B 두 가지이다. A에서 지성성이 B에서는 물질성이다.

그런데 이 플럭스 자체를 이렇게 쪼개놓아. 쪼개면 이 공간좌표가 나오고 동시에 시간좌표가 나와. 이렇게, 응? 그러니까 플럭스 자체는 공간좌표와 시간좌표가 나타나기 이전의 상태? 그렇지? 그런데 플럭스를 쪼개놓으면 동시에 공간도 나오고 시간도 나와. 그런데 문제는 쪼개기 위해서는 공간성과 시간성이 동시에 들어가야 될 것 아니냐, 이런 이론이 분명히 나오지? 다시 말하면 공간하고 시간이 별개로 있고, 그것이 화해(concordance)하는 데서 쪼개져야만 될 것 아니냐. 그런 이론이 되지? 그런데 베르그송은 그렇게 되지 않는단 말이야. 무엇이 쪼개느냐? 다시 말하면 시간이 쪼개느냐, 공간이 쪼개느냐가 문제야. 두 개가 들어가느냐, 하나가 들어가느냐? 그러니까 이것은 정지이고 시간은 동적(dynamique)인 거야. 공간은 정지표가 나왔어. 그러니까 이 쪼개는 것이 무엇이냐 하면 첫째 단위(unité)가 쪼개. 베르그송은 『시론』에서 뭐라고 말하느냐면 진정한 단위(unité)(통일성, 제일성, 인격성)에는 부분이 없다. (이 문장과 다음 문장은 별개이다.) '부분이 없다'는 말은 내가 넣었어. 부분이 없으니까 다른 타자가 그 속에 침투할 수 없다. (플라톤의 이데아처

212

럼 이 동일성의 자족적 단위에는) 'impénétrabilité'(불가침투성)라는 말을 써. 쓰지? 진정한 단위는 그리로 침투를 못하니까, 그 단위가 있는 곳에는 다른 것이 들어올 수 없어. 그 단위의 한계는 딱 정해져 버려. 그러니까 단위가 들어간다는 것이 'sectionner' 한다는 것이다. 그렇게 나왔지? 베르그송 이론 갖고, 응? 베르그송 이론을 이용해서만 얘기해. (/) 그러면 이제 학문에서 취급하는 단위는 무엇이냐, 그러면 동일성(identité)에서 취급하는 단위야. 그 말은 이 구체적인 사물에 연관된 단위가 동일성이라는 얘기야. 기독교에서 말하는 초월적인 단위가 아니라. 그러니까 동일성이 나타나는 방식이 무엇이냐면 하나는 정지체에서 나오고 하나는 운동에서 나오고. 정지체에서 나올 때는 질(qualité)이라 하고 …… 운동에서 나타날 때는 기능(function, puissance d'agir)이 돼. 질로 쪼개면 정적인 구조가 먼저고, 운동은 시간은 그에 따라가고, 기능이 먼저 쪼개면 시간이 먼저고, 공간은 거기에 따라가고. …… (/) 그런데 지금 문제는 기능(영혼의 뾰족점, puissance d'agir)이 어떻게 쪼개느냐는 문제야. 여기 전부 이 문제야. 물질을 지금 기능이 어떻게 쪼개느냐는 문제야. …… 요전에도 말한 바와 같이 가령 이렇게 A가 있다면 A의 타자화로 가야 운동이 돼. 타자화로 가야 되는데 타자화로 가지 않는다는 것은 불가능하지? 그러니까 그것은 비가역적이니까, 불가능이니까. 만약에 현실로 이루어진다면 불가능을 통해서 이루어지니까 가능이라고 해. 그것을 디나미스라 하지? 힘(power, force)이라고 그러지? 비결정성(indétermination)도 모두 그 속에서 나타나. 우연(contigence)도 그렇고. 베르그송은 그걸 상승이라 하고, 밑으로 가는 것은 하강이라고 하지.[36]

이를 좀 더 구체적으로 설명하면 A에서는 사유로서 형식과 형태가 그리고 B에서는 성질이 발생한다. 흐름에서는 중재자나 생산자로서 데미우르고스가 따로 필요하지 않다. 그렇다면 간단히 말해 실체로서의 흐름과,

---

36) 박홍규, 「『창조적 진화』 강독 7」, 『베르그송의 창조적 진화 강독』, 113쪽. ( )는 내가 첨가한 것이고, (/)는 문단 나누기 표시이다.

흐름이 아직 자기표출을 다하지 않은 상태로서의 두 가지 속성이 있다고 가정해볼 수 있다. 즉 실체와 두 개의 속성, 세 가지이다. 그런데 실체는 여전히 움직이는 운동으로서 동사의 역할을 한다. 그리고 두 속성에서 하나는 형상으로, 다른 하나는 형상에 떨어질 수 없는 성질로 이해할 수 있다. 베르그송은 『물질과 기억』에서 이 두 가지를 추억과 지각의 발생으로 설명하고 있다. 베르그송은 『창조적 진화』 제4장에서도 생성을 실체적으로 보면 세 가지라고 말하고 있다.[37]

베르그송에서는 실체로서 유동하는 흐름의 덩어리가 있고, 이것은 자기권능에 의해 자기생산으로서 두 가지 속성, 즉 물체와 성질을 가지고 있다. 동사가 먼저 있고 그 지각의 대상이 되는 형용사가 있으며 성질을 담고 있는 명사가 있다. 베르그송은 언어를 습득하는 순서도 이 순서이며 망각의 순서가 그 역순이라고 말한다. 그리고 이러한 세 가지 실체적 개념을 형성하는 것을 베르그송은 개념주의(conceptualisme)라고 한다. 그런데 베르그송이 표현하지 않은 것이 있다면, 이 세 가지를 한꺼번에 지지하고 있는 것이 다름 아닌 '우리 몸'(notre corps)이라는 것이다. 움직임과 형태, 길이 등을 가지면서도 색깔 감정과 정서 등을 지니고 있는 몸은 세 가지 실체적 표현이다. 어쩌면 동사와 명사, 형용사의 실질적인 통일체로서 우리 몸은 자연의 표현이다. 베르그송은 몸도 이미지이며 우주 전체도 이미지라고 말한다. 우리가 앞의 설명에서 자아라는 것이 A와 B의 경계에서가 아니라 경계가 없는 성운 같은 우주에서 마치 작은 성운처럼 있다고 가정한 것과 같은 방식이다. 베르그송의 이런 발상도 그 당시 전자기학의 발달에 힘입었다는 것이다. 자기장은 경계로 설명할 수 있거나 입자로서 설명할 수 있는 것이 아니라 파동 또는 진동으로서 설명되는 것이다.

---

37) 베르그송은 자기 의도에 따라서 이렇게 표현했다. "ㄱ) 성질들, ㄴ) 형태들 또는 본질들, ㄷ) 작용들이라는 세 종류의 표상들에 이른다. / 이 세 가지 관찰방식에 언어의 세 가지 범주가 대응한다. 그것은 언어의 원초적인 요소들인 **형용사들**(adjectifs), **실사들**(substantifs), **동사들**(verbes)이다. 『창조적 진화』(*EC*, 303)—위에서 우리가 설명방식을 좀 바꾸어놓았다.

우리가 구성(구축이 아니라 음악의 작곡과 같은 의미로)하는 것은 베르그송이 앞 시대와 전혀 다른 철학적 사유를 했다는 점이다. 베르그송은 우리의 철학적 사고가 (신)칸트학파와 스펜서에 이르기까지 플라톤화되어 있다고 비판한다. 그는 이것을 전도된 심리학이라고 표현하고 있다. 들뢰즈는 전도된 심리학이라는 것을 철학의 전복으로 표현하고 있다. 이런 논의를 하기 위해서는 플라톤의 선분 도식도 동심원 안에서 설명하는 방식이 필요하다. 플로티노스에 대한 설명도 마찬가지이다. 이 점에 대한 논의는 다음으로 미루고 여기서는 생략할 것이다.[38]

문제는 의식(생명)이 물질성(무기력성)과 타협하여 나온 생명체가 철학의 자료로서 주어진다는 점이다. 이 생명체는 물질과 생명이라는 이중성을 지니고 있지만, 그래도 통일성(une unité, 하나의 단위)으로서 인격이라는 정체성을 지니고 있다. 이것이 사회와의 연관에서 어떻게 그 인격을 유지하고 활동하며 공감하고 공동체에서 자기정체성을 발휘할 것인가는『도덕과 종교의 두 원천』에서 해명되고 있다. 베르그송은 생명의 지속성을 설명하면서 영원하다는 말을 사용하지 않고 존속한다(survivre)는 말을 쓰고 있다. 부동의 영원성이 아니라 지속하는 존속으로서 생명의 발현은 우리가 보기에 자연 자체와 연결이 끊어지지 않은 채 자연이 있는 한에서 존속할 것이라는 것이다. 이것은 다른 동물이나 식물 그리고 모든 생명체들에서도 동일하게 유추할 수 있다. 즉 그들의 경우에도 부분들이 자연 전체

---

38) 윤구병,『철학을 다시 쓴다: 있음과 없음에서 함과 됨까지』, 보리, 2013. 그는 플라톤과 플로티노스에 대해 도표를 그려가며 설명한다. 우리는 나중에 베르그송과 스피노자가 이 두 고대철학자들과 어떻게 다른지를 설명할 기회를 갖길 바란다. / 베르그송은 닫힌 원이 없다. 열린 원으로서 성운과 같고, 그 안에 양태로서 성립하는 두 가지 질서가 있다. 하나는 물체이고 다른 하나는 의식(생명)이다. 의식과 물체는 두 가지 방식의 인식에 의해 그 본성이 드러난다. 물체는 지성의 기하학적 방식인 데 비해 의식은 직관의 생명적 방식이다. 베르그송은 일자의 중심 불이라는 측면에서 플로티누스를 닮았지만, 바깥으로 드러나는 측면에서 원주에 드러나는 측면과 달리 그 원 속에서(dedans)에서 자기집중(능동성)으로 생명성을 지니는 것과 생명성을 지니지 못하는 양태들이 있는데, 이들은 동전의 양면과 같다. 하나의 현존은 두 가지 속성으로 드러난다. 그런데 생명은 자기를 능동적으로 유지하려는 작용권능이 있어서 지속적으로 유지하려 한다. 그래서 생명이 영원하다고 하지 않고 잔존한다(survivre)고 표현한다. 생명체와 물체는 여러 가지 양태들의 대표명사인 셈이다.

(l'unité)와 떨어질 수 없는 지속인 것이다.[39]

그런데 생명체로서 인간과 인간의 관계는 또 다른 거대한 문젯거리이다. 그러나 사회를 구성하는 인간이 어떠한가에 대한 베르그송의 견해를 간략히 살피는 것으로 우리의 논의를 마무리해야 할 것 같다. 사회 혹은 무리를 구성하는 방식이 어떠한가에 따라 그 속에 있는 인격은 다르다. 그럼에도 전 지구라는 측면에서 인간의 인격은 하나의 통일성을 지니고 있다고 볼 수 있다. 이 통일성이 자연 자체의 흐름에서 오는 것임을 깨닫고 행위하는 자야말로 탁월한 자라 할 것이다. 그러나 이러한 자는 드물고 실행 또한 쉽지 않다. 그래서 베르그송은 그런 사람을 신비가라고 한 것이다. 이 신비는 『미륵하생경』(彌勒下生經)에서 말하고 있는 것처럼 모든 백성이 부처가 될 때까지 노력하는 것과 닮았다.

베르그송의 출판된 모든 글 중 마지막으로 기술된 아래의 글을 보면 그와 같은 일이 매우 어려운 것임에도 그 자신은 매우 낙관적으로 생각하고 있음을 엿볼 수 있다. "우주의 본질적 기능은 신들을 만드는 기계이다" (la fonction essentielle de l'univers, qui est une machine à faire des dieux).[40] 베르그송의 책들은 모두 로마교황청 교리성 금서목록에 올라 있는데, 이 마지막 글 하나만으로도 그 이유가 단순히 그의 사상의 반주지주의적 성격 때문만은 아님을 알 수 있다.[41] 베르그송은 기나긴 기간 동안 우리의 무의식

---

39) 행동이 이루어지는 미래 또는 외부와의 관계에서 두 가지 갈림길이 있을 수 있다. 하나의 행동은 다른 길로 갈 수 없다. 그렇게 지나온 과정의 흐름도 다른 길로 갈 수 없다는 점에서 필연이다. 이 필연에는 모순이라는 논리를 적용할 수 있다. 그러나 인격의 작용은 과거를 항상 뒤에 달고 미래를 잠식하는 과정이다. 이 이중적 과정의 필연성에서 둘 사이는 모순이 아니라 항상 새로운 생성, 즉 변증법적일 수밖에 없다. 전자의 가지치기에는 배중률을 적용할 수 있으나 후자의 이중화에는 배중률이 없다.

40) 『도덕과 종교의 두 원천』(MR, 제4장, 338쪽)의 마지막 구절. 이 책의 제4장을 설명해야 신들(dieux)이라는 말이 장-자크 루소(Jean-Jacques Rousseau)의 인민들(peuples)이라는 점을 알게 된다. 이는 '시천주'(侍天主)라는 의미가 백성을 하늘처럼 모시는 것이라기보다는 백성들이 신들처럼 살아가는 세상이라 본다.

41) 1907년 교황칙령(l'encyclique Pascendi)에서 이른바 '근대주의'를 65개 명제로 단죄했다. 정식 명칭 "Pascendi Dominici Gregis"인 이 칙령의 부제는 '모더니즘 오류에 관한 교

속에 자리하고 있던 철학적 자연주의를 즐겁게 끌어내 '노력과 실행'이야말로 새로운 생성(devenir), 즉 환희(la joie)라는 것을 세상에 알리고자 했던 것이다.

황 성(聖) 비오 10세의 회칙서한'(Lettre encyclique du pape saint Pie X sur les erreurs du modernisme)이다. 이 칙령이 베르그송에게도 경고로 다가왔을 것이다. 베르그송은 『창조적 진화』의 마지막 구절에서 그 당시의 네오토미즘이 과거 토미즘처럼 주지주의로 향한다고 비판했다.

제8장

박홍규 철학에서의 '아리스토텔레스의 우시아'

김재홍

1

플라톤의 『일곱째 편지』 정신에 비춰보면[1] 많은 '말'을 남기는 것은 큰 악일 수 있다. 진리는 우리의 말과 글에 있기보다는 형이상학적 세계라는 추상적 공간상에만 있을 뿐이다. 그렇다면 플라톤은 자기모순에 빠져들고 말았다. 자신이 거부하려는 언어의 세계 속에 갇혀버리고 말았으니 말이다. 이것도 플라톤의 숙명일 수밖에 없을 것이다. 저 존재의 세계 속에 들어 있는 그 자체적인 것들을 얘기하려다 보니 다시 우리 사유의 모상인 언어를 끌어들이지 않을 수 없었을 테니까. '큰 책은 큰 악'(mega biblion, mega kakon)일 수 있으나 많은 말은 큰 악일 수 없을 것이다. 인간이 호모 사피엔스인 한, 사유를 말로 형언하지 않는 일은 결코 있을 수 없기 때문이다.

대화의 형식을 빌린 서양 고전의 대표적인 것은 소크라테스를 앞세운 플라톤의 저서이다. 헬레니즘 시기의 에픽테토스(Epictetos)의 저서도 대화록이었고, 그 저작을 기록한 사람은 그에게서 강의를 들은 제자인 아리아

---

1) 플라톤, 『편지들』, 344c-d.

누스였다. 그 후에도 이런 대화적 전통이 있기는 해도 철학적 담화를 본격적으로 철학작업으로 삼는 경우는 드물었다. 플라톤의 저작에서 볼 수 있듯이 대화형식의 글은 철학적으로 여러 장점을 가지고 있다. 우선적으로 내세울 수 있는 장점은 논의의 주제가 살아 움직일 수 있다는 점이다. 생동적이고 역동적이라는 것은 때와 장소를 가리지 않고 주제의 변전이 사유의 흐름에 그대로 내맡겨질 수 있다는 특징을 가진다. 누가 어떤 질문을 했느냐에 따라 한참 다른 주제로 흘러가다가도, 또 다른 물줄기를 만나면 다시 새로운 주제로 포섭되어 등장하기도 한다. 이런 다양한 사유의 흐름을 담을 수 있다는 장점은 고스란히 단점으로 되돌아올 수도 있다. 그러나 누가 그 대화의 주인공이냐, 즉 누가 그 대화의 물줄기를 틀어쥐고 있느냐에 따라 그 대화의 흐름은 유려할 수 있고, 바람이 일지 않는데도 흐트러질 수 있다.

대화의 진행은 항해하는 것과 같다. 선장이 방향키를 놓치게 되면 철학이라는 주제를 실은 배는 그만 방향을 잃고 난파하게 될 수도 있다. 그러니 그 급한 물살을 잘 다스릴 수 있는 키를 잡은 선장의 역할이 매우 중요하다. 이 선장의 일은 아무나 할 수 있는 것이 아니다. 그만큼 노련하고 힘든 수고(philoponos)를 거친 숙련이 필요하다. 배에 함께 타고 있는 손님들도 못지않게 중요하다. 선장의 적절한 키질에 따라 제대로 항해할 수 있도록 도와주는 일은 선원들의 몫이고, 손님들은 항해에서 떨어지지 않도록 수준을 유지하는 것이 그 몫이다. 선원들의 능력이 탁월해야 노련한 선장의 말을 잘 알아들을 수 있어서 그의 지시와 암묵적 약속에 따라 거친 물살을 헤치고 제대로 배를 목적지에 안착시킬 수 있다.

박홍규라는 함선에 승선해 철학이라는 배의 안전한 항해를 도와주는 역할을 맡은 선원들의 노련미는 『박홍규 전집』의 전체적인 방향을 잘 잡아주고 있다. 대화로서 철학함은 항해하는 것과 같다. 종국의 목적지에 도달하기 앞서 중간 기착지를 거치면서 대화의 전개는 무르익게 마련이다. 그 대화의 숙성을 도와주는 선원들의 면면이 드러나기 시작하면 선원들의 철학적 기질과 다양한 관심사가 나타나고, 상호토론이 벌어지기도 하며,

냉랭한 지적인 전선이 형성되기도 한다. 그러다가도 노련한 선장의 일사불란한 지휘는 분분(紛紛)한 논의를 한데 모은다. 그러는 과정 자체가 옆에서 들여다보는 관객인 손님들마저 긴장시켰다가도 긴 안도의 숨을 내쉬게 하기도 하는 것이다. 이런 철학적 항해의 참맛이 '박홍규 전집 대화편'을 읽는 묘미이다. 손님으로 하여금 높은 파도를 만나면 어떻게 하나 하는 극도의 긴장과 두려움을 풀어주면서 목적지로 나아가는 선장과 선원들의 철학적 능력이야말로 독자인 손님이 만끽할 수 있는 철학적 즐거움이다.

『박홍규 전집』을 통해서 얻게 되는 그 철학적 즐거움은 대화의 형식에만 있는 것이 아니다. 더 중요한 것은 그 내용이다. 전집의 형식은 혹자가 보기엔 촌스러울 정도로 투박해 보일 수도 있을 것이다. 형식이 내용을 포장하는 것이 아니라 내용이 형식을 포장해주어야 한다. 더구나 『박홍규 전집』의 실질적 내용이 '형식적 논리'를 이야기하는 것이 아니라 높은 차원의 '형이상학'을 강의하고 있으니 말이다.

2

박홍규 사상의 많은 부분 중에서 논란의 여지 없이 누구나 받아들일 수 있는 것은 그가 가장 기본적인 '철학의 정신'을 규정한 대목이다. 박홍규의 철학적 방법을 경직된 지적 작업이 아닌 한, 또는 주입된 것으로 취급하지 않는 한, 그의 '학문방법론'이라고 이름 붙여도 큰 잘못은 없어 보인다. 박홍규에게서 철학의 정신은 "데이터에 입각하지 않은 학문은 없고 철학도 데이터에 기반을 둔 철학"[2]이어야 한다는 것이다.

학문의 출발을 '데이터'에서 출발한다고 보는 박홍규에 따르면 "철학이란 모든 이론에 앞서서 프라그마인[3] 데이터에서 출발하여, 그 데이터를

---

2) 데이터에 대한 자세한 논의는 최화, 『박홍규의 철학』, 이화여자대학교출판부, 2011, 제6장 「인식론의 재정립」 참조.

학문적으로, 어떤 철학체계로 정리해보고, 그리고 그것을 다시 반성해보는 학문이다. 모든 개별과학이라는 것은 데이터가 가지고 있는 그 고유한 성격(quality, 즉 특성) 때문에 여러 학문으로 나누어진 것이고, 그 데이터를 어떻게 정리하느냐에 따라서 또 나누어진다."[4] 요컨대 탈레스(Thalēs)가 철학자라고 기록될 수 있는 근거는 그에게 주어진 사물들, 즉 주어진 데이터의 총체 속에서 관계가 무엇인가를 반성한 사람이기 때문이라는 것이다.

박홍규의 학문방법론을 요점적으로 정리하면 학문이란 주어진 것을 1) 데이터로 받아들여, 그것을 2) 정리하고, 3) 반성하고, 그로부터 학문의 탐구가 목표로 하는 4) 이론을 획득하는 것이다. 여기서 1단계에서 4단계의 과정까지를 '추상화' 과정이라고 부를 수 있다.

추상이라는 것이 도대체 뭐야? 데이터에서 출발해서, 그 속에 들어 있는 것을, 어떤 요소들을 추상(abstract)해내는 것이지. 그 추상의 출발점은 데이터야.[5]

요컨대 학문의 출발이 데이터가 아니라 '추상적인 존재'에서 출발하게 되면 잘못될 수 있다는 것이다. 데이터 없는 추상적 존재규정은 무의미(nonsense)할 뿐이다. 데이터를 떠난 '추상적 존재규정'이 옳은지 그른지의 여부는 주어진 데이터에 조회해봄으로써 결정될 수 있다.[6]

이 이론화 과정 자체가 학문방법이 되어야 한다는 것이 박홍규의 기본적 생각인 셈이다. 또한 이 학문방법은 모든 대상 그리고 그것에 관련된 모든 주제에 대해 적용될 수 있는데, 가령 '존재란 무엇인가'를 논하려면

---

3) 박홍규의 『형이상학 강의 2』에 실린 「아리스토텔레스의 우시아」에서 보충해 첨가하였다.

4) 박홍규, 「고별 강연」, 『형이상학 강의 1』, 13~14쪽.

5) 박홍규, 「아리스토텔레스의 우시아」, 『형이상학 강의 2』, 15쪽.

6) 같은 글, 18쪽.

우리에게 직접 주어진 'pragma', 즉 "'이 데이터'에 대해서 존재라는 것이 무엇을 규정하느냐는 데서 출발해. 다시 말해 이 데이터에서 존재가 공통적으로 무엇을 뜻하는지를 추상화해 가지고 다시 데이터로 되돌아오면 존재에 대한 성격을 올바르게 규정"[7]된다는 것이다. 이 점은 시간이나 공간이 무엇인가를 묻는 경우에도 동일하게 적용된다.

요컨대 극단적 추상화 과정이 끝난 단계에서 우리는 이론을 만들어내게 된다. 그런데 학문은 존재를 고스란히 보여주는 것이다. 아리스토텔레스의 용어를 빌리면 우시아, 즉 '사물의 진상'을 있는 그대로 드러내는 것을 목표로 하는 인간의 정신적 활동이다. 정작 문제는 '존재 자체가 증명이 안 된다'는 점에서 우리의 난점이 생겨나게 된다. 앞서 추상화 과정을 거쳐 최후에 얻게 된 '그것'을 통해 우리가 선 자리로 다시 돌아와 '존재일반'을 그것에 적용했을 경우 학문이 성립하게 되는 계기가 이루어진다. 추상화 과정을 거쳐 떨어져 나온 것은 '초월적' 성격을 가진다. 이 필요조건을 가진 것만 데이터에서 규정되지 않았던 존재가 그 존재로서 규정되게 된다. 어쨌거나 데이터에 토대를 두지 않는 존재규정은 무의미한 것이고 학문의 탐구대상이 되지 못한다.

만일 우리가 앞에서 설명한 네 단계를 철학의 탐구방법에 적용하면 하나의 '실제적 탐구방법'이 될 수 있다. 학문은 증명(apodeixis)을 목표로 하는 것이지만 '존재 자체'는 증명될 수 없다. '아포데익시스'는 말 그대로 '무언가를 드러내줌'을 의미한다. 이것은 '**어떤 근거에서**'를 제시할 수 없다. 증명은 일종의 존재들의 관계맺음 속에서만 성립하는 것이다. 그러므로 증명 이전에 존재에 대한 규정이 이루어져야 한다. 그것을 일구어내는 절차는 이런 순서로 이루어진다.[8] 즉 1) 데이터를 받아들여, 2) 정리하고, 3) 반성해서, 4) 이론을 획득한다.

여기서 정리한다는 것은 '잰다'는 말이고, 만일 "재지 않는다면 모든

---

7) 같은 글, 15쪽.

8) 박홍규의 철학적 방법론에 관한 자세한 논의는 최화, 앞의 책, 제3장 참조.

사물에 대한 정확한 지식은 없고, 주관적임을 면할 수 없다는 것입니다. 사물을 정량적으로 재야 됩니다. 잰다는 것은 또한 그것이 되풀이될 수 있다는 것을 의미합니다. 재어진 것과 재어진 것 사이에 일정한 관계가 있고 그것이 되풀이될 때, 우리는 그것을 법칙이라 합니다"[9]라고 한다. 우리에게 (기하학적 예로서) 주어진 데이터는 연장성 속에 들어 있고, 물리적 세계 속에 들어 있다. 그럴 경우 우리는 실제로 잴 수도 있고, 경험을 통하여 되풀이되는 것은 수학적으로 추상적 공간에서 법칙화해서 잴 수도 있다. 물리적 세계에서 재는 것과 기하학적 차원에서 재는 것 그리고 형상으로서 재는 것에는 차이가 있다. 이 차이는 데이터가 성립하는 공간이 어디냐에 따라 달라진다. 그러므로 법칙으로서의 원인과 그것을 설명해주는 원인은 다를 수밖에 없다. 대상의 차이는 존재방식에서 드러나지만 대상의 존재방식을 묻는 것, 즉 존재론은 항시 그 대상의 존재이유를 물어야 하는 원인론(aitiology)일 수밖에 없다.

데이터의 차이에 대한 원인을 묻는 것, 왜 차이를 가져오느냐를 묻는 것이 철학함에 있어서 중요한 작업이다. 나아가 이를 토대로 이 세계에 존재하는 다른 사물들의 '질서'를 정리하는 일이 뒤따른다. "존재론이라는 것은 추상적이지만 사실은 그렇게 함으로써 우주의 각 사물의 기본적인 자리매김(classification)이 거기서 가능하고, 우주 내부에 있어서의 각 사물의 위치를 정의(definition)의 차원에서 정하려는 것"[10]이다. 정의 차원에서 각각의 개별과학이 완성될 때 비로소 존재론은 완성된다. 그리스의 경우 개별과학의 성립 이전에 일반론인 존재론이 선행한다는 점이 그 특징이다. 박홍규는 데이터가 가지고 있는 그 고유한 성격 때문에 여러 학문으로 나누어지는 것으로 보고, 개별과학마다 주어지는 데이터에 입각해야 주관적 견해나 사상 차원을 넘어 학문의 위치를 점유할 수 있는 것으로 보고 있다.

---

9) 박홍규, 「고별 강연」, 『형이상학 강의 1』, 17~18쪽.

10) 같은 책, 27쪽.

3

여기서 잠시 눈을 돌려 아리스토텔레스와 박홍규의 철학적 방법론을 비교해보기로 하자. 아리스토텔레스의 학문 탐구방법[11]과 박홍규의 철학적 방법은 외견적으로 매우 유사한 것처럼 보인다. 그러나 우리는 그 외형적·논리적 구조에 머물러서는 안 된다. 아리스토텔레스의 방법을 '언어(논리적 개념)를 통한 철학적 탐구의 수행'이라고 한다면 '철학은 데이터 그 자체가 어떻게 성립하느냐'를 문제삼는 것으로 본 박홍규의 철학적 방법은 그 어떤 언어적·역사적·사회적 전제 없이 주어진 실증적이고 구체적인 데이터로부터 시작된다. 양자 간의 가장 큰 차이는 주어진 것(데이터)을 **무엇으로 또 어떤 것**으로 받아들이느냐에 있다. 즉 데이터의 성격에서 드러난다. 아리스토텔레스의 경우 데이터는 인간의 언어와 깊은 연관관계를 맺는다. 데이터가 주어져 있다는 것은 그것에 대한 어떤 아포리아(aporia)를 인식하는 것이고, 그 아포리아는 인간의 전통과 관습 그리고 사회적 공동체에서 형성된 인간의 믿음과 연관을 맺고 있다. 이를 아리스토텔레스는 엔독사(endoxa)라고 부른다.

박홍규는 플라톤과 아리스토텔레스에서의 데이터의 성격과 특징에 대한 차이에 대해 이렇게 말하고 있다.

아리스토텔레스는 사람이 있으면 그냥 사람이지, 늙은 사람, 누구누구의 아들, 어디서 온 사람 등으로 말하지 않습니다. 아리스토텔레스에서는 그냥 사람이에요. 왜냐하면 아리스토텔레스에 있어서는 늙은 사람이니, 젊은 사람이니, 어디서 온 사람이니, 누구 아들이니 할 적에, 그 젊다느니, 누구 아

---

11) 엔독사로부터 시작하는 아리스토텔레스의 '개념 분석적 변증술'의 방법을 말한다. 이에 해당하는 가장 대표적인 예는 『니코마코스 윤리학』 제7권 제1장, 1145b2-7이다. 여기서 사용된 주요 명사(名辭)는 'tithenai' 'diaporein' 'deiknunai'로서 이 명사들이 담지하는 주요 철학적 의미는 '규정하고'(찾아내고) '난제를 철저히 논의하고' '밝히는'(증명하는) 과정이다.

들이니 하는 것은 전부 사람에 대해 우연적인 속성이기 때문에 학문에서는 별 가치가 없다는 것이죠. 그러니까 그런 것들을 다 빼버립니다. 다시 말하면 아리스토텔레스가 말하는 데이터라는 것은 벌써 아리스토텔레스의 체계(system)에 의해서 추상화된 데이터입니다. …… 그러나 플라톤의 데이터는 그렇지 않습니다. …… 고유명사의 입장에서 데이터가 주어집니다. 철학적인 데이터라는 것은 개별과학적인 데이터와는 달리 모든 데이터의 총체를 의미합니다. …… 우리의 추상적인 사고가 하나도 들어가지 않는 상태에서부터 데이터를 이해합니다. 그러니까 실제 여기 있는 개별적인 누구인데, 몇 살 먹은 사람이고, 누구의 아들이고, 돈이 있고, 서울대학교에 다니는 사람으로 나오지, 아리스토텔레스처럼 그냥 사람, 그냥 집, 그냥 개로 나오지 않습니다. 이것이 플라톤에 있어서의 데이터의 특징입니다.[12]

아리스토텔레스의 철학적 입장에서 볼 때 우연적인 속성은 학문에서 별 가치가 없다는 아리스토텔레스 철학적 입장에 대한 박홍규의 해석을 받아들일 수 있을 것인가 하는 점에는 의문의 여지가 남아 있다. 우리가 궁극적으로 추구하려는 것은 우연적인 것을 넘어서는 본질적인 것이지만, 대뜸 본질적인 것 혹은 보편적인 것이 우리에게 주어지지는 않는다. 그렇다면 우리는 본질이 무엇인지를 말할 수 있고 그것을 찾을 수 있는, 나아가 우연적인 것과 본질적인 것을 가리는 방법과 기준이 무엇인지를 알아야만 비로소 진리와 지식에 도달할 수 있게 된다. 왜냐하면 아리스토텔레스 철학의 경우 그것을 찾아나가는 과정 자체가 학문함이기 때문이다. 그렇다면 우연적인 것을 기술할 수 있는 방법이 필요하다. 바로 이쯤에서 우리는 언어와 실재와의 관계를 드러낼 필요성을 깨닫게 된다.

학문의 '탐구'와 '연구'에 해당하는 아리스토텔레스의 언어는 'theoria' 'methodos' 'pragmateia' 등이다. 이 용어들은 서로 교환될 수 있는 말들이고 동일한 의미를 가진다.[13] 이 말들이 함축하는 바는 탐구를 직접적으로 수

---

12) 박홍규, 「고별 강연」, 『형이상학 강의 1』, 14~15쪽.

행하는 '에네르게인' 자체(활동 자체)가 아니라 '에네르게인'을 통하여 획득된 결과들, 즉 그것들이 축적된 지식이든 아니면 전문가들 같은 특정한 사람들의 견해이든 관찰된 사실들의 모음이든 간에 그것들을 토대로 참과 거짓을 밝혀보는 학문활동이라는 것이다. 그렇기 때문에 우리는 철학함의 활동을 하는 경우 관찰된 사실(phainomenon)과 말해져온 바(legomemenon)를 검토하여 우리가 관심을 가지고 있는 주제를 정확하게 설명할 수 있는지를 연구한다. 이런 의미에서 학문활동을 한다는 것은 '정의'를 내리는 활동이다. 우리의 진리추구 출발점은 항시 주어진 것으로부터 이루어져야 한다. 주어진 것은 우리의 개념체계를 벗어난 중립적인 것일 수 없다. 그러므로 그 축적된 사실들은 늘 '우리의 언어(개념)체계'로부터 독립된 사실일 수 없다. 이런 의미에서 아리스토텔레스의 엔독사들은 이론-의존적(theory-laden)일 수밖에 없다.

4

아리스토텔레스 철학에서 가장 논란이 많은 작품은 『형이상학』일 것이다. 『형이상학』에서 논의되는 주요 주제는 아리스토텔레스가 말하는 바대로 "옛날이나 지금이나 언제나 탐구대상이 되고 언제나 의문거리인 것, 즉 '있는 것은 무엇인가'(ti to on)라는 물음은 '실체란 무엇인가'(tis he ousis)라는 물음"[14]이다. 또한 제12권 첫머리에서 우리의 이론은 실체에 대한 것이고, 탐구되는 것은 실체들의 원리들과 원인들이라고 밝히고 있다. "온 세계가 일종의 전체를 이루고 있다면 실체는 그 첫째 부분이고, 만일 계열을 이루고 있다면 이런 경우도 역시 실체가 첫째가는 것이고, 그

---

13) D. M. Balme, Aristotle's *De Partibus Animalium* I and *De Generatione Animalium* I, Oxford, 1985, p. 70.

14) 아리스토텔레스, 『형이상학』 제7권 제1장 첫머리.

뒤에 성질이 오고 그 다음에 양이 오기 때문"이라고 말하고 있다. 아리스토텔레스가 형이상학에서 묻고 있는 존재자로서의 존재자(being qua being, on hei on)의 물음은 결국 '실체란 무엇인가'라는 물음으로 환원된다.

실체에 대한 여러 의견이 있을 수 있지만, 실체가 물체에 속한다는 것은 분명한 것처럼 보인다. 자연물 일반, 천체들을 실체로 간주할 수 있다. 하지만 좀 더 생각해본다면 여기에 어떤 의문이 일어난다. 이런 것들만 진정한 실체인지, 다른 어떤 것도 실체인지 하는 의문이다. 점, 선, 면은 실체인가? 아리스토텔레스는 이것들이 물체나 입자보다 더 높은 수준의 실체라고 말한다. 플라톤의 형상들과 수학적인 것들은 또 어떤가?

아리스토텔레스는 실체의 네 후보자로 본질(to ti ēn einai), 보편자(katholou), 유(genos), 기체(hypokeimenon)를 내세운다. 그러면서 아리스토텔레스는 『형이상학』 제7권 제3장에서부터 후보자를 하나씩 검토하면서 실체의 속성과 그 면모를 밝혀나간다. 본질, 보편자, 유는 각각의 실체(ousia hekastou) 또는 각 사물의 실체(ousia tou pragma)라는 의미에서 실체의 후보자이다. 기체는 『범주론』에서 문장의 주어 노릇을 하는 의미에서 실체 개념이라 할 수 있지만, 후보자 중에서 '기체'는 아무런 내용이 없는 질료(hylē)에 합당한 것이기 때문에 단번에 아리스토텔레스에 의해 기각당하고 만다. 보편자 역시 제7권 제13장에서 "보편자는 어떤 의미에서도 실체가 아니다"라는 주장으로 아리스토텔레스는 그 후보자로 기각하고 있다. 유력한 후보자로 검토되는 '본질' 개념에 대한 논의는 제7권 제4장에서 제12장까지에서 중심과제로 떠맡겨진다.

실체에 대한 아리스토텔레스의 본격적 논의는 『범주론』에서부터 시작되었다. 그런데 『범주론』에서 시작된 우시아에 대한 논의의 바탕 위에서 전개된 우시아 개념에 대한 정의가 일관적인지, 다시 말해 두 저작에서 설명되고 있는 우시아 개념이 서로 동일한 연장선상에 있는지, 아니면 발전론적인지, 그도 아니면 서로 무관한 것인지에 대한 논란이 벌어지고 있다는 것은 잘 알려져 있다. 『형이상학』의 도처에서 언급되는 "존재는 여러 가지로 이야기된다"(to on legetai pollachōs)는 상투적인 표현은 너무도 익숙하다. 존재의 의미가 다양하다는 아리스토텔레스의 생각은 사물들의 범주를 통해 서로 구별된다는 점을 말하는 듯하다. 우리가 사용하는 문장 내지 명제들을 구성하는 말들의 근본적인 분류도 존재의 분류와 맞물려 들어간다고 말할 수 있다. 『범주론』에서 논의되는 범주들과 나머지 개념들이 근본적으로 이 존재하는 사물(프라그마)로부터 떼어놓고는 생각될 수 없다. 이런 점에서 아리스토텔레스의 『범주론』의 논의는 인간이 사용하는 언어구조, 즉 사유구조가 존재자들의 구조를 반영하고 반성하는 관계 맺는다는 점을 잘 보여준다고 하겠다.

5

박홍규의 '아리스토텔레스의 우시아'에 대한 이야기의 긴 출발은 이렇게 시작된다. 그는 먼저 아리스토텔레스의 형이상학 이론에서 중요한 것이 '개체이론'이라는 점을 지적한다. 그리고 아리스토텔레스의 이 두 저작에서 이 문제를 논의하고 있지만, **충분하게 설명하고 있지 않다는 불만을 터뜨리며**[15] "지금부터 내가 얘기하는 것은 그것에 대한 나의 생각"이라는 점을 명확히 하고 있다. 우리는 박홍규의 아리스토텔레스 우시아론을 이해하고 해석하면서 이 점을 놓쳐서는 안 된다. 다시 말해 여기서 논의되는 우시아론은 '아리스토텔레스를 이해한 박홍규의 우시아론'이라는 점이다. 주의를 환기하고자 한 마디 더 하자면 아리스토텔레스의 우시아 논의를 통해 아리스토텔레스의 형상이론이 가진 한계와 난점을 지적하려는 데에 박홍규의 명백한 의도가 있음을 염두에 두고 이 글을 읽어나가야 한다는 점이다.

---

15) 아리스토텔레스의 '우시아론'에 대한 박홍규의 '불만'을 기억해둘 필요가 있다(1986). "아리스토텔레스의 질료, 개체이론이 어디가 잘못되었는지는 나중에 이야기해"(박홍규, 「인식과 존재」, 『형이상학 강의 1』, 246쪽). 이 약속에 맞춰—지금 우리가 검토하는—'아리스토텔레스의 우시아'에 대한 논의는 1988년에 이루어진다.

(테이프의 예를 들어) 개체(individuum)에 대한 정의를 요약하면 다음과 같은 조건을 만족하는 것이다.

1) atomon: 쪼갤 수 없음
2) hen arithmō: 수적으로 하나임
3) chōris: 떨어져 있음

이 규정은 아리스토텔레스의 'tode ti'(이 어떤 것)[16]에 딱 들어맞는 것이다. 아리스토텔레스는『범주론』(1b6)에서 "쪼갤 수 없고 수적으로 하나인 것(ta atoma kai hen arithmō)은 주어(기체)에 대해서 말해지지 않는다"라고 말한다. 이에 정확히 해당하는 것이 고유명사 '박홍규'일 것이다. 박홍규는 쪼갤 수 없다는 것은 통일되어 있다는 것이고, tode ti가 고유명사와 관련되며, 이것은 다시 아리스토텔레스의 기술적 용어로 hekaston, ta kath' hekasta(개별자)임을 지적한다. 이 통일된 것이 우시아이고, 이를『범주론』제5장에서는 제1실체(prōtē ousia)라 부르며, 통일의 계기를 에이도스(형상), 본질(to ti ēn einai)이라고 하고, 제1실체 이외의 다른 범주들에 서술되는 것으로서 제2실체(deutera ousia)를 'eidos'(종)와 'genos'(유)로서 설명하는 박홍규의 설명적 구도는 아리스토텔레스의 설명방식과 잘 맞아 떨어진다.

정작 박홍규가 문제삼고자 하는 것은『범주론』에서의 '제1의 존재'가『형이상학』에서는 왜 형상이나 본질로 나오느냐 하는 것이다. 사실 두 저작에서 우시아에 대한 논의의 차이는 많은 학자들에게 '뜨거운 감자'로 논란이 벌어지는 사항이기도 하다.[17] 개체를 우시아로 보았던『범주론』에서는 플라톤에서 벗어났다가 제1실체를 '형상'으로 보는『형이상학』제7권

---

16) 일단 원문대로 번역어를 사용함.

17) 이 논란이 벌어지는 문제를 해결하고 화해하려는 시도들이 여러 고전학자들에 의해서 이루어졌다.

이하에서의 실체에 대한 아리스토텔레스의 철학적 입장을 플라톤으로의 '회귀'라고 말하는 학자도 있다(G. E. L. Owen).

박홍규는 우리가 당장 논의해야 할 과제를 다음과 같이 정식화하면서 이렇게 묻는다.

> 어째서 한편에서는 전체인 개체를 'ousia'라 하고, 그리고 이것이 가장 으뜸되고 또한 제1차적인 존재라고 하고, 다른 한편에서는 또 형상을 제1 존재라고 하느냐? 내가 그것에 대한 내 견해, 그것이 성립하기 위한 조건을 밝히려는 거야.

6

그렇다면 아리스토텔레스에게서 '존재'란 무엇인가? 이 물음에 답하기 위한 절차와 방법 역시 앞서 정리한 바와 같이 박홍규의 '일반적' 철학 방법론에 따라 작동되어야 한다. 즉 데이터를 받아들여, 정리하고, 반성해서, 이론을 획득하는 방법이다. 박홍규의 철학정신에 따라 단적으로 말하자면 그 어떤 경우에도 '존재 그 자체', '존재일반'에 대한 증명(apodeixis)은 있을 수 없다. 따라서 '존재의 물음'은 우리에게 주어진 '이' 프라그마, 이를테면 이 책상 위에 놓여 있는 '이' 테이프라는 개체에 대한 '존재'가 무엇이냐는 것에서 출발해서 추상적인 여러 존재규정을 끄집어내고, 그것을 정리한 다음 단계적으로 물어져야만 한다.

이 점을 좀 더 명확하게 부연해보자. 학문(epistēmē)의 목적은 대상의 본성(physis)을 명확히 드러내는 데 있다. 대상의 본성을 밝히는 것은 그 사물의 진상 내지는 존재(ousia)를 밝히는 작업이다. 그런데 '데이터' 없는 존재의 유무(有無)를 묻는 것은 아무런 의미가 없다. 따라서 구체적인 데이터를 떠난 '존재'는 아무런 의미가 없다는 것이다. 박홍규의 철학적 물음의 의도는 '무엇'이 있고 나서 '이다' '아니다'를 논할 수 있지, 주어진 것 없이 '이다 혹은 아니다'(ist oder nicht)의 규정성을 논하는 것은 무의미하다는 것이다. 요컨대 이 점은 박홍규 철학의 출발인 데이터 정신에 입각하는 주장이다. 아리스토텔레스적으로 말하자면 으뜸되는 '제1실체'가 정립되고, 그 후에 제1실체와 나머지 술어들(kategoriai)의 관계가 세워지게 되며, 그에 따라 존재의 의미가 물어질 수 있다는 말일 것이다.

데이터에 입각한 이러한 학문정신에 충실히 따르자면 시간이란 무엇인가 하는 물음에 대해서도 똑같이 말해져야 한다. 운동 없는 시간은 존재할 수 없고, 데이터 없는 운동은 있을 수 없다. 따라서 시간을 성립시키려면 데이터를 운동시켜야만 할 테니까!

7

박홍규에 따르면 아리스토텔레스의 우시아에 대한 규정은 추상적인 것으로 아리스토텔레스에게서 존재라 함은 '다(多)와 운동의 세계에서 존재한다'는 것이 무엇인가를 묻는 것이다. 이것은 운동을 부정하는 제논의 논변에 대한 논박을 전제한다. 다시 말해 이는 운동 가능성을 성립시키는 공간을 필요로 한다.

그러면 공간은 어떻게 성립하는 것인가? 존재와 무(無)가 만나는 한계에서 모순이 성립한다. 그 한계를 끊고 넘어서는 것이 연속성이다. 연속성은 "생성(됨, Werden) 속에서만 성립하고 한 번에 주어지지 않으며 과정(process) 속에서만 주어지는 것이다." 한 사물이 연속성 속에서 주어진 경우 그 사물이 존재하기 위해서는 '끊어짐'이 있어야 한다. 한 사물의 변화는 연속성의 끊어짐이 있어야 성립한다.

예를 들면 A에서 B로 움직인다고 할 때 B로 변하기 직전까지를 우리는 연속성이라 한다. "A에서 B로 갈 때 B 직전에 이르기까지는 변하지 않는 측면과 또 B로 들어가는 순간에 변하는 측면, 이 양 측면이 서로 구별되지 않는 상태에서 주어지는 것이 순수한 과정이야. 그런데 그것이 딱 끊어지면, 서로 비교될 수 있잖아? 그 변하지 않는 측면을 잘라서 볼 때 무수히 많은 잘라진 부분들이 동시에 공존(共存)할 수 있어. 그것을 공간이라고 해."[18]

공간이론과 형상

공간이란 무엇인가? 먼저 박홍규는 플라톤의 chōra 개념을 끌어들여 아페이론과의 연관을 고찰한다. chōra는 플라톤에 따르면 '형상의 흔적(ichnē)이 그대로 남아 있는 곳'을 의미한다. 이것은 변화 속에서도 변하지 않는 측면이다. 이 점을 설명한다는 것은 "무한정자(아페이론)에서 존재가 드러날 때 그 무한정자의 성격이 무엇"인지를 밝히는 작업으로 환원될 수밖에 없다. 그렇다면 무한정자는 무엇인가? 그것은 무적(無的)이기 때문에 원칙적으로 어떤 영향을 주지 않지만 어느 정도는 영향을 주는 '정도'가 있어야 한다. 간과하지 않아야 할 중요한 사실은 무(無)와 아페이론의 차이는 아페이론이 '정도의 차이'를 인정한다는 점이다. 무(無)는 어떤 사물에 대해서도 영향을 미치는 것이 아니다. 아페이론이 가지는 정도의 차이 때문에 영향을 주는 정도가 달라지고, 따라서 정도가 있다는 것은 '연속성'이 있다는 것을 의미하며, 이것이 바로 공간의 특징이 된다. 다시 말해 무한정자, 즉 무질서한(ataktos) 운동 속에서는 과정이 들어가고 이 과정 때문에 A가 B로 변하는 것에 '영향을 미친다'고 말하는 것이다.

한편으로 '공간'이란 그 속에서 그 연속성이 아무런 영향을 미치지 않는 것인지라, 운동이 빠져버린 것이다. 그렇지만 여기에도 그 운동이 영향을 미치는 정도의 차이가 있을 수 있다. 그 공간에는 위계질서가 있어서 맨 위에는 어떤 것에 의해서도 영향을 받지 않는 플라톤의 형상의 공간이 있다. 다음으로 논리적 사유(logismos)의 공간으로 자체는 어떤 영향을 받지 않지만, 사물과 결합(koinōnia)할 수 있다. 이어서 이에 대응하는 물리적 공간(세계)은 물, 불, 공기, 흙의 네 요소(要素)들이 입체(sōma)로서 그 자

---

18) 박홍규, 「아리스토텔레스의 우시아」, 『형이상학 강의 2』, 41쪽.

체로 있으면서 비례에 따라 조화를 이루는 것이다. 그 다음 단계로는 흔적만 남아 수시(隨時)로 수없이 변하는 공간이다.

또 물리적 공간과 추상적 공간을 구별하고 있는데, 박홍규에 따르면 추상적 공간에서는 존재자들이 자기동일성을 유지하면서 타자와 관계를 맺을 수 있는 곳이다. 그러나 이 추상의 맨 끝에 이르면 관계를 맺을 수 없는 존재자들이 드러나는데 이것들이 바로 플라톤의 에이도스이다. 플라톤이 '형상'의 존재를 규정하기 위해 변화하지 않는 것에서 그것을 찾는 까닭은 그러한 공간에서 찾는 것이 가장 용이했기 때문이다.

그런데 형상이란 무한정자에게 영향을 받지 않는 극한치이다. 공간에서 운동이 빠져버리면 사물을 구성하는 여러 질들이 분리되어 독립되고 만다. 이것이 바로 **형상의 세계**이다. 이 세계에서는 운동이 빠져 있기 때문에 모든 존재자들의 질이 해체되고, 해체된 것들은 서로 간에 앞뒤 없이 연속되어 있게 된다.

아리스토텔레스의 입장에서는 플라톤의 형상들이 사물들을 해체시키는 셈이다. 앞서 언급했듯이 아리스토텔레스는 다(多)를 받아들인다. 그렇다면 아리스토텔레스에게서 다(多)가 존재한다는 말이 무슨 의미인지를 파악해야만 한다. 그렇다면 이 말은 다시 아리스토텔레스에게서 '존재'란 무엇인가를 묻는 셈이 된다. 이쯤에서 우리는 박홍규의 학문방법론을 다시금 기억해둬야 한다. 지금 그가 묻고 있는 것은 아리스토텔레스의 존재, 즉 우시아란 무엇인가이다. 출발은 우리의 눈앞에 있었던 다(多) 가운데 하나인 '개체로서의 테이프라는 데이터'였다. 그는 "'이 데이터'에 대해서 존재라는 것이 무엇을 규정하느냐는 데서 출발해, 다시 말해 이 데이터에서 존재가 공통적으로 무엇을 뜻하는지를 추상화해 가지고, 다시 데이터로 되돌아오면 존재에 대한 성격이 규정된다"라고 말한다. 이러한 방법을 통해 우리는 존재일반에 대한 추상화 과정을 거쳐 형상에 대한 의미규정을 얻은 셈이다. 이제 다시 우리가 출발점으로 삼은 이 데이터, 테이프로 돌아와야 한다. 이 이론화 단계에서 박홍규의 전체 '추상화' 과정 속에

서 우리가 제시했던 아리스토텔레스의 우시아에 대한 학적인 규정이 이루
어져야 하는 것이다.

> 우리 학문은 형상들을 모아서 실제로 우리가 출발했던 데이터로 다시 돌
> 아와야 돼. 문제는 거기에 있어. …… 이 사물에서 출발했어. 이제 이 사물로
> 다시 돌아와야 돼. 형상도 이 사물로 다시 돌아와서 이 사물을 구성해야 돼.
> 그래야 그 이론이 맞아.[19)]

주어진 데이터로부터 출발해 존재일반에 대한 물음에서 "정리하고, 반
성해서" 앞서와 같은 '형상'에 대한 입장을 정리했으니 '형상이론'의 출
발점이 되었던 이 사물을 어떻게 '구성'하는지를 제대로 설명해야 우리가
'추상한' 이론이 올바르게 맞아떨어지는지의 여부를 판가름할 수 있게 된
다는 것이다.

8

아리스토텔레스의 형상이론

아리스토텔레스의 존재(이론)에서 가장 중요한 점은 다(多)가 하나로
되어야 한다는 것과 수적으로 하나여야 한다는 것이다. 따라서 아리스토
텔레스의 존재이론은 어떻게 해서 하나 속에 다(多)가 존재할 수 있는지
를 설명하는 것이어야 한다. 그 하나가 되는 방식, 그 하나에 접근하는 방
식이 바로 범주이론이다.

플라톤과 달리 아리스토텔레스에게는 모든 것의 형상이 동일한 차원
에 있을 수 없다. 또 본성상(physei) 형상은 같을 수 없다. 아리스토텔레스
의 경우 존재내용으로서의 형상이 무한정자와 관계 맺을 때에는 그 위계

---

19) 같은 글, 46쪽.

질서에 따라 존재의 성격이 달라진다는 것이다. 무슨 말일까? 언어적으로 말하자면 존재자들은 명사, 형용사, 부사적으로 말해질 수 있다. 자연계에서 어떤 것들은 본래 혹은 본성적으로 명사로 있을 수 있는 것이 있고, 따로 독립적으로 존재하는 것이 아니라 고유명사에 대해서만 부차적으로 의존해 존재하는 것들이 있다. 이 점은 아리스토텔레스의 범주이론에서 언어적으로 주어 노릇을 하는 우시아를 제외한 나머지 술어들은 우시아에 의존해 존재한다는 것을 말하는 것이다. 이 점이 명사와 동사로 이루어지는 플라톤의 'logos'와 명확히 다르다. 그는 이렇게 말한다.

> 아리스토텔레스 『범주론』은 그렇지 않아. 명사, 동사, 형용사, 부사 다 들어가면서 복잡하거든. 왜 그런 이론이 나오는가 하면, 존재가 분할될 때, 플라톤에서는 다 형상으로 나아가니까 모두 똑같지만, 아리스토텔레스에 있어서 그렇지 않기 때문이야. 아리스토텔레스에서는 각각이 각 층을 다 메워준다는 거야. 다시 말하면 위계질서에 따라서 각 사물의 성격이 달라진다는 거야. 근본적으로 명사로서만 성립할 수 있는 것이 있고, 형용사, 부사로서만 성립하는 것이 있고, 또 동사로서 성립하는 것들이 있어. 서로 다르다는 거야. 그래서 그것들이 뭉쳐서 **하나가 되어야 한다**는 거야.[20]

따라서 하나가 된 개체는 떨어짐(분리, chōris)의 조건을 만족시켜야만 한다. '이' 테이프하고 '이' 책이 서로 영향을 받지 않고 끊어져 있다는 것이 바로 떨어짐이다. 존재자 중에는 떨어져 존재할 수 없는 수많은 존재자들이 있다. 즉 명사로 표시될 수 없는 것들은 다른 형용사나 부사로 표시되는데, 이것들은 중간적인 위계질서 속에 들어가는 것들이다. 사물의 측면에서 구별되어 나온 것들을 우리는 'body'라고 부르고, 본래적으로 이렇게 분별되어 독립된 것을 **자연적 입체**라고 말한다. 이런 입체들은 자기동일성을 유지하게 되는데, 그곳에서만 본래 명사로서 성립할 수 있는 '자기

---

20) 같은 글, 48쪽.

동일적 형상'이 드러나게 된다. 나머지 것들은 그것에 달라붙어 있게 되는 것이다. 이것들이 우연적 속성(symbebēkota)이다. 달라붙어 있는 것들은 늘 변할 수 있는 성격을 가진다.

왜 아리스토텔레스는 이렇게 통일된 측면을 보려고 했을까? 다(多)이면서 어떻게 하나일 수 있을까? 어떻게 공간들이 그것들을 연결해줄 수 있을까? 아리스토텔레스에게서 수(數)나 선(線) 같은 수학적인 것들은 추상물(exaireta)이다. 이를 『형이상학』에서는 '질료 없는 사유대상'(noema aneu hylē)이라고 부른다. 아리스토텔레스에 따르면 수학적인 것들은 플라톤적 형상의 공간에서 따로 독립적으로 존재하는 것이 아니라 생성의 세계, 즉 감각의 세계와 형상의 세계를 매개하는 것으로 존재한다. 다시 말해 이것은 이 두 세계가 연결되어 있다는 말이다. 플라톤과 달리 "아리스토텔레스에 있어서는, 자연의 세계에서 수가 따로 떨어져서 그 자체만으로 실재해도 그건 의미가 없다는 거야. 수는 항상 감각적 수와 더불어 있어. 형상도 질료(matter), 무한정자와 함께 더불어 있어. 그것을 'synholon'(결합된 전체)이라 불러. 플라톤에서는 'metechein'(분유)이지만 아리스토텔레스에서는 'synholon'이야. 더불어 있어. **그래서 하나가 되면 그것이 바로 개체야.**"[21]

이제 이 개체는 한정된 우주라는 유한한 세계 속에서 하나의 좌표로 고정될 수 있게 된다. '이' 테이프는 '이' 책상 위에 있고, '이' 책상은 '이' 방안에 있고, '이' 방안은 과천 안에 있는 식으로 마침내 우주 안에 있게 되는 것이다. 결과적으로 이 테이프는 고유명사로 나오게 되는데, 바로 이것 하나가, 'tode ti'인 것이다. 한정된 공간 속에서 모든 사물은 'tode ti'로서 지시할 수 있게 된다. 고유명사로서의 개별성과 관련해서 'tode ti'에 대한 학문은 존재하지 않는다. 'tode ti'에는 무한한 내용이 들어가 있으니까. 'tode ti'로서 나와 당신이 다른 것은 개인이 가지는 체험이 다르기 때문이다.

그런데 박홍규에 따르면 결국 아리스토텔레스에게서 존재(넓은 의미

---

21) 같은 글, 50쪽.

에서의 '우시아')는 두 개가 있다는 것이다. 파르메니데스에게는 존재나 무(無)의 관점에서 질료를 포함한 모든 것이 존재(on)이다. 그런데 존재와 무(無)의 모순을 넘어설 때 과정과 연속성이 나오고 그 속이 무한정자로 있게 되는데, 플라톤에게서 이 무한정자는 존재도 무(無)도 아니지만 아리스토텔레스에게는 '존재 차원'에서만 보기 때문에 무(無)는 없는 것이고 존재로만 나아가게 된다. 그렇게 되어 "존재냐 무(無)냐의 관점에서 보면" 형상이나 질료나 우연적인 것들(symbebēkota)은 모두 존재가 된다는 것이다. 이렇게 볼 때 아리스토텔레스에게는 개체만 제1존재(prōtē ousia)가 되지만, 플라톤의 경우 '자체적인 것'으로서 형상만 '제1존재'가 된다.

"그러니까 아리스토텔레스에서는 존재가 두 개 나와. 하나는 무(無)에 대해서 존재이고, 하나는 생성에 대해서 존재야. 생성에 대비될 때는 존재의 의미가 달라져. 그럴 때는 '형상'이 제1존재야. 제1존재가 갈라져, 단 이 이야기는 내 해석이야." 이 말을 어떻게 이해해야만 하는 것일까? 아리스토텔레스의 경우 '존재'라는 말은 이중적으로 사용되는데, '있지 않음'(비존재)에 대비되는 넓은 의미에서 형상, 질료, 우연적인 것들 포함하는 모든 것이 '존재 1'이고, 자연의 영역, 생성의 영역에서는 오직 '형상'만 제1존재가 된다는 것이다. 이것을 또한 '존재 2'(ousia)라고 말한다. 이렇듯이 아리스토텔레스의 경우 존재는 '여러 가지 방식으로' 이야기될 수 있다. 박홍규는 이 점을 분명하게 설명할 수 없다면서 "『형이상학』에서는 제1존재인 에이도스(eidos, 형상)가 모든 사물, 즉 개체를 '둘러싸고' 있어. 'peri'라는 말을 썼지"라고 말한다. 이렇게 되어 개체가 불가분적(atomon)인 일자(一者, to hen)로 성립한다는 것이다. 바로 이것이 제1존재라는 것이다.

그렇다면 이제 '무엇이' 한 사물을 개체로서 정확히 규정해주는가 하는 문제가 남게 된다. 달리 표현하자면 이 말은 '무엇이 이렇게 입체(sōma, body)로서 딱 독립시켜 오려내 주느냐' 하는 문제이다. 그것은 (그 사물을) 하나의 입체로 만들어주는 원인인 운동이 그 속에 들어 있어서 그렇게 되었다고 말하는 것이다. 그러나 그 속에 들어 있는 운동(kinēsis)은 '일자로서의 형상'으로만 향하게 하는 일방적(一方的) 운동이다. 일차원적으로 한

선만을 향해 나아가는 운동인데, 이 운동은 형상을 향해 나아가기 때문에 우리는 이것을 목적론(teleology)이라 부른다. 여기서 드는 의문은 이런 것이다. '형상'이 능동자로서 사물을 오려내 주는 능동적 역할(agent)을 하지 못하는 것이고, 단지 개체를 둘러싸고 통일시켜주는 기능만 한다는 점일 것이다. 이 생각은 어쩌면 에이도스의 원래 의미로서 개체를 개체로서 존립하게 해주는 '꼴' 내지는 형태(morpē)의 역할을 말하는 것으로 이해된다.

요컨대 박홍규의 (아리스토텔레스의) 존재이론에 따르면 자연적 입체(natural body)들을 각각의 존재로 따로 떨어져 나와 존재하게 하는 것은 그것을 둘러싸고 있는 '형상'이 해주는 것이고, 그 내부에 있는 운동은 다만 그 사물의 본성(physis)에 따라 '형상'으로, 즉 그 목적으로 나아가게 하는 것으로 단지 목적론적인 단선적 운동으로 이해될 수 있다. 형상은 결코 운동의 원인일 수 없는데, 이는 "형상은 움직이지 않는 것으로 공간에서 성립하는 것이고, 운동에서 벗어나는 극한치"[22]이기 때문이라는 것이다. 이 점을 강하게 주장하는 박홍규의 입장에선 생명체에서 운동원리가 되는 형상으로서의 'psychē'는 일단 무시하는 것으로 이해된다. 그는 "『영혼론』을 읽어봐도 그것(우시아?)이 생물인지, 무생물인지 구별이 안 돼. 그것이 특징이야. 개체이론은 감각적 사물에서 출발"[23]한다고 말하고 있다. 이런 점을 고려할 때 아리스토텔레스의 우시아론을 논하는데 박홍규는 단지 감각적 대상으로서의 자연적 입체인 '개체'만 데이터로 삼고 있는 듯하고, 생물학에서의 '영혼에 대한 우시아' 논의는 제쳐놓고 있는 듯하다.

지금까지의 박홍규의 논의를 요약하면 이렇다.

플라톤에서 형상이란, 본래 이 테이프를 분석해보면 색깔이니, 크기니, 테이프니, (모양이니) 하는 것들이 분석되어 나오고, 그것들이 하나의 형상(mia

---

22) 같은 글, 61쪽.

23) 같은 글, 73쪽.

idea)으로서 동일한 위치에 선다는 것을 말한다. 그러나 이것들을 한데 모으면 어떤 것은 명사로, 어떤 것은 형용사로 (언어적으로) 표현된다. 아리스토텔레스에 따르면 본래적으로 명사인 것하고, 형용사적인 것은 서로 다르다. 이것들은 생성의 세계에서 형상으로 비약할 수 없다. 그 중간단계를 모두 메워야 한다. 본래 최후에 있는 것은 명사로서만 성립하고, 그 중간의 것들인 형용사와 부사 등, 즉 우연적인 것들은 운동과 정지의 관계를 가진다. 이것들이 명사인 것에 달라붙어 하나의 개체를 형성하게 된다. 독립적인 존재로 존립하게 된다. 그래야 형상이 성립한다. 형상은 개체의 자기동일성을 확보해주는 것이다. 형상이 사라지면 자기동일성도 사라지고 만다.

그러면 누가, 무엇이 오려내 주느냐? 형상은 정적인 것이므로 작용자의 역할을 할 수 없다. 또 운동이 그렇게 할 수 있을 것 같지만 그렇게 하지 못한다. 운동은 그 속에 들어가 있기에 형상으로 향하는 운동에 지나지 않는다. 운동이란 질료가 현실성과 가능성을 통해 형상으로 가는 것이다. 질료란 늘 항상 가는 도중에 있는 것으로 그 도중에 대해서는 '개체적인 것으로 하강한다'는 말밖에 할 수 없다.[24]

그럼 누가, 무엇이 잘라내는 작용자의 역할을 하는 것인가? 사람인가? 인공품에 대해선 그렇다. 그러나 자연물에 대해서는 잘 맞아떨어지지 않는다. 이에 대해 이태수가 제시한 생명체의 '영혼'이 그런 역할을 한다는 반론도 박홍규는 받아들이지 않는다.[25] 아리스토텔레스가 우시아의 예로 열거한 것은 생명체, 생명체의 부분, 물·불·공기·흙과 같은 네 요소들, 인공물 등이다. 그럼에도 생명체의 경우 '영혼'이 이러한 작용자의 역할을 하지 못한다는 것이다. 박홍규는 이 모든 우시아에 공통적으로 적용되는 존재일반에 대한 아리스토텔레스의 이론이 불만족스럽다는 것이다.

한 걸음 더 나아가 박홍규는 '자연적 입체'를 들면서 자연물의 예로서

---

24) 같은 글, 62~63쪽. 앞뒤를 보충해서 수정했다. ( )는 내가 삽입했다.

25) 같은 글, 64쪽.

무생물, 생명체 그리고 이들 간의 중간적인 것들을 들고 있다. 이를 고려해보면 박홍규가 논의에서 염두에 두고 있는 것은 단적인 의미에서의 아리스토텔레스의 '우시아'가 아니고, 우시아의 더 넓은 의미에서의 '존재'를 문제삼고 있는 듯하다. 여기다가 박홍규의 '형상'에 대한 독특한 형이상학적 통찰이 더해지고 있다.

그 작용자의 역할이 영혼, 형상임을 부정한 다음, 박홍규는 다음과 같이 말한다.

(『자연학』을 보면) 아리스토텔레스의 철학은 제일 처음에 제1질료(prōtē hylē)가 있고, 그 다음에 제1대립자(prōta enantia)가 있어. 건(乾), 습(濕)과 같은 것이야. 그 다음에 두 대립쌍이 합쳐져서 4원소가 나와. 그때에 그 반대되는 성격은 어디까지나 질(質)이지. 입체(sōma)는 아니야.[26]

아리스토텔레스에서는 최초에 제1질료가 있고, 또 대립자들이 있고, 그 다음에 4원소가 있고, 4원소가 모여서 동질소(homoiomere)를 만들어내고, 그것이 유기체의 일부분을 만들어내고, 그 유기체가 모여서 생물체가 돼. 이 중에서 입체는 물, 불, 흙 등에서 시작해. 그것이 자연적 입체(natural body)야. …… 그러면 그 자연적 입체의 '입체'(body)가 어디에서 나오느냐, 그것이 문제야.[27]

이것을 설명하지 못하면 아리스토텔레스의 존재이론 전체가 무너져버린다는 것이다. 근본적인 토대에서 '잘라내는 작용자'를 설명하지 못하면 그 위에 토대를 둔 아리스토텔레스의 존재(넓은 의미의 '우시아')론은 사상누각일 수밖에 없다는 것이다. 이런 점을 미루어보면 박홍규는 존재의 다양성 위에 성립하는 아리스토텔레스의 '학문의 분파 내지는 분과성'을 무

---

26) 같은 글, 66쪽.
27) 같은 글, 67쪽.

시하고 하나의 존재론적 체계 위에 모든 개별학문이 통섭적으로 성립하는 하나의 거대한 형이상학적 체계를 구상하고 있으며, 모든 학문이 성립하는 존재론적 토대를 제대로 설명하지 못하는 아리스토텔레스의 존재론을 비판하고 있는 것으로 여겨진다.

9

이제부터 우리에게 남겨진 문제를 어떻게 풀어나가는지를 박홍규의 형상학설을 통해 음미해보기로 하자.

플라톤의 경우 **형상은 절대로 운동하지 않는다.** 그래서 플라톤은 '**잘 라내는 작용자**'로 능동인(poioun)을 상정했다는 것이다. 하지만 아리스토텔레스의 경우 구체적 사물, 즉 프라그마가 나오기 위해서는 '입체'를 전제조건으로 먼저 요구한다. 입체로부터 사물을 성립하게 하는 아리스토텔레스의 '자르는 운동'은 과연 무엇인가? 이것을 파악하기 위해서는 자연물의 구조가 어떻게 되는지를 살펴봐야 한다고 지적한다. 순서상 단순한 것에서 복잡한 것으로 올라가게 마련인데, 그럴 경우 "가장 단순한 것의 차원에서 설명이 안 되면" 그 위에 구축된 모든 것이 다 무너지고 만다. 이렇게 되면 "밑의 단계에서 물체가 어디서 나올지"를 설명할 수 없게 되는 것이다.

무슨 얘기일까? 박홍규는 형이상학자이다. 자연학을 배제하는 형이상학은 존재할 수 없다고 그는 생각한다. '형이상학'(ta meta ta physika)이라는 말은 문자 그대로 '자연학 다음에 오는 것들'이다. 앞서 실증적 차원에서 자연학에서 성립되지 않는 이론은 나중에 오는 형이상학을 성립시킬 수 없다는 것이 그의 기본적 생각이다. '하부에서' 생명현상을 포함하는 자연학 일반에 대해 설명하지 못하는 이론을 토대로 한 '상부'를 구성하는 '형이상학'은 이 세계에 대해 제대로 설명할 수 없다는 것이 그의 형이상학적 세계관에 뿌리 깊이 터잡고 있다.

그럼 생명체의 경우 왜 형상이 생명현상을 설명할 수 없을까? 단적으로 말해서 형상은 언제나 밖으로부터 질료에 주어지게 마련일 테니까 말이다! 그러나 생명현상은 생명체 내부의 형질에 의해 발현되고, 자기의 내부에서 자기 힘으로 펼쳐지는 것이다. 우리는 이것을 성장이라고 말한다. 따라서 형상이 생명체에 대해서 생명현상을 부여한다는 것은 난센스라는 것이 박홍규의 해석이다. 결코 형상은 생명체를 설명할 수 없다. 생명체는 운동이며, 한 사물에서 한 개체로 연결되는 운동 속에서만 성립해야 한다. 이런 의미에서 아리스토텔레스의 '목적론적' 생명이론은 동적인 혹은 살아 있는 생명체를 설명하는 데 들어맞을 수 없다. 아리스토텔레스 이론이 가지는 난점을 그는 단적으로 이렇게 지적한다.

(사람이 만든 인공물을 포함해서) 무생물에 대해서는 그럴듯하지만, 생물체에 대해서는 절대로 들어맞지 않는다는 것이야. 형상-질료이론은 생물체에 대해서는 무의미한 것이야.[28]

박홍규의 이 주장이 학문적 관점에서 아리스토텔레스 이론에 대해 투사(投射)하는 치명적 결함이다.

물리학의 경우에는 아리스토텔레스의 '형상이론'이 잘 적용될 수 있을까? 그렇지 않다는 것이다. 무거운 것과 가벼운 것은 그 형상이 다르기 때문에 형상에 따라 운동이 달라질 수밖에 없을 것이다. 닫힌 개체 속에 운동이 들어 있으니까 말이다. 형상에 따라 운동이 결정된다면 무거운 것이 빨리 떨어지고 가벼운 것은 천천히 떨어져야 한다. 이것이 실재의 물리적 세계에는 들어맞지 않는다. 그러니까 형상이론은 소용없게 되고, 물리학에서의 형상이론은 무너지고 마는 것이다. 이제 운동은 그것이 일어나는 시간과 공간의 관계 속에서만 취급되어야 하고, 2차 성질은 모두 빠지게 되고 1차 성질만 가지고 운동이 다루어져야만 한다. 다시 말해 '무한정자'

---

28) 같은 글, 70쪽.

에서 사물이 나타나는 시간과 공간의 형식에서 운동을 규정해야 한다. 그는 이렇게 말한다.

파장이니 뭐니 하는 다른 운동이 주어져도, 그것과 다른 운동과의 관계, 항상 관계에다 놓아. …… 무한정자는 사물을 관계 맺게끔 하는 것이고, 형상은 관계를 끊게 하는 것이기 때문에, 형상은 이제 소용이 없고 무한정자에 환원시켜서 모든 것을 관계에다 놓아. 무한정자에 환원시킨 다음 그것을 정량적(定量的)으로, 정량화해서 봐. 따라서 근세의 갈릴레이에서 시작하는 물리학은 법칙(law)을 취급해. 법칙은 형상이 아니라 관계, 즉 반복되는 관계야.[29]

결국 (법칙을 다루지 않고 원인을 물었던) 플라톤이나 아리스토텔레스의 형상이론에 기초한 물리학은 궁극적으로 발전하지 않아. 무한정자에 환원시켜 보아야, 물질을 무제한하게 쪼갤 수도 있고, 무제한하게 많은 관계를 맺어볼 수도 있고, 무제한하게 우주를 생각해볼 수도 있는 것이지. 그것이 물체를 무한정자에 환원시켜볼 때의 특징이야. 속도를 무제한하게 증가시킬 수 있고, 모든 질을, 가령 온도도 무제한하게 높게 할 수 있고 낮게 할 수도 있어. 현대 실증과학이 발달한 이유가 거기에 있어.[30]

10

아리스토텔레스의 '우시아'에 대한 박홍규의 논의는 『범주론』과 『형이상학』에서의 존재에 대한 설명이 상이하다는 것으로부터 출발하였다. 이 출발점은 결국 '아리스토텔레스의 우시아'란 무엇인가를 묻는 철학적 작업인 셈이다. 우시아에 대한 철학적 평가만큼 아리스토텔레스의 철학을

---

29) 같은 글, 75쪽.

30) 같은 글, 76쪽.

이해하는 데에 역사적으로 활발하게 논의된 주제는 없을 것이다. 가장 논란이 되는 이 주제에 대해 박홍규의 아리스토텔레스 철학에 대한 이해가 무엇이었는지를 평가해보는 것도 의미 있는 작업일 것이다. 그러나 그의 아리스토텔레스 우시아에 대한 이해가 얼마나 '아리스토텔레스의 철학적 입장'인지를 묻는 작업은 또 다른 평가일 수 있다. 박홍규 자신도 '아리스토텔레스의 우시아 이론에 대한 나의 생각'이라는 점을 명확히 밝히고 있기 때문이다. 다만 나는 이 글에서 이해 가능한 한도 내에서 박홍규의 '아리스토텔레스 철학의 이해'를 박홍규의 논의에 입각하여 정리하고, 그의 철학적 방법을 상세하게 살펴보는 작업으로 한정하고자 한다. 박홍규의 아리스토텔레스 철학에 대한 이해가 철저하게 아리스토텔레스의 철학적 논의를 따르고 있는지를 평가하는 작업은 좀 더 세밀한 비교연구를 필요로 한다. 우리가 박홍규 철학의 음미를 통해 얻을 수 있었던 것은 고전학자로서의 박홍규가 독자적으로—최소한 직접적으로는—그 어떤 자료의 도움을 받지 않고도 자신의 형이상학의 틀 속에 플라톤과 아리스토텔레스의 철학을 수용하고 그들을 비판적으로 음미함으로써 독보적인 철학적 지위를 확보하고 있다는 점이다.

제9장

베르그송과 서구 존재론 극복
―박홍규의 해명을 중심으로

이정우

현대철학의 심장부에서 논의되고 있는 동일성과 차이(différence)―정확히는 차이생성(différentiation)―는『파르메니데스』이래 논의되어온 존재론적 개념쌍으로서뿐만 아니라 핵심적인 정치철학적 개념쌍으로서도 다루어지고 있다. 들뢰즈와 데리다 등에 의해 다듬어져온 차이생성의 철학은 동일성 중심으로 이루어져온 서양철학의 흐름을 크게 바꾸어놓았다고 할 수 있다. 그러나 이런 전환의 뿌리는 사실 니체와 베르그송에 의해 일구어진 생성존재론에서 찾을 수 있다. 특히 베르그송의 존재론은 이미 현대 존재론의 밑그림을 충분히 그려놓았고, 이 토양 위에서 오늘날 '차이의 존재론'이 발아할 수 있었다고 해야 할 것이다. 최근에 이르러 알랭 바디우(Alain Badiou)의 등장으로 존재론의 역사는 다시 새로운 국면으로 접어들었지만, 21세기 존재론의 향방이 어디로 가든 베르그송의 서구 존재론 극복은 그 출발점에 놓여 있다고 할 수 있다.

박홍규는 베르그송의 존재론 혁명을 누구보다 정치하게 분석해놓았으며, 이 글은 그의 이런 분석으로부터 '동일성과 차이생성' '충족 이유와 우발성' '허무주의 해체'라는 세 갈래의 논점들을 갈라내 읽어내고자 한다.

1. 동일성과 차이생성

서구 존재론사의 요람에서 벌어진 사건, 서구 존재론사의 원점을 이룬 사건이 이 사유의 역사를 오래도록 모양지어 왔다. '파르메니데스'라는 사건이 그것이다. '파르메니데스 극복'이라는 면을 떠나서는 서구 존재론사를 이해할 수 없다. 하지만 우리가 물어야 할 것은 이것이다. '파르메니데스' 그리고 '파르메니데스 극복'이라는 사건은 일종의 **존재론적 필연**에서 유래한 것인가, 아니면 그리스 문명이라는 어떤 문명에서 일어난 **역사적 사건**일 뿐인가? 파르메니데스 극복이라는 존재론사의 흐름에는 어떤 특별한 이유가 있는 것일까? 아니면 그저 그리스에서 파르메니데스라는 사람이 우연히 태어남으로써 빚어진 결과일 뿐인가? 아마도 근본적으로는 후자로 답해야겠지만, 어떤 면에서는 다행스럽게도 이 역사적 우발성과 ('파르메니데스 극복'이라는) 존재론적 논리연쇄는 일치한다. 다시 말해 파르메니데스는 존재론의 한 극단을 제시함으로써 이후 이루어지는 그것의 극복 역사가 (우연이지만 또한 필연적이게도) 논리적 순서에 따라 진행되도록 한 것이다. 이것은 '역사의 아이러니'가 아니라 차라리 '역사적 행운'이라고 해야 할 것이다.[1]

파르메니데스 극복의 단초가 다자성과 운동의 긍정에 있었고, '후기 자연철학자들'이 각각의 방식으로 이를 수행했다는 점은 잘 알려져 있다. 하지만 (소크라테스에게서 이어받은) 논증적인 지식을 지향했던 플라톤에게 더 중요했던 것은 에우클레이데스의 기하학이었다. 에우클레이데스의 기하학은 추상공간에서 즉자적으로 존재하는 기하학적 다자를 명료화함

---

1) 물론 이는 전(前)파르메니데스 시대의 자연철학들을 전-존재론적 담론들로 간주하는 한에서이다. 또 하나, 헤라클레이토스의 존재를 감안할 경우 존재론의 출발점은 파르메니데스가 아니라 '파르메니데스 대(對) 헤라클레이토스'라는 대립구조로 보아야 한다고도 할 수 있다. 하지만 헤라클레이토스 사유는 반(反)파르메니데스적인 절대적 생성존재론이 아니기 때문에(오히려 베르그송의 사유가 바로 이에 해당한다) 이런 대립은 얼핏 보기만큼 인상적이지 않다. 또 서구 존재론사는 '파르메니데스 극복'의 방식으로 진행되었지 '파르메니데스와 헤라클레이토스의 대결'의 방식으로 진행되지 않았다.

으로써 논증적 지식을 확립했다. 파르메니데스의 일자는 모든 것이 하나로 수렴되어 원형으로 **합동되는** 세계이나, 에우클레이데스 기하학에서는 다양한 수학적 대상들(도형들)이 서로 똑같은 것들**끼리만** 합동을 이룬다(흥미로운 것은 닮은꼴들의 경우이다. 기하학의 역사가 잘 보여주듯이). 이로써 다자의 세계가 분명하게 모습을 갖추게 된다. 그러나 기하학과 달리 존재론은 필히 타자화의 문제를 다루어야 한다. 파르메니데스의 세계에서 존재와 무(無)는 절대모순을 형성한다. 운동에서는 이 절대모순의 경계가 허물어진다. 존재와 무 사이에서의 경계 와해는 연속성을 도래시키고, 연속적인 타자화가 운동을 가능케 한다.

그러나 파르메니데스 극복은 여전히 파르메니데스의 그림자 아래에서 이루어진다. 플라톤은 다자성을 긍정하나 결국 그가 찾는 것은 다자성들을 극복한 일자성이고(그러나 이 일자성＝이데아는 복수화된다), 생성을 긍정하나 결국 그가 찾는 것은 생성을 길들이는 본질들이기 때문이다(그러나 이 본질들은 '뒤나미스' 개념을 매개한 역동적 본질들이다). 플라톤이 세운 이 서구 학문의 이념은 오늘날까지도 그 영향력을 잃지 않고 있다. 본질의 추구란 한 사물의 고유한 자기동일적 내용이며, 그것을 타자들과 구분해주는 것이다. 그것은 그 사물의 실존에서 본질을 구분해냄으로써, 즉 우발적이고 관계적으로 변해가는 사물에게서 (반복과 보존에 의해서 드러나는) 동일성을 잡아냄으로써 가능하다. 각 학문은 그 대상에서의 이런 동일성을 탐구하며, 존재론은 그런 동일성들의 전체 체계를 파악하고자 한다. 플라톤이 최고단계의 학문으로 놓은 '변증법'은 바로 이런 체계의 파악을 목표로 한다.

하지만 아페이론을 혼란스러운 것, 타락한 것, 거기에서 보석을 발견해내야 할 모래와 자갈 같은 것으로 보는 눈, 그리고 발견해낸 '본질'들을 논리적 언어들, 변증법의 틀로 정리했을 때에만 사물의 진상을 드러낼 수 있다는 생각은 혹시 존재─생성으로서의 본질─에 대한 사유와 언어의 폭력이 아닐까? "사물들의 생성을 앞에 놓고서, 그리스 철학자들은 사유와 언어가 취하는 태도를 오류로 보기보다는 오히려 사물들의 생성에 문

제가 있다고 생각했다"(*EC*, 313).[2] 이 말에는 베르그송이 전통존재론에
던지는 시각이 압축되어 있다. 베르그송의 이 생각을 다음 두 가지 명제로
제시할 수 있다.

1) 존재만이 존재한다. 무란 없다. 그러나 사람들은 각인의 주관을 투영해
('부정'의 논리에 입각해) 무를 만들어낸다. 나아가 사람들은 (대개 행동의 필요
에 의해) 주관적으로 만들어낸 무를 실재에 투영해 세계를 본다.

2) 존재=실재는 차이생성—운동하는 연속성 또는 연속적 운동—이다.
그러나 사람들은 여기에 무를 개입시켜 불연속적 존재들을 만들어내며, 그
불연속적 존재들을 이어붙임으로써 본래의 차이생성을 설명할 수 있다고 생
각한다.

"운동하고 정지는 …… 데카르트의 좌표의 X축과 Y축처럼 나간다는
거야. …… 그러니까 Y좌표에 평행으로 아무리 그려 봐라. 만약 Y좌표를
공간좌표라 하고 X좌표를 시간좌표로 한다면 X좌표로 아무리 Y좌표에
평행으로 그려 봐. 그럼 시간 다 빠져버리는 것이지? 이건 그 이론이야. 시
간하고 공간은 반대적(opposite)이다. 운동과 정지는 반대적이라는 이론
이야. 이게 누가 말한 것이냐 하면 전부 플라톤이 한 소리야. 여기 철학은
『소피스트』편에서 존재론(ontologie)의 기초이론이 딱 주어져."[3] 박홍규
는 공간과 시간에 대한 베르그송의 분석을 X좌표와 Y좌표의 구도로 풀
어주고 있다. 이것은 『정치가』편에서 '신적인 정치가'를 논하면서 등장했
던 좌표이론(통합의 이론)의 구도이다. 그는 공간과 시간이 좌표 자체를 달
리하는 것이며, 서로 대립적임을 말하고 있다. 그러나 더 정확하게 말한다
면, 베르그송에게서 공간과 시간은 대립적 존재가 아니다. 실재는 어디까
지나 시간이며 공간은 그로부터 파생되는 것이기 때문이다. 베르그송에게

---

2) *EC* = Henri Bergson, *L'Evolution créatrice*, PUF, 1907.

3) 박홍규, 『베르그송의 창조적 진화 강독』, 423쪽.

실재는 **차이생성**이며 동일성은 이 차이생성의 과정에서 파생한다.[4] (물론 이런 파생의 선험적 조건을 공간이라 할 때, 공간 역시 존재론적 실재이다. 그러나 이 경우에도 공간은 시간과 대등하게 설 수 없다.)『소피스트』편에 관련해서도 마찬가지이다. 여기에서 플라톤은 운동과 정지를 최상위 유에 나란히 포함시키지만, 베르그송에게서 운동과 정지는 결코 대등한 존재가 아니다. 정지란 극한상태(속도가 0에 수렴하는 상태)의 운동일 뿐이다. 그리고 그에게 개념적인 정지는 특히 인위적인 것이다. 좀 더 정확한 지적은 다음이다.

> 형이상학이 해결할 수 없는 아주 가장 아픈 곳을 찌른 것이지. …… 에이도스는 전부 분류해주지만, 최종적으로는 분류해서 다시 현실세계로 돌아가는 데 연결시켜주는 것이 운동이야. 다시 현실의 세계로 돌아가려면 운동이 연결시켜주는데, 운동이라는 것은 어떤 것이냐면 개념화할 수 없고, 딱딱 끊어서 생각할 수 없고, 우리가 실제 거기서 살고 참여(engagement)하고 뭐 하고 하는 속에서만 주어지더라는 거거든. …… 단순히 분리(separate)해서 에이도스 분석만 하는 것은 형이상학의 절반이지, 종점은 아니야. 다시 현실로 돌아와서 연결시켜줘야지.[5]

운동을 공간적 요소들로 분해하고 그것들을 다시 조합해 재현하고자 하는 것('영화적 기법')은 실재=지속 사이사이에 무를 개입시킴을 전제한다. 베르그송은 실재가 지속임을 논증하기 위해 무란 없다는 것을 증명코자 한다. 그렇다면 베르그송은 파르메니데스로 재귀하는 것인가? 상황

---

4) 플라톤에게서도 물론 차이생성은 존재한다. 그러나 차이생성은 반드시 동일성의 테두리 내에서만 이루어져야 한다. 지구가 태양을 돎으로써 매일 차이가 생성한다. 그러나 이 차이생성은 일정한 궤도를 일탈하지 않는다. 이와 유비적으로 '뒤나미스' 개념을 아무리 역동적으로 이해한다 해도 그것은 어디까지나 **'에이도스'의 테두리 내에서** 역동적이다. 대조적으로 베르그송의 경우 동일성은 차이생성의 과정에서 성립한다. 그에게서 천문학적 동일성은 오히려 지속의 가장 퇴화된 형태를 보여준다.

5) 박홍규,『베르그송의 창조적 진화 강독』, 424쪽.

은 복잡미묘하다. 플라톤이 무―상대적 무, 즉 '타자로서의 무'―의 존재를 증명하고자 한 것은 "무란 없다"는 파르메니데스를 극복코자 한 것이었다. 상대적 무를 인정했을 때 타자로서의 무 개념을 기반으로 다자가 인정되고 존재 사이사이에 깃든 무 개념을 기반으로 운동을 인정할 수 있기 때문이다. 베르그송은 무를 부정함으로써, 더 정확히 말해 무를 주관화함으로써(데콩브는 "무의 인간화"라고 했다) 객관적으로-본-세계는 어떤 무도 없는 연속체임을 논증하려 했다. 하지만 이 연속체는 운동하는 연속체이다. 또는 연속적 운동체이다. 하지만 이상하지 않은가? 운동이 성립하려면 존재 사이사이에 무가 끼어들어가야 한다. 어떻게 '운동하는 연속체'라는 개념이 성립할 수 있는가? 베르그송은 생성을 곧 질적 생성으로 생각한다. 새로운 질들의 계속적인 탄생으로 이해한다. 하지만 질들 사이에서는 무의 개입에 의한 불연속이 아니라 '상호침투'가 일어난다. 베르그송에게서 상호침투 개념이 중요한 것은 이를 통해 존재에 대한 무의 개입을 통해서만 생성이 가능하다는 생각이 극복되고 있기 때문이다. 요컨대 베르그송이 무 개념을 실재에 대한 주관적 개입의 문제로 보는 것은 실재가 연속적인 질적 변이체임을 역설하기 위해서이다. 베르그송에게 실재는 '차이생성'이요 '연속적 변이'(variation continue)이다.

그럼에도 사람들은 왜 흔히 존재 앞에 무를 놓는가? 절대모순인 존재와 무에서 존재가 무를 이기고 도래했다고 믿기 때문이다. 무는 존재의 터 같은 것이 되고, 존재는 이 터를 점령해 자리 잡는다. 그래서 사람들은 "어째서 무가 아니라 무엇인가가 존재하는가?"라고 묻는다. 무는 설명할 필요 없이 전제되는 것이지만, 존재는 그 이유를 설명해야 한다는 듯이.[6] 그

---

6) "존재(l'existence)는 내게 무의 정복으로 보인다. 나는 생각한다. (그 어떤 것도) 존재하지 않을 수도 있었을 거라고, 나아가 그래야 했을 거라고. 그래서 나는 무엇인가가 존재한다는 사실에 놀라게 된다. 나는 모든 실재를 무 위에, 마치 양탄자 위에서처럼, 펼쳐져 있는 것으로 표상하거나(따라서 우선 무가 있었고, 존재는 덧붙여짐으로서 도래했다), 아니면 무엇인가가 지속되어 왔다면 무가 그것의 기체(substrat) 또는 수용자로서 지속했을 것이라고(따라서 무는 그 언제든 존재의 앞쪽에 있어야 한다) 표상한다. …… 결국 나는 (존재하도록) 채워진 것은 텅 빈 화폭 위에 수놓아진 것이며 존재는 무 위에 포개어진 것이라는 생각, '아무것도

래서 사람들은 무를 더 강력하게 극복하는 존재야말로 그만큼 '더 존재하는' 존재라는 생각을 하게 된다. 따라서 생성은 불완전한 존재이다. 생성이란 어떤 형태로든 동일성을 깨는 무의 개입을 함축하기에 말이다. 하지만 순수한 동일성(들)을 찾을 수 있다면 확고하게 무를 물리치고 영원 속에 각인된 존재(들)를 찾을 수 있다면. ─베르그송은 서구 존재론의 이런 단초 안에는 **논리적인 것과 실재적인 것의 혼동**이 깃들어 있다고 생각한다. 이것이 앞에서 인용했던 "사물들의 생성을 앞에 놓고서, 그리스 철학자들은 사유와 언어가 취하는 태도를 오류로 보기보다는 오히려 사물들의 생성에 문제가 있다고 생각했다"라는 말의 또 다른 의미이다.

하지만 순수하게 경험적인 입장을 취해보자. '무'(néant)/'부재'(absence),[7] '부정'(négation) 같은 개념들은 어디에서 연원하는가? 과거에 대한 기억능력도 미래에 대한 기대능력도 없는 어떤 존재를 생각해보자. 그에게는 오로지 현존(présence)만 있을 뿐이다. 우리 주관에서 연원하는 기억과 기대를 접어놓고 경험을 생각해보자. 그것은 곧 현존에 대한 지각일 뿐이다. "영희가 없네?"라든가 "이건 어제 그게 아니잖아!" 같은 표현들은 어디에서 유래하는가? 경험에서 유래하는가? 아니다. 그것은 그렇게 말하는 사람의 주관, 기억(그리움, 후회/회한, 안타까움 등등)과 기대(기다림, 희망, 상상 등등)에서 유래한다. 그의 앞에 존재하는 것은 철수이며, 어제의

없음'(rien)에 대한 표상에는 '존재하는 무엇'(quelque chose)에 대한 표상보다 **더 적은** 것이 들어 있다는 생각에서 벗어나지 못한다. 이로부터 모든 신비가 시작된다."(EC, 276)

7) 『소피스트』편에서 잘 다루어졌듯이 절대무가 아닌 상대무는 곧 부재로 이해할 수 있다. 베르그송도 이 논법을 따른다. 그리고 이런 논법에서는 무와 부정은 상호교환된다. 그리고 베르그송에게서 부정은 단지 긍정의 대립항인 것이 아니다. 이는 P와 ~P라는 형식적 관계가 전혀 아니다. 긍정은 순수한 지각 자체이지만, 부정은 대상에 대한 모든 인간적인 것의 투영이기 때문이다(긍정은 하나의 판단이지만, 부정은 어떤 판단에 대한 판단, 메타적인 판단이다). 헤겔도 (베르그송과는 다른 방식으로) 지적했듯이 **인간적인 삶**이란 부정을 통해서 성립한다. 부정이란 인간의 본질에 육박하는 개념이다. 어떤 텅 빈 방에 갔을 때 우리는 "아무것도 없군!"이라고 말한다. 이는 그 방에 공기가 차 있다는 사실을 몰라서가 아니다. 우리는 그 말을 통해서 사라진 가구에 대한 그리움을, 또는 그 방을 채우고 싶은 우리의 기대를 표현하고 있는 것이다. 무/부정은 이렇게 (인간의 본성인) 욕망(désir)을 통해서 성립한다.

것과는 다른 무엇이다. 인간이란 **무와 부정을** 객관에 **투영하는** 존재, 무와 부정을 매개해 객관을 **구성하는** 존재이다.[8]

앞에서 다음 논리를 보았다. 생성에는 무/부정이 깃들어 있다. 따라서 참 존재가 아니다. 무/부정을 솎아내고 순수동일성을 이룬 존재야말로 참 존재이다. 그러나 베르그송의 입장에서는 이렇게 말할 수 있다. 무/부정이란 주관이 객관에 투영하는 것이다. 위에서 논증해야 할 테마로서 제시했던 구절을 상기하자. "존재만이 존재한다. 무란 없다. 그러나 사람들은 각인의 주관을 투영해('부정'의 논리에 입각해) 무를 만들어낸다. 나아가 사람들은 (대개 행동의 필요에 의해) 주관적으로 만들어낸 무를 실재에 투영해 세계를 본다." 그렇다면 베르그송에게 실재란 무엇인가? 논의과정에서 미리 말해버렸지만, 그것은 곧 차이생성이다. 두 번째 테마를 기억하자. "존재=실재는 차이생성―운동하는 연속성 또는 연속적 운동―이다. 그러나 사람들은 여기에 무를 개입시켜 불연속적 존재들을 만들어내며, 그 불연속적 존재들을 이어붙임으로써 본래의 차이생성을 설명할 수 있다고 생각한다." 불연속이란 세계의 객관적 속성이 아니다. 그것은 주관이 무/부정을 세계에 투영함으로써 생겨나는 주관적 속성이다.[9] 이 차이생성을 베르

---

8) 그래서 무, 부정에는 존재, 긍정보다 더 적은 것이 아니라 더 많은 것이 들어 있다. "'존재하지 않는' 것으로 생각되는 대상의 관념에는 '존재하는' 것으로 생각되는 그 대상의 관념보다 **더 많은** 것이 들어 있다. 왜냐하면 '존재하지 않는' 대상의 관념은 필연적으로 '존재하는' 대상의 관념에다 (주어진 상황에서의) 이 대상의 부재의 표상이 덧붙여진 것이기에."(*EC*, 286)

튜링머신은 애초에 부정을 긍정의 마이너스로 봄으로써 형식적 사유에서 긍정과 부정은 그저 A와 ~A, 0과 1(또는 1과 0)일 뿐이며, 위와 같은 측면은 애초에 배제된다. 그런 연후 튜링머신(/튜링 테스트)을 통해 인간을 재구성하고자 한다. 논의가 결국 피상적으로 흐를 수밖에 없는 이유가 여기에 있다. 가장 '정확한' 듯이 보이는 것이 가장 피상적인 것이라는 사실을 우리는 사유의 역사 도처에서 발견할 수 있다.

9) 물론 세계에는 현상적인 불연속성이 존재한다. 사실 우리의 일상은 '이' 책상, '저' 소나무, '그' 정치인 등 거의 개체들로 이루어진 세계 속에서 이루어진다. 그러나 베르그송에게는 이 개체들이 결국 개체-화(individuation)의 과정을 통해서 성립한 결과들이다. 세계의 심층에서 우리는 개체-'**화**'하는 그 **과정=실재**를 읽어내야 한다(베르그송은 세계의 표층에서조차 이런 과정을 보아야 한다고 말한다). 베르그송과 그를 잇는 철학자들에게서 '개체화의 문제'가 그토록 중요한 위상을 띠는 것은 이 때문이다. 질베르 시몽동(Gilbert Simondon)의 『개체

그송은 잘 알려져 있듯이 '지속'(durée)이라 부른다. 지속은 연속적 운동 또는 운동하는 연속성이다. 베르그송에게 실재는 근원적으로는 연속적이고 질적 다양체이며, 더 근본적으로는 절대적 생성을 가져오는 시간이다.[10]

　베르그송의 이상의 논의에 대해 박홍규는 다음 몇 가지를 지적한다. 첫째, 만일 무가 인간의 주관이 객관세계에 투영하는 무엇이라면 이번에는 무의 실재성이 아니라 그 주관성을 설명해 주어야 한다. '무'와 '부정'은 인간의 주체성에서 어떻게 발생하는 것일까? 박홍규는 '자발성'과 '분열'을 언급하면서[11] 문제만을 제기하고 있지만, 다음과 같이 생각해볼 수 있다고 본다. 주관에서의 무는 **시간의 종합을** 통해서 성립한다. 현재가 오로지 현재이기만 할 때 주체는 지각을 통해 대상을 받아들이거나('능동적 종합') 축적된 습관에 따라 행동한다('수동적 종합'으로서의 습관). 그러나 주체—무의식적 주체까지 포괄한 의미에서의 주체—의 현재는 한편으로 (베르그송이 역설했듯이) 늘 과거 전체와 공존하며(능동적 종합으로서의 'souvenir'와 수동적 종합까지 포괄하는 'mémoire'), 다른 한편으로 (하이데거가 역설했듯이) 미래를 예기한다(또 수동적 종합의 측면에서 영원회귀를 함축한다). 현재만이 존재할 때 주체는 오로지 '유'(有)만을 지각한다. 그러나 **현재와 공존하는** 과거와 미래는 현존하는 유와 대비되는 '무'(無)를 주체에게 끊임없이 도래시킨다. 이 무는 시간의 종합을 통해 삶을 살아가야 하는 주체에게 그 무에 대한 욕망을 가져온다. 또는 인간의 본성인 욕망은 이 무를 지향하게 된다(무가 먼저이고 욕망이 그 결과인지, 아니면 욕망이 먼저이고 무가 그 결과인지는 흥미로운 문제이다). 베르그송은 무를 논했지만, 이를 시간의 종합에 연결하지 못했다. 들뢰즈는 시간의 종합을 논했지만, 이를 무에 연결하지 못했다(또는 그의 입장에 따라 연결하지 않았다). 우리는 무와

　　와 그 물리-생물학적 발생』『심리적-집단적 개체화』, 질 들뢰즈(Gilles Deleuze)의 『차이와 반복』, 베르나르 스티글러(Bernard Stigler)의 『기술과 시간』 같은 책들이 결정적이다.

10) 이정우, 『객관적 선험철학 시론』(이정우 저작집 제1권), 그린비, 2011, 제1부 '보론 1'에서 베르그송의 지속 개념을 연속성, 다질성, 창조성의 세 가지 속성을 통해서 해명한 바 있다.

11) 박홍규, 『베르그송의 창조적 진화 강독』, 440쪽.

시간의 종합을 연결함으로써 베르그송과 들뢰즈 사이의 빈 곳을 메울 수 있고, 결과적으로 박홍규의 물음에 답할 수 있다.[12]

또 하나 박홍규는 플라톤의 경우 이데아들이 (『필레보스』편에 대한 논의에서 언급했듯이) 'mia idea'로서 독립-자존적으로 존재할 수 있으나, 베르그송의 경우 하나의 실존에는 "전 우주가 관여한다"라는 점을 지적하면서[13] 베르그송에게서 '명제'가 어떻게 성립하는가를 묻고 있다. 베르그송은 "이것은 흰 고양이가 아니다"라는 부정판단에는 "이것은 검은 고양이다"라는 긍정판단보다 오히려 '더 많은' 것이 들어 있다고 했거니와(긍정명제는 단순히 사실의 지각이지만 부정명제는 긍정명제에 대한 주관의 개입이다) 그렇다면 애초에 긍정명제 자체를 어떻게 말할 수 있는가 하는 물음이다. 사실 이 물음은 베르그송의 논의 자체와 관련해서 볼 때 다소 핀트가 엇나간 물음이다. 문제는 긍정명제와 부정명제 사이의 관계가 아니라 그것이 담고 있는 인간존재론적 함의이기 때문이다. 그러나 박홍규의 지적은 그 자체로서는 유의미하다.

이론적 공간이나 이런 물리적 세계의 공간이 따로 떨어져서 있지 않다는 걸 알아둬야 돼. 대단히 중요해. 왜냐하면 경험론자들은 (이론적 공간 같은 것은) 객관적으로 없다고 말하는데 그건 난센스야. 왜냐하면 단지 유클리드 기하학을 생각해. …… 유클리드 기하학이 연장성(extentionality)의 공간과 더불

---

12) 박홍규가 설명 없이 제시한 두 개념에 있어 '자발성'(spontanéité)은 주체가 대상을 지각할 때 작동하는 기억을 뜻한다고 볼 수 있고, '분열'(dissociation)은 주체가 정적인 동일성이 아니라 (들뢰즈식으로 말해) "je fêlé"(균열되는 나)로서 존재함을 뜻하는 것으로 보인다.

13) "우리가 있기 위해서는 전체 우주가 다 있어야 돼. 그러니까 실존이란 것은 무슨 얘기야? (실존이란 항상) 다른 타자와의 관계에서 성립하는데, 특히 베르그송 철학은 실존의 철학이야. 왜냐? 한 사물을 독자적으로 딱 규정지을 수 없고 다른 모든 우주에 있는 사물(우주에 있는 다른 모든 사물들)과 연관해서만 규정이 돼. 어떤 기능(function)의 어떤 관계 속에서만 무엇이 주어져. 어떤 단위(unit)(존재론적 분절)가 성립할 때 플라톤 같은 에이도스 학설은 그것만으로 되지만, 베르그송은 안 돼. 전체 기능과의 관계맺음 속에서만 어떤 단위가 딱 나와. 이것은 에이도스하고 완전히 다른, 정반대되는 학설이야." 박홍규, 『베르그송의 창조적 진화 강독』, 452쪽.

어 이론적 공간의 협력 없이는 성립하지 않아. …… 전혀(오로지) 연장성만 있어 봐라. 추상한다는 것은 난센스야. …… 추상적 공간하고 물리학의 연장성이나 이론적 공간이 항상 관계를 맺고 있기 때문에 구체적인 공간에서 어떤 질이 추상화되지. 만약 맺지 않았다고 해 봐라. 무슨 놈의 추상이야? 우리는 그런 것을 추상이라 하지 않고 뭐라고 말해? 허구(fiction)라고 해. …… 유클리드 기하학에서 이론적 공간이 말하는 공간은 상상적인 공간이 아니라 연장성과 더불어 있는 공간이야. 그러니까 우리가 추상이라는 말을 써. …… 요컨대 모든 이론의 근본이론은 공간의 어떤 객관성을 놓고 나가지 않으면, 공간의 어떤 연속성을 놓고 나가지 않으면, 객관적으로 공간의 연속성을 놓고 나가지 않으면 성립하지 않아. 공간은 우리가 분석을 해 보면 그 이론이 나와. 구체적인 공간에서 공간의 정도(degree)가 나와. 정도가 나와서 전부 다 연속이 되어 있어. 그 속에서만 우리가 무엇을 사고해. 이것은 대단히 중요해. 한 공간만 딱 떨어져서 어디 없어. 절대 그런 것은 성립하지 않아.[14)]

본질과 생성을 함께 사유하는 것은 학문적 사유에서 매우 중요하다. 박홍규는 그의 전 저작을 통해서 플라톤적 '본질주의'에 대한 상투적인 비판을 넘어 그것이 얼마나 역동적인 개념인지를, '뒤나미스' 개념의 진정한 의미가 무엇인지를 인상 깊게 해명해주었다. 그러나 앞에서도 언급했듯이 '뒤나미스' 개념을 아무리 역동적으로 해석한다 해도 그것이 해당 에이도스의 테두리를 벗어나버리면 곤란하다. 이에 비해서 베르그송에게서 하나의 '기능'—플라톤·아리스토텔레스의 '뒤나미스'/'에이도스'에 해당한다—은 다른 모든 기능들과의 착종을 통해서만 성립한다. 그렇기 때문에 영국의 경험론을 필두로 (베르그송을 포함하는) 경험론자들에게 각종 형태의 '본질'들은 결국 **추상물들**에 불과하다. 하지만 박홍규는 이 점에 대해 의문을 표하고 있다. 그러한 추상 자체가 이미 실재로서의 본질들에 의해 인도되고 있다는 것이다. 추상은 결코 자의적인 것이 아니라는 지적이다.

---

14) 같은 책, 455~57쪽.

순전히 자의적이라면 그것은 '허구'일 뿐이다. 본질 개념을 단적으로 부정한다면 '명제'라는 것 자체도 성립하기 어렵다는 것이다. 이 대목에서 그는 베르그송과 거리를 두면서 다분히 실재론적 입장을 취하고 있다.[15] 물론 두 가지 유보가 필요하다. 1) 박홍규의 논변은 자연과학적 탐구들의 양상을 이미 암묵적으로 전제하고 있고, 그런 양상들로 미루어보건대 이론적 공간의 실재성을 인정할 수밖에 없음을 말하고 있다. 이 논변을 강화하려면 자연과학적 탐구들에 대한 실재론적 해석이 우선 확보되어야 한다. 2) 유클리드 기하학을 예로 드는 것은 적절치 않을 수 있다. 유클리드 기하학은 경험주의적 '추상' 개념으로 상당 부분 이해할 수 있기 때문이다. 오히려 현대물리학 등에서 나타나는 고도의 심층적 공간구조(예컨대 리만 공간, 텐서 공간, 편미분방정식의 공간 등)를 예로 드는 것이 나을 것이다.

정리해보자. 플라톤과 베르그송에게 같이 문제가 되는 것은 **존재의 비-모순성**(존재와 무가 공존하면서 존재가 스스로의 무에 대해 비-모순성을 유지하는 것)을 어떻게 확보하는가 하는 것이다. 존재의 모순성이 확립된다면(그 전형은 파르메니데스의 경우에 나타난다) 우리는 아무것도 할 수 없으며 지금 이런 세계에서 살고 있는 사실 자체가 이해하기 힘들게 된다. 존재의 비-모순성을 확보한다는 것은 우리의 삶을 이해 가능한 방식으로 근거지음을 뜻한다. 박홍규는 그 두 가지 핵을 플라톤의 정적 근거지음과 베르그송의 동적 근거지음으로 이해한다. 이는 결국 무를 어떤 식으로 취급하느냐의 문제이다.

…… 존재가 있어야 돼. 부정은 존재에 대한 무의 기능이니까. 그러니까 제

---

15) 베르그송 자신은 본질주의와는 다른 방식으로 경험에서의 항상성, 동일성, 동질성의 성립 근거를 탐구했다고 할 수 있다. 『시론』에서는 지속이 다소 배타적으로 강조되지만, 이미 『물질과 기억』제4장에서 이 점에 관한 탐구가 시도되고 있다. 논의의 실마리는 '유용성'(utility)에 있으며, 『창조적 진화』제2장의 '지능'에 대한 논의에 이르러 완성된다. 이 문제는 베르그송과 현상학 사이의 관계에 관련해서도 중요하다(베르그송의 경우 개체란 개체-'화'를 통해 이해되는 2차적 존재이지만, 후설의 경우 '개별자의 명증한 소여성'이 전제된다). 川瀨雅也, 『經驗のアルケオロジー』, 勁草書房, 2010 참조.

1차적 부정(primary negation)은 그것이란 말이야. 제1차적 부정은 존재가 있고 그것에 대한 부정이 있는 거니까 요컨대 존재가 부정당하는 것이야. 그런데 그것은 모순이거든. 없는 것이 어떻게 해서 타자(있는 것)의 존재를 없애느냐, 이것은 모순이란 말이야. 그렇지? 그러나 그것을 인정하지 않으면 곤란하단 말이야. 그러니까 만약에 정적인 입장에서 본다면 무는 없어지고 존재만 남는데, 그 존재의 어떤 성격을 'kath'hauto', 즉자적이라 그래. 'In itself'니, 'per se', 'en soi'라 하지. 그런 성격이 대상에 주어진다고 가정할 적에 그것이 쭉 우리의 이 현상계까지 연결되어 있는 한에서(parousia) 그것이 우리에게 인식이 돼. 알아들었지? 그리고 추상이라고 하는 것은 요컨대 바로 그것이 연결되어 있는 선을 따라간다는 얘기야.[16]

정적인 입장에서 볼 때 무는 없어지고 존재만 남는다. 무는 존재에 작동할 수 없기 때문이다. 결국 존재만이 존재하며, 이것을 '초월적 동일성'(즉자적 존재)이라 할 수 있다. 그러나 동일성은 현상계로 연결되어 있는 한에서 인식의 대상이 된다. 그리고 현실로부터의 본질의 추상이란 곧 이 연결선을 따라서 이루어진다(따라서 동일성의 초월성─무는 사라지고 존재만 남은 상태─자체만으로는 학문적 설명이 성립하지 않는다). 그리고 무는 오로지 '타자로서의 무'만 가능하며, 무란 항상 어떤 존재자에 대한 다른 존재자의 상대적 무일 뿐이다. 결국 무의 문제는 존재자의 부재의 문제로 환원된다. 세계의 이해는 존재자와 그것의 부정으로서의 무, 그러나 사실상 어떤 타자가 엮어내는 변증법의 문제가 된다. 플라톤에게 '차이생성'이 있다면 그것은 동일자와 타자 사이의 변별적 구조를 뜻한다. 하지만 이런 구조는 순수한 형태로는 나타나지 않는다. 그런 구조는 아페이론 속에 들어 있고, 때문에 세계에는 동일자와 타자의 체계를 벗어나는 생성들, 시뮬라크르들이 존재하게 된다. 플라톤의 사유는 시뮬라크르들의 차이생성─동일자들의 논리적인 차이생성을 무너뜨리는 어떤 미세하고 절대적인 차이

---

16) 박홍규, 『베르그송의 창조적 진화 강독』, 479쪽.

들의 생성―을 떨어버리고, 현실적인 동일자들로부터 즉자적인 동일성들로 올라간다. 그래서 이데아는 저 아래 질료와 등급(grade)을 갖고 연결되어 있다. 그로써 존재의 위계를 형성한다. 그리고 무는 타자―수평적 타자뿐만 아니라 수직적 타자―가 되며, 그로써 존재의 비-모순성이 확보된다.

베르그송에게서 동일자이든 타자이든 명확하게 개별화된 존재들은 어디까지나 개별-화(individuation)의 산물들로서만 존재한다. 따라서 그의 차이생성은 동일자와 타자의 차이화와는 판이한 그 무엇이다. 베르그송에게 실재는 항상 연속적 운동 또는 운동하는 연속성이며, 개별자들은 그 위에서 형성되는 존재들이다. 따라서 그에게 '타자로서의 무'는 객관적으로 존재하는 구조가 아니라 이미 개별화된 세계에서 벌어지는 어떤 사건이다. 그것은 객관적 실재가 아니라 어떤 작용/기능에 의해 일어나는 사태이다. 이미 언급되었듯이 무는 존재에 작용할 수 없다. 베르그송이 무란 인간적인 그 무엇이라 했을 때 이는 결국 인간의 부정'의 행위'에 의해 도래케 됨을 뜻한다.

존재에 대해서 아무런 영향력을 줄 수 없다는 것이 무의 특징이야. 알아들었지? 부정은 무에 대해서 모순돼. 부정하고 무는 모순관계에 있다는 것을 알아야 돼. 부정은 존재를 없애는 것이고, 거꾸로 무는 존재에 대해서 아무것도 영향을 주지 않는다는 얘기야.[17] …… 무를 정적으로 고찰하면 (주관의 행위로서의) 부정은 없어. 부정판단이 나오지 않는다는 것을 알아야 돼. 그러니까 객관적인 세계에서 만약에 모든 것이 정적이라고 가정을 하면 무는 우리에게 …… 인식되지 않아. 그래서 플라톤 같은 사람은 이데아는 무 속에 들어 있는데 우리에게 가장 분명하게(clear) 주어진다 그래. 왜냐? 외부에서(객관적으로)

---

17) 이때의 '부정'은 객관적 부정, 즉 B가 A의 타자인 한에서 A의 무, 즉 부정이라 할 때의 부정(지금까지 종종 이렇게 써왔다)이 아니다. 베르그송이 논하는 맥락에서의 주체행위로서의 부정을 뜻한다. 이 경우 객관적 사태로서의 무와 주관적 행위로서의 부정은 모순된다('모순된다'는 표현은 다소 강한 표현인 듯하다. '성격이 크게 다르다' 정도가 적절할 것이다).

이데아를 방해하는 것이 없으니까. 'kath'hauto'라 그래. (하지만) 우리 경험적인 세계로 오면 자꾸 방황하는 것이 있어. …… 외부의 세계(객관세계)에서 만약에 부정이 주어진다고 해보자. …… 그러면 외부의 세계에서 어떤 사물이 부정으로서 주어진다. 그것은 모순이 있다는 얘기거든. 무가 어떤 사물을 부정한다는 것은 결국 그 자체로서는 아까도 말한 바와 같이 모순이라고 해. …… 그런데 베르그송은 외부의 세계(객관적 실재)는 플럭스지. …… 무는 없다는 거야. 왜냐? 무가 있다면 반드시 거기에 대응하는 존재가 드러나야 돼. 그렇다면 플라톤의 에이도스 같은 것이 나와야 돼. 그런 세계는 없다는 얘기야. 그러면 존재와 무가 언제 맞부딪히느냐? 여기 자발성(spontanéité)에서만 가능해. …… 그러니까 여기서 부정이 나오는 것은 우리의 작업(operation)에서 나와. 작업하는 방식이야. 지성(intelligence)을 가진 존재에 대해서만 나오지.[18]

플라톤에게 존재의 비-모순성은 아페이론으로부터 이데아들에 이르기까지의 존재론적 위계를 통해서 확보된다면 베르그송에게서는 부정의 주관화('무의 인간화')로부터 확보된다.[19] 베르그송에게서 존재의 비-모순성이 확보되는 방식은 플라톤과 다르다. 존재의 비-모순성은 존재가 무와 모순을 이룰 때 존재가 승리해야 함을 뜻한다. 하지만 지금 우리는 존재하는 세상을 살고 있고(따라서 이미 존재가 승리한 것이다), 따라서 여기에서 정확히 문제가 되는 것은 존재 안에서 작동하는 무(타자로서의 무, 부정으로서의 무)가 존재 전체와 어떻게 비-모순을 이룰 수 있는가 하는 것이다. 이

---

18) 박홍규, 『베르그송의 창조적 진화 강독』, 524~25쪽.

19) 그렇다면 주관과 객관은 모순되지 않는가? 주관과 객관의 모순이 해소되려면(그렇지 않을 경우 객관이 사라지거나 주관이 사라져야 한다) 양자의 (모순이 아닌) 대립을 가능케 하는 공통의 터가 존재해야 한다. 이 터는 유물론의 방식으로 주어질 수도 있고, 유심론의 방식으로 주어질 수도 있다. 항간에서 말하는 바와는 달리 베르그송은 유심론보다는 유물론에 가깝다. 하지만 그는 정신을 물질로 환원하려는 유물론과는 거리가 멀다. 그에게 물질과 정신은 생명의 두 추상물에 불과하다. 그는 물질과 정신이라는 양극을 생명의 성격을 띠는 실재에로 통합해가는 스피노자적 존재론자인 것이다.

에 대한 설명의 대조적인 두 형태를 플라톤과 베르그송이 보여준다고 할 수 있다. 플라톤에서 무는 1) 타자로서의 무, 즉 부정으로서의 무이며, 이는 결국 존재함의 한 방식이다. 결국 존재와 무란 동일자와 타자의 문제인 것이다. 2) 그리고 이데아에서 시뮬라크르로 '전락'하는 것은 이데아가 타자화되는 것으로 이해되며, 여기에서 부정이란 이데아의 완전성에 대한 부정으로 이해된다. 그 결과 위계적인 세계관이 도래해 존재의-비-모순성이 확보된다. 베르그송의 경우 1) 부정은 주관의 소관으로 이전된다. 세계를 분절해 동일자와 타자의 놀이로 파악하는 것은 결국 인간 주관이다. 2) 객관적 무는 오로지 생성 속에 존재하는 무로서 지속은 이 무를 매 순간 메우면서(존재와 무의 경계선을 매순간 무너뜨리면서) '존재의 충만성(plénitude)'을 이룬다.

2. 충족 이유와 우발성

전통존재론은 충족 이유율을 기반으로 사유를 전개했다. 모든 것에는 이유가 있다. 이는 다음과 같은 물음들로 표현된다. "X는 어째서 없지 않고 있는가?"[20] "X는 왜 다른 것이 아니라 X인가?" 요컨대 "X는 왜 존재하는가, 또 왜 달리가 아니라 바로 이렇게 존재하는가?" 무엇인가가 존재한다는 그것이 자신의 무/모순을 극복하고서 존재함을 뜻한다. 이는 곧 그것의 '존재'를 정당화해주는 이유(ratio existendi)가 반드시 존재해야 함을 뜻한다.[21] 이는 곧 X가 다른 어떤 것도 아닌 X 자신임, 즉 X의 '자기동

---

20) 이 물음을 세계 전체에 대해 적용할 경우 "어째서 무가 아니라 무엇인가가 존재하는가?"가 된다.

21) 라이프니츠(Leibniz)의 경우 이는 "모든 참된 명제는 분석적이다"라는 원리로 표현된다. 한 모나드(monad)에 대해 참인 모든 명제는 분석명제, 즉 그것의 완전 개념(notion)으로부터 필연적으로 연역되어 나오는 명제이다. 따라서 한 모나드의 '존재이유'(raison d'être)는 그것 안에 내장되어 있다.

일성'이 확보되어야 함을 말한다. 그리고 이 자기동일성은 현상적인 타자화 가운데에서도 꿋꿋이 그 본성을 잃지 않아야만 자기동일성일 수 있다. 현상적으로 타자들과 엉켜 있다 해도(이 차원에서는 동일성도 충족 이유율도 성립하지 않는다. 모든 것은 관계의 생성에 따라 변해간다) 본질적 차원에서는 자기동일적인 그런 존재가 충족 이유를 가진다. 하지만 절대동일성의 세계(파르메니데스의 세계)에서는 역설적으로 다시 충족 이유가 파기되어 버린다. '다른 것이 아닌 바로 그'라는 개념 자체가 소멸되어버리기 때문이다. 따라서 충족 이유율은 절대존재와 절대생성이라는 이분법을 벗어나 'kath'hauto on'과 그것의 타자성을 함께 사유할 때 성립한다. 타자들과 관계맺음'에도 불구하고' 또 생성하고 있음'에도 불구하고' 그 동일성을 유지하는 존재들에 대해서 충족 이유율이 성립한다. 이때 비로소 다자들의 동일성 및 운동과정의 동일성을 사유할 수 있다.

베르그송은 '본질' 위주의 사유를 '실존' 위주의 사유로 전환코자 했다. 박홍규의 용어로 하면 '기능' 위주의 사유를 전개하고자 했다. 그가 기능이라 칭하는 것은 플라톤의 자기운동자(heauton kinoun) 개념에서 유래한다. 플라톤이 운동을 이데아의 그림자와도 같은 것으로 폄하하고 부동의 이데아들만을 강조한 것은 아니다. 교과서적인 플라톤이 아닌, 말년의 성숙한 플라톤이 존재한다. 플라톤이 고민했던 것은 운동 자체의 동일성을 찾는 것이었다. 이는 곧 **운동 그 자체에 충족률을 부여하는** 길이다. 바깥에서 동력을 얻는 운동이 아니라 내부적인 동력을 통해서 스스로 운동을 유지해가는 존재가 '자기운동자'이다. 자기동일성을 유지하는 운동은 그 운동을 다른 타자로부터 받아들이는 것이 아니라 스스로의 힘으로 행한다. 그래서 그것을 '자기운동자'라고 말한다. 이 자기운동성이 훗날의 '자발성'이 된다. 이 자기운동자가 곧 생명=영혼이다. 또, 플라톤에게서 이 자기운동자는 자기동일성을 유지하기에 영원하다. 즉 생명=영혼은 불멸이다.

베르그송에게 이르러 이 자기운동자는 '자기차생자'로 화한다. 자기운동자도 자기차생자도 동일성과 차이생성을 화해시키고 있다. 하지만 전자에서 차이생성은 동일성에 오롯이 통어되며 '동일성과 차이의 동일성'의 논리에 따라 자기동일성이 유지된다(이 논리는 훗날 헤겔로 이어진다). 하지만 후자에서 동일성은 차이생성을 따라가면서만 성립하며 '동일성과 차이의 차이'의 논리에 따라 자기차이화한다. 자기차이성(différence avec soi)은 생명의 기본논리로 파악된다. 전자의 경우 동일성의 테두리 내에서 차이생성이 이루어지지만, 후자의 경우 차이생성이 이루어질 때 그 뒤를 따라가면서 동일성이 수습한다. 그리고 그런 수습이 실패할 경우 생명은 끊어진다. 이는 곧 충족 이유와 우발성의 문제에 연관된다.

> 정적으로 보면 우연이라는 것은 하나의 예외자이죠. 99퍼센트가 그런데 하나가 다르다는 것입니다. 그러나 동적인 입장에서 보면 정반대의 이론이 나옵니다. 나머지의 1퍼센트가 문제가 아니라 99퍼센트가 모두 변치(變置)뿐인데, 즉 다른(different) 것뿐인데, 다른 것은 그 이면에 비슷한 것이 있어서 (동일한 것이란) 그 비슷한 것을 주워 모은 것이라는 이론이 나옵니다.[22]

베르그송은 생명 개념을 물질 개념과 맞세워서 사유한다. 이는 곧 열역학 제2법칙과 진화론의 대결이기도 하다. 베르그송에게 생명이란 편안하게 주어진 불멸의 영혼을 가지고서 살 수가 없는, 살기 위해 끝없이 투쟁해야 하는 존재이다. 이 투쟁을 위한 두 가지 조건으로 박홍규는 '조절 기능'과 '기억'을 든다. 생명체는 변화하는 환경에 맞서 끝없이 스스로를 조절해가야만 하며, 또 계속 변해가는 스스로를 흩어지지 않도록 잡아야 한다. 전자는 공간적인 자기차이화이고 후자는 시간적인 자기차이화라 할 수 있다. 이렇게 차이생성을 겪으면서도 그것을 동일성으로 정돈해야만, 달리 말해 동일성을 상실하지 않기 위해서도 스스로의 동일성을 바꾸어나가야만 하는 존재가 생명체이다. 따라서 이는 생명체의 어떤 특권적인 순간 이상태를 중심에 놓고서 사유하는 아리스토텔레스적인 목적론과는 판

---

22) 박홍규, 『형이상학 강의』, 40쪽.

이한 사유이다. 생명체란 늘 어떤 **상황에-처하는 존재**이고, 시간 속에서 자신의 '실존'/'생존'을 **끝없이 수선해나가야** 하는 존재이다.[23]

플라톤적 본질주의에서는 상황이 아니라 공간이 기본적이다. 공간적 동일성을 기본으로 해야, 즉 기하학을 기본으로 해야 비로소 엄밀한 형태의 인식이 가능하다. 때문에 플라톤을 이은 서구의 과학 전통은 측정을 기본으로 한다. 측정해서 데이터를 뽑아냈을 때에만 과학적 법칙화/함수화가 가능하다. 측정이 가장 용이한 경우는 곧 공간의 경우이다. 공간을 잴 때보다 더 명료하게 양화할 수 있는 경우가 어디에 있겠는가? 하지만 베르그송은 공간이란 시간의 역동성이 저하됨으로써 성립하는 것일 뿐이다. 생명의 '약동'이 빠질 때에만 공간적 동일성이 성립한다. 때문에 베르그송에게 질들은 근본적으로 잴 수 있는 것이 아니다. 질들은 서로 다르기 때문에 비교할 수 없으며,[24] 또 우리가 '하나의' 질이라고 부르는 것도 사실상 이미 등질화된(homogenized) 질에 불과하다(우리는 "이 잎사귀는 붉다"고 말한다. 하지만 자세히 들여다보라). 충족 이유율 역시 사물들에게서 작동하는 미세한 우발성들을 제거하고 그것들을 어떤 본질로 깎아 다듬을 때 성립한다. 베르그송은 본질이란 단지 '평균치'일 뿐이라고 말한다.

차이생성에는 항상 우발성이 동반된다. 차이생성은 결국 한 존재가 타자들과 관계맺음으로써 생겨난다. 하지만 그런 관계맺음을 미리 결정하고 있는 법칙성은 없다. 라이프니츠가 모든 빈위들을 모나드 내부에 위치시킨 것은 바로 관계맺음을 필연적인 것으로 사유하고자 한 것이었다. 그

---

23) 이는 특히 인간에 있어서 그렇다. 다른 동물들에게서 자발성은 '본능'의 형태로 주어진다. 언어 등의 경우에서 확인할 수 있듯이 본능은 참으로 불가사의하다 싶을 정도의 자발성을 보여준다. 동물들의 본능은 '자기운동자'의 개념에 더욱 근접한다. 인간의 경우 이런 본능의 능력이 매우 약하기 때문에 오히려 '자기차생자'로 더욱 나아가게 된다. 인간이 문명을 구축할 수밖에 없는 소이가 여기에 있다. 인간은 '조형적인'(form-giving) 존재가 됨으로써만 스스로의 한계를 계속 초월해가면서 살아갈 수 있다.

24) 과학은 이 이질적인 존재들에 양을 억지로 부과함으로써만 양화할 수 있다(사회과학에서의 억지스러운 양화를 상기해보자). 또 현대 자본주의는 모든 사물들에 화폐량을 부여함으로써 작동되고 있다. 모든 것을 양화하려 한다는 점에서 과학기술과 자본주의는 친연성을 가진다.

러나 이는 받아들이기 어려운 생각이다. 데이비드 흄(David Hume)이 강조했듯이 관계란 외부적이다. '관계의 외부성'이야말로 경험주의의 초석이다. 만약 충족 이유가 가능하다면 이는 한 존재의 변화과정을 계속 따라가면서 그 **경향**을 읽어낼 때만 가능할 것이다. 이는 모든 것을 항상 시간에 입각해보려는 태도이다. 베르그송이 말하는 '직관'이 바로 이런 방식의 인식이다.[25]

베르그송에게 필연적 인과란 대개 '사후적'(retrospective) 관점에 불과하다. 시간 그 자체에 충실할 때 세계는 우발성의 연속이며, 새로움의 지속적인 창조이다. 하지만 인간은 사태가 이미 확정된 이후 거기에 사후적으로 인과를 부여함으로써 "이 사태, 이렇게 되도록 되어 있었던 거야"라고 말한다. 베르그송은 사람들이 세계를 필연적 인과를 통해서 보려 하는 것은 바로 이런 사후적 관점을 가지고 있기 때문이라고 역설한다. 베르그송의 '사후'는 지그문트 프로이트(Sigmund Freud)의 그것과 다르다. 프로이트의 경우 사후적 인식이란 무의식에 억압되어 있던 사건이 시간이 흐른 후 어떤 계기를 통해서 발견되는 것을 말하며 원인과 결과의 시간적 전복에 핵심이 있다. 반면 베르그송에게 사후적 인식이란 **시간의 흐름을 충실하게 따라갔을** 경우에는 부여하지 않았을 필연성을 과거에 투영하는 것을 말한다. 철수는 t라는 시간에 a로 갈 수도 있었고 b, c, d, ……로 갈 수도 있었다. 그 순간 a로 가야 할 필연은 없었다. 하지만 철수는 a를 선택했다. 그는 이미 벌어진 사건들을 사후적으로 **공간 위에 늘어놓은 후** 말한다. "그래 그때 나는 a로 갈 수밖에 없었던 거야." 이 점에서 이 논리는 결국 제논의 역설에서 확인되는 '시간의 공간화'의 양상론적 버전이라고 할 수 있겠다.

---

25) 들뢰즈는 직관 개념을 명쾌하게 정리해주었다. "규칙 1) 참과 거짓의 증거를 문제들 자체 내에 위치시키고, 사이비 문제들을 제거함으로써 진리와 창조를 문제들의 층위에서 화해시키라. 규칙 2) 착각(illusion)과 싸워 진정한 **본성상의 차이들 또는 실재의 분절들**을 찾아내라. 규칙 3) 공간에 입각해서가 아니라 **시간에 입각해서** 문제들을 제기하고 해결하라." (Gilles Deleuze, *Bergsonisme*, PUF, 1966, ch. 1)

이런 생각의 밑에는 가능성과 현실성에 대한 일정한 전제가 깔려 있다. 바로 이런 생각이다. 무엇인가가 현실화된 것은 그것이 가능했기 때문이다. 만일 그것이 불가능했더라면 어떻게 현실화되었겠는가? 가능성이 있었기에 그것이 현실화된 것이 아닌가? Ex nihilo nihil fit! 하지만 베르그송은 철학의 역사 자체만큼이나 오래된 이 대전제를 파기한다. 이 전제는 다음을 함축한다. 무엇인가가 현실화되었다는 것은 그것을 현실화하게 해준 제반조건들이 완벽하게 갖추어졌기 때문이다. 하지만 베르그송이 볼 때 이 또한 전형적인 사후적 추론이다. 무엇인가가 현실화되는 과정의 사이사이에서 우발성이 작동한다. 그것의 가능성이 완벽하게 갖추어진 것이 아니다. 중요 국면들에서 그 다음 단계는 가능할 수도 있었고 가능하지 않을 수도 있었다. 가능하기 때문에 현실화된 것이 아니라 **가능성 그 자체가 시간 속에서 태어난다**(진화과정을 보라). 베르그송은 말한다. "시간이란 망설임 자체이거나, 아니면 아무것도 아니다. …… 시간이란 모든 것이 단번에 주어질 수 없도록 하는 것이다."[26] 시간 속에서는 항상 절대적인 의미에서의 창조가 'creatio ex nihilo'로서의 창조도 또 "모든 것이 주어졌다"—현실성이 반드시 가능성을 전제한다면 이 세계의 현실적인 전개는 이미 가능성의 양상으로 완성되어 있었다는 이야기가 된다—는 대전제 아래에서의 창조도 아닌, 순수 내재적인 창조가 이루어진다. 시간 속에는 우발성의 양상이 짙게 배어 있고, 이로부터 차이생성이 유래한다. 이는 동일성을 전제하는 차이들의 운동이 아니라 절대적으로 새로운 것의 탄생을 긍정하는 차이생성이다.

---

26) Henri Bergson, *La pensée et le mouvant*, PUF, 1934, pp. 101~02. 다른 곳(*EC*, 341)에서는 "시간이란 발명(invention)이거나, 아니면 아무것도 아니다"라고 말하고 있다. 앞의 표현은 시간의 비결정성에 초점을 맞추고 있고, 뒤의 표현은 시간에서의 창조에 초점을 맞추고 있다.

3. 허무주의의 해체

서구 존재론이 허무주의에서 출발했다는 점은 잘 알려져 있다. 박홍규는 이 허무주의가 일반적인 허무주의—존재란 끝없는 생성이며 영원한 것은 어디에도 없다는 생각—가 아니라 전쟁에서 유래한 것으로 본다.[27] 전쟁을 포함해서 삶과 죽음의 모순관계는 인간에게 필연적으로 허무감을 가져온다. 허무주의는 절대존재와 절대생성이라는 양극에서 발생한다. 어떤 일도 벌어지지 않는 파르메니데스적 절대존재의 상황도 어떤 것도 지속할 수 없는 'flux' 상태도 모두 허무하다. 특히 파르메니데스의 존재론이 무너진 이후 그리스에서 문제가 되었던 것은 생성의 허무주의였다. 서구 존재론은 고르기아스의 테제를 극복하는 과정에서 (플라톤과 아리스토텔레스에게서 볼 수 있는) 그 원형이 만들어졌다고 할 수 있다.

플라톤의 사유는 인식주체의 자기동일성(박홍규는 이를 "영혼이 자기 자신을 찾아낸 것"이라 표현한다), 인식대상의 자기동일성(이데아) 그리고 이들 사이의 일치('노에시스'와 '노에마'의 일치)가 허무주의에 대한 플라톤의 응답이라 할 수 있다. 이 정적인 해결책과 더불어 플라톤에게는 동적인 해결책도 존재한다. 이는 곧 운동의 충족률을 인정하는 방향으로, 아페이론의 동일성('자기운동자')을 토대로 생명의 철학을 구축하는 경우이다. "정적인 측면에서 보면 무한정자는 존재를 분열시키는 원인이 되지만, 동적인 측면에서 보면 모순을 극복하는 방파제"[28]인 것이다 그러나 반대방향으로 나아가 '무로부터의 창조'와 예수를 통한 '대속'이라는 도그마를 대전제로 놓을 때 "대중을 위한 플라톤주의"(니체)인 기독교가 성립한다. 서구문명은 이렇게 플라톤적-기독교적 관점을 통한 허무주의 극복이라는 초석 위에 세워져 지속되어왔다.

14세기 이래 서양의 전통은 갖가지 맥락에서 흔들리기 시작했고, 18세

---

27) 박홍규, 「플라톤과 전쟁」, 『형이상학 강의 2』, 168쪽 이하.

28) 박홍규, 「플라톤과 허무주의 극복」, 『형이상학 강의 2』, 148쪽.

기 계몽사상을 통해서 '근대'로의 전환이 마련된다. 19세기 정도가 되면 근대와 탈근대의 움직임이 복잡하게 착종되며 그 과정에서 허무주의의 기운이 강하게 뻗어 나오기에 이른다. 19세기의 철학은 이런 시대에 대한 응답으로서 등장했다. 칸트는 기계론적 물리세계와 도덕적 정신세계의 이분법을 구성한 후 그 사이에 유기체들의 세계를 끼워넣음으로써 물질, 생명, 정신이라는 삼원(三元)의 세계를 구성했다. 그로써 학문, 도덕, 예술의 삼원적 활동(이른바 진·선·미)이 삶을 구성하도록 만들었다. 헤겔은 칸트의 삼원구도를 일원적(一元的) 구조로 전환함으로써 '정신진화론'(spiritual evolution)이라 불러볼 법한 진보적 세계관을 마련했고, 그 꼭대기에 예술, 종교, 학문을 놓음으로써 19세기 전체를 지배할 거대서사를 구축했다. 마르크스, 콩트, 허버트 스펜서(Herbert Spencer)는 각각 변증법, 실증주의, 진화론의 방식으로 이 구도를 비판적으로 이어갔다.[29] 그러나 이런 식의 거대서사들은 이미 19세기 말에 이르러 그 한계를 노정하기 시작했고, 세기 말의 허무주의의 팽배는 매우 많은 요인들이 복합적으로 작용했지만, 이런 사정과 무관하지 않다. 니체는 누구보다도 이 상황을 예민하게 받아들였고 치열하게 사유했다.

허무주의는 어떻게 도래했는가? 니체는 세 가지의 생각이 모두 붕괴했을 때 허무주의가 도래한다고 본다. 1) 삶에는 어떤 목적, 이유가 존재한다는 것, 2) 세계의 모든 부분들을 연결해주는 조화와 섭리가 깃들어 있다는 것, 3) 생성을 넘어서는 어떤 영원한 것이 존재한다는 것. 이 세 가지 전제가 무너질 때 허무주의가 도래한다. 삶에는 어떤 목적도 이유도 없다. 그저 우발적인 사건들이 끝없이 이어질 뿐이다. 세계를 지배하는 섭리 같

---

29) 정치적으로 마르크스의 변증법에 입각한 공산주의 이념과 콩트와 스펜서, 밀의 실증주의·진화론에 입각한 자유주의-자본주의 이념 사이의 각축이 이어져왔다('사회주의'라는 말은 그 의미론적 스펙트럼이 무척이나 넓어 모호함과 오해를 불러일으키는 용어이나, 어쨌든 공산주의에 더 가깝다고 해야 할 것이다). 오늘날의 관점에서 본다면 두 흐름 다 19세기적 '거대서사'의 성격을 띤 사상들이다. 1960년대 말에 일어난 새로운 형태의 사회사상들과 운동들은 이전의 흐름과는 다른 새로운 사유들과 실천들을 쏟아냈다.

은 것은 없다. 그저 자연적 법칙성에 따라 흘러가는 세계가 있을 뿐이다. 생성을 넘어서는 그 어떤 것도 없다. '실재'라는 게 있다면 바로 생성이 실재이다. "생성이라는 실재가 **유일한 실재**로 다가오고, 저편의 세계나 허구적인 신성(神性)으로 향하는 온갖 형태의 샛길들이 금지되기에 이른다— 그러나 **사람들이 집착하는 이 세계는 이미 사라져버렸다.**"[30] 이는 곧 플라톤적-기독교적 세계관의 붕괴를 뜻하기도 한다. 니체는 서양의 역사가 양심(세계/삶을 고통으로 보는 것), 가책(고통과 죄의식을 내면화하는 것), 금욕(고통을 벗어나고자 욕망-없음을 지향하는 것)이라는 유대적 가치에 의해 지배되어왔음을 고발하면서 '생성의 무죄'와 생성하는 세계에 대한 인식('힘에의 의지'와 '영원회귀') 그리고 창조하는 삶에 대한 지향('초인')을 설파했다. 니체에게 생성은 허무한 것이 아니다. 오히려 생성의 긍정이야말로 해석, 조형, 창조의 전제이다.

베르그송에게는 허무주의에 대한 본격적인 논의가 없다('100주년 기념판'의 색인에는 '허무주의' 항목이 없다). 그러나 우리는 베르그송의 철학 전체를 니체와 유사한 맥락에서의 허무주의 극복, 즉 실재로서의 생성—베르그송의 경우 '지속'—을 허무한 것으로서가 아니라 오히려 새로움, 열림과 창조의 조건으로 삼으려는 노력으로 이해할 수 있다. 베르그송에게서 창조는 두 가지 맥락에서 논의된다. 우선 창조는 세계 자체에 내재화된다. 세계는 절대적 새로움이 생성하는 장이며, 언제나 미래의 시간으로 열려 있다. 곧, '창조적 진화'이다. 다른 한편으로 창조는 인간의 창조라는 맥락에서 논의된다. 그러나 후자의 경우도 전자의 맥락을 전제해서만 성립한다. 창조라는 것이 어떤 청사진을 만들어서 그것을 그대로 실현하는 것이라면 거기에 시간과 신체의 역할은 없다. 베르그송에게는 인간의 창조도 반드시 지속을 통해서 이루어지며, 인간의 정신적인 것이 물질적인 것에 그대로 구현된다는 것은 있을 수 없다. 구현은 반드시 지속 안에서 신체를

---

30) Friedrich Nietzsche, *Kritische Studienausgabe*, herausgegeben von Giorgio Colli und Mazzino Montinari, de Gruyter, Bd. XIII, p. 48.

통해서 이루어지며, 그 과정은 객관적인 지속의 리듬에 영향을 받기 때문이다.[31] 베르그송에게 중요한 것은 지속을 사는 것이고, 인간적인 행위들도 **지속의 리듬**을 따라갈 때 진정한 의미에서 성공적일 수 있다. 베르그송에게서 지속으로서의 세계는 허무한 세계가 아니라 오히려 시간의 리듬을 타면서 새로운 삶을 창조해 나갈 수 있는 선험조건인 것이다.

베르그송에 이르면 '허무주의를 극복하려는' 노력이 보이지 않는다. 그에게서는 허무주의란 이미 **해체되어버렸기** 때문이다. 그에게서는 생성이 없는 결정론적 세계야말로 팻기 없는 죽음의 세계인 것이다. 그러나 베르그송에게서 허무주의 극복이 핵심논제이면서도 표면상으로는 절실하게 다루어지지 않았다면 그것은 이미 니체의 분투가 시대의 상식 아니면 최소한 무의식으로서 사람들에게 스며들어갔기 때문이었다고 해야 할 것이다.

박홍규의 논의를 따라가면서 베르그송의 존재론 혁명을 논했다. 오늘날 '들뢰즈 대(對) 바디우'로 압축되는 존재론적 논의-장에서 생각해본다면 그가 사유했던 '플라톤 대 베르그송'의 구도는 여전히 생생하게 살아있다고 할 수 있을 것이다. 이는 곧 공간과 시간의 사유가 존재론의 영원한 화두이기 때문이기도 하다.

한 가지만 지적하면서 논의를 끝내기로 하자. 베르그송에게서 공간은 늘 시간과 대비적으로 논의되며, 주로 기하학적 맥락에서만 논의된다. 그

---

31) "조각그림들을 맞추어 하나의 전체 이미지를 재구성하는 놀이를 할 때, 아이는 반복함에 따라 점점 더 빨리 성공한다. 게다가 그 재구성은 아이가 상자를 열었을 때 완성되어 있었다. …… 그러나 자신의 영혼의 밑바닥에서 하나의 이미지를 끄집어내어 창조하는 예술가에게 시간은 더 이상 부수적인 것이 아니다. …… 여기에서 발명의 시간은 발명 자체와 하나를 이룬다. 그것은 발명이 구체화됨에 따라서 변화하는 사유의 발전이다. 결국 그것은 생명적 과정이며, 하나의 관념의 성숙과도 유사한 어떤 것이다. / 화가가 캔버스 앞에 있고 그림물감이 팔레트 위에 있으며 모델이 포즈를 취하고 있다. 우리는 이 모든 것을 보고 있으며, 화가도 그리는 방식을 알고 있다. 그렇다고 캔버스 위에 나타날 것을 예측할 수 있겠는가?"(인용자 강조. *EC*, 339~40)

러나 공간, 더 중요하게는 장소도 시간과 유사한 방식으로 추구되어야 할 것이다. 예컨대 인간적 장소들의 구축도 모더니즘 건축에서처럼 기하학적 질서를 일방적으로 강요하기보다 주어진 대로의 자연적 장소의 리듬에 따라서 이루어져야 할 것이다. 아울러 기하학적 공간이 아닌 문화적 장소들을 사유할 때면 거기에 시간은 필수적으로 얽혀 들어간다(마찬가지로 시간 역시 그것이 추상적인 것에 그치지 않으려면 반드시 구체적인 장소들과 엮여서 논의되어야 한다). 베르그송적 이분법을 넘어 **시공간 다양체/배치**—자연과학적 맥락에서의 시공간 연속체가 아니라 구체적 삶의 맥락에서의 다양체—를 사유하는 것이 하나의 과제이다.

제10장

박홍규의 양상론

최화

　박홍규의 강의 중 반복적으로 나오는 것 가운데 하나가 양상에 대한 논의이다. 그것은 양상에 대한 매우 독특하면서도 기본적인 인식을 보여 주는 부분이므로 한 번 정리해볼 필요가 있다. 양상이란 우연, 가능, 개연, 필연 등을 의미하는데, 그 가운데 박홍규가 필연과 우연에 대한 논의를 언제 했는지 정확히 기억할 수 없지만, 적어도 나는 그 내용만큼은 생생히 기억하고 있다. 아마도 여러 번 강조하여 언급해서 그런 것이 아닌가 한다.

　내 기억에 따르면 필연은 두 사태가 하나의 막대기처럼 서로 이어져 있어서 한쪽을 들면 다른 쪽은 자동적으로 따라오는 사태를 말한다. 필연을 영어로는 'necessity'라 하는데, 그것은 둘 사이에 아무것도 없다. 즉 'nec-esse'[1]에서 온 말이기 때문에 그렇다는 것이다. 둘 사이에 아무것도

---

1) 사실 라틴어 'necesse'(필연적인, 불가피한)의 어원은 'ne-'와 'cedo'(양보하다)라고 사전에 나와 있다. 'cedo'의 과거분사가 'cessum'이므로 'necesse'가 되는 것은 충분히 가능하다. 김남두에 따르면 박홍규도 그렇게 말했다는 것이고, 그래서 "양보하지 않는다, 한쪽으로 넘어가지 않는다"라는 뜻이라고 설명했다는 것이다. 지금 남아 있는 문헌에도 박홍규가 그렇게 설명한 부분을 볼 수 있다(박홍규, 「필연」, 『형이상학 강의 1』, 60~61쪽). 그런데 나는 'nec-'과 'esse'로 '사이에 아무것도 없다'는 뜻이라는 설명을 분명히 기억한다. 아마도 사이에 아무것도 없다는 뜻을 강조하려다 보니 그렇게 설명한 것이 아닐까 짐작한다. 지금 이것을 정할 아무 근거도 남아 있지 않으므로 그냥 그렇게 남겨둘 수밖에 없다.

없다는 것은 서로 이어져서 하나로 연결되어 있다는 것을 의미한다. 한편 우연은 둘이 서로 접촉하고 있다는 뜻이다. 우연을 의미하는 영어는 'contingency'인데, 그것은 '함께'(con-) '만지고 있다'(tangere)는 뜻이다. 그것은 'contact'(접촉)와 같은 어원이다. 함께 만진다는 것은 둘이 연결된 것은 아니고 접촉만 있기 때문에 한쪽을 움직여도 다른 쪽이 따라오지 않는 것을 의미한다. 물론 이것은 둘이 떨어져 있다는 것도 아닌데, 떨어져 있다면 아무 상관이 없는 것으로 우연이니 필연이니 말할 필요도 없기 때문이다. 지금 남아 있는 기록 중 이것과 가장 가까운 논의를 찾아보면 『창조적 진화』 강독 10에서이다. 거기서는 『창조적 진화』 제4장에 나오는 우연에 대한 논의를 주석하면서 우연과 필연이 논의된다.

> 절대는 두 개가 완전히 떨어지면 절대라 그래. A와 B가 따로 떨어져서, A는 A대로 있고, 다른 것과 아무 관계를 맺지 않는다면 절대야. A와 B가 이렇게 연결이 되어 있는데, 어떨 때 필연이라고 하느냐면, A와 B가 연결되어 있는데, A가 A인 한에서, 그리고 B인 한에 있어서 구별이 되지? 구별이 되는 한에서는 필연이라고 하는가, 우연이라고 하는가? 필연이라고 하면 회피할 수 없어. 꼭 그대로밖에 될 수 없어. 그러니까 A와 B가 연결되어 있는데, 그럼에도 불구하고 A와 B가 구별되는 것은 분명하지? 그렇지 않으면 A라고도 할 수 없고, B라고도 할 수 없고, 둘 다 하나라고 해야 할 것 아냐? A라고, B라고 하는 한에서는 A와 B가 구별되지? 구별되는 한에서는 필연이야, 우연이야? …… 공통치를 생각하든 어떤 것을 생각하든 좌우간 연속이 되어 있으면 필연이야. A와 B가 연속이 되어 있으면 필연이라 그래. A가 있기 때문에 꼭 B가 나온다는 말은 쉽게 말하면 A와 B가 연속되어 있다는 말이야. 알아들었지? 두 개의 사물의 관계를 끊어버릴 수가 없다. 그러면 그 관계가 논리적 연관(logical connection)이냐, 물리적인 연관이냐, 인과론적 연관이냐는 여러 가지 범주(catégorie)가 나오는 거고.[2]

---

2) 박홍규, 「『창조적 진화』 강독 10」, 『베르그송의 창조적 진화 강독』(박홍규 전집 제5권),

우선 처음에는 절대에 관한 논의가 나오는데 두 사물이 떨어져 있으면 절대라 한다는 것이다. 우리는 앞에서 떨어져 있으면 아무 상관이 없다고 했는데 아무 상관이 없다는 것이 결국 절대이다. 말 그대로 놓고 보면 '절대'란 '상대'가 '끊어졌다'는 것을 의미하므로 결국 서로 아무 상관 없이 따로따로라는 것이다. 다음으로 필연에 대한 논의가 나오는데 핵심은 연속이 되어 있으면 필연이라 한다는 것이다. A가 나오면 꼭 B가 나온다는 말은 A와 B가 연속되어 있다는 뜻이라는 것이다. 물론 A와 B가 구별되는 한에서는 서로 우연이라 해야 하는데, 하여간 그 둘이 필연적인 한에서는 연결되어 있다고 해야 한다. 그리고 그 다음에 그것이 논리적인 것이냐, 물리적인 것이냐, 인과론적인 것이냐는 범주가 나오고, 그에 따라 필연이 달라질 수 있지만 어떤 필연이라도 핵심은 연속이 되어 있느냐, 아니냐에 달려 있다는 것이다. 그 다음으로 우연에 대한 논의가 나온다.

나전어로 'cum-'은 '함께'(together)이고, '-tingence'라는 것은 '접촉'(touch)이야. 그래서 영어로 'contact'(접촉), 나전어로 'contingentia'(우연)이야. 그러니까 아리스토텔레스는 뭐라고 하느냐면, 두 개의 사물이 하나의 한계를 가지고 있다고 말해. 이 'contingence'(우연)라고 하는 것은 굉장히 중요해. 접촉이니 하는 말도 쓰는데, 요컨대 두 개의 사물이 하나의 한계를 가지는 것이야. 그러니까 완전히 떨어져 있다면 우연이 되지 않아. 또 들어와서 서로 관계를 맺으면 우연이라고 하지 않아. 가령 아리스토텔레스의 형식 논리학에 뭐 있지? 이 개념하고 이 개념하고 서로 이렇게 관계를 맺을 적에는 우연이라고 하지 않아. 항상 다른 사물 속에 들어오면 우연이라고 하지 않아. 또 떨어지면 우연이라고 하지 않아. 그러니까 두 개의 사물이 하나의 한계를 가지고 있는 거야. 그러면 이제 그 하나의 한계를 생각해봐. 하나의 한계는 무엇이 되겠는가? A와 B가 접촉한다고 하면 A라고 할 수 있는가, B라고 할 수 있는가? …… 할 수가 없다니, 부정(nagation)이 아니지. A도 될 수

223~24쪽.

도 있고, B도 될 수도 있어. 바로 그걸 항상 머리다 집어넣어. 그러면 이제 그 관계를, 우연을 A에서도 논할 수 있고, B에서도 논할 수 있고. 그러니까 지금 여기에서도 나는 사실 좋은 정령(bon génie)을 기대했지만, 좋은 정령이 나타나지 않고 기계적(mechanical)인 것이 나온 것이라고 하는데, 하여간 기계적인 것이 나와야 돼. 나오지 않으면 우연이라고 하지 않아. 그러면 그것이 나와서 어떤 깊은 속에서 내면적으로 무슨 함축(implication)의 관계를 맺고 있다면 우연이 되지 않는단 말이야. 두 개의 사물이 관계를 맺을 수도 있고, 떨어질 수도 있고, 그 중간상태가 우연이야. 그러니까 좌우간 두 개의 사물이 나와야 돼. 하나의 사물만 있다면 우연이라고 하지 않아. …… 아리스토텔레스가 말한 것처럼 하나의 한계가 나와야 부딪힌다고 할 것 아냐. 떨어져 있다면 부딪힌다고 하지 않을 것 아냐. 하나의 한계야. 그러니까 여기서도 나의 의도(intention)하고 멀리 떨어져서 아무 상관이 없다면 우연이라고 하지 않아. 그렇지 않고서 나의 의도에 깊숙이 들어와서 관여하고 있다면 우연이라고 하지 않아. 밖에 있어. 밖에 있지만 붙어 있어. 접촉을 해. 그것은 어떤 관계를 맺을 수 있는 것이지. 그러나 맺지 않을 수도 있어. 관계 맺기 이전의 상태야.[3]

그러니까 우연이라는 것은 두 사물이 접촉하고 있는 상태, 함께 만지고 있는 상태를 말한다. 하나가 다른 것 속에 들어간 것도 아니고 또 완전히 떨어져 있는 것도 아닌 그 중간상태, 즉 아리스토텔레스식으로 말하면 두 사물이 하나의 한계를 가지고 있는 상태를 말한다. 우연에 대한 이보다 더 명쾌한 설명은 없다. 그런데 두 사물이 하나의 한계를 가지고 있을 때 그 한계는 이쪽이라 할 수 있는가, 저쪽이라 할 수 있는가? 위의 인용문에서는 분명히 양쪽 다 될 수 있다고 했다. 그래서 양쪽 중 어느 쪽에서 생각할 수도 있고, 어느 쪽에서 생각해도 우연이라는 것이다. 그러고는 베르그송이 든 예인 도박에서 돈을 딴 것이 우연이냐, 아니냐는 것도 기계적인 질서에서 보느냐, 좋은 운, 즉 좋은 정령의 질서에서 보느냐에 따라 달

---

3) 같은 글, 222~24쪽.

라진다는 것이다. 즉 도박에서는 룰렛의 운동이라는 기계적인 질서와 나의 선택이라는 의지적 질서가 만나니까, 즉 접하니까 돈을 따느냐 아니냐는 우연이라는 것이다. 그리고 위의 인용문의 다음 문장은 모든 면에서 우연인 것은 존재와 무(無) 사이라는 이야기로 끝을 맺고 있다.

> 베르그송뿐만 아니라, 무엇을 읽든지 간에 우연이라면 항상 같이 생각해야 돼. 떠나야만 나와. 그러니까 완전한(perfect) 우연은 무엇이지? 어디서 성립해? 만약 두 개의 사물이 성립한다고 가정할 때 언제든지 접촉할 수밖에 없는 것, 그것은 무슨 관계야? 언제든지 접촉밖에 못하는 것. 언제든지 밖에 있어야 되니까 서로 배타적이라야지? 서로 속에 들어오면 안 되잖아. 언제든지 배타적이면서도 그것이 동시에 성립할 때, 그건 뭐야? 존재와 무. 존재와 무가 동시에 성립한다면 언제든지 그것은 접촉밖에 안 돼. 서로 관계 맺으면 존재와 무가 되지 않잖아. 배타성이 없어지잖아. 그렇게 되지?[4]

존재와 무 사이가 원시 우연이라는 이야기는 이전의 논의에도 여러 번 나왔으므로 더 이야기할 것이 없다. 그런데 여기서 문제가 되는 것은 두 개의 사물이 동일한 한계를 가졌을 때 그것이 어디에 속한다고 할 것이냐이다. 여기서는 분명히 양쪽 모두에 속할 수 있다고 이야기하고 있는데, 그 다음 강의에서는 정반대의 이야기를 하고 있는 것으로 보인다. 이것을 어떻게 이해할 것이냐가 문제이다. 그곳을 한 번 보자.

> 우연성(contingence)이란 것은 요전에도 말한 바와 같이 관계를 맺는 것도 아니요, 안 맺는 것도 아니요. …… 가만 있어, 내 우연성을 설명해줄게. 이걸 머릿속에 집어넣어. 우연이란 것은 요전에 내가 이렇게 설명했어. 봐. A와 B가 있는데 A와 B 사이의 이 선 p라고 하는 것은 A에 속하는가, B에 속하는가?[5]

---

4) 같은 곳.

5) 박홍규, 「창조적 진화 강독 11」, 『베르그송의 창조적 진화 강독』(박홍규 전집 제5권),

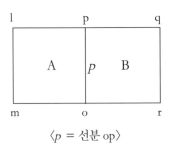

〈*p* = 선분 op〉

이 질문에 대해 학생들은 A에 속하는 동시에 B에 속하기도 한다는 답과 A에도 B에도 속하지 않는다는 답을 중구난방으로 한다. 여기에 대한 박홍규의 답은 이렇다.

자, 어째서 이 B가 이 *p*만 갖고 돼, 나머지 세 개의 선 면적이 전부 B지. A도 그렇고. 그렇지? 자, B는 무엇이야? B를 얘기하려면 네 개의 선을 다 얘기해야 할 것 아냐. 그렇지? o, p, q, r. 또 A는? l, m, o, p이고. 자네 말대로 *p*가 A와 동시에 B라면 뭐라고 말해야 돼? l, m, o, p, q, r, p는 p 하나가 다르다고 얘기해야 할 것 아냐.[6]

결국 A나 B나 모두 다 *p*만 가지고 되는 것이 아니라 나머지 세 선을 다 말해야 된다는 것이다. 여기에 대해 윤구병이 그런데 A와 B가 *p*를 공유하고 있다고 해야 하지 않느냐고 묻는다. 여기에 박홍규는 다음과 같이 답한다.

그렇지. A와 B는 *p*를 공유하는데, 그렇다고 해서 A이면서 동시에 B는 아니야. 어째서 A는 B가 아니야? A는 l, m, o, p인데? 그렇잖아. …… 그렇지? 자네들도 다 그렇지? 아니, 반대가 있으면 안 돼. 이것을 꼭 이해를 해야 돼. *p*

241~42쪽.

6) 같은 글, 243쪽.

가 A이면서 동시에 B는 아니다. 그래, 안 그래? A이면서, A이자 동시에 B라
는 건 지금 A와 B 두 개의 성격을 다 가지고 있지 않다는 거야. 다 가지고 있
는 거냐, 안 가지고 있는 거냐? …… A가 A라고 하려면 나머지 것 다 얘기야
되고, B이면 o, p, q, r, 다 얘기해야 B가 나오는 거 아냐? 그렇지? 자, 그러면
말이야, p가 직선이지만 말이야, 두 개의 원이 지금 이렇게 한 점을 공유한다
고 해보자. 그러면 한 점은, A와 B가 부딪친 한 점은 움직여서 한편으로 A도
될 수 있고 한편으로 움직이면 B로도 될 수 있는 것 아냐? 그렇지? 그러나 그
점이 A는 아니고 B도 아냐. 될 수 있단 얘기지. 그렇지? …… 동시에 A도 B도
아니야. 위에 사각형일 때도 p는 A이면서 동시에 B인 것이 아니야. 밑에 하나
는 점이고 위에는 선이다, 그것뿐이야. 그러면 점이 원으로 움직였다고 하는
것이 아니라, 이 위에 있는 p라고 하는 선이 위에서 꼬부라져서 A를 만들어
내고, 또 B에 가서도 꼬부라져서 또 이 사각형 만들어낸다고 할 수도 있지? p
가 움직이면. 왜냐? 가능적인 것은 움직임이 들어가니까. 자네, 그렇게 되지?
p가 움직여서 A의 나머지 삼변을 이루고 또 B의 삼변도 이룰 수 있다고 볼
수 있지? 그렇게 되지? …… 그러니까 이것은 p가 일정한 형태로 움직이면 A
가 될 수 있단 얘기고, p가 또 일정한 형태로 움직이면 B로도 될 수 있단 얘
기지, p가 현재 A와 동시에 B는 아니잖아? 아니지? 그러니까 p는 B도 될 수
있고 A도 될 수 있다 그것뿐이야. 그렇지?[7]

그러니까 A와 B는 p를 공유하는데, 그렇다고 해서 A이면서 동시에 B
는 아니라는 이야기이다. 그러면 어떻게 되느냐? A가 A라면 p만 이야기해
서는 안 되고 l, m, o, p를 다 이야기해야 되고, B가 B이려면 역시 p만 이야
기해서는 안 되고 o, p, q, r을 다 이야기해야 한다. 그러므로 p는 동시에 A
도 아니고 B도 아니다. 그러면 뭐냐? A와 B를 사각형이라 생각지 말고 원
이라 생각하면 p는 한 점이 된다. 그때 그 한 점은 A도 B도 아니요, 다만
움직이면 A와 B가 될 수 있다는 것이다. 다시 사각형으로 돌아오면 선 p는

---

7) 같은 글, 243~45쪽.

사각형 A와 B가 될 수 있는 것이고 오직 그것뿐이지 A와 B인 것은 아니라는 말이다. 결국 선 p는 동시에 A도 B도 아닌 것이요, 다만 동시에 A와 B가 될 수 있는 것이다. 그러니까 여기서 "될 수 있다"라는 가능성의 의미를 강조해서 이해해야 한다. 처음의 구절로 돌아가서 확인해보면 아니나 다를까 "A도 될 수도 있고, B도 될 수도 있"다고 했지 양쪽 다라는 이야기는 아니라는 것이 분명하다. 그러니까 모순되어 보이던 양 구절은 전혀 모순이 아니다. 중간의 공통의 한 선은 양쪽 다가 될 수 있지만 양쪽 다인 것은 아니다. 바로 다음 문장이 그것을 종합적으로 요약한다.

그러면 만약에 A가 된다고 가정한다면 그때 B는 아닐 것이요, B가 된다고 가정한다면 A는 아닐 것이요. 양자택일로 돼버리지? 그러니까 우연이라는 것은 뭐야? 만약 이 그림이 A도 될 수도 있고 B도 될 수도 있고, 이것이 우연이야. 'contingence'(우연)란 것은 A도 될 수도 있고, B도 될 수도 있고. 지금 현재 다 됐단 얘기가 아니야. 그렇지?[8]

우연이란 이쪽도 저쪽도 될 '수 있는' 양자택일의 문제이지 그 중 어느 쪽이 됐다는 얘기는 아니라는 것이다. 이렇게 그 문제를 정리한 후 이제 우연에 대한 설명이 이어진다. 그것을 살펴보자.

그러면 여기서는 하나는 산문(prose)이고 하나는 운문(vers)이야. 운문과 산문의 관계를 이렇게 놓고 본다는 거야. p를 만약에 A라고 하면 B는 성립하지 않고 B라고 할 때는 A는 성립하지 않아. 베르그송 입장은 지금 산문도 있고 운문도 있다. 이 우주에 두 개의 질서가 있다. A도 있고 B도 다 있다는 거야. 있는데, 부정합성(incohérence)이 성립한다면 이 p에서만 성립한다는 거야. 그 말은 무슨 말이야? A와 B가 겹칠 수 없다. 겹친다면 동일성(identity)이 나와야 되는데, 동일성이 되지 않는다. 또 완전히 떨어져 있지도 않다. 떨어져 있으면

8) 같은 글, 245쪽.

그것은 뭐야? 아리스토텔레스에서 'apophasis', 부정이지. 'synthesis'가 아니라. 'synthesis'는 희랍어로 위치를 같이한다는 것이야. 'thesis'(위치)를 같이한다, 위치를 같이하는 것이고. A와 B가 똑같은 위치에 들어가 버린다. 두 개의 삼각형이 합쳐 있어서 하나가 된다. 그때 동일성이 성립하는데, 위치가 떨어져 버려. 합치지 않아. 그러니까 위치를 같이하는 것, 관계를 맺는 것도 아니야. 관계를 맺으려면 A가 B 속으로 들어가고, 어느 쪽으로든 들어가야지? 그러니까 관계를 맺는 것도 아니요, 관계를 맺지 않는 것도 아니요.[9]

처음에는 위에서 한 이야기를 베르그송의 운문과 산문의 예로 설명한다. 운문을 찾는 입장에서 보면 산문이 우연이요, 반대로 산문을 찾는 입장에서는 운문이 우연이라는 것이다. 그런데 세상에는 운문과 산문 둘 다 있다. 그 둘을 부정합적으로 보는 것은 둘이 만나는 곳, 즉 공통의 경계인 p에서만 그렇다는 것이요, 그 말은 둘이 겹칠 수 없다는 말이다. 겹친다는 것은 'synthesis'라 할 수 있는데 'synthesis'란 'thesis'(위치)가 같다. 즉 둘이 합동이라는 말이고, 그 말은 곧 동일하다는 말이다. 그런데 우연은 겹치는 것도 아니요 그렇다고 떨어져 있는 것, 즉 'apophasis'(부정)도 아니다. 겹치는 것이 관계를 맺는 것이요, 떨어지는 것이 관계를 맺지 않는 것이라면 우연은 관계를 맺는 것도 아니요, 맺지 않는 것도 아니요, 그 중간이라는 것이다. 그 다음에는 그것을 긍정과 부정으로 연결해서 설명한다.

관계를 맺으면 그만큼 긍정이 나오고, 또 부정도 아니요. 떨어져나가면 부정이야. 관계를 맺지 않으니까. 그러니까 긍정도 아니요 부정도 아니요, 긍정이 될 수도 있고 부정이 될 수도 있다, 그것이 우연이야. 그러니까 부정합성은 관계를 맺어서 A와 B가 합쳐지면 'cohere'(함께 연결하다, 정합적이다)에 할 수 있대. 이 그림을 봐. p를 빼버리면 A, B라는 도형을 하나로 본다면 이것은 하나가 돼. 그런 의미에서 연속이 돼 있다고. 필연이란 것은 그때 성립해. 알

9) 같은 곳.

아들었지? 그러나 p에서 보면 인과율이 성립하지 않아. 필연이 성립하지 않아. 끊어져 버렸으니까. 우연이지. 알아들었지? 과거, 현재, 미래가 이렇게 연속이 됐다고 가정할 때만 필연이 성립하고, 물질에서 인과율이 성립한대. 끊어졌다고 생각하면 성립하지 않아. 끊어졌다고 생각하면 현시점이 전부 우연이야. 그런데 인과율은 끊어놓고서 얘기하는 거야. 끊지 않으면 인과율이고 뭐고 결과고 원인이고 없으니까. 그러니까 인과율 자체가 항상 100퍼센트 필연이라는 것은 없다는 것을 곧 알 수 있지? 알 수 있잖아? 끊어놓으면 반드시 우연이 들어가니까.[10]

관계를 맺으면 긍정이 나오고 맺지 않으면 부정이 된다. 우연은 관계를 맺는 것도 아니고 맺지 않는 것도 아니므로 긍정도 부정도 아니요, 다만 긍정도 부정도 될 수 있다. 그런데 관계를 맺어서 A와 B가 합치면 정합적이 된다. 그것은 무슨 말이냐면 선 p가 없어져버리면 A와 B가 연결되므로 둘이 하나가 되어 버리니까 그때는 앞에서의 논의와 같이 필연이 되어 버린다는 것을 의미한다. 그러나 양자를 끊어버리는 p의 입장에서 보면 둘은 끊어져버렸으므로 필연도 인과율도 성립하지 않는다. 우연뿐이다. 그런데 인과율이란 끊어놓고 하는 이야기이다. 끊어놓지 않으면 원인과 결과의 구별이 없고 따라서 인과율이 없으니까. 그러니까 인과율이라는 것 자체가 100퍼센트 필연이라는 것은 없다는 것을 알 수 있다. 다른 말로 하면 원인과 결과가 같은 것이 아닌 한, 결코 필연적으로 원인이 결과가 될 수 없다는 말이다.

그러면 A와 B는 우연(contingence)이고 B와 A는 서로 우연이야. 그러니까 내가 산문을 찾으려고 했는데 운문을 봤을 때, 그것을 우연이라고 하는 이유는 뭐냐? 내 의식 속에서 산문과 운문이 부딪힌단 말이야. 실제 있는 것은 산문이거나 운문이거나 사실은 둘 중 하나지. 나의 의도(intention), 내 주

---

10) 같은 글, 245~46쪽.

의(attention)에 대해서 주의한 것과는 다른 것이 부딪혔는데, 그것을 나의 주의를 기준으로 해서 부재(absence)로 규정하니까 우연이 나와. 알아들었지? 요전에 읽은 거야. 나의 의도의 부정(négation)이 부재로서 나온다. 왜냐? 존재는 언제든지 부정(négation)의 밖에 있어. 속으로 들어가지 못해. 그러니까 우연은 아까도 말한 바와 같이 일자와 타자야. 타자가 속으로 들어가면 안 돼. 그러니까 우연은 존재와 무의 관계인데, 그 차이(difference)인데, 그것이 완전히 떨어져 있는 것이 아니라는 것이지. 우리가 논리적(logical)인 사유(thinking)라는 것은 언제든지 존재와 무를 항상 동시에 생각해. 동시에 생각하면 우연이 항상 나오게 마련이야. 존재와 무는 겹치지 않아야. 하나도 겹치지 않는다고 가정을 해보자. 그럴 적에 우리는 논리적 사유라 그래. 극한치로서. 논리학에서 이치논리학이야. 만약 겹친다고 해보자. 그 사이가 무수히 떨어진다고 가정해보자. 그러면 존재와 무를 놓고 생각할 수 있는 것은 존재와 무를 동시에 놓을 수 있는 어떤 차원이 형성돼야지? 그 차원이란 존재와 무를 집어삼켜. 그런 측면에서 보면 아페이론이 먼저야. 그러니까 맨 처음에 내가 말했지? 타자성, 아페이론이란 것은 하나의 순간에서부터 무제한한 과거로의 연속성을 지니고 있다. 그 사이에서 성립한다. 그래서 순간에서 보면 창조요, 존재가, 동일성(identity)이 드러날 때는 자발성(spontanéité)이요, 무제한한 시간의 연속성이 가능하다고 볼 때 동일성이 드러나면 진화라 그래. 지속이라 그래. 이 책은 창조적 진화라고 했다. 맨 처음에 얘기했어. 그러니까 부정합성(incohérence)은 우연성의 일자와 타자성이 서로 다르다, 그러면서도 그것이 완전히 떨어져 있는 것이 아니라 부딪혔다, 그럴 때 부정합성이라고 한다. 왜냐? A 다음에 B가 왔다는 것을 어떻게 알아, 윤구병? B가 왔다는 것을 어떻게 알아? …… 그렇지, 접하니까 알지. 떨어져 있으면 아직 오지 않았잖아.[11]

아까 설명했던 운문과 산문 사이의 우연을 우리 의식 속에서의 부딪힘

---

11) 같은 글, 246~47쪽.

(즉 만남)으로 설명한 후 그 부딪힘이 하나에 의한 다른 것의 부정이 되는 것은 그래야 존재와 무 사이처럼 우연이 되니까 그러하다고 설명한다. 우연은 존재와 무 사이의 차이인데 그것들이 서로 떨어져 있는 것이 아니라 부딪혀서 접하고 있어야 한다는 것이다. 논리적인 사유는 항상 존재와 무를 동시에 생각해야 되는데, 그러면 항상 우연이 나오게 마련이다. 그럼에도 불구하고 존재와 무가 겹치지 않아야 논리적 사유가 된다. 만약 존재와 무가 겹친다면 존재와 무를 동시에 생각할 수 있는 어떤 차원이 나오는데 그것은 아페이론이다. 그것은 "존재와 무를 집어삼킨"다. 아페이론은 한 순간에서 무제한한 과거로 연속성을 지니고 그 사이에서 성립한다. 거기서 드러나는 존재는 순간에서 보면 창조요, 또 거기서 드러나는 동일성은 자발성이다. 또 무제한한 시간의 연속성에서 동일성이 드러나는 것을 진화, 즉 지속이라 한다. 그래서 베르그송의 책 이름이 창조적 진화라는 것이다. 그러니까 부정합성이란 일자와 타자가 서로 다르면서도 완전히 떨어져 있는 것이 아니라 부딪혔을 때를 말한다. 왜냐? 일자 다음에 타자가 온다는 것은 서로 접하니까 알지 그렇지 않으면 알 수가 없다는 것이다. 다음 설명이 이어진다.

그러니까 존재와 무가 기본적인 우연 속에서 겹치지 않잖아. 모순율은, 모순된 것은 겹치지 않으니까. 모순된 것이 공존할 때에는 우연성이 나와. 그러면 어째 이상해. 모순되면 하나만 있지, 어째서 다른 것이 공존하느냐? 그것은 모순율하고는 반대라는 문제지? 그러니까 우연은 모순으로 가는 과정이요, 모순이 깨지는 과정이야. 그렇게 설명할 수 있어. 모순으로 가는 과정이라면 하나만 남아 있어야지? …… 하나만 남아 있어야 돼. 그런데 깨지는 과정이라고 볼 수 있어. 그것은 우연이야. 그럼 왜 우연이야? 참 재미있네. 허허. 모순으로 가는 과정이요 모순이 깨지는 과정이라고 할 수 있다. 그러면 왜 그런 것을 우연이라고 하냐? 존재는 그 자체로서 그것이 깨질 수 없는 것 아냐? 그럼에도 불구하고 어째서 그것이 무에 의해서 깨지냐? 깨진다면 그건 우연이야. 모순이야. 그러니까 또 다른 말로 하면 깨질 수 있다는 것은 우연을 통해서 존재의 운동이 깨질 수 있다는 얘기야. 알아들었지? 존재론(Ontologie)의 모두 기본적인 문제야. 그러니까 우연은 배타적(exclusive)인 모순관계에 있는 두 개의 사물이 동시에 성립할 때 성립한다. 그러니까 존재와 무가 동시에 성립할 때 존재와 무의 관계를 우연이라고 그러는데, 그러면 어째서 존재의 우연이라고 그러냐? 존재는 무가 될 수 없고 존재는 남아 있어야 되는데, 무가 나오니까, 무가 나왔다면 존재가 깨졌다는 얘기 아니냐. 다시 말해서 깨진다는 것은 모순을 통해서 깨진다는 얘기다. 그러니까 존재와 무를 우연이라고 보면 모순으로 가거나, 그렇지 않으면 모순이 사라지는 관계에서만, 과정에서만 성립한다. 극한치에서는 성립하지 않아. 무나 존재는 어떤 하나만 나오지. 그러니까 그런 관계에 있는 과정에서 성립하는 우연적인 관계가 모순관계에서 점점 연속적으로 깨질 때만 성립한다. 연속성이 들어가 버려. 그러니까 이런 하나가 있는 존재에 대해서는 이런 얘기 못한다는 거야. 그런 존재를 우리가 초월적인 존재라고 그래. 모든 차이(difference), 구별을 초월해. 거기다 집어넣을 수 없어. 사실 자발성(spontanéité)도 어떤 한 점에서 거기에 접촉이 돼. 그러니까 무의식의 세계야. 나의 주체성의 근본은 무의식의 세계야. 이게 흘러가. 나중에 언제든지 그런 것 없이는 설명이 되지 않더라는 거지. 우리 자발성을 놓고 나가지 않으면 안 되겠더라, 생물이나 여러 가지 설명이 안 되더라 그것뿐이지?[12]

그런데 우연이 존재와 무의 부딪힘이라면 모순율에 의해 존재면 존재, 무면 무, 하나만 남아 있지 왜 둘이 공존하는가? 이것을 박홍규는 우연은 모순으로 가는 과정이거나 모순이 깨지는 과정으로 설명할 수 있다고 말한다. 존재는 그 자체 깨지지 않는 것인데, 그것이 무에 의해 깨졌다면 우연을 통해서 모순율에 의해 깨졌다고 할 수 있다. "그러니까 존재와 무를 우연이라고 보면 모순으로 가거나, 그렇지 않으면 모순이 사라지는 관계에서만, 과정에서만" 그러한 것이 성립한다. 그런 과정이라는 것은 연속적

---

12) 같은 글, 248~49쪽.

인 것이고 따라서 그런 과정에는 연속성이 들어간다. 그러니까 그런 이야기는 하나만 있는 초월적인 존재에 대해서는 할 수가 없다. 초월적 존재에 대해서는 모든 차이와 구별을 이야기할 수가 없다. 우리의 자발성도 그런 초월적 존재와 접하는데, 그래서 자발성의 세계는 무의식의 세계가 된다. 무의식의 세계는 우리에게 드러나지 않는데도 그것을 이야기하지 않을 수가 없는 것은 그것을 놓고 나가지 않으면 생물이 설명이 되지 않기 때문이다. 그러고는 이데아와 데미우르고스의 설득에 대한 여러 질문 끝에 다음과 같은 말로 우연에 관한 설명을 마친다.

> 설득된 것도 언제든지 그렇게 되지 않을 수가 있다. 그 되지 않을 수가 있다는 측면을 또 우연이라고 그래. 우연은 그런 의미도 있어. 가령 나는 기차를 타고 지금 갈 수 있다는 긍정적(positive)인 측면을 가능이라고 그러고, 그러나 또 가능이라는 것은 되지 않을 수도 있다는 부정적(negative)인 측면이 있고, 그것을 또 우연이라고 그래. 본래는 부딪힌다는 의미인데. 요컨대 베르그송에서 초월적인, 무시간적인 자발성이 연속성에 들어오면 데미우르고스로 되고, 그것이 제작이 돼. 그 관계가 간단하지는 않아. 부정합성(incohérence)을 알았나? 부정합성은 우연의 대명사이다. 멀리 떨어져 있어도 그것은 부정합성이라고 하지 않는다. 부딪혔는데 서로 상반된 점이 부정합성이다.[13]

가능이란 어떤 것이 될 수도 있고 되지 않을 수도 있다는 것을 의미하는데, 그 중 될 수 있다는 긍정적인 측면을 가능이라 하고, 되지 않을 수 있다는 부정적인 측면을 우연이라 한다는 것이다. 그러고는 마지막으로 부정합성은 우연의 대명사로서 떨어져 있는 것이 아니라 부딪혔는데 서로 상반되는 것을 말한다는 것으로 설명을 끝맺는다. 나중에 존재론적인 이야기가 나와서 좀 어려워지기는 했지만 하여간 우연과 필연에 관한 설명

---

13) 같은 글, 251쪽.

은 명확하다. A와 B가 서로 연속되어 있는 것이 필연이요, 둘이 갈라졌지만 떨어진 것이 아니라 동일한 경계선에서 만났으나 서로 겹치지 않을 때를 우연이라 한다는 것이다.

이제 우연과 필연에 대한 논의는 놓아두고 방금 나온 가능에 대해 살펴볼 필요가 있다. 가능에 대해서는 박홍규가 중점적으로 설명한 구절이 있다. 그것은 「철학이란 무엇인가」라는 강의의 첫부분에서 왜 여러 가지 철학이 나오느냐를 설명하는 곳이다. 이곳을 중심으로 가능 개념을 살펴보자.

> 왜 달라지느냐? 그것은 철학이라는 것이 인간이 가지고 있는 지적 능력의 소산이기 때문이야. 지적 능력이란 무엇이냐? 이걸 먼저 확실히 집어넣어 둬야 해. 능력은 희랍어로 'dynamis'야. 'dynamis'라는 것은 무엇을 할 수 있는 가능성인데, 가능성에는 될 수 있는 것도 있고 그렇지 않은 것도 있고, 두 가지가 있어. 가능성은 항상 존재에 대한 가능성이야. 그것은 동시에 그렇게 안 될 수도 있다는 가능성을 포함하고 있지. 그게 항상 따라다니는데, 그러한 부정의 가능성을 우리는 존재의 가능성에 대해서 우연성이라고 해, 우연성. 다시 말해서 그렇게 되지 않을 수도 있었는데 됐다고 할 때에는 우연히 됐다고 해야 돼. 처음부터 그렇게 될 가능성이 있었는데 그것이 실현됐다고 할 때에는 능력이 어느 정도 발휘되었느냐, 개연성(probability)이 얼마냐 등으로 말하고, 그렇게 되지 않을 수도 있었는데 그렇게 되었을 때에는 우연적이란 말을 써. 그러니까 가능성이란 것은 그것이 나타날 수 있는 정도(degree)가 있고, 또 그렇게 되지 않을 수도 있어. 가능성이란 것은 또 일정한 방향으로 가는 것이 아냐. 그런 것은 가능성이라고 하지 않아. 우연성이 따르기 때문에 철학을 한다고 하지만은 그것이 빗나갈 수도 있는 거야. 바로 그런 성격이 능력이라는 것 속에는 들어 있어.[14]

---

14) 박홍규, 「철학이란 무엇인가」, 『형이상학 강의 2』(박홍규 전집 제3권), 79~80쪽.

여러 가지 철학이 나오는 이유는 인간의 지적 능력의 소산이기 때문이고, 이 능력이라는 것은 희랍어로 'dynamis'인데 가능성이라는 뜻이다. 가능성이란 존재의 가능성인데 그것은 항상 그렇게 되지 않을 수도 있다는 가능성, 즉 부정의 가능성이 따라다닌다. 이 부정의 가능성을 우연성이라 한다는 것이다. 여기까지는 아까의 이야기와 거의 동일한데 이제부터가 중요하다. 어떤 것이 될 가능성에는 정도가 있어서, 되지 않을 가능성이 항상 따라다닌다. 그렇기 때문에 가능성이란 일정한 방향으로 가는 것이 아니라 되지 않을 가능성, 즉 우연성이 항상 따라다닌다. 그렇기 때문에 철학을 한다고 하지만 그렇지 않고 빗나갈 수가 항상 있다.

다시 해. 가능성은 존재에 대한 가능성이고 그것은 동시에 그렇게 되지 않을 수 있는 가능성을 항상 뒤따라 가지고 다니는데, 그것은 부정에 대한 가능성이고 극한치에 가서는 또 그렇게 되지 않을 수도 있는 가능성이며, 그럴 때의 그 부정의 가능성을 우연성이라고 하더라. 그리고 또 그 부정과 존재 사이에, 그 우연성 사이에 여러 가지 정도 차가 있어서, 그 방향도 여러 가지로 갈 수 있어. 그러니까 가능성은 긍정적(positive)인 것으로서 나타날 적에는 어느 정도 나타나느냐는 정도 차를 얘기할 수 있고, 부정적인 것으로 될 수도 있는데도 불구하고 나타났다고 할 때에는 우연성이란 말을 쓴다, 그 말이야. 부정적인 것으로 갈 수 있는 가능성은 우연적이라고 하는데, 거기에 대립되는 것으로서 가능성을 쓰더라는 얘기야. 그러니까 한 사물이 가능성을 통해서 나타날 때에는 어느 정도 나타날 수도 있고, 또 거기에 근사치로서도 나타날 수도 있고, 거기서 빗나갈 수도 있고 하는 성격을 가지고 있다는 얘기야. 희랍어로 'dynamis'라는 것은 능동적(active)이라는 의미도 있고, 능력(potentia)이라는 의미도 있어. 'dynamis'에 'dynamic'(역동적)이라는 의미가 들어 있잖아? 그러니까 그것은 뭣과 대립이 되느냐 하면, 결정론하고 대립돼. 이거 꼭 집어넣어 둬. 결정론은 처음부터 끝까지 길이 딱 하나밖에 없어. 그것은 거기에 꼭 도달하기 마련이지 도달하지 않는 법이 없어. 결정론하고는 대립이 되더라, 응, 대립이 되더라.

또 그 다음에 가능적으로 나타나는 것은 이렇게 어떤 정도 차(degree)를 가지고 나타나기 때문에, 탁월하게 나타날 수도 있고 그렇지 못하게 나타날 수도 있어. 그러나 전지전능은 없어. 지적인 능력에 전지전능(omnipotence)이란 것은 있을 수 없어.[15]

모두의 설명은 대체로 위에서의 논의와 일치하는데, 나중에 'dynamis'라는 개념 자체가 능동성과 능력을 의미하기 때문에 결정론과 완전히 대립된다는 이야기가 나온다. 이 이야기는 아리스토텔레스의 목적론은 결정론이 아니라는 다른 곳에서의 논의와도 일맥상통한다. 다음에 마지막으로 가능적인 것은 항상 정도 차를 두고 나타나는 것이기 때문에 더 좋을 수도 더 나쁠 수도 있지만 완전히 다 안다는 것은 있을 수 없다는 말을 한다. 이 이야기는 박홍규 가능성 이론의 핵심에 해당하는 이야기이다. 다음의 논의를 보자.

기독교에서 신은 전지전능이라고 하거든? 왜 그러냐 하면, 희랍의 신은 어떤 재료나 질료(matter)가 있어야 가공한다는 점에서 제약이 있는데, 기독교에서의 신은 허무에서 만들어내기 때문에 전지전능하지 않느냐는 거야. 그런데, 희랍철학에서는 존재와 무 사이에는 가능성이란 말을 쓰지 않아. 가능성에는 연속성이 들어가야 돼. 개연성(probability)에는 연속성이 들어가. 한 순간에 탁 이루어지는 것이 아니야. 그러나 존재와 무 사이에는 한 순간에 탁 창조돼. 가능성은 죽 연속적으로 이뤄져. 그러다가 어디서 빗나갈 수도 있고, 이렇게 갈 수도 있고 저렇게 갈 수도 있어. 그러니까 무에서 존재를 만들 때에는 지적인 능력이 들어가나, 안 들어가나? …… 응, 필요 없지. 그것은 지적 능력 밖이야. 지식은 요컨대 일정한 능력인데, 능력은 연속적으로 그 힘이 발휘될 수 있는 것에 대해서만 실현돼. 모든 것을 다 안다는 것은 의미가 없어. 그리고 모든 것이란 다(多)에 대해서 하는 이야긴데, 무 속에는, 무나 존

---

15) 같은 글, 80~81쪽.

재의 관계 속에는 연속성도 없고, 단위도 들어가지 않아. 단, 무라고 하는 것은 전체에 대해서 대립이 돼. 전체라는 것은 희랍적인 연속성의 입장에서 본다면 다(多)로 구성돼 있으면서 하나로 통일될 때 나오는 것인데, 이 전체 밖에는 뭐가 있나? 아무것도 없어. 그러니까 전체를 하나의 통일적 전체(whole)로서 볼 때에, 그것을 다른 타자에서, 전체 아닌 것에서 만들었다고 할 적에 결국은 무에서 만들었다는 말밖에 안 돼. 그러려면 연속성이 어디선가 완전히 빠져야만 된다는 결론이 나와. 그런데 연속성이라는 것은 어떤 한계를 지어놓으면 그 바깥으로 자꾸 나가는 것이 그 특징이야. 그러면 연속성에서는 전체가 주어지나 안 주어지나? …… 응, 안 주어져. 방황하는 원인(planōmenē aitia)을 논할 때 늘 얘기했어. 연속성은 과정(process)으로서만 주어지더라. 그러니까 우리 능력도 과정으로서만 주어져. 전지전능은 그러니까 신앙의 대상이라고 하지, 학문의 대상이라고는 하지 않아. 학문의 대상이면 무엇 때문에 믿어? 우리가 그것에 따라서 실천하면 되는 것이지. 결국 결정론과 전지전능(omnipotence)은 능력(dynamis)하고는 대립이 된다는 얘기야. 그러니까 능력은 그것을 발휘할 적에 시행착오를 거칠 수 있다는 것이 플라톤을 이해하는 데에서의 특징이야. 베르그송을 이해하는 데도 이것이 기본적이야. 비결정론이니까. 전지전능을 부정하는 입장이니까. 비행기를 하나 만들 때에도 자꾸 시행착오, 시행착오를 하다가 도달해. 또 도달하지 못할 수도 있어. 플라톤 대화록에 난관(aporia)이 왜 나오느냐? 아까도 말한 바와 같이 가능성은 부정에 대한 가능성을 항상 갖고 있어서, 난관에 빠져 이렇게 될 수도 있고 저렇게 될 수도 있고 헤매다가, 도달할 수도 있고 또 도달하지 않을 수도 있는 과정이기 때문이야. 그런데 우리의 인식 주관, 영혼에는 기본적이고 선험적(a priori)인 성격으로서 능력이 들어 있어. 능력이 들어 있으니까 영혼은 항상 선험적으로 과오에 빠질 수 있어. 따라서 능력을 가지고 있는 우리의 지능은 허위에 빠질 수도 있고 빠지지 않을 수도 있어. 그래서 허위에 빠지지 않도록 끌고 나가야 돼. 능력을 발휘하도록 옆에서 도와줘야 돼. 능력은 그대로 나오는 것이 아니라 어떤 조건이 있어야 발휘되니까. 그것이 대화(對話)야. 소크라테스가 산파 역할을 해서 이끌어 줘. 도와주는 거야. 그럼 누가 인식을 하느냐? 소크라테스가 인식하는 것이 아니라, 그 대화자 자기 자신이 스스로 인식을 해. 그러니까 주입식은 안 돼. 곤란해. 그냥 외우면 되게? 주입식이 된다면 사람이 뭣 때문에 공부를 해? 로봇 하나 갖다 놓고 전부다 거기다 입력시켜 놓고, 단추만 누르면, 이때는 이런 식 나오고, 저때는 저런 식 나오고 하면 되는 것이지, 응? 그러나 사람의 지적 능력이란 것은 틀렸다가 자기가 스스로 '아, 이건 틀렸다!' 해서 고칠 수도 있는 것이지. 그럴 수 있는 것이 진리야. 기계하고 다른 점이 거기야. 기계는 인과법칙으로 가지만, 능력은 자기운동(autokinēsis)의 그 자기(auto)에서 나왔기 때문에 기계가 될 수 없어. 타고난 본성에서 나온 거야. 기계는 힘이 외부에서 주어진 것이야. 이것을 딱 집어넣어 둬.[16]

비교적 길게 인용된 이 인용문의 앞부분에서 전지전능은 신앙의 세계의 이야기지 학문의 세계에서는 곤란하다는 이야기가 이어진다. 그것의 핵심은 능력에는 연속성이 들어가서 어떤 과정에서만 발휘되는 것이지 존재와 무 사이에서처럼 비약적으로 단번에 이루어지는 것이 아니라는 것이다. 그런데 이 과정에서 이루어지는 것은 시행착오를 거치지 않을 수 없다. 능력은 결정론과 대립되니까 모든 것이 일사불란하게 이루어지는 것이 아니라 시행착오를 거치고, 장애물을 만나서 어떤 것은 헤쳐나가고 어떤 것은 막히고 한다. 플라톤의 대화편들에서 아포리아에 빠지는 것도, 거기에 빠졌다가 나오기도 하고 나오지 못하기도 하기 때문이다. 그렇게 빠져나오는 능력을 우리 영혼은 선험적으로 가지고 있다. 그렇기 때문에 허위에 빠질 수도 있고 헤쳐나오기도 한다. 그것을 도와주는 것이 산파술이다. 그런데 이 도움은 주입식으로는 곤란하다. 기계적으로 집어넣으면 되는 것이 아니라 자기 자신이 스스로 해야 한다. 인간은 기계가 아니다. 기계는 힘이 외부에서 주어진 것이고, 인간은 타고난 자기 자신의 능력, 즉 본성이 있다. 능력 자체가 필연적으로 움직이는 기계와 다르다. 그 다음의

---

16) 같은 글, 81~83쪽.

논의를 보자.

그러면 말이야, 고대철학뿐만 아니라 지상에 있는 모든 철학은 인간이 능력을 발휘한 하나의 결과로서 나온 것이기 때문에 여러 가지로 나올 수 있다는 거야. 철학사뿐만 아니라 우리 인간의 역사가 다 그래. 인간이 가지고 있는 능력이 발휘되어 나가는 과정을 시간적으로 보면 역사가 된단 말이야. 그런데 사실 인간의 능력이라는 것은 여러 가지가 있거든. 그러면 이제 우리가 철학적으로 어떤 것이 기본적인 것이냐를 논의하면, 역사를 보는 하나의 철학적 관점이 딱 나오는 것이지, 응? 그러니까 왜 고대철학에 그런 여러 가지 형태상이 있느냐, 즉 철학의 학문적인 지식의 형태로서 볼 때 왜 여러 가지가 있느냐 하면, 능력의 소산이기 때문이다, 딱 나오지. 그것은 마치 플라톤의 대화편을 읽어볼 때 이 대화편에서는 이 얘기하고 저 대화편에서는 저 얘기하고, 서로 상충된 것도 있고 하는 것과 마찬가지인데, 능력의 소산은 그렇더라는 얘기야. 그리고 이 능력을 이해하지 않으면 인식(epistēmē)에서의 산파술도 이해할 수 없어. 산파술의 의미란, 능력은 타고나면서 가지고 있는 것이지, 외부에서 준 것이 아니라는 거야. 그러니까 옆에서 다만 도와줄 따름이라는 거야. 도와준다는 것은 능력이 항상 옆에서 어떤 조건이 주어져야만 발휘되는 것이지, 그렇지 않을 때에는 발휘되지 않는다는 얘기야. 능력(dynamis)의 특성이 그거야. 조건이 주어지지 않으면 능력은 절대로 발휘되지 않아.

그러면 이제 철학이라는 것이 무엇이냐 하는 하나의 선험적인 규정이 있을 거 아냐? 철학은 거기로 나아가는 능력이거든. 그런데 철학이라고 하는 것은 요전 시간에 이야기했듯이, 사물을 지적으로 가장 탁월하게 취급할 수 있는 능력이야. 그런데 이 탁월이란 말 그 자체가 비결정론적이야. 정도(degree)가 있다는 얘기야. 그러니까 어떤 철학은 어떤 측면에서 다른 철학보다 탁월하다는 얘기는 할 수 있지만, 어느 하나의 철학만 있다고 할 수는 없어. 하나의 완전한, 전지전능한 철학은 없어, 있을 수가 없어. 만약 전지전능하다면 하나의 철학만 나와야 돼. 그러나 하나의 철학만 나올 수는 없어.[17)]

위에서의 능력에 대한 논의를 바탕으로 이제 철학이 왜 다양하게 나오느냐를 이야기하고 있다. 철학이란 인간의 능력이 발휘되는 것이고 그 과정을 시간적으로 펼쳐놓은 것이 철학사다. 그런데 그 능력이라는 것은 일률적으로 펼쳐지는 것이 아니라 각자의 능력에 따라서 달라진다. 그렇기 때문에 여러 가지 철학이 나올 수밖에 없다. 그것은 플라톤의 대화편에서도 여기서는 이 말하고 저기서는 저 말하는 것과 같다. 능력의 소산은 그렇게 여러 가지로 나타난다는 것을 보여주고 있는 것이다. 그리고 거기서의 산파술이라는 것도 태어나면서 타고난 능력을 옆에서 도와주는 것이지 밖에서 다 줄 수 있다는 것은 아니다. 능력이란 항상 어떤 조건 아래에서만 발휘되는 것이지, 그렇지 않으면 발휘되지 않는다. 그런데 철학이란 사물을 가장 탁월하게 취급할 수 있는 능력이다. 탁월함 자체가 결정된 것이 아니라 정도 차가 있다. 그러니까 앞서의 전지전능함이 능력에서는 불가능하다는 것과 같이 어떤 철학이 어떤 측면에서 다른 철학보다 탁월하다는 말은 가능하지만 어느 하나의 전지전능한 철학이 있다고 말할 수는 없다. 그러니까 여러 가지 철학이 나올 수밖에 없다. 이것은 가능의 의미에서 거의 연역적으로 나오는 결론이라 할 수밖에 없다는 것이다.

논의 중에 가능성 개념에는 연속성이 들어가서 항상 어떤 과정에서 이루어지는 것인 데 반해, 존재와 무 사이는 그런 과정이 필요 없이 단번에 이루어진다는 이야기가 나온다. 그것은 충족 이유율의 논의와 일맥상통한다. 「존재의 충족 이유율」이라는 강의를 보면 충족 이유율이 무엇인지를 엿볼 수 있다.

가령 예를 들어서 대학에 들어가는데 100점 만점에 60점에서 합격선을 그었다면, 40점도 있고, 50점도 있고, 59점도 있고, 60점, 61점, 62점, 63점 다 있을 거야. 그런데 60점에서 합격선을 그었다면 60점짜리나 61점이나 62점이나 63점이나 다 같아. 그 사람들은 대학생이 되는 거고, 한 점만 모자라

---

17) 같은 글, 83~84쪽.

도, 59점짜리도, 다 떨어져. 그러니까 대학생이 되느냐 안 되느냐의 갈림길이
란 말이야. 한 점만 빠져도 대학생이 안 되니까, 대학생이 될 수 있는 그 점
수를 만족시켜야 돼. 그것이 바로 60점이야. 그런데 이것은 대학생으로서 존
재하느냐 않느냐의 관점에서 점수를 규정하는 것이고, 선과 악에서 보는 것
과는 다르다는 것을 알아야 돼. 선과 악은 0점에서 10, 20, 30, 40, 50, 60, 70,
80점으로 나아가. 거기서는 59점짜리보다는 60점짜리가 더 좋고, 60점짜리
보다 61점짜리가 더 좋고, 100점짜리는 더 좋아. 그러니까 거기에서는 정도
(degree)가 문제지. 선은 정도가 문제야. 어떤 성격이 나타나는 정도가 얼마
냐 하는 것이 문제지, 어디서 딱 끊어서 양자택일(entweder-oder)로 이거냐 저
거냐, 학생으로 존재하느냐 아니냐의 문제가 아니야. 충족률은 달라. 하나만
모자라도 안 돼. 학생이 되는 것에 대해서 학생이 되지 않는 것을 우리가 모
순이라고 해. 충족률은 모순관계의 문제야. 선악은 모순이라고 하지 않고, 빔
(vacuum)이라고 하지. 악은 선의 빔, 결여(privation)라고 해. 결여라고 하지 모
순이라고 하지 않아. 이걸 딱 구별해야 돼.

그런데 이것은 대학생이 되기 위한 점수의 측면에서만 충족률이지, 또 다
른 관점에 대해서도 충족률이 성립할 수 있어야 될 것 아냐? 그래 가지고 모
든 것이 합치해야만 대학생이 되는 것이지, 그렇지 않으면 대학생이 되지 않
아. 그렇다면 일반적으로 사물이 존재할 수 있는 충족률은 무엇이냐, 이것
을 논의할 수가 있어, 그렇지? 왜냐하면 존재와 무는 모든 것에 대해서 다 책
임을 져야 돼. 모든 것에 대해서 충족률을 논의할 수가 있어. 모든 것을 선
악처럼 결여의 입장에서도 볼 수가 있지만, 결여(privation)의 반대인 충족
(plenum), 즉 충족률의 입장에서 볼 수가 있어. 왜 이것이 무가 아니고 존재
냐, 왜 이것이 없지 않고 있느냐는 문제는 충족률의 문제야.[18]

선악의 문제는 앞서의 가능성의 문제와 마찬가지로 정도 차의 문제이
지만 충족 이유율의 문제는 존재냐 무냐 하는 양자택일의 문제이다. 존재

---

18) 박홍규, 「존재의 충족 이유율」, 『형이상학 강의 2』(박홍규 전집 제3권), 316~17쪽.

와 무 사이의 모순의 문제가 충족 이유율의 문제라는 것이다. 선악의 문제가 결여의 문제라면 충족률의 문제는 '충족'의 문제이다. 모든 문제는 결여의 측면에서 볼 수도 있지만 충족의 측면에서도 볼 수가 있고, 그것이 충족률의 문제라는 것이다. 이후에 파르메니데스 이래의 서양철학사는 충족률을 먼저 세우고 나중에 사물을 분류하게 되었다는 이야기로 이어지지만, 더 이상의 논의는 우리 양상론의 범위를 벗어난다. 「존재의 충족 이유율」이라는 강의는 사실 매우 어려운 강의로서 아직도 우리의 이해범위 속에 들어오지 못했다. 당장 왜 없지 않고 있느냐의 문제가 충족 이유율인지가 불분명하다. 양상론을 논하는 입장에서는 가능성과 정반대의 입장을 박홍규는 충족 이유율이라고 했다는 지적으로 만족해야 할 것 같다.

이상의 논의를 요약하자면 다음과 같다. 우연은 두 사물이 동일한 경계선에서 만난 것을 의미하며 완전히 떨어진 것도 겹친 것도 아닌 하나의 경계선에서 만난 것을 말한다. 그 경계선은 양쪽 다가 될 '수 있을' 뿐이지 양쪽 다가 아니다. 필연은 두 사물이 경계선 없이 이어진 상태를 말하는 것이며, 그럴 때 사물들은 정합적이 된다. 가능은 항상 그렇게 되지 않을 가능성, 즉 또 다른 의미의 우연성을 동반하며 그렇기 때문에 단번에 이루어지는 것이 아니라 연속적인 과정 속에서 이루어진다. 그것은 결정론과 전지전능에 대비된다. 그렇기 때문에 인간의 지적 능력은 과오의 가능성을 항상 지니며, 시행착오를 겪고 그 속에서 자발적으로 헤쳐나오는 것이므로 기계적 주입으로는 교육이 이루어지지 않는다. 그에 반해 존재와 무 사이처럼 과정 없이 단번에 이루어지는 것은 신앙에서나 하는 이야기이고, 충족 이유율의 문제라 할 수 있다.

찾아보기

지은이 소개(가나다 순)

김재홍

1957년 충남에서 태어나 숭실대 철학과를 졸업했다. 1987년 같은 대학교 대학원에서 「아리스토텔레스의 양상개념에 관한 연구」로 석사학위를, 1994년에 「아리스토텔레스의 학문방법론에서의 변증술의 역할에 관한 연구」로 박사학위를 받았다. 캐나다 토론토 대학의 '고중세 철학 협동 프로그램'에서 철학 연구를 한 후, 가톨릭대 인간학연구소 전임연구원, 서울대 철학사상연구소 선임연구원을 지냈다. 현재 그리스와 로마 원전을 연구하는 사단법인 정암학당 이사이자 연구원으로 있다.

저서로『그리스 사유의 기원』(살림, 2003),『아리스토텔레스 '니코마코스 윤리학'』(공저, 서울대 철학사상연구소, 2004),『에픽테토스 '담화록'』(서울대 철학사상연구소, 2006),『학교를 버리고 시장을 떠나라: 학벌 없는 사회』(공저, 메이데이, 2010) 등이 있다. 역서로는『정신의 발견』(브루노 스넬, 까치, 2002),『엥케이리디온』(에픽테토스, 까치, 2003),『소크라테스 이전 철학자들의 단편 선집』(공역, 아카넷, 2005),『그리스 사유의 기원』(장-피에르 베르낭, 도서출판 길, 2006),『소피스트적 논박』(아리스토텔레스, 한길사, 2007),『변증론』(아리스토텔레스, 도서출판 길, 2008),『니코마코스 윤리학』(아리스토텔레스, 공역, 도서출판 길, 2011),『왕보다 더 자유로운 삶: 에픽테토스의 엥케이리디온, 대화록 연구』(서광사, 2013),『관상학』(도서출판 길, 2014) 등이 있다. 논문으로는「필연과 결정론: 아리스토텔레스와 디오도로스의 논증의 분석」,「엔독사와 '현상의 구제'」,「서양 고전 읽기의 의의와 방법: 철학적 계몽을 위하여」,「헬라스 윤리 사상과 덕의 문화」,「서양 고전번역과 해석의 방법: 올바른 고전 읽기를 위하여」,「인종차별과 야만적 학벌숭배」,「아리스토텔레스 시민정치론」,「학문방법론으로서의 '논증'이론의 역할과 기능」 등이 있다.

류종렬

1953년 경북에서 태어나 경북대 철학과를 졸업했다. 1984년 서울대 대학원 철학과에서 「베르그송 철학에 있어서의 자연의 질서에 관하여」로 석사과정을 마친 후, 프랑스 투르(Tours) 대학에서 오랫동안 연구생활을 했다. 귀국하여 2005년 계명대에서 「베르그송 철학에서 인간본성에 관한 연구」로 박사학위를 받았고, 그 후 여러 대학에서 프랑스 철학을 강의했다. 현재는 철학아카데미와 사단법인 한국철학사상연구회에서 프랑스 철학 관련 강의 및 번역과 강독에 매진하고 있다. 베르그송 사상에서 생명, 즉 '불'의 내재성과 들뢰즈에서 다양체와 리좀, 이 양자를 탐구하고 있다. 논문으로는 「베르그송의 자유, 그리고 들뢰즈의 반복」, 「베르그송의 심층의식과 프로이트의 성 관심」, 「자아의 근원과 정체성에 관한 고찰」, 「한 새로운 형이상학의 발명자: 베르그송」, 「형상과 생성: 베르그송의 철학사 전환 시도」 등이 있다. 역서로는 『프랑스철학사』(로비네), 『르네의 일기(원제: 어느 정신분열증 환자의 일기)』(세세이예), 『스피노자』(모로), 『철학사전』(쥘리아, 미출간) 등이 있다. 현재 에밀 브레이어의 『철학사』 제8권 번역을 마치고, 제7권을 번역 중에 있으며, 이것을 '마실에서 천사흘밤 이야기'(http://cafe.daum.net/milletune)에 연재하고 있다.

박희영

1952년 충남에서 태어나 서울대 철학과를 졸업했다. 1976년 같은 대학교 대학원에서 「플라톤의 고르기아스편 연구」로 석사학위를 받은 후, 1980년부터 경남대 철학과 교수로 재직하다가 프랑스로 유학, 1987년 파리 제4대학에서 「플라톤의 테아이테토스편과 소피스트편의 존재에 관한 고찰」로 박사학위를 받았다. 귀국 후 1988년부터 현재까지 한국외국어대 철학과 교수로 있다. 한국철학회 이사, 한국서양고전학회 회장, 한국서양고전철학회 회장을 역임했다. 저서로 『플라톤 철학과 그 영향』(공저, 서광사, 2001), 『서양고대철학 1』(공저, 도서출판 길, 2013) 등이 있으며, 역서로는 『향연』(문학과지성사, 2003), 『그리스인들의 신화와 사유』(아카넷, 2005), 『사물의 성향: 중국인의 사유 방식』(한울아카데미, 2009) 등이 있다. 논문으로는 「테세우스 영웅 신화에 대한 분석」, 「그리스 신(theos) 개념의 형성과 철학적 사유」, 「헤스티아 의식을 통해서 본 그리스종교의 이성주의적 측면에 대한 고찰」, 「피타고라스의 Tetractys에 관한 고찰」, 「그리스 초기 자연철학의 형이상학적 사유」, 「희랍철학에서의 Einai, To on, Ousia의 의미」, 「진정한 자아의 가면을 찾아서: 오르페우스교의 철학적 의미에 대한 분석」, 「고대 그리스철학의 수용과 한국철학의 정립」, 「메소포타미아의 대지모 여신」,「신화의 변천에 나타난 철학적 세계관과 종교관」,「디오니소스 신화와 의식의 철학적 의미」,「플라톤의 데미우르고스와 철학적 우주론」,「서양 고대철학에서의 철학함과 우리의 철학함의 전형」,「종교란 무엇인가?: 고대 신화와 의식에 대한 분석을 중심으로」,「헬레니즘 시대의 교육과 철학」,「그리스 정신이 인류지성사에 끼친 영향과 그 한계」,「고대 원자론의 형이상학적 사고」,「Polis의 형성과 Aletheia의 개념」,「데모크리토스의 원자론에 관한 고찰」,「Zenon의 逆理에 對한 考察」등이 있다.

송영진

1950년 전북에서 태어나 서울대 철학과를 졸업했다. 1975년 같은 대학교 대학원에서「베르그송에 있어서 정신과 물질의 문제」로 석사학위를 받은 후, 벨기에 루뱅(Leuven) 대학 부설의 후설 연구소(Husserl Archiv)에서 연구했다. 1984년 전북대에서「베르그송의 지성과 직관에 관한 연구」로 철학 박사학위를 받았으며, 한국서양고전철학회 회장을 역임했다. 현재 충남대 철학과 교수로 있다. 영국 캠브리지 IBC(International Bibliography Center)가 선정한 2009년 세계 주요 철학자(One of Leading World Philosophers)로 선발되기도 했다. 저서로『플라톤의 변증법』(철학과현실사, 2000),『직관과 사유』(서광사, 2005),『인간과 아름다움』(충남대학교출판부, 2006),『도덕 현상과 윤리의 변증법』(충남대학교출판부, 2009),『철학테마산책』(충남대학교출판부, 2010),『미와 비평』(충남대학교출판문화원, 2013),『그리스 자연철학과 현대철학』(전2권, 충남대학교출판문화원, 2014) 등이 있다. 역서로는『철학의 단계적 이해』(서광사, 1986),『도덕과 종교의 두 원천』(서광사, 1998),『생명과 정신의 형이상학』(서광사, 2001) 등이 있다. 논문으로는「플라톤의 초·중기 변증법 연구」,「생명과 죽음의 변증법, 그리고 생명과학」,「성과 사랑의 철학적 의미」,「에피쿠로스의 원자론과 신의 문제」,「플라톤의『심포지엄』에 나타난 에로스와 이데아의 변증법」,「베르그송과 아인슈타인의 상대성 이론」,「베르그송에 있어서 존재론의 창조론적 전환」,「『대히피아스』편에 나타난 미의 변증법적 성격」,「사후의 생존문제 : 생물학과 형이상학적 관점에서」,「소크라테스의 논박술과 지혜: 카르미데스편을 중심으로」,「퐁띠에 있어서 지각현상과 심신의 관계」,「제논의 운동역설과 베르그송의 운동론」등이 있다.

염수균

1957년 충남에서 태어나 서울대 철학과를 졸업했다. 1982년 같은 대학교 대학원에서 「플라톤의 필레보스편 연구」로 석사과정을 졸업한 후, 1994년 서울대 대학원에서 「플라톤에 있어서 탁월성의 교육가능성에 관한 연구: 플라톤의 『프로타고라스』와 『메논』을 중심으로」라는 논문으로 박사학위를 받았다. 조선대 철학과 교수로 재직하면서 초기에는 베르그송 철학을 포함하여 플라톤의 윤리와 정치철학을 중점적으로 연구하다가 점차 현대 정치철학으로 관심을 넓혔다. 한국서양고전철학회 회장을 역임했으며, 조선대 철학과 교수로 철학과는 물론 교육대학원, 글로벌 법학과 등에서 열정적으로 후학 양성에 힘쓰다가 2014년 급작스런 병환으로 작고했다. 저서로 『롤스의 민주적 자유주의』(천지, 2001), 『자유주의의 가치들: 드워킨과의 대화』(공저, 아카넷, 2011), 『자유주의적 정의: 샌델의 정의 담론 비판』(조선대학교출판부, 2012)이 있으며, 역서로는 『자유주의적 평등』(한길사, 2005), 『법과 권리』(한길사, 2010) 등이 있다. 논문으로는 「플라톤의 『국가』에서 덕의 교육방법」, 「국가의 목적과 윤리적 중립의 문제」, 「롤스에서 자유의 개념 문제」, 「풀러에서 법의 도덕의 문제」, 「로널드 드워킨에서 정치적 권리와 그 근거」, 「승계호의 플라톤 해석」, 「드워킨의 자원의 평등론」, 「진보적 대안으로서의 민주적 자유주의」, 「플라톤에서의 인간의 탁월성과 정의」, 「플라톤의 국가에서 좋음의 이데아와 세 가지 비유」, 「프로타고라스편에서의 좋은 것과 행동에 관한 논의」, 「베르그송에서 지성의 문제」 등이 있다.

윤구병

1943년 전남에서 태어났다. 위로 형이 여덟 명 있었는데 가장 큰 형의 이름이 '일병'이고, 아홉 번째 막내로 태어나 '구병'이 되었다. 형 일곱을 한국전쟁으로 잃은, 우리 현대사의 비극이 아로새겨진 가슴 아픈 가족사를 딛고 살아왔다. 여덟 형제 중 하나 남은 형 '팔병'은 넝마주이로 살면서 오랫동안 '넝마공동체'를 이끌어왔다. 어느 소설에서 읽은 철학과 학생 이야기에 마음이 끌려 서울대 철학과에 들어갔고 1972년에 같은 대학교 대학원에서 「에피쿠로스 자연철학에 있어서의 원자의 자유운동의 문제」로 석사과정을 마쳤다. 1976년부터 월간 『뿌리깊은나무』 초대 편집장을 지냈으며, 1981년에는 충북대 철학과 교수가 되었다. 교수 생활을 하면서 어린이를 위한 책으로 '어린이 마을', '달팽이 과학동화', '올챙이 그림책' 시리즈 등을 기획했다.

나이 쉰 고개를 넘어, 농촌을 살리고 새로운 교육 공동체의 이상을 실현하고자 삶의 길을 바꾸었다. 서울대 교환교수로 있던 1995년에 전북 부안군 변산에 터를 잡고 '변산공동체학교'를 일구기 시작했으며, 1996년 정년이 보장된 교수직을 15년 만에 그만두고 변산에 살면서 학교가 중심이 된 마을공동체를 되살리는 일에 힘써왔다. 2009년부터는 보리출판사 대표 살림꾼을 맡아오고 있으며, 노동시간 단축을 사내에 적용한 '6시간 노동제'를 2012년부터 시행하고 있다. 현재 서울에서 제주까지 발길이 닿는 곳이라면 어디든 찾아다니면서 '아이들이 놀아야 나라가 산다'를 외치며 왕성한 강연 활동을 펼치고 있다.

저서로『잡초는 없다』(보리, 1998),『있음과 없음: 윤구병의 존재론 강의』(보리, 2003), 『꼭 같은 것보다 다 다른 것이 더 좋아』(보리, 2004),『모래알의 사랑: 윤구병의 철학 우화』(보리, 2007),『변산공동체학교: 어제, 오늘 그리고 내일』(공저, 보리, 2008),『가난하지만 행복하게』(휴머니스트, 2008),『꿈이 있는 공동체 학교』(휴머니스트, 2010),『흙을 밟으며 살다』(휴머니스트, 2010),『노동시간 줄이고 농촌을 살려라』(공저, 알마, 2012),『철학을 다시 쓴다: 있음과 없음에서 함과 됨까지』(보리, 2013),『실험 학교 이야기』(보리, 2014) 등이 있다. 국어사전의 새 지평을 연『보리 국어사전』(보리, 2008)을 기획하고 감수했으며, 어린이 그림책『심심해서 그랬어』(보리, 1997),『꼬물꼬물 일과 놀이 사전』(보리, 2008),『당산 할매와 나』(휴먼어린이, 2009) 등도 펴냈다.

이정우

1959년 충북에서 태어나 서울대 공대를 졸업했다. 1985년 같은 대학교 대학원 철학과에서「아리스토텔레스의 운동이론과 고전역학에 있어서의 시간문제」로 석사과정을 마쳤고, 1994년에「미셸 푸코의 담론공간 개념과 주체의 문제」로 박사학위를 받았다. 1995년부터 1998년까지 서강대 철학과 교수로 재직했으며, 2000년에는 최초의 대안철학학교인 철학아카데미를 창설해 철학 연구와 시민강좌에 매진하면서 프랑스문화연구회 부회장을 역임했다. 2003년에는 녹색대 녹색문화학전공 교수로 있다가 2012년부터 경희사이버대 교수로 부임하여 현재 교양학부장을 맡고 있다. 현재 보편적인 '세계철학사', 현대 생명과학을 종합할 수 있는 '생명의 존재론' 그리고 '소수자의 윤리학과 정치학'을 화두로 연구하고 있다. 저서로『탐독』(아고라, 2006),『신족과 거인족의 투쟁: 이데아와 시뮬라크르』(한길사, 2008),『천하나의 고원: 소수자 윤리학을 위하여』(돌베개, 2008),『주체란 무엇인가』(그린비, 2009),『세계철학사 1: 지중해세계의 철학』(도서출판 길, 2011),『소운 이정우 저작집』(전5권, 그린비, 2011~12),『진보의 새로운 조건들: 사건, 진리, 장소』(인간사랑, 2012) 등이 있으며, 역서로는『생명의 논리, 유전의 역사』(민음사, 1994),『구조주의와 포스트구조주의』(새길아카데미, 1995),『담론의 질서』(서강대학교출판부, 1998),『의미의 논리』(한길사, 1999), 『지식의 고고학』(민음사, 2000), 『서양철학의 파노라마』(전2권, 산해, 2002), 『들뢰즈의 생명철학』(동녘, 2003), 『싹트는 생명: 들뢰즈의 차이와 반복』(산해, 2005), 『이성의 꿈: 서양철학의 역사, 그리스에서 르네상스까지』(산해, 2007), 『들뢰즈, 유동의 철학』(공역, 그린비, 2008), 『강도의 과학과 잠재성의 철학: 잠재성에서 현실성으로』(공역, 그린비, 2009), 『과학과 가설』(공역, 에피스테메, 2014) 등이 있다. 논문으로는 「소은 박홍규의 '아페이론' 이해」, 「들뢰즈와 가타리의 '동물-되기'」, 「1953년 이후 한국에서의 프랑스 철학 원전번역」, 「개념, 힘, 주름: 라이프니츠의 자연철학」, 「미셸 푸코의 고고학과 계보학」, 「미셸 세르와 헤르메스의 철학」, 「에피스테메의 전환」, 「지속의 한 해석」 등이 있다.

이정호

1952년 서울에서 태어나 서울대 철학과를 졸업했다. 1980년 같은 대학교 대학원에서 「플라톤의 티마이오스편에 관한 연구」로 석사과정을 마친 후, 1987년 박사과정을 수료했다. 1989년 영국 옥스퍼드 대학 오리엘 칼리지에서 객원교수를 지냈다. 현재 한국방송통신대 문화교양학과 교수로 있으면서 사단법인 정암학당 이사장, 사단법인 한국철학사상연구회 이사장을 맡고 있다. 저서로 『희랍철학입문』(공저, 종로서적, 1988), 『삶과 철학』(공저, 동녘, 1994), 『서양고대철학의 세계』(공저, 서광사, 1995), 『철학의 명저 20』(공저, 새길, 1993), 『철학의 이해』(공저, 한국방송통신대, 2000, 2007, 2011), 『동서양 고전의 이해』(공저, 한국방송통신대, 2002, 2010), 『세상읽기와 논술』(공저, 한국방송통신대, 2011), 『신화의 세계』(공저, 한국방송통신대, 2011), 『서양고대철학 1』(공저, 도서출판 길, 2013), 『영화로 생각하기』(공저, 한국방송통신대, 2005, 2011, 2015) 등이 있으며, 역서로는 『원격교육의 이론과 실제』(한국방송통신대, 1983), 『소크라테스 이전 철학자들의 단편 선집』(공역, 아카넷, 2005), 『크리티아스』(이제이북스, 2007), 『메넥세노스』(이제이북스, 2008), 『편지』(공역, 이제이북스, 2009) 등이 있다. 논문으로는 「노동과 정치의 형이상학: 플라톤의 『국가』와 『티마이오스』를 중심으로」, 「플라톤 자연론의 성격과 우주」, 「플라톤과 민주주의」, 「플라톤의 『소크라테스의 변명』 분석」, 「소크라테스는 악법도 법이라고 말한 적이 없다」, 「트라시마코스는 정의(正義)를 정의(定義)하지 않았다」, 「초기 그리스 철학자 데모크리토스 토막글 연구」, 「한국 서양고대철학의 학술사적 전개」, 「플라톤 텍스트의 성립과 전승」, 「신화적 세계관과 그리스철학의 기원」, 「데모크리토스 인식관련 토막글 연구」, 「서양 고대사상에 있어서 자연학과 윤리학의 관계 및 정치철학적 함의」, 「플라톤의 정치체제론」 등이 있다.

이태수

1944년 인천에서 태어나 서울대 철학과를 졸업했다. 1969년 같은 대학교 대학원에서 「고대 원자론의 인식문제에 대한 고찰」로 석사과정을 마친 후, 1981년 독일 괴팅겐 대학에서 「고대후기 아리스토텔레스 삼단논법의 희랍적 전통」으로 박사학위를 받았다. 1982년부터 서울대 철학과 교수로 부임하여 많은 후학들을 길러냈으며, 1994년에는 잠시 교육부 대학정책실장을 역임하기도 했다. 이후 서울대 인문대 학장, 대학원장, 한국서양고전학회 회장, 한국철학회 회장을 지냈으며, 아울러 대법원 공직자윤리위원회 위원장, 한국학술협의회 이사장을 역임했다. 현재 인제대 인간환경미래연구원 원장, 서울대 명예교수로 있으면서 학술연구는 물론 강연과 교육 등 다양한 사회활동을 펼치고 있다. 저서로『삶, 반성, 인문학』(공저, 태학사, 2003),『우리 학문이 가야할 길』(공저, 아카넷, 2010),『인문학 명강 서양고전』(공저, 21세기북스, 2014)이 있고, 논문으로는 「『아이네이스』 6권에 나타난 로마인의 가치관」,「플라톤 철학에 있어서 지각의 문제」,「아리스토텔레스의 감각이론과 기능주의」,「사이버 공간의 존재론」, 「아리스토텔레스의 『토피카』와 그 전승」,「인문학의 자리: 보편과 개별의 사이」,「인간: 미완의 기획」,「회의주의적 태도의 일관성: 자기논박 논변에 대한 퓌론 회의주의의 대응」,「덕과 좋음의 추구」,「알렉산드로스의 영혼 이론」,「세이렌과 무사」,「아리스토텔레스의 공간이해」,「호메로스의 영웅주의 윤리관」 등이 있다.

최화

1958년 서울에서 태어나 서울대 법학과를 졸업했다. 1983년 같은 대학교 대학원 철학과에서 「마르틴 하이데거에 있어서의 존재와 physis」로 석사과정을 마친 후, 1992년 프랑스 파리-소르본 대학(파리4대학)에서 「플라톤 소피스트편에서의 최고류에 관하여」로 박사학위를 받았다. 1995년부터 현재까지 경희대 철학과 교수로 있다. 한국프랑스철학회 회장을 역임했으며, 현재 한국서양고전철학회 회장으로 있으면서 서울대 철학과 이남인 교수와 함께 '오늘의 철학총서'(한길사)의 편집 책임도 맡고 있다. 석사과정 재학 중에 박홍규의 영향을 깊이 받은 그는 프랑스에서 귀국한 후에 다른 제자들과 함께 박홍규 강의 녹취록을 정리하여 『박홍규 전집』(민음사)으로 편찬·출간하는 데 주도적인 역할을 했으며, 현재도 스승과 같이 플라톤과 베르그송의 형이상학을 주요 연구대상으로 삼고 있다. 앞으로 베르그송의 모든 저작을 번역할 계획을 갖고 있다. 저서로 『인간에 대한 철학적 성찰』(공저, 문예출판사, 2005), 『마음, 어떻게 움직이는가』(공저, 운주사, 2009), 『박홍규의 철학: 형이상학이란 무엇인가』(이화여자대학교출판부, 2011), 『서양고대철학 1』(공저, 도서출판 길, 2013) 등이 있다. 역서로는 『의식에 직접 주어진 것들에 관한 시론』(아카넷, 2001), 『습관에 대하여』(누멘, 2010) 등이 있다. 논문으로는 「플라톤의 기초존재론초」, 「베르크손의 무이론 분석」, 「서양고전철학 연구의 동향과 쟁점」, 「베르크손은 일원론자인가」, 「소피스트편의 "완전한 존재"(pantelōs on)」, 「플라톤의 운동론」, 「최고류들의 관계」, 「플라톤의 운동론」, 「소피스트편의 세 가지 가정과 변증법」, 「대지의 아들들과 존재의 정의」, 「형이상학과 서양의 본질: 박홍규론」, 「우리, 우리의 철학, 그리고 철학사: 한국철학의 쟁점」, 「베르크손의 형이상학」, 「지속과 순간: 베르크손과 바슐라르」, 「정신주의적 실재론의 연원」, 「존재와 시간에 있어서의 역사성」등이 있다.